Felix Eberty

Jugenderinnerungen eines alten Berliners

Comino-Verlag

Von Felix Eberty erschien im Comino-Verlag außerdem:

Die Gestirne und die Weltgeschichte
Gedanken über Raum, Zeit und Ewigkeit
Neuausgabe der Erstveröffentlichungen von 1846 und 1847
Mit einem Geleitwort von Albert Einstein
ebook

ISBN 978-3-945831-01-4

Jugenderinnerungen eines alten Berliners
ebook

ISBN 978-3-945831-04-5

Zu diesem Buch

Mit 66 Jahren blickt Felix Eberty 1878 auf seine Jugend in Berlin zurück und bewahrt damit eine schon damals untergegangene Welt vor dem Vergessen. Theodor Fontane schreibt in seiner Buchkritik in der *Vossischen Zeitung* erst zurückhaltend, schon jetzt habe Ebertys Buch *»kulturhistorische Bedeutung«*, prophezeit dann aber: *»nach abermals fünfzig Jahren ganz gewiss«. Fast zwei Jahrhunderte später gilt dies umso mehr. Denn das Buch gibt »dem Kulturhistoriker der Zukunft ein wundervolles, weil das Klein- und Detail-Leben schilderndes Material an die Hand.«* Es ist laut Fontane auch ein *»wahres ›Schatzkästlein‹ von Anekdoten ... alle sehr gut erzählt, deshalb sehr gut, weil sie im Ton richtig getroffen sind.«*

Ebertys Beobachtungen haben mit der Zeit nicht an Witz und Aktualität verloren: »Überhaupt waren die Berliner und sind auch noch heut leicht aufzuregen und ebenso leicht wieder zu beruhigen. Der Charakter derselben hat sich nicht viel geändert, wohl aber der Charakter der Einwohnerschaft Berlins, die jetzt kaum noch zur Hälfte aus eigentlichen und wirklichen Berlinern bestehen mag. Der Zufluss von Menschen aus allen Provinzen des Landes ist denn auch nicht ohne Einfluss auf die Hauptstädter geblieben, welche ja schon von alters her viele fremde Elemente in sich aufgenommen hatten.«

Und wenn er von seiner Ausbildungszeit am Berliner Stadtgericht erzählt, klingt manche Geschichte wie von heute: »Der Herausgeber einer kleinen Zeitschrift hatte an alle Welt Probenummern geschickt, welche den Vermerk enthielten, dass der Empfänger sich durch Annahme derselben zum Abonnement auf ein ganzes Jahr verpflichte. Natürlich wollte nachher niemand durch diese Erklärung gebunden sein, und die Zahlung wurde überall verweigert. Darauf verklagte der Herausgeber die sämtlichen vermeintlichen Abonnenten, mehr als elfhundert an der Zahl.«

FSC
www.fsc.org
MIX
Papier aus ver-
antwortungsvollen
Quellen
Paper from
responsible sources
FSC® C105338

Felix Eberty

Jugenderinnerungen eines alten Berliners

Mit einem Geleitwort
von Georg Hermann
und
einem Nachwort
von Theodor Fontane

Neu herausgegeben von Werner Graf

Comino-Verlag

Neu herausgegeben von Werner Graf
Geleitwort von Georg Hermann (1925)
Vorwort von Joachim von Bülow (1925)
Nachwort von Theodor Fontane (1878)
Titelgestaltung
unter Verwendung eines Ausschnitts des
Ölgemäldes *Die Parochialstraße* (1831)
von Eduard Gärtner (1801-1877)
bpk/ Nationalgalerie, SMB/ Jörg P. Anders

comino-verlag.de
info@comino-verlag.de
1. Auflage
ISBN 978-3-945831-05-2

Inhaltsverzeichnis

Bibliographische Angaben

Vollständiger und lektorierter Neusatz der Ausgaben von 1878 und 1925:
Felix Eberty: *Jugenderinnerungen eines alten Berliners.* Verlag von Wilhelm Hertz (Bessersche Buchhandlung), Berlin 1878
Felix Eberty: *Jugenderinnerungen eines alten Berliners.* Geleitwort von Georg Hermann. Nach handschriftlichen Aufzeichnungen des Verfassers ergänzt und neu herausgegeben von J. von Bülow. Verlag für Kulturpolitik, Berlin 1925
Die Rezension von Theodor Fontane erschien in zwei Teilen in den Sonntagsbeilagen Nr. 46 und 47 der *Vossischen Zeitung* vom 17. und 24. November 1878 und wird hier erstmals nachgedruckt.
Dieser Neuausgabe liegt die ergänzte Ausgabe von 1925 zu Grunde. Auf die ergänzten Absätze und Kapitel wird jeweils in den Anmerkungen hingewiesen.
Die 1925 erfolgten Kürzungen gegenüber der Ausgabe von 1878 wurden wieder eingefügt und mit dem Rautezeichen ◊ vor dem jeweiligen Absatz gekennzeichnet.

Der Autor

Felix Eberty wurde 1812 in Berlin geboren, wo er in einer wohlhabenden Kaufmannsfamilie aufwuchs. Sein Vater stammte aus der in Berlin berühmten jüdischen Familie Ephraim. Er hatte 1810 seinen Namen von Heimann Joseph Ephraim zu Hermann Eberty geändert. Felix wurde im Alter von 14 Jahren getauft. Er besuchte die legendäre Cauersche Erziehungsanstalt, ein privates Internat für das wohlhabende Bürgertum, das nach reformpädagogischen Prinzipien geleitet wurde. Während er in der Schulzeit eher seinen künstlerischen Neigungen als Zeichner nachging, entschied er sich bei der Wahl des Studiums für die Rechtswissenschaft. Von 1831 bis 1834 studierte er in Bonn und trat anschließend in den preußischen Justizdienst ein. Über diese Zeit schrieb er 1878 diese *Jugenderinnerungen.* Während seiner Zeit im Justizdienst folgte er seinem Interesse für die Naturwissenschaft und veröffentlichte anonym *Die Gestirne und die Weltgeschichte. Gedanken zu Raum, Zeit und Ewigkeit.* 1849 gab er sein Richteramt auf, habilitierte und wurde 1854 ordentlicher Professor und Schriftsteller. Er veröffentlichte Biografien über *Walter Scott* (1860) und *Lord Byron* (1862), die mehrere Auflagen erlebten und übersetzt wurden. Sein Hauptwerk *Geschichte des preußischen Staats* erschien in sieben Bänden von 1867 bis 1873. Er starb am 7. Juli 1884 in Arnsdorf im Riesengebirge.

Vorwort des Herausgebers zur Neuausgabe

Diese Erinnerungen an eine Jugend in Berlin in der Zeit von 1812 bis 1840 zeichnen sich durch die vielen, gut erzählten Anekdoten aus, die so ganz nebenbei das Lebensgefühl des gehobenen Bürgertums, die Sprache, die kulturellen Ereignisse und auch die politischen Verhältnisse in einer langweilig genannten Epoche beschreiben. Die soziale Herkunft des Autors bestimmt natürlich die Erfahrungswelt und den Blickwinkel auf die Gesellschaft.

Theodor Fontane prophezeite dem Buch bei dessen Erscheinen 1878, dass es »nach abermals 50 Jahren ganz gewiss« eine »kulturhistorische Bedeutung« haben werde. Er bezog sich dabei auf das schnelle Vergessen unwichtig erscheinender Details des Alltagslebens, die höchstens von Romanschriftstellern aber von keinem Historiker festgehalten werden. Wie Briefkästen und Pferdedroschken als Vorboten einer sich rasant entwickelnden Gesellschaft. Statt einzelne Druckbögen zu verkaufen, die der Kunde dann binden lässt, bietet ein Buchhändler als große Neuheit bereits gebundene Bücher an.

Felix Eberty schreibt zwar detailreich über seine Familie, seine Haus- und Schullehrer und seinen Lebensweg, aber er erwähnt mit keinem Wort, dass er aus einer der berühmtesten jüdischen Familien Berlins stammt. Sein Vater Heimann Joseph Ephraim nahm 1810 mit behördlicher Genehmigung den Namen Hermann Eberty an und beschritt somit den Weg der Assimilierung. Warum Felix Eberty diesen familiären Hintergrund unerwähnt lässt, bleibt unklar. So schreibt er zum Beispiel, dass sein Vater »in das große Geschäft des reichen Kaufmanns Beer« eintrat, aber erwähnt nicht, dass der Zuckerfabrikant Jakob Beer zu seiner Verwandtschaft gehörte[1].

1925 gab Joachim von Bülow, der Sohn von Felix Ebertys Schwester Babette, die *Jugenderinnerungen* neu heraus. Im Vorwort erklärt er, dass er sie mit Notizen des Verfassers ergänzt habe. Tatsächlich enthält diese Ausgabe viel mehr Angaben über die Familie.

---

1 Amalie Beer, die Ehefrau von Jakob Herz Beer, ist die Großtante mütterlicherseits von Felix Eberty.

Insbesondere einzelne Familienmitglieder werden ausgiebig porträtiert. Aber auch hier kommt der berühmte Name Ephraim nicht vor. Da Felix Eberty verzichtet habe, »Namen zu nennen, die nicht der Geschichte angehören«, schreibt Joachim von Bülow, achte auch er »in diesem ergänzten Werke diese Zurückhaltung, weil auch sie dazu beiträgt, das Gesamtbild nicht in Einzelschilderungen aufzulösen«. Die Aufgabe der jüdischen Religion und Familientradition und die damit einhergehenden Probleme der Familie Eberty bleiben ausgeblendet. Aus heutiger Sicht ist diese Zurückhaltung nicht mehr angebracht. In jener Zeit lebten die Juden in Preußen ohne die vollen Bürgerrechte. Der Staatsdienst, insbesondere in Justiz und Universitäten, blieb ihnen mehr oder weniger verwehrt. Die Assimilierung durch Taufe und Namensänderung bot einen Ausweg. Jüdische Familien, die für ihre Kinder andere Berufe in Betracht zogen, als die traditionell von Juden ausgeübten, waren einem Assimilierungsdruck ausgesetzt. Aber die Judenfeindschaft gegenüber den assimilierten Juden nahm keineswegs ab, weil für die vielen völkisch gesinnten Antisemiten der Wechsel der Religion den Charakter der Juden nicht änderte. Rolf Born[2] hat 1988 – ausgehend von Felix Ebertys *Jugenderinnerungen* – den Lebensweg von Felix Ebertys Vater nachgezeichnet und dazu die Geschichte dieser Familie recherchiert, die sich schrittweise von ihrer jüdischen Herkunft absetzte und sich bis in die jüngste Vergangenheit bemühte, diese Herkunft auszublenden.

Felix Eberty erzählt aus der Zeit seiner Jugend als Berliner und Preuße. Er geht dabei auf seine eigene jüdische Herkunft nicht ein. Seine Verbundenheit mit der sich langsam liberalisierenden Gesellschaft, in der er sich wohl ein Leben ohne judenfeindliche Diskriminierung erhofft, ermöglicht eine ungewöhnliche Perspektive. Er porträtiert seine Zeitgenossen, darunter auch viele Juden, mit Witz und Empathie, wobei er allerdings mitunter diskriminierende Stereotypen kolportiert, wenn er in zwei Kontrahenten an der Uni-

---

2 Rolf Born: *Heimann Joseph Ephraim oder Tradition als Bindung: die Familiengeschichte von Heimann Joseph Ephraim, ein Enkel von Nathan Veitel Heine Ephraim, und die seiner Nachkommen.* Oberbaum-Verlag, Berlin 1988

versität »zwei verschiedene Völkerrassen, die einander gegenüber standen: der christlich Germane und der jüdische Orientale« zu erkennen meint.

Heute sollten die Zusammenhänge deutlicher und ohne die von Joachim von Bülow gewünschte Zurückhaltung dargestellt werden. Dazu gehört auch, die Tatsache zu erwähnen, dass der Autor des Vorworts zur Ausgabe von 1925, der deutsch-jüdische Schriftsteller Georg Hermann, 1943 in Auschwitz ermordet wurde.

Joachim von Bülow spricht von einem »ergänzten Werk«, erwähnt aber nicht, dass er nicht nur anhand des Manuskripts ergänzte, sondern auch umfangreiche Teile der Ausgabe von 1878 wegließ. Die Kürzungen scheinen keiner irgendwie gearteten Bereinigungsidee zu folgen, sondern allein dem Zweck zu dienen, bei limitiertem Umfang für andere Inhalte Platz zu schaffen.

Wir haben dieser Neuausgabe die umfangreichere Ausgabe von 1925 zu Grunde gelegt. Auf die von Joachim von Bülow ergänzten Absätze und Kapitel weisen wir in den Fußnoten hin. Die Kürzungen gegenüber der Ausgabe von 1878 haben wir wieder eingefügt und kennzeichnen sie, indem wir den entsprechenden Absätzen das Rautezeichen ◊ voranstellen und am Ende des eingefügten Textes in einer Fußnote die Seitenzahl der Ausgabe von 1878 angeben.

Die zwölf Kupfertiefdrucke und die Faksimiles nach Handschriften in der Ausgabe von 1925 wurden nicht übernommen.

Die Rechtschreibung, Interpunktion und die Schreibweise von Namen haben wir behutsam den heutigen Standards angepasst, wobei die Lesbarkeit immer im Vordergrund stand. Offensichtliche Druckfehler haben wir stillschweigend korrigiert. Das Inhaltsverzeichnis haben wir neu gegliedert.

In den Anmerkungen erläutern wir Hintergründe zu Personen und Vorgängen, damit auch Leser, die mit dieser Epoche wenig vertraut sind, Zusammenhänge und Anspielungen besser verstehen können. Hierbei haben wir auch das Verwandtschaftsverhältnis von genannten Personen zu Felix Eberty, soweit nachweisbar, benannt. Vier Fußnoten der Ausgabe von 1878 und eine von 1925 haben wir in die Anmerkungen integriert und entsprechend gekennzeichnet.

Berlin, im April 2015 — Werner Graf

Geleitwort von Georg Hermann zur Ausgabe von 1925

Damals, vor bald einem Vierteljahrhundert, als ich dich zum ersten Mal las, mein Buch hier, da dachte ich nicht, dass ich, und gerade ich, in die Lage käme, dir noch einmal ein Geleitwort mitzugeben für den neuen Weg, den du wiederum durch eine ach so veränderte Zeit nehmen sollst! Ich bin aber froh, es tun zu können, denn dadurch statte ich dir und deinem längst verstorbenen Verfasser, von dem ich sonst so wenig oder gar nichts weiß, zum mindesten in bescheidener Form meinen Dank ab für das, was du mir einst gegeben hast.

Denn kaum ein Buch sonst, von all denen, die ich damals durchpflügte, hatte mir so die Luft einer Zeit, die ich zu lieben begann, vermittelt, wie es deine Lebenserinnerungen taten, alter Berliner Felix Eberty! Dass du nachher – irre ich nicht – ein Menschenalter lang Professor in Breslau warst oder sonst ein würdiges Tier, will gar nichts sagen, tut nichts zur Sache: Du warst und bliebst doch ein alter Berliner von ganz waschechter Färbung. Und als solcher wirst du es mir auch nicht übelnehmen, wenn ich dich hier posthum duze. Wir Berliner tun das leicht mal untereinander; vor allem, wenn wir so ein ganz klein bisschen gerührt werden – was uns nebenbei, gottlob, nur selten passiert. Und wir wissen genau: Wenn's auch anderen, aus anderen Gauen Deutschlands, so scheinen mag, dass das trotzdem keine plumpe Vertraulichkeit involviert, und dass wir, wenn wir uns das nächste Mal treffen werden, sehr wohl verstehen werden, Distanz zu halten.

Also fünfundzwanzig Jahre oder nur vierundzwanzig, hatte ich dich nicht mehr gelesen. Damals hatte ich dich schon ausgegraben. Denn, da du 1878 von Wilhelm Hertz[3] dem Buchhandel anvertraut wurdest, kannte dich schon natürlich um 1900 keine Katze mehr. Aber zwischen 1900 und 1925 hat sich wieder viel geändert in der

3 Wilhelm Ludwig Hertz (1822–1901), einer der hervorragendsten Berliner Verlagsbuchhändler

Welt. In Deutschland und vor allem in Berlin. Das, was 1900 schon ganz ferne Küste war, ist uns auf der Lebensfahrt nun völlig entschwunden. Und Anno 1900 ist inzwischen selbst wieder zur fernen, verdämmernden Küste geworden. Und so hatte ich auch das Gefühl, dass du und dein Buch heute, 1925, bis auf ein paar Anekdoten, die ich in mein Repertoire aufgenommen, wie die vom kleinen Doktor und dem Koran – sie ist tief wie das Meer und auf viele Dinge noch anwendbar: Viele Jahre beschäftigt man sich mit etwas, glaubt daran und eines schönen Morgens geht es uns damit, eben wie es dem alten gelehrten Hans hier, dem »kleinen Doktor«, mit dem Koran ergeht, den er fünf Jahre durchstudiert hatte – man kommt plötzlich zu der Erkenntnis: Es ist nur ein Quatsch, von vorne bis hinten! – hatte ich also das Gefühl, dass auch du heute völlig meinem Gedächtnis entschwunden sein würdest. Und ich war neugierig wie ein Kind, wie ich dich nun nach fünfundzwanzig Jahren wieder finden würde. Aber sieh an: als mir der Verlag die Fahnen ins Haus schickte, und ich nun zu lesen begann, da bemerkte ich nach den ersten Spalten, dass es eigentlich fast überflüssig war, dass ich es nochmals tat. Du warst mir ja ganz genau, ohne dass ich es ahnte, in allen Einzelheiten im Gedächtnis geblieben, warst mir völlig vertraut. Zwar sind einige neue Blätter aufgenommen, aber sie gehören so organisch zu dem Ganzen, dass sie mir, obwohl sie erst jetzt aus dem Urmanuskript entnommen sind, wie alte Freunde erscheinen.

Es ging mir mit diesen, deinen Jugenderinnerungen, wie es mir mal mit Pillnitz an der Elbe ging. Als fünfjähriges Kind war ich die Schulferien über dort gewesen. Und wenn ich mein Gedächtnis nach Pillnitz fragte, so tauchte zwar noch dieses und jenes auf … ein alter Birnbaum mit ganz kleinen mutschigen Rettichbirnen, unter dem ich stand und wartete, bis der Wind kam, der eine herunterwarf, und die mir sehr herrlich mundete … Herr Huhne, der Vater vom Schmied, mit schlohweißen langen Haaren, wie von Ludwig Richter[4], zwei Totenschädel auf Stangen, statt Vogelscheuchen in einem Weinberg und ein paar Dinge noch auf einem sehr, sehr unbestimmten Hintergrund. Als ich aber nach fünfundzwanzig

4 Adrian Ludwig Richter (1803–1884), Maler und Zeichner der Spätromantik und des Biedermeiers

Jahren wieder nach Pillnitz kam, da stieg ich wie selbstverständlich aus dem Dampfer und kannte jeden Schritt und Tritt, jede Wegbiegung, jeden Baum, jedes Heliotropbeet[5] im Schlossgärtchen. Ich ging instinktiv dorthin, wo wir gewohnt hatten, ich blieb zwei, drei Stunden, sah hier herein und lief dann auf jenen Hügel und zu der Bank wieder, ging unter den alten Baum in dem Garten des alten Herrn Huhne mit den kleinen mutschigen Birnchen. Und der Wind schüttelte sie wieder auf mich herunter, und sie schmeckten genau so herrlich wie ehedem. Es war mir, als ob ich überhaupt nie hier fortgegangen wäre. Dieses ganze Jugenderlebnis also hatte klar und unzertrümmert und ohne, dass ich es wusste, in mir geruht, und nun war es wieder da, vertraut und wie selbstverständlich zu mir gehörig. Und genau so ist es mir jetzt mit deinen Lebenserinnerungen gegangen, du alter Berliner Felix Eberty! Alles, was du geschrieben, lag noch klar und unzertrümmert in mir, und ich ging, wiedererkennend, darin spazieren, als ob ich mich nie davon getrennt hätte. Und dein Birnbaum schüttelte wieder die bescheidenen, sympathischen Rettichbirnchen auf mich hernieder, und sie schmeckten mir genau so köstlich wie das erste Mal.

Zwar sind einige neue Blätter aufgenommen, aber sie gehören so organisch zu dem Ganzen, dass sie mir, obwohl sie erst jetzt dem Urmanuskript entnommen sind, wie alte Freunde erscheinen.

Verstehst du, was das heißt?! Zum Schluss ist – wenn wir uns auch noch soviel darauf zugute tun – unser Gedächtnis ja doch ein Sieb, und das meiste, was wir sehen und erleben und lesen, fällt unwiederbringlich durch seine Löcher. Es muss also schon irgend-etwas Besonderes an deinen scheinbar so simplen Berichten deiner Jugend daran sein, wenn es mir so in allen Einzelheiten geblieben ist.

Was das Besondere aber ist, das hast du selbst gewusst, wenn du ungefähr dem Sinne nach schreibst: Ich zeichne diese Erinnerungen auf, aus dem Gefühl, dass alles Wichtige, Haupt- und Staatsaktionen, Menschen und Wirken einer Zeit in die Geschichte übergehen, und aus ihr, für jeden, der danach verlangt, mühelos herauszuholen und zu rekonstruieren ist. Die einfachen Dinge des Tages aber, die

5 Heliotrope, dtsch. Sonnenwenden, sind eine Pflanzengattung z. B. die Vanilleblume.

die Atmosphäre, die Atemluft einer Epoche schaffen, gehen verloren und verschwinden auf Nimmerwiedersehen. Und gerade sie will ich mich bemühen, hier festzuhalten. Denn, wenn man später einmal wissen will, wie lebten diese Leute? Wie waren ihre Alltagsgewohnheiten, ihre Zimmer, ihre tägliche Gefühlswelt, ihre Spiele, ihre Kleidung, ihre Liebhabereien, ihre Theater und ihr Enthusiasmus? Wie war der ganze Zuschnitt ihres Daseins? ... dann wird keiner es mehr beantworten können. Und vor allem in der Zeit, da ich lebte, ist der Unterschied der Lebensführung ganz ungeheuerlich geworden, so ungeheuerlich, dass es sich schon lohnt, davon zu reden. So ungeheuerlich, dass die Leute, die heute 1878 in das Dasein treten, sich niemals mehr werden vorstellen können, wie die, die um 1812 geboren sind, noch aufwachsen mussten, was ihnen alles fehlte. Nicht Gas, nicht Eisenbahn, nicht einmal Droschke und Omnibus! Und was ehedem Berlin, das riesige Berlin, die Hauptstadt des deutschen Kaiserreichs, mit seinen Pferdebahnen und seinen Equipagen[6] auf Gummirädern, dieses Berlin Bismarcks und Moltkes und des alten Kaiser Wilhelm, was das eigentlich damals für ein gemütliches, gartendurchgrüntes, bescheidenes, wiesenumrandetes Provinznest noch war. Und politisch lebten wir überhaupt in tiefer Dunkelheit. Man denke nur an den Absolutismus und die Demagogenverfolgungen[7]. Das ist natürlich ganz anders geworden! So etwas wäre im geeinigten Deutschland und Kaiserreich unmöglich.

Das und ein gewisses Behagen an dem warmen und patriarchalischen Zuschnitt deiner Jugendzeit hat dich wohl bestimmt, deine Erinnerungen zu schreiben, alter Berliner. Und dafür bin ich dir dankbar.

Dann aber war es noch das Gefühl, das jeder hat, und das allem schriftstellerischen Schaffen zugrunde liegt: das Gefühl, dass nichts von unserem Dasein und Erleben, das wie Wind kommt und wie Wind geht, eigentlich völlig in das Niegewesene zurücksinken dürfte, dass also das, was gestorben ist, eigentlich doch nicht sterben durfte ... das Gefühl, dass wenigstens sein Schatten, ein Hauch von

6 elegantes, herrschaftliches Gespann

7 Unterdrückung der Freiheitsbestrebungen, insbesondere der Burschenschaften in der Zeit von 1819 bis 1848

allem, erhalten bleiben muss. Und dass wir Rechenschaft und Bericht schuldig sind, denen, die nach uns kommen.

In Wahrheit ist das aber nur eine Notlüge vor uns selbst. Denn meist wissen wir ganz genau, dass sie ja mit ihrem eigenen Leben genug belastet sein und kaum noch einen Blick für uns haben werden, und dass sie von uns *keine* Rechenschaft fordern, wo sie herkommen. Nein, wir täuschen uns das nur vor, für unsere Kinder und Enkel zu schreiben, während wir es in Wirklichkeit nur für uns selbst tun; aus Angst vor dem Kirchhof in unserem eigenen Dasein. Und diesem Gefühl wohl danken wir dein reizendes Buch, alter Felix Eberty. So weit also gehen wir völlig konform. Aber in einem sind wir nicht ganz einig. Und sind das schon vor fünfundzwanzig Jahren nicht gewesen. Du hast dein Buch der Erinnerungen geschrieben für zwei Zeiten und für zwei verschiedene Berlins. So wie ein groß und reich gewordener Mann sich an seine arme Jugend erinnert, sie wehmütig belächelt und sich ihrer ein ganz klein bisschen vielleicht schämt. Aber dann kämpft er diese Empfindung nieder. Nein, ihr sollt es gerade alle wissen, ihr Kinder und Kindeskinder, so war es damals noch, so klein und bescheiden, beschränkt und ärmlich. Und so vieles, was ihr euch als Selbstverständlichkeit nicht aus eurem Dasein wegdenken könnt, war *uns* völlig fremd. Wenn ihr in euren stolzen Straßen geht, in euren Eisenbahnen von einem Ende Deutschlands zum anderen raset, dann sollt ihr gerade mal ahnen, wie wir langsam in der wackligen Postkutsche dahin klepperten, einfach, um ganz zu empfinden, wie herrlich weit wir es gebracht haben. Von einer glücklichen Gegenwart aus sollt ihr euch mal an eine armselige, wenn auch behaglichere Vergangenheit erinnern, ehe ihr in eure große Bismarckische Weltzukunft hinein schreitet. Ihr sollt empfinden, wie dieses Jahrhundert in seiner Mitte wie durch einen Schwertschlag in zwei Zeiten gespalten wurde, und wie diese Umstellung des gesamten Daseins alles, auch euch von Grund her änderte. Kriege ... politische Umwälzungen, die in ihren Folgen noch unabsehbar sind, ... solche des Verkehrs ... die Überführung des kleinen und begrenzten Handbetriebes in den gewaltigen und unbegrenzten maschinellen Betrieb ... das Hochkommen eines neuen Bürgertums ... das Sich-bewusst-werden des arbeitenden

Volkes, ... das riesige Anwachsen der Städte – all das hat eine Veränderung des Antlitzes der Welt hervorgerufen, die den Menschen vom Grunde auf umgoss, und die bis in die letzten Beziehungen des Zusammenlebens, bis tief ins Haus und in die Familie hinein wirkte. Es machte uns einfach zu anderen, größeren Menschen, mit neuen Interessen, neuen Lebensgewohnheiten und einem neuen Stil. Und wie es dann den Menschen erging, so den Städten, ihren Wohnungen und Wohnstätten. Am deutlichsten war das in Berlin: Provinzstadt mit Residenzzuschnitt war's ehedem, dann Reichshauptstadt und Kaiserstadt; und nun marschiert es mit Siebenmeilenstiefeln auf die Weltstadt zu, um sich neben London, Paris, Wien, Neuyork zu stellen ... Das ist wirklich eine herrliche Sache, dass ich so etwas miterleben durfte, auch wenn ich, der alte Felix Eberty, etwas abseits dabei zu stehen kam.

Aus diesen eingestandenen oder nur unbewussten Erwägungen heraus schriebst du – wenn ich dir recht nachfühlte – mit einem lächelnden und einem tränenden Auge dein Buch hier. Aber ich habe schon damals, vor fünfundzwanzig Jahren, darin etwas anderes gesucht, als du ahntest. Ich war müde, hoffnungslos und tief unbefriedigt von der herrlichen Gegenwart, die hastig, wirr und stillos geworden war, wie ihre Menschen. Sie schienen mir alle, als wären sie auch im Warenhaus zu kaufen. Und als wären sie zu Abertausenden mit Maschinen ausgestanzt worden, wie billige Blechspielzeuge. Sie hatten – ob in Uniform, ob in Bürgertracht – alle nur die paar Räder in den Leib und ins Hirn gesetzt bekommen, deren sie benötigten, um ihr Dasein abzuschnurren. Und nun rasten oder purzelten sie durch ihr Leben hin, bis sie an ein Hindernis stießen, umfielen und liegen blieben.

Die Geschenke der Zeit, ob das elektrische Schnellbahnen waren, Telefone, Autos, Flotten, Riesenheere oder Kruppsche Werke, gaben mir wenig; ich hatte kaum Anteil an ihnen, ich empfand nur, dass sie mich hin und her schleuderten und meinem Leben ein Tempo aufzwangen, dass es nicht zu sich selbst kommen konnte. Ich empfand plötzlich, dass wir ihrethalben mehr aufgaben, als uns gegeben wurde. Haus, Familie, geistige und seelische Durchbildungen und Überlieferungen, unsere Eigenheit, das Beste von unserer

Persönlichkeit. Aus dem Einzelwesen machten wir uns zum Klischee. Aus dem Menschen wurde das Menschenmaterial, die Masse. Aus dem Haus die Etagenwohnung. Aus der Wohnung die Schlafstätte. Von der Familie blieb kaum noch das gemeinsame Mittagbrot. Das Möbel, einst ein Kunstwerk, war zum Maschinenprodukt degradiert, mit gepressten Verzierungen, an das keine Menschenhand mehr herangekommen war. Jede Kunst, ob das Sticken, Malen, Briefeschreiben war, war aus unserem Leben gewichen. Wir kannten weder den Kult der Freundschaft, noch den der Liebe. Wir hatten uns zivilisiert, scheinbar, nur um uns zu entkultivieren. Für jedes neue Stück Zivilisation, das in unser Dasein trat, gaben wir im Tausch ein Stück Kultur fort. Wir waren wie die Neger, die ihr edles Elfenbein, Gummi und Goldstaub für Glasperlen, bedruckte Kattunfetzen und alte Gewehre weggaben. Ich weiß nicht, wie ich dahin kam, dass ich das fand. Aber plötzlich kam mir zum Bewusstsein, dass unsere Väter und Großväter, Mütter und Großmütter noch etwas besessen hatten, unverlierbar mit ihnen verwachsen, was wir nicht mehr hatten. Und das begann ich zu suchen.

Man hatte mir immer gesagt, sie hätten sehr ärmlich gelebt, bei Kerzen gesessen, in lächerlicher Kleidung zwischen glatten, stillosen Möbeln gehaust, die heute längst in die Mädchenkammern und Portierstuben gekommen wären. ja, man empfand sie in der Zeit des Macquartbuketts als besonders geschmacklos, hatte Spottnamen für sie gefunden, wie »Biedermeier«. Aber irgendwie begann ich doch an diesen Dingen herum zu schnuppern. Ich erinnere mich, dass man mir in einer großen Museumsbibliothek abriet, mich mit dieser Zeit von 1815–1848 näher zu befassen, denn es wäre »die langweiligste Zeit, die es je gegeben hätte«. Aber je mehr ich da hinein sah, desto deutlicher wurde, dass die damals doch etwas besessen hatten, was uns unwiederbringlich verloren gegangen war, nämlich: Kultur. Und zwar eine ganz eigene und durchaus geschlossene Kultur. Einen einheitlichen Lebensstil, der sich in allem aussprach. Von der Musikpflege bis zum Stammbuch. Vom Schnitt des Rockes und dem Stil des Briefes, bis zum Glas auf dem Tisch. Und ich begann die Menschen jener Zeit und das Berlin jener Tage zu lieben. Und ich empfand beides im Gegensatz zum Heute, und zwar in einem für das Heute beschämlichen Gegensatz. Dieser Schwertschlag um 1848 hatte nicht zwei Jahrzehnte getrennt, sondern hatte zugleich eine Kette zerrissen, die in vielen, vielen Gliedern, seit zwei Jahrtausenden und mehr, sich immer von neuem ineinander gefügt hatte. Und gerade dein Buch, du alter Berliner, war es, das mich, ohne dass du es ahntest und wolltest, noch besonders in dieser meiner Meinung bestärkte.

Doch – um keinen Irrtum aufkommen zu lassen! – ich war gewiss nicht Romantiker genug, um nun alles von damals schön und rosig zu sehen und nicht zu empfinden, dass vieles klein, muffig und eng war ... dass die Menschen beschränkter waren ... die Schulen noch roher ... die Kabinettspolitik vielleicht noch sinnloser ... und die Gerichte noch barbarischer. Aber, trotz dieser Erkenntnis, konnte ich mir doch nicht verhehlen, dass die Menschen persönlicher waren, dass die Schulen eine glücklichere Durchbildung erzielten, und dass die Politik der Kabinette auf kaum weniger schlechte Erfolge herabsehen konnte, einfach der mangelnden Möglichkeit wegen; und dass bei den Gerichten trotz alledem das Gefühl vom Recht als ein unumstößliches Absolutum bestand; eine Tatsache, die man heute oft in Zweifel ziehen möchte.

Und, um weiter meinen Worten keine falsche Deutung zu geben: ich war auch nichts weniger, als etwa Gegner jener Dinge, die uns eine neue Zivilisation als echte Geschenke in unser Leben hineinwarf. Denn ich fühlte nur zu deutlich, dass ohne sie die neue große Gemeinschaft der Zukunft sich nie verwirklichen konnte. Aber ich fragte mich, ob der Preis nicht zu hoch ist, den wir dafür zahlen; und, ob es nicht möglich wäre, dass wir diese Dinge umsonst bekämen, und das behielten, was noch unser wäre, und das wieder zurückbekämen, was wir für sie schon achtlos verschleudert hätten. Und auf der Suche danach, stieß ich auf dich, alter Felix Eberty. Und an dir sah ich staunend, wie reich wir eigentlich mal gewesen waren, in deiner »armen« Jugend. Und was uns alles in zwei, drei Generationen abhanden gekommen war; nicht allein an Wohnkultur, an Familiengefühl, an persönlicher Eigenart und Denkselbständigkeit, sondern an Seelenkultur. Und ich, dessen Großväter in der gleichen Stadt ähnlich gelebt haben, wie du und die deinen, (denn sie gehörten einer gleichen Schicht an), kam, ganz anders wie du es meintest, als der Arme zu dir, der bei dem Reichen um einen Freitisch bittet.

Und in dem Berlin der Weltstadt, mit Hochbahn und Warenhäusern, mit Weinpalästen und Autogewühl, suchte ich die Reste des alten Berlins von einst, das täglich mehr und mehr unter der Spitzhacke dahin schwand, um stillosen Protzenkästen und faden Nutzbauten Platz zu machen. War es nicht damals, als man in einer der berühmtesten Straßen der Welt ein altes Schinkelsches Palais niederlegte, das den schönsten Festsaal umschloss, den er je geschaffen hatte, um an seine Stelle in einen langweiligen Kasten von Hotelbau Klubsessel zu stellen?! – ohne, dass sich jemand dagegen wehrte.[8] Ja, die meisten merkten es überhaupt nicht!

Das ist nun heute beinahe wieder ein Vierteljahrhundert her. Inzwischen hat sich wieder das Blatt für Berlin und die deutsche Geschichte gewendet. Oder hat es das gar nicht getan? Ist nur ein Windstoß gekommen und hat es sich nur zurückgeblättert? Wieder, wie nach 1815, ein durch 10 Jahre Krieg ausgepovertes[9], verarmtes, ausgeblutetes Deutschland, das sich mühsam von neuem hocharbeiten muss, wenn es weiter bestehen will. Nur, dass es damals, 1815, ein siegreiches Deutschland mit großen Bundesgenossen war, und heute ein unterlegenes, das allein steht. Die neue Zeit, die maschinelle Zeit, die Zivilisation, die Vertechnikung unseres Daseins ist – wie der technische Krieg – zwar noch nicht zusammengebrochen, aber in den Folgerungen so *ad absurdum* geführt worden, dass niemand, nicht einmal die Sieger mehr, an sie und ihre Allmacht zu glauben wagten.

Wir haben mit Schrecken gesehen, wohin man kommt, wenn man (sprachen wir nicht vorhin von einem Hotel?!) also, wenn man den Hausknecht des Hotels zum Direktor macht. Das, was der Hausknecht im Bau unseres Daseins war, hätte sein dürfen, haben wir zu seinem Alleinherrscher gemacht. Und das macht es, dass heute breite Schichten der Gebildeten ähnlich empfinden, wie ich es schon vor 25 Jahren tat. Sie fühlen: Alle die Errungenschaften einer

8 1906 wurde das 1833 gebaute und unter Denkmalschutz stehende Palais Redern am Pariser Platz für den Bau des Hotel Adlon abgerissen.

9 ausgepresst, von frz. pauvre: arm

Zivilisation haben die kulturelle Verarmung ihres Daseins nicht aufhalten können. Und sie sehnen sich nach jenen Zeiten zurück, da dem noch nicht so war. Und sie werden nach allem greifen, was ihnen sagt: Ich besaß es doch einmal.

Und deshalb, alter Eberty, wird man dich jetzt wieder lesen, mehr lesen, intensiver und in ganz anderem Sinne lesen, als man es damals 1878 tat, wo es schien, als wolltest du dem Deutschen, dem neuen Berliner in seiner Kaiserstadt nur olle Kamellen erzählen; und wo dich gewiss niemand anders, wie behaglich-lächelnd, aber zugleich aufatmend las, dass es gottlob nun nicht mehr so ist; im Dasein des einzelnen, wie in der Hauptstadt des deutschen Kaiserreichs. Heute, das weiß ich, werden Tausende, wenn sie zu dir greifen, ganz etwas anderes in dir suchen und finden, wie du zu geben gedachtest.

Soll ich noch über dein Buch selbst reden? Soll ich dir noch eine Note geben? Du hast doch alles sehr gut gesagt, es steht ja alles drin, über deine Jugend und über das Berlin von ehedem, Persönliches und Allgemeines; und all das ist von echter Luft umflossen. Was brauche ich da noch zu reden? Ich, der doch all das nur sehr von ungefähr aus Büchern und vom Hörensagen kenne ... Ich weiß, außer den kurzen Erinnerungen an Rückert von Paul de Lagarde[10] kaum ein Buch noch, das ich jemand empfehlen könnte, wenn ihn gelüstet, das Berlin der Biedermeierzeit angenehm und bildhaft und in seiner ganzen spezifischen Atmosphäre kennenzulernen, neben deinen Lebenserinnerungen. Vielleicht mag es solche irgendwo geben; aber ich jedenfalls kenne sie nicht.

Und nun gute Reise, in eine neue Zeit hinein!

Georg Hermann[11]

---

10 Paul de Lagarde (1827–1891, deutscher antisemitischer Kulturphilosoph und Orientalist): *Erinnerungen an Friedrich Rückert*. Dieterich, Göttingen 1897. (Rückert lebte von 1841 bis 1848 in Berlin)

11 Georg Hermann, eigentlich Georg Hermann Borchardt (1871–1943) deutsch-jüdischer Schriftsteller, in Auschwitz ermordet.

Vorwort von Joachim von Bülow zur Ausgabe von 1925

Diese Erinnerungen schrieb Felix Eberty, Doktor beider Rechte, außerordentlicher Professor an der Universität Breslau, in den Jahren 1868/78 nieder, in ein säuberlich gebundenes Buch mit einer feinen Gelehrtenhandschrift. Den größten Teil davon veröffentlichte er im Jahre 1878. Aber manches blieb in jenem geschriebenen Hefte zurück, weil damals noch die Menschen, von denen er erzählte, in zu nahem Gedächtnis waren, weil ihm vieles unwichtig erschien, selbstverständlich, was uns heute nach weiteren fünfzig Jahren ganz anders, ganz fern, rührend, urväterisch anmutet und was wir gern der Vergessenheit eines vergilbenden Schreibheftes entrissen sehen möchten.

Die Erinnerungen schließen etwa mit dem Jahre 1840 ab, nur in einzelnen Fällen sind Menschen in ihren Lebensschicksalen über jene Zeit hinaus begleitet und ist aus ihren späteren Tagen etwas erzählt worden.

Wir wollen die Einheitlichkeit des Bildes nicht stören, indem wir an die Schilderungen einen ausführlichen Lebenslauf des Mannes heften, der es verstanden hat, ohne seine Person auszuschalten, in seinen Erinnerungen ein Gemälde seiner Zeit zu geben, sich zwar als Mittelpunkt nehmend, aber doch nicht als Hauptspieler.

Es sind keine weltbewegenden Schicksale, die der Knabe, der Student, der junge Auskultator[12] erlebte. Was ihm widerfuhr, das mag Hunderten, Tausenden jener Tage ebenso begegnet sein. Aber gerade weil wir fühlen, dass dies alles nur Durchschnitt ist, erkennen wir, dass wir ein vollkommenes Bild jener Zeit vor uns haben. Wir erfassen, wie die Leute damals lebten, still, friedlich und wie ihnen kleinste Erschütterungen zu scheinbar großen Erlebnissen wurden, weil von außen nichts auf sie eindrang.

12 Auskultator (lat. Zuhörer, von lat. auscultare: zuhören) war bis 1869 in Preußen die erste Ausbildungsstufe für Juristen nach der Universität, danach folgte das Referendariat.

Der Verfasser hat das Sturmjahr 1848 miterlebt, die preußischen Kriege, den Aufstieg des Reiches, und ist 1884 als Zweiundsiebzigjähriger gestorben, nachdem er ein reiches Leben zu Ende geführt, das von Enttäuschungen und Schicksalsschlägen frei blieb. Er hat, was er einst als sein Ideal bezeichnete, durchführen können. Er ist ein freier Mann gewesen, Herr seiner Zeit und seiner Neigungen.

Er war ein Maler, der die Grenzen des Amateurs nicht überschritt, ein Holzbildhauer, der Zierliches schuf für sein eigenes Heim, für seine Freunde als Geschenk.

Er schrieb das Leben seiner Lieblingsdichter, Walter Scott und Lord Byron, und eine sechsbändige Preußische Geschichte in noch immer lesenswerter Klarheit. In einem Büchlein »Gestirne und Weltgeschichte« (neu herausgegeben in Berlin 1924[13]) denkt er die Beziehungen zwischen der Sternenwelt und den Menschendingen bis ins letzte durch und wird ein Vorläufer Albert Einsteins.[14]

In seinem Freundeskreis erwirbt er sich Achtung und Liebe bis übers Grab hinaus. Seine dritte Tochter, die einzige, die seine gestaltende Begabung weitererbte, und unter dem Namen Hans Arnold vielen eine gute Bekannte wurde, schrieb über ihn in ihren Jugenderinnerungen (Stuttgart 1909):

»Mein Vater war ein ausgesprochenes, aber ein liebenswürdiges Original. In der äußeren Erscheinung klein und behende, mit scharfen hellblauen Augen, die dabei etwas unendlich Gutherziges im Blick hatten, mit sehr schönen Händen und Füßen, war er, trotzdem er keine feinen Züge hatte, doch eine Persönlichkeit, die man nie ohne Interesse ansah. Sein Anzug zeigte peinliche Sorgfalt und Sauberkeit, er machte aber keine Mode mit, sondern behielt als alter

---

13 Tatsächlich erschien das Buch 1923 im Verlag Gregor Rogoff in Berlin. Neuauflage als eBook 2014 im Comino-Verlag: *Die Gestirne und die Weltgeschichte. Gedanken über Raum, Zeit und Ewigkeit.* Mit einem Geleitwort von Albert Einstein. Hrsg. von Werner Graf.

14 Jürgen Neffe sieht einen Einfluss auf den jungen Albert Einstein und schreibt über Ebertys Schrift: »Hier findet sich auch ein entscheidender Gedanke zur Speziellen Relativitätstheorie: Der Augenblick reist mit dem Licht.« Die wissenschaftliche Begründung für »derartige Phantastereien« habe dann später Einstein geliefert. (Jürgen Neffe: *Einstein. Eine Biographie.* Rowohlt, Reinbek bei Hamburg 2005, S. 79)

Herr genau denselben Rock und Kragenschnitt bei, den er als junger Referendar getragen hatte.

Mein Vater war wohl der vielseitig begabteste Mensch, der mir im Leben begegnet ist. Malerei, Holzschnitzerei und Modellieren, Musik, Philosophie und Naturwissenschaft, Mathematik und Sprachen – für dies alles flammte sein Interesse zeitweise ganz überwältigend auf, und er hat auf jedem der genannten Gebiete Hervorragendes geleistet. Ein Hauptreiz seines Wesens war seine gänzliche Unbefangenheit und Offenheit. Er legte wenig Wert auf Formen, tat was er mochte und wie er es mochte, und durfte sich in seinem unendlich großen Freundeskreis vieles erlauben, was bei manchem andern befremdet oder Anstoß erregt hätte.

Über allem, was er tat, sagte und unternahm, lag der Sonnenschein eines wahrhaft goldenen Humors, und seine Bemerkungen und Späße kamen immer so ungewollt, so frisch und lustig hervor wie ein sprudelnder Waldquell, dem man es auch nicht übelnimmt, wenn er einem hin und wieder ein paar Tropfen ins Gesicht spritzt. So hat meinem Vater auch nie oder kaum jemand etwas verdacht, und wenn es doch einmal geschah und er an dem Gesicht des Betreffenden merkte, dass dieser sich verletzt fühlte, dann konnte er in so herzgewinnender, wirklich kindlicher Weise sagen: ›Ach, das haben Sie mir doch nicht übelgenommen? das tut mir ja sehr leid‹, dass alles sich wieder in Frieden und Harmonie auflöste.«

In der ersten Veröffentlichung der Erinnerungen hat Felix Eberty darauf verzichtet, Namen zu nennen, die nicht der Geschichte angehören. Wir achten in diesem ergänzten Werke diese Zurückhaltung, weil auch sie dazu beiträgt, das Gesamtbild nicht in Einzelschilderungen aufzulösen.

Er selbst leitete seine Veröffentlichung mit folgenden Zeilen ein:

»Unsere schreibselige Zeit sorgt dafür, dass nichts, was von allgemeinem Interesse ist, für die Nachwelt verlorengeht. Große Menschen und große Begebenheiten werden von den verschiedensten Gesichtspunkten aus betrachtet, besprochen und dem Publikum vorgeführt. Dagegen gibt es viele kleine Dinge, welche für die Charakteristik eines gewissen Zeitabschnittes nicht entbehrt werden können, und die doch gar bald aus dem Gedächtnis verschwinden, zu schmerzlichem Bedauern desjenigen, der einmal später eine solche Vergangenheit zu schildern unternimmt.

Dies der Gesichtspunkt, aus welchem ich die Erinnerungen eines alten Berliners der Öffentlichkeit übergebe, mögen sie eine freundliche Aufnahme finden.

Breslau 1878«

Diesen Wunsch seines Großvaters bittet der Herausgeber wiederholen zu dürfen.

Berlin 1925 J. von Bülow

Jugenderinnerungen eines alten Berliners

Berlin vor fünfzig Jahren[15]

I.

Da ich im Januar 1812 geboren bin, so habe ich in der Tat die Befreiungskriege miterlebt; allerdings ohne es zu wissen, denn meine ersten deutlichen Erinnerungen datieren aus dem Jahre 1815. Aber die Phantasie des Kindes wurde doch durch die Erzählungen der Eltern und durch die Gespräche der anderen Hausgenossen mit Bildern aus jener großen Zeit erfüllt, von denen natürlicherweise nur solche haftenblieben, welche einem so zarten Alter angemessen waren.

Besonderes Interesse nahmen wir Kinder an den Kosaken, wenn wir hörten, wie sie unter freiem Himmel in den Straßen der Stadt gelagert, ihre Feuer angezündet und ihre Mahlzeiten gekocht; wie sie sich als Kinderfreunde erwiesen, in vollem Trabe von ihren Pferdchen herab kleine Knaben zu sich in den Sattel gehoben und mit ihnen umhergeritten, bis sie dieselben dann den geängstigten Eltern lachend zurückgebracht.

Man vergaß aber nicht hinzuzufügen, dass sie sich, trotz aller Liebenswürdigkeit, als arge Diebe ausgewiesen, vor denen besonders nichts Ess- und Trinkbares sicher war, und dass die Unsauberkeit ihrer Offiziere den Leuten, bei denen dieselben einquartiert waren, zu großer Plage gereicht habe. Dann wurde von der Zeit gesprochen, wo Berlin sich in den Händen der Franzosen befunden, von den unerhörten Anforderungen der übermütigen Eroberer, und ich erfuhr aus den Unterhaltungen der Erwachsenen, dass mein Vater,

---

15 Der Herausgeber der Ausgabe von 1925 addierte die seit der Erstveröffentlichung vergangene Zeit und gab dem Kapitel die Überschrift »Berlin vor hundert Jahren«.

der mehrere Häuser in der Stadt besessen, in welchen er fast hundert Mann Einquartierung zu erhalten hatte, genötigt worden war, diese Grundstücke um jeden Preis loszuschlagen, wobei er unter den obwaltenden Umständen eine so geringe Summe erhielt, dass er dadurch einen großen Teil seines Vermögens verlor.

Dann wieder erzählte eine Großtante von dem französischen Obrist, der bei ihren Eltern gewohnt, von dessen Liebenswürdigkeit und seiner bezaubernden Gestalt, wobei die alte Jungfrau ordentlich in Feuer geriet und rot wurde.

Mein Vater zeigte uns zuweilen einen großen dreieckigen Hut, einen Säbel und einen Spieß, den er als Bürgergardist getragen, und erlaubte mir in seltenen Fällen als Belohnung für besondere Artigkeiten, mich mit diesen Waffenstücken zu maskieren. Auch erzählte er, wie er im kalten Winter bei der Prinzessin Ferdinand, der Schwägerin Friedrichs des Großen, habe Wache stehen müssen, und wie dieselbe ihm eine warme Biersuppe in sein Schilderhaus geschickt.

Erinnerlich ist mir noch, dass man damals viel häufiger als nach dem Kriege von 1870 und 1871 durch den Anblick von Stelzfüßen an die Leiden der Verwundeten erinnert wurde. Wenn man jetzt weit seltener solche Holzbeine zu sehen bekommt, so ist das wohl eine Folge der großen Fortschritte, welche die Wundarzneikunst und die Mechanik der Bandagenverfertiger seitdem gemacht hat.

An diese Stelzfüße knüpft sich eine Anekdote, die ich nicht übergehen will. Unter den Linden saß jeden Tag auf einer bestimmten Bank ein von der Gicht ganz zusammengekrümmtes Mütterchen, deren Gestalt mir noch deutlich vor Augen steht, und die, obgleich ihr Kopf fast bis auf die Knie herabgebogen war, doch noch beständig Bälle für die Kinder mit bunter Wolle bestrickte und an die Spaziergänger verkaufte. Eines Tages sah sie einen Stelzfuß bei sich vorübergehen, den oberen Teil des Verwundeten konnte sie in ihrer gebückten Stellung nicht wahrnehmen. Sie griff in die Tasche und drückte dem Krieger ein Viergroschenstück in die Hand. Es ergab sich, dass sie das Almosen einem Obristen gereicht hatte, der, gerührt durch die gute Absicht, der Alten nicht nur den ganzen Vorrat an Bällen abkaufte, sondern auch für ihre Unterstützung sorgte, solange sie lebte.[16] Außerdem muss ich erwähnen, dass die Ritter des Eisernen Kreuzes damals mit viel größerer Ehrfurcht als heutzutage betrachtet wurden, was wohl darin seinen Grund hat, dass man in ihnen die Befreier des Vaterlandes von langem unerträglichen Drucke betrachtete. Das Unglück macht dankbar.

Niemals werde ich vergessen, wie ich den alten Blücher einmal gesehen habe. Gebückt ritt er, in grünem Überrock, aus einer Meerschaumpfeife rauchend, auf seinem großen Schimmel die Linden entlang, dem Tore zu. Das war eine doppelte Merkwürdigkeit; denn einen Mann in Berlin auf der Straße rauchend zu sehen, konnte für ebenso wunderbar gelten, als der Anblick des Marschall Vorwärts selbst. Tabak zu rauchen war nämlich nicht nur innerhalb der Stadt, sondern auch im Tiergarten bis zum Jahre 1848 streng verboten, obgleich man in den Alleen desselben oft eine Viertelstunde lang gehen konnte, ohne einem Menschen zu begegnen. Wer sich dennoch das Vergnügen machen wollte, sein Pfeifchen im Freien dampfen zu lassen, der spähte mit beständiger Angst nach allen Seiten, ob nicht ein Gendarm oder Polizeibeamter ihm auf den Fersen wäre; denn gerade dieses Rauchverbot schien das Personal der Sicherheitsbehörde am allermeisten zu beschäftigen, umso mehr, als mit der Anzeige gewisse Denunziationsgebühren verbunden waren. Beiläufig gesagt, kannte man Zigarren in Berlin in den zwanziger Jahren so gut wie gar nicht; und wurden dieselben nur als Scherz in einzelnen Exemplaren, mit einer eingesponnenen Federspule als Spitze, feilgehalten und gekauft, wogegen die Pfeife noch seit Friedrich Wilhelms I. Zeit in hohen Ehren stand.

Kommt uns heutzutage die Jagd auf einen rauchenden Spaziergänger ungemein lächerlich und kleinstädtisch vor, so müssen wir nicht vergessen, dass Berlin damals nach unseren jetzigen Begriffen durchaus noch keine große Stadt war, sondern weniger Häuser und Einwohner zählte als heutzutage Breslau. Der Raum, welchen die erst kürzlich gefallene Stadtmauer einschloss, war kaum zu zwei

16 (Originalfußnote in den Ausgaben von 1878 und 1925:) Ich sehe soeben, dass Karoline Bauer in ihren Memoiren dieselbe Anekdote erzählt, und nur aus dem Obristen einen General gemacht hat. [Karoline Bauer: *Aus meinem Bühnenleben.* 1. Aufl. Berlin 1871, Erg. d. Hrsg. W.G.]

Dritteilen mit Wohngebäuden bedeckt. Große Kornfelder und Gemüsegärten füllten die östliche Seite desselben aus, und nur auf der westlichen, vom Königstore bis zum Halleschen Tore, gingen die Straßen und Plätze ohne Unterbrechung bis an die Mauer. Das Anhaltische und das Neue Tor existierten noch nicht, sondern sind erst in späterer Zeit eröffnet worden. Hinter der Dorotheenstraße (damals Letzte Straße) zog sich vom Brandenburger Tore aus bis zur Weidendammer Brücke eine Reihe von Arbeitsplätzen und Gärten hin, von welchen der zur jetzigen Pepiniere[17], damals Branntweinbrenner Georgeschen Hause[18] gehörige, besonders groß und prachtvoll war. Die Verlängerung der Wilhelmstraße, jenseits der nördlichen Seite der Linden, die neue Wilhelmstraße, wurde damals erst erbaut und ihretwegen ein großes Portal in einem der Häuser Unter den Linden durchgebrochen. Das Gebäude des Charité-Krankenhauses stand inmitten von weiten Feldern, auf denen wir als Knaben Ball spielten und unsere Drachen steigen ließen.

Auch die Vorstädte Berlins sind fast alle entweder erst in neuerer Zeit entstanden oder aus ganz geringen Anfängen erweitert worden. Von dem Oranienburger Tor bis zur Königlichen Eisengießerei boten viele schöne Wiesen, die im Herbste überschwemmt wurden, zur Winterszeit die köstlichste spiegelglatte Schlittschuhbahn. An das Schönhauser Tor schloss sich von außen her das Vorwerk Niederschönhausen an. Das stattliche, zu demselben gehörende Wohngebäude lag in einem schönen Garten, umgeben von einer steinernen Mauer, auf deren Pfeilern Rokokofiguren allegorisch die vier Jahreszeiten und allerlei ländliche Beschäftigungen darstellten. Bis zum halben Wege nach Pankow sah man kaum ein einzelnes Haus. Der Begräbnisplatz der jüdischen Gemeinde ist erst später dorthin verlegt worden.

Die Chaussee wurde gebaut, als ich etwa zehn Jahre alt war, und mit Neugierde sahen wir bei unseren Spaziergängen der Anlage derselben zu und krochen durch die gemauerten Rinnen, welche

---

17 Pépinière, frz.: Baumschule, 1795 gegründete Anstalt zur Ausbildung von Militärärzten

18 Benjamin George (1739–1823), Branntweinbrenner, nicht zu verwechseln mit Benjamin George (1712–1771), Brauereibesitzer, Vater der Madame du Titre.

man als Wasserabflüsse unter der Straße durchführte und die bis zur Vollendung des Baues ganz trocken und sauber waren. Der Weg ist noch heut, im Jahre 1878, mit herrlichen alten Linden eingefasst, welche man, als der Fahrweg gerade und waagerecht gelegt wurde, teils ein paar Fuß hoch rings um den Stamm mit Erde bedeckte, teils so weit ausgraben musste, dass die Wurzeln entblößt zutage kamen, die man alsdann in Kästen fasste, so dass die Bäume aussahen, als ständen sie in großen Blumenkübeln.

Vor dem Prenzlauer und Landsberger Tore sah es besonders wüst aus. Sandwege, bei schlechtem Wetter wahre Kotlöcher, führten durch die unfruchtbare, von kleinen Anhöhen unterbrochene Gegend. Das ganze Häusermeer, welches sich vor dem Potsdamer und Halleschen Tore bis zum Kreuzberge, dem Botanischen und dem Zoologischen Garten erstreckt, war noch nicht vorhanden. Der Zoologische Garten, damals Königliche Fasanerie, lag auf einem Wege, der durch den Tiergarten nach Charlottenburg führt, und den zu passieren es besonderer Erlaubnis und des Schlüssels zu einem Schlagbaum bedurfte, weil man auf diesem Wege das Chausseehaus umging und die daselbst zu entrichtende kleine Abgabe ersparte.

Innerhalb der Stadt war das Straßenpflaster teilweise erbärmlich. Trottoirs zu legen begann man erst sehr allmählich. Die Beleuchtung bei Nacht blieb weit hinter dem zurück, was jetzt die kleinsten Städte leisten. In weiten Zwischenräumen wiegten sich vereinzelte Öllampen in der Mitte von eisernen Ketten, die über die Straßen weg gespannt waren, und im Winde ein melancholisches Gequieke hören ließen und so spärliches Licht verbreiteten, dass die meisten Leute abends mit Laternen in der Hand gingen oder sich solche vorantragen ließen.

Während der Sommermonate gab es gar keine Straßenbeleuchtung – die lange Abenddämmerung und der Mond wurden als genügende Stellvertreter für dieselbe angesehen. Männer, deren Kleidung so von Fett getränkt war, dass sie spiegelblank erschien, reinigten die Straßenlampen. Es war ein Lieblingswitz der Jungen, diesen geplagten Leuten zuzurufen: »Mal Schliddern vor'n Sechser!«, wodurch angedeutet wurde, dass, wenn sie sich hinlegten, man auf ihnen, wie auf einer kleinen Eisbahn dahingleiten konnte.

Fluren und Treppen im Innern der Häuser zu beleuchten, daran dachte kaum jemand, obgleich die Treppen vielfach so unzweckmäßig angelegt waren, dass man sich schon bei Tage kaum ohne Licht hinauffinden konnte. Erst 1826 wurden in Berlin die ersten Gasflammen angezündet.

Außer den erwähnten Lampenputzern fehlte es auf den Straßen der Residenz auch sonst nicht an Figuren, die heutzutage vollständig von der Bildfläche verschwunden sind. Da gab es zum Beispiel, weil viele Leute, namentlich alte Herren, sich noch täglich den Kopf pudern und pomadisieren ließen, Friseure, die mit eigentümlich eiliger Geschäftigkeit umherliefen, von oben bis unten wie mit Mehl bestreut, an den Röcken weite Seitentaschen tragend, aus denen Brenneisen, Scheren und Kämme hervorragten, der bekannteste unter ihnen war der Theaterfriseur Schulze, der beständig in einem kurzen Zuckeltrabe lief, als wenn er fürchtete, überall zu spät zu kommen. Eines Tages rief demselben ein Spaßvogel aus dem Fenster nach: »Hören Sie einmal!« und, als jener stillstand: »Haben Sie Zeit?« Schulze, der einen neuen Kunden zu erhalten hofft, erwiderte eifrig: »Jawohl!« »Nun, warum laufen Sie denn so?«, sagte der andere und warf das Fenster zu. Der bekannte Philologe Buttmann, den man nach dem weiten lotterigen Anzuge, den er zu tragen pflegte, und wegen seiner eiligen Art zu gehen, wohl für einen solchen Friseur halten konnte, wurde einst ebenfalls aus einem Hause angerufen und von einem Herrn gefragt, ob er ihm die Haare schneiden wolle? Buttmann erwiderte: »Jawohl!«, kam herauf, bat um eine Schere, weil er die seinige vergessen habe, und schnitt dem unvorsichtigen Besteller die Haare ratzekahl vom Kopfe. Als der so Verunstaltete sich im Spiegel besah und gewahrte, wie er zugerichtet worden, rief er in vollster Wut: »Aber Sie können ja gar nicht Haare schneiden!« Worauf Buttmann lächelnd antwortete: »Sie haben mich ja nicht gefragt, ob ich kann, sondern nur, ob ich will! Ich bin der Professor Buttmann!«

Von jenen alten Herren, die sich noch täglich Puder aufstreuen ließen, ist mir unter anderen ein Buchhändler La Garde erinnerlich, der mit meinem Vater befreundet war. Dieser höchst gebildete, liebenswürdige Mann hatte, um das hier beiläufig zu erwähnen, die

Sonderbarkeit, dass Musik ihm nicht nur gleichgültig, sondern geradezu unangenehm war. Er erklärte die Harmonie der Töne für ein störendes, unbequemes Geräusch, das jedem vernünftigen Gespräche hinderlich sei, und Virtuosen und Dilettanten waren ihm gleich verhasst. »Komme ich«, sagte er einmal, »in ein Zimmer, wo ein Klavier steht, so kehre ich wieder um; ebenso wenn ich einen Violinkasten liegen sehe. Vor diesen Instrumenten kann man sich retten; aber eine Flöte, das ist das Schlimmste; so ein Ding zieht einer aus der Tasche, ehe man es gewahr wird!« Man muss sich erinnern, dass Flöte und Gitarre damals sehr gewöhnliche, salonfähige Instrumente waren, mit denen der Gesang der Damen begleitet wurde.

Neben den Friseuren, die uns auf diesen Herrn La Garde gebracht, bildeten auch die Briefträger auffallende Straßenfiguren. Sie trugen damals lange, bis auf die Waden herabhängende, unten ganz spitz zulaufende Frackröcke mit orangefarbenen Kragen und Aufschlägen, und auf der Brust ein umfangreiches silbernes Schild, mit dem königlichen Wappen und dem Posthorn darunter. Keine Staatseinrichtung hat sich seitdem in solchem Maße erweitert und vervollkommnet wie die Post. Bis Nagler[19] 1821 zum Chef dieses Departements ernannt wurde, stand dasselbe unter einem Herrn von Segebarth, welcher der sprichwörtlich gewordenen Grobheit seiner Unterbeamten keinen Einhalt tat. Damals waren die Fahrposten noch offene Bretterwagen, die auf der Straße des Nachts liegenblieben und erst am anderen Morgen weiterfuhren.

Nagler reformierte gründlich. Die Briefe, die bisher nur zwei- oder dreimal in der Woche nach Königsberg und Köln abgingen, wurden nunmehr täglich befördert; und der bekannte Ausdruck »Posttag« verlor seine Bedeutung. Für die Reisenden richtete er die berühmten Schnellpostwagen ein, welche man wie ein Wunder der Bequemlichkeit und Schnelligkeit anstaunte. In der Tat fuhren sie ununterbrochen so rasch, dass man nach drei Tagen und vier Nächten in Köln ankam. Sechs bis acht Personen saßen im Innern des Hauptwagens, zwei auf dem verdeckten Bock neben einem Kon-

19 Karl Ferdinand Friedrich von Nagler (1770–1846), gilt als der Begründer des modernen Postwesens.

dukteur; die übrigen Passagiere wurden in Beichaisen[20] befördert, deren, zum Beispiel zur Zeit der Leipziger Messe, oft zwölf und noch mehrere waren.

Das Briefporto blieb nach wie vor sehr teuer. Ein Brief nach Bonn kostete 9 Silbergroschen, einer nach Paris 17 1/2. Damals lohnte es immerhin, ordentliche Briefe zu schreiben; auch ergriff man jede Gelegenheit, seine Korrespondenz durch die Güte eines nach dem Bestimmungsort Reisenden besorgen zu lassen, was aber, wenn es entdeckt wurde, strenge Bestrafung nach sich zog. In Berlin gab es weder eine Stadtpost noch Briefkasten, und der schriftliche Verkehr war den Menschen überhaupt nicht bequem gemacht.

Jeder Brief musste in ein selbst angefertigtes Kuvert gesteckt, versiegelt und persönlich oder durch einen Boten nach dem Generalpostamt in der Königstraße getragen werden. Fertige Briefkuverts konnte man nirgends kaufen. Die ersten Briefbogen mit Namensschiffre habe ich 1836 in Paris gesehen. Jede Bestellung und Mitteilung in der Stadt erforderte einen Boten, was so unbequem war, dass man zu Erleichterungsmitteln griff, die uns heut sehr seltsam erscheinen. So findet sich zum Beispiel in den damaligen Zeitungen die Aufforderung eines Wohnungsvermieters an die Hausbesitzer, ihm anzuzeigen, wenn ein Quartier leer würde. Sollten sie zu weit entfernt wohnen, so könnten sie ihre Anzeige bei einem von zwölf aufgeführten Herren machen, die in den verschiedensten Stadtteilen wohnten. Ein anderes ähnliches Vermietungskontor verspricht in derselben Zeitungsnummer jedem Boten, der eine solche Anzeige bringt, zwei gute Groschen.

Es gab nämlich gute Groschen und Münzgroschen; von den ersteren gingen 24, von den letzteren 42 auf den Taler, so dass 4 gute Groschen gleich 7 Groschen Münze waren. Die Einführung der Silbergroschen, 30 auf einen Taler, erfolgte dann später und hat leider jetzt unseren so höchst unzweckmäßigen silbernen und Nickel-Reichsmünzen weichen müssen. Jene Münzgroschen besaßen einen äußerst geringen Silbergehalt, wovon die Engländer Nutzen zogen, indem sie während oder bald nach den Kriegsjahren gleiche

20 Kutschen, die zusätzlich zur regulären Postkutsche eingesetzt wurden, wenn mehr Personen oder Gepäck zu befördern waren.

Münzen prägten und eine ganze Schiffsladung davon nach Preußen einschmuggelten.

Während der Generalpostmeister Nagler auf alle Weise das ihm untergebene Departement zu verbessern suchte, war er aber auch darauf bedacht, den sich dabei ergebenden Gewinn mit keiner anderen Behörde, noch weniger mit Privatpersonen zu teilen. Infolge davon war bei ihm das Bestreben, jede Konkurrenz anderer Fuhrwerke mit der Post zu verhindern, fast zur fixen Idee geworden, und bewog ihn, viele für das Publikum im höchsten Grade beschwerliche Anordnungen zu treffen.

Niemand zum Beispiel, der mit der Post irgendwo ankam, durfte an demselben Tage mit einem Lohnfuhrmann weiterfahren. Diesen letzteren hatte er bei schwerer Strafe verboten, Pakete oder gar Briefe zu befördern; sie mussten immer mit denselben Pferden fahren und durften unterwegs keine anderen vorspannen, und was dergleichen mehr war.

Wie weit bei Nagler diese Eifersucht ging, davon hat mir einer meiner Freunde aus seinen Erlebnissen das folgende Beispiel mitgeteilt: Derselbe wollte mit seiner Familie, die aus mehreren Kindern und Dienstboten bestand, von Berlin nach Schlesien reisen und hatte berechnet, dass, wenn er sein aus acht Köpfen bestehendes Häuflein auf sechs Billette mit der Schnellpost befördern dürfte, dies billiger zu stehen käme, als das Mieten eines Lohnwagens. Er begab sich auf das Generalpostamt und erkundigte sich deshalb in einem Bureau. »Haben Sie einen gesetzlichen Anspruch auf solche Vergünstigung?«, fragte man ihn. Als er dies verneinte, sagte der Beamte: »Nun, dann ist daran gar nicht zu denken.« Mein Freund wollte sich entfernen; aber als er im Begriff war, zur Tür hinauszugehen, wurde er zurückgerufen und ein anderer Beamter sagte sehr höflich: »Gehen Sie doch hinauf zu Seiner Exzellenz dem Generalpostmeister und tragen demselben Ihr Gesuch vor!« Meinem Freunde schien es nicht passend, einen so hochgestellten Mann mit solcher Kleinigkeit zu behelligen, doch wurde er wiederholt so dringend aufgefordert, diesen Schritt zu tun, dass er zuletzt nachgab. Bei Nagler vorgelassen, fragte ihn dieser ebenfalls, ob irgendein rechtlicher Anspruch vorliege, und als dies verneint wurde, meinten Seine

Exzellenz sehr ärgerlich: »Dann begreife ich aber gar nicht, wie Sie dazu kommen, so etwas von mir zu verlangen!« Weil mein Freund nun erklärte, er habe sich diese Freiheit nur auf ausdrückliches Begehren des Postsekretärs genommen, bitte deshalb um Verzeihung und sehe jetzt ein, dass er, da die Beförderung durch die Schnellpost ihm zu teuer komme, einen Lohnfuhrmann nehmen müsse, wurde Nagler bei diesen Worten plötzlich ganz erregt, und mit völlig verändertem Tone bat er den Antragsteller, sein Gesuch nur auf irgendeinem Blatt Papier schriftlich anzubringen, er solle dann sogleich Bescheid erhalten. Das tat jener, schrieb unten in einem Bureau sein Verlangen nieder und trug es zum Generalpostmeister hinauf. Zwei Stunden später wurde ihm eine große untersiegelte Verfügung Seiner Exzellenz ins Haus gebracht, laut welcher er, gegen Vorzeigung derselben, mit seiner ganzen Gesellschaft als sechs Personen behandelt werden, und nur für so viele zu bezahlen haben sollte; worauf denn auch die Reise glücklich vonstatten ging. Das alles geschah nur, um einem Lohnfuhrmann den kleinen Verdienst nicht zu gönnen.

An dieses Post- und Reisespiel sei mir gestattet, ein von mir selbst erlebtes Abenteuer anzuknüpfen.

Vor langen Jahren fuhr ich einmal von Hirschberg mit der Fahrpost nach Berlin. Die Schnellpost war für die Tour noch nicht eingerichtet. Im Wagen saßen eine Menge Soldaten, die schlechten Tabak rauchten und mich 32 Stunden lang, soviel Zeit brauchte man für diese Reise, eindampften. Völlig erschöpft und mit schmerzendem Kopfe gelangte ich nach Berlin und fand daselbst zwei Passagierstuben, wo man ausruhen konnte, bis eine Droschke besorgt war. Über der Tür des einen Zimmers stand: »Für Fahrpostreisende«, über der des anderen »Für Schnellpostreisende«. In das erste begab sich die ganze Soldateska. Ich ging in das andere und setzte mich auf eine daselbst befindliche hartgepolsterte Lederbank. Sogleich aber erschien ein Postbeamter, der mich in barschem Tone fragte: »Sind Sie mit der Fahrpost gekommen?« – »Jawohl!« – »Nun, dann gehören Sie dort hinein!« Ich: »Bitte, ich bin sehr erschöpft, drüben ist alles voll Lärmen und Qualm, ich möchte ein wenig ausruhen.« Darauf der andere: »Ach was, da könnte jeder kommen, machen Sie schnell und gehen Sie dahin, wo Sie hingehören.« Ich parlamentierte noch eine Weile, aber der Beamte wurde immer gröber. Da kam mir plötzlich ein rettender Gedanke. Ich griff in die Tasche und drückte dem Zerberus ein Viergroschenstück in die Hand. Sofort verwandelte sich ohne allen Übergang seine bärbeißige Miene in die allerfreundlichste, und mit grüßender Handbewegung sagte er: »Ja, ja! Machen Sie es sich bequem, ruhen Sie sich aus! Darf ich Ihnen vielleicht eine Tasse Kaffee bestellen?« Das nahm ich dankend an, er besorgte mir nachher noch eine Droschke, und wir schieden als die besten Freunde.

II.

Erst nachdem die französische Besatzung im Dezember 1808 Berlin verlassen, konnte man allmählich übersehen, welche Verluste die Stadt und jeder einzelne aus der Bürgerschaft erlitten hatte. Dieselben waren so groß und wirkten auf die Bevölkerung so nachhaltig, dass jedermann bis in die zweite Hälfte der zwanziger Jahre genötigt war, die größte Sparsamkeit zu üben.

Wie einfach man durchweg, auch in sonst wohlhabenden Häusern lebte, ist im Hinblick auf den heutzutage überall herrschenden Luxus kaum glaublich.

Abends zwei Talglichter anzuzünden, war schon etwas Ungewöhnliches. Die meisten Familien saßen um einen runden Tisch, in dessen Mitte eine solche Kerze aufgepflanzt war. An den Seiten derselben lief das geschmolzene Fett herunter und bildete kleine Figuren gleich abgeschälten Walnüssen. Der Docht musste beständig mit der Lichtschere in Ordnung gehalten werden, einem Instrumente, welches heutzutage fast aus der Welt verschwunden ist, damals aber so unentbehrlich war, dass man sogar Staat damit trieb, und Lichtscheren von schön damasziertem Stahl und von Silber verfertigte. Allgemeine Bewunderung erregte die Erfindung, mittelst deren beim Putzen des Lichts sich aus der Mitte des Kastens eine Scheidewand erhob, die das abgeschnittene Stückchen Docht in eine Art von kleinem Verlies einsperrte, damit es nicht, was sonst oft genug geschah, glimmend und sengend auf den Tisch fiele und den übelsten Geruch verbreitete. Die erste sogenannte Sinumbra oder Astrallampe[21] erhielten meine Eltern von einem reichen Verwandten zum Geschenke, doch wurde dieselbe nur angezündet, wenn Gäste kamen.

Nicht bloß in Bezug auf Beleuchtung, sondern auch was Speise und Trank betrifft, war man im Vergleich mit der jetzigen Zeit unendlich anspruchslos; sowohl wenn die Familie allein war, als auch beim Empfang von Freunden. Zwar gab jeder wohl im Jahre eine oder zwei größere Gastereien[22], wo es hoch herging, aber bei den gewöhnlichen geselligen Abendzusammenkünften begnügte man sich abends mit einer Tasse Tee und Butterbrot und setzte einige sehr zierlich, aber auch recht sparsam mit Wurstscheibchen, Braten und Schinkenschnitten belegte Teller auf die Tafel. Wein wurde nicht gereicht, sondern man erlabte sich an einem Glase Bier, von welchem Getränk damals in Berlin sehr vorzügliche Sorten zu haben waren. Das bayrische Bier hat leider die meisten dieser trefflichen und wohlschmeckenden Brauerzeugnisse verdrängt. Mannheimer, Stettiner, Grünthaler Bier kennt man heut kaum dem Namen nach. Nur das berühmte Weißbier findet sich noch an vereinzelten Stellen in alter Vortrefflichkeit.

Kuchenfreunde waren die damaligen Berliner ebenso gut wie die heutigen, und es gab verschiedene treffliche Konditoreien. Vor allem beliebt und berühmt war der Jostysche Laden[23] unter der Stechbahn[24], nicht an der Ecke, wo derselbe sich später befand, sondern

---

21 Sinumbra (lat.: ohne Schatten), Petroleumlampe, die konstruktionsbedingt kaum Schatten wirft, dargestellt im Gemälde von John Bradley *Boy with Sinumbra Lamp* (1840).

22 veraltet für üppiges Gastmahl

23 Die Schweizer Brüder Daniel und Johann Josty gründeten 1812 das Café Josty, das später bei Künstlern sehr beliebt war. Ebertys Beschreibung zufolge war das erste Lokal nicht an der Ecke, also An der Stechbahn 1, wie in der Literatur oft angegeben. Umzüge, die Gründung von Filialen in anderen Stadtteilen, Eigentümerwechsel und Modernisierungen änderten nichts an seiner Beliebheit. Selbst heute trägt ein Restaurant im Sony-Center am Potsdamer Platz den berühmten Namen Josty.

24 Die Straße An der Stechbahn lag am westlichen Rand des Schloss-

ziemlich in der Mitte der jetzt zum Teil abgebrochenen Bogengänge. Das Lokal bestand aus einem einzigen kleinen Zimmer, welches, namentlich in Vormittagsstunden, stets überfüllt war, besonders auch durch die Offiziere, die von der Parade kamen, und die damals noch mehr Zeit hatten, als ihnen jetzt gegönnt ist. Alles, was man bei Josty bekam, war vortrefflich, die Schokolade geradezu klassisch, und für wenige Groschen fanden die Berliner hier reichen Genuss.

Einfach wie die Bewirtung war auch die Zimmereinrichtung bei den meisten Bürgerfamilien. Flügeltüren hatten nur sehr reiche und vornehme Leute, parkettierte Fußböden sah man fast nur in Schlössern und Palästen. Flügelfortepianos fanden in den beschränkten Räumen nicht Platz, man bediente sich allgemein der jetzt mit Unrecht aus der Mode gekommenen tafelförmigen Klaviere, die durch die sogenannten Pianinos keineswegs ersetzt werden.

Wer es irgend möglich machen konnte, besaß in seiner Wohnung eine Putzstube (der Schlesier nennt es die gute Stube), in welcher die besten Möbel und Geräte aufgestellt waren, für gewöhnlich gegen Rauch und Staub sorgfältig eingehüllt, bis bei festlicher Gelegenheit den erstaunten Gästen die Schätze gezeigt wurden. Zu einem unerlässlichen Zierrat der Putzstube gehörte die Servante, das heißt ein Gestell in beliebiger Form oder auch ein Glasschrank, wo sich verschiedene Bretter übereinander befanden, auf welchen Silbergeschirr, besonders aber schön gemalte Porzellantassen aufgestellt wurden, mit denen man Luxus trieb, und um deren Anzahl die Frauen einander beneideten. Das war für Freunde und Bekannte des Hauses in manchen Fällen sehr bequem; man wusste, was man zu Geburtstagen und bei ähnlichen Gelegenheiten zu schenken hatte.

Möbel von Mahagoniholz fingen erst allmählich an, in Berlin gebräuchlich zu werden, während man in England und auch in Hamburg sich derselben schon lange bediente. Knaben erzählten einander prahlend, wenn der Vater einen Tisch von diesem kostbaren Material angeschafft hatte. Wandspiegel aus einem Stücke sah man nur in königlichen Schlössern, und die großen Fensterscheiben,

---

platzes. Dieser Ort war bereits im 16. Jahrhundert als Turnierplatz für sogenannte Ringelstech-Turniere genutzt worden. 1962 wurde die Straße im Rahmen einer Neubebauung eingezogen.

ohne die jetzt fast kein Neubau mehr ausgeführt wird, waren damals noch so unbekannt, dass ich mich sehr wohl der Zeit erinnere, wo in ganz Berlin eine einzige solche Scheibe existierte und zwar im Besitz der Prinzessin Karl von Preußen, nach deren Palais man wanderte, um das Wunder von der Straße aus zu betrachten.

In diesem Zusammenhang möchte ich gleich noch eines andern Hauses gedenken, das mein Onkel Victor Ebers[25], der Vater[26] des bekannten Dichters Georg Ebers[27], besaß. Die Eberssche Villa war durch den herrlichen Rosenflor des Gartens berühmt, den auch die königliche Familie gelegentlich gern in Augenschein nahm. Es mag hier alsbald eingeschaltet werden, was von diesem Victor Ebers und seiner Familie, die auf meine Lebensschicksale wenig oder gar keinen Einfluss hatten, zu sagen ist. Der Onkel Ebers besaß eine große Tabakfabrik, die aber nicht unter seinem Namen geführt wurde[28], und von der in seinem prachtvollen Haushalte überhaupt nicht viel gesprochen wurde. Seine Wohnung in der Stadt, Unter den Linden 15 gelegen, wo er ein ganzes Haus allein innehatte, war in ihrer Art ebenso prächtig eingerichtet wie das Beersche Haus im Tiergarten, namentlich machte es durch Dinge von sich reden, die heutzutage ganz alltäglich sind, damals aber als ein fast unsinniger Luxus bezeichnet wurden, wodurch der Abstand der häuslichen Gewohnheiten von damals und jetzt recht anschaulich sind. Ebers

---

25 Geboren als Veitel Heymann Ephraim nannte er sich ab 1816 Victor Ebers (1776–1832). Er wohnte laut Berliner Adressbuch Unter den Linden 15. Er war nicht Felix Ebertys Onkel, sondern Cousin 3. Grades.

26 Der Vater des Dichters Georg Ebers war Meier Moses Ephraim, der sich später Moritz Georg Ebers (1802–1837) nannte, der Bruder von Victor Ebers. Georg Ebers selbst schildert in seinen Lebenserinnerungen die Tatsache, dass sein Vater Moritz kurz vor seiner Geburt starb.

27 Georg Ebers (1837–1898), als Ägyptologe schrieb er historische Romane und populärwissenschaftliche Bücher, womit er die Ägyptologie im ausgehenden 19. Jahrhundert populär machte.

28 Dabei handelte es sich um die Fa. Carl Heinrich Ulrici u. Co., die zweitgrößte Tabakmanufaktur Berlins (siehe Rolf Straubel: *Kaufleute und Manufakturunternehmer: eine empirische Untersuchung über die sozialen Träger von Handel und Großgewerbe in den mittleren preußischen Provinzen (1763 bis 1815)*, Franz Steiner Verlag, Stuttgart 1995, S. 141.

hatte nämlich eines seiner Zimmer ganz weiß tapezieren lassen, was man bisher noch nirgends in Berlin gesehen. Viele Personen schüttelten über eine so unmäßige Verschwendung die Köpfe, was auch in einer Zeit nicht zu verwundern ist, in der die meisten, auch die reicheren Familien sich einer sehr genauen Sparsamkeit befleißigten.

Der Mangel an vielen Luxusgegenständen, die uns jetzt zum Bedürfnis geworden sind, war zu ertragen, aber man staunt, wenn die allergewöhnlichsten Lebensbequemlichkeiten genannt werden, die noch vor 50 bis 60 Jahren in Berlin gänzlich fehlten. Von Eisenbahnen und Telegraphen war natürlich keine Rede, denn das sind Erfindungen neueren Datums. Aber wir sind an alles das schon so sehr gewöhnt, dass wir uns die Nachteile, ja den Jammer gar nicht vorstellen können, welchen die damaligen unvollkommenen Verkehrsmittel im Gefolge hatten. Wohnte zum Beispiel ein naher Familienangehöriger in Köln, so konnte man, wenn derselbe erkrankte, selbst nach der 1821 erfolgten Einführung der Schnellpost, erst vier Tage später davon brieflich in Kenntnis gesetzt werden, und nach anderweiten vier Tagen bei ihm sein, um ihn zu pflegen; wobei noch nicht einmal in Betracht gezogen ist, dass die Post nicht täglich, sondern nur drei- bis viermal die Woche nach Köln ging. Auch geschäftlich gab das Unzuträglichkeiten, die jetzt für Handel und Verkehr geradezu vernichtend wären. Hatte man zum Beispiel brieflich einen Auftrag gegeben und es ereignete sich ein Zwischenfall, der die augenblickliche Zurücknahme oder Abänderung der Order nötig machte, so war dies nicht auszuführen; ganz zu schweigen von den kleinen Annehmlichkeiten, die der Telegraph uns täglich gewährt, und auf die man vor 50 Jahren verzichten musste.

Optische Telegraphen gab es zwar schon im 17. Jahrhundert, aber erst viel später kamen dieselben, und zwar in Frankreich, in allgemeinere Aufnahme. Der Berliner optische Telegraph, welcher, wie ich glaube, in den zwanziger Jahren auf dem Turm der alten Sternwarte in der Dorotheenstraße aufgestellt wurde, bestand aus einem zwanzig Fuß hohem Mast, mit sechs schwer beweglichen Armen. Es dauerte oft mehrere Minuten, bevor auch die kürzeste Mitteilung gemacht werden konnte, und eine gleiche Zeit erforderte jede der fünfzig Stationen zwischen Berlin und Köln. Eine wesentliche Verbesserung zur Handhabung der Arme und zugleich eine höchst sinnreiche Vorrichtung für Nachttelegraphen erfand etwas später Herr G. A. Treutler, damals in Berlin wohnhaft. Diese Erfindung, welche noch jetzt bei mehreren Eisenbahnen in Gebrauch ist, wurde dem Staate angeboten; allein die Behörden machten so viele, ganz unverständige Schwierigkeiten und verschleppten die Sache dermaßen, dass der zur Verzweiflung gebrachte Erfinder seinen Antrag zurückzog. Es war ein Beispiel dafür, wie nicht allein in England, sondern auch bei uns, die Beamten jeden Erfinder einer Neuerung, der ihren Schlendrian und ihre hergebrachten Gewohnheiten störte, und eine neue Tätigkeit von ihnen verlangte, fast wie einen Verbrecher behandelten. Boz[29] hat auch für diese Misere in seinem Roman *Little Dorrit* ein kostbares ergötzliches Exempel statuiert.

Abgesehen von ihrer Schwerfälligkeit und davon, dass sie nur in den Tagesstunden gebraucht werden konnten, waren die alten Telegraphen ausschließlich für Staatszwecke bestimmt, und es wurde als ein Beweis besonderer Gnade erzählt, dass der König einmal einen General von dem Befinden seiner in Koblenz erkrankten Gemahlin durch den Telegraphen in Kenntnis setzen ließ. Dass einst auch Schuster und Schneider sich desselben bedienen würden, kam niemandem in den Sinn, und erst die elektrischen Telegraphen bewirkten ein solches Wunder.

Eine andere, ebenso staunenswürdige menschliche Erfindung und Entdeckung, die Lichtbilder, war damals ebenfalls noch unbekannt. Daguerre[30] fertigte dieselben zuerst 1838 oder 1839 an, und nach der Beschreibung stellte der Mechaniker Dörffel[31] Unter den Linden das erste Daguerrotyp, ein Bild des Geländers der neuen Schlossbrücke dar. Die Silberplatte, auf welcher das geschah, war blitzblau und musste nach allen Seiten gedreht und gewendet werden, bis man etwas unterscheiden konnte. Die nächsten Bilder waren schon besser, und ich besitze selbst eins derselben aus dem Jahre 1840. Die Aufnahme dauerte damals noch eine Viertelstunde,

---

29 Pseudonym von Charles Dickens

30 Louis Daguerre (1787–1851), Erfinder des ersten kommerziellen fotografischen Verfahrens, der Daguerreotypie

31 Dörffel, Carl Theodor (1810-1878), Unter den Linden 46

so dass nur leblose Gegenstände dargestellt werden konnten. Kopfschüttelnd fragte man sich, ob es wohl jemals gelingen würde, auf diesem Wege ein Porträt zu erzeugen? Fürst Metternich ließ ein Bauernmädchen eine Viertelstunde lang still sitzen; und in der Tat hielt die junge Person eine solche Tortur so tapfer aus, dass ein vortreffliches Bild entstand, welches später in Berlin bei dem Kunsthändler Sachse gezeigt wurde. Von da ab entwickelte sich die Erfindung schnell durch verschiedene Stadien zu ihrer jetzigen Höhe.

Wir sind lange nicht dankbar genug dafür, dass dergleichen uns als etwas Alltägliches zu Gebote steht. Wie schwer, ja unmöglich, war es vormals, besonders für unbemittelte Personen, sich ein ähnliches Bild von einem geliebten Angehörigen zu verschaffen! Und wie tröstlich sind für uns die Photographien, welche die Züge teurer Verstorbener vergegenwärtigen! Ein englischer Geistlicher pflegte jeden Sonntag auf der Kanzel dem lieben Gott dafür zu danken, dass er Männer erschaffen habe, die Wörterbücher machen – wir sollten täglich mit Dank gegen die Vorsehung daran denken, dass wir in einer Zeit leben, wo es Telegraphen und Photographen gibt?

Wollte man tiefer herabsteigen und alle kleineren Annehmlichkeiten erwähnen, die man damals entbehrte, so wäre kein Ende zu finden. Wir beschränken uns deshalb auf wenige Beispiele. Zu den unentbehrlichsten häuslichen Bedürfnissen zählen für uns die Streichhölzer. Dergleichen gab es, als ich jung war, noch gar keine, sondern man bediente sich der eigentlichen Schwefelhölzer, das heißt ungeschickter Holzspänchen mit einer Kuppe von Schwefel. Man tauchte dieselben in ein mit Schwefelsäure gefülltes Fläschchen, wobei die Flüssigkeit oft umherspritzte und Kleider und Möbel verdarb. Als herrlichen Fortschritt pries man die Erfindung, mittels deren in die Fläschchen Asbest getan und dieser mit Schwefelsäure getränkt wurde, so dass das Verspritzen aufhörte. Noch später erhielten die Hölzchen eine bessere Gestalt und man geriet, um mit Schiller zu reden, in ekstatische Verzückung, als ganz runde Schwefelhölzer fabriziert wurden, die man allerdings teuer bezahlen musste. Reibhölzer kamen viel später auf, und bekanntlich ist es erst in neuerer Zeit den Schweden gelungen, die Erfindung ihrer Vollendung und Vollkommenheit nahe zu bringen.

Übrigens waren die Schwefelhölzer nur für den Hausherrn und dessen Familie bestimmt. In der Küche, auch bei meinen Eltern, wurde das Feuer mittels Zunders angemacht. Man ließ alte Leinwand verkohlen und bewahrte dieselbe in einer Blechbüchse auf. Mit Hilfe von Stahl und Feuerstein wurden Funken geschlagen und durch dieselben der Zunder zum Glimmen gebracht, alsdann angeblasen und ein in Schwefel getauchter Baumwollfaden, der sogenannte Schwefelfaden, in die Glut getan, wodurch dann endlich eine bläuliche, scharf riechende Flamme entstand.

Die Tabakraucher bedienten sich des Feuerschwammes, der ebenfalls durch Stahl und Stein zum Glimmen kam und in der Regel die Nase nicht wenig belästigte. An den Straßenecken saßen alte Männer vor kleinen Tischen, auf denen sie diese Schwämme feilboten.

Auch die Heizungsvorrichtung in den Zimmern war noch sehr unvollkommen. Man hatte häufig Öfen mit etwas rauer Oberfläche von Gips, die dann bunt bemalt wurden. Die Kachelöfen waren nur in den besseren Zimmern weiß, in den übrigen braun oder grün. Der Töpfermeister Feilner[32] in der Hasenhegergasse führte zuerst die sogenannten Porzellanöfen ein. Viele Öfen wurden von außen geheizt, wodurch nicht nur unendliches Feuerungsmaterial draufging, sondern auch die heilsame Luftreinigung durch Ventilation gehindert war. Dafür räucherte man viel mit duftigen Essenzen, unter denen besonders das jetzt noch vorkommende Königsräucherpulver beliebt war. Bei den Vornehmeren fand man fast überall Vasen mit Potpourri, aus gesalzenen Rosen- und anderen wohlriechenden Blättern bestehend, welche die Hausfrauen sammelten und zurichteten.

Unendliche Weitläufigkeiten machte auch die Wäsche. In jenen Tagen setzten noch die Frauen ihren Stolz in den Besitz großer, gefüllter Wäscheschränke, die sie oft von Eltern und Großeltern

---

32 Tobias Feilner (1773–1839) übernahm 1813 in Berlin eine Tonwarenfabrik und baute sie zu einem Betrieb mit 120 Mitarbeitern aus. Die Erzeugnisse seiner Tonwarenfabrik waren eine wesentliche Voraussetzung für die Wiederbelebung der preußischen Backsteinbaukunst durch Karl Friedrich Schinkel, mit dem er die Form des Berliner Kachelofens entwickelte. Die Hasenhegerstraße heißt seit 1848 Feilnerstraße.

überkommen hatten. Man sah in vielen Familien dergleichen aus altem Eichenholz herrlich geschnitzt und eingelegt, wie sie heutzutage mit Hunderten von Talern bezahlt werden, damals aber, für alt und unmodisch erklärt, keine Beachtung fanden und bei einem Umzuge oder einem Todesfall für ganz geringes Geld verschleudert wurden. In diesen geräumigen Behältnissen lag Leib- und Tischwäsche zu Dutzenden und aber Dutzenden aufgespeichert, und weil der Vorrat unerschöpflich war und man die bequeme Sitte noch nicht kannte, das Waschen in großen Anstalten außerhalb des Hauses besorgen zu lassen, so hatten die wohlhabenderen Bürgerfrauen und auch die vornehmen, die auf gute alte Sitte hielten, nur zweimal im Jahre sogenannte große Wäsche, nach Art der Frau von Bredow auf Hohen-Ziatz in Willibald Alexis' Roman[33].

Übermäßig umfangreich waren die Haufen von Tischtüchern, Servietten, Hemden und Handtüchern, die alsdann dem Reinigungsprozess unterlagen. Sehr wohl erinnerlich ist mir aus dem elterlichen Hause, wie beim Herannahen dieser wichtigen Epoche eines Abends spät vier oder fünf alte Waschweiber ins Haus kamen, weil die Arbeit schon zwischen 2 oder 3 Uhr morgens begann; also zu einer Stunde, wo niemand ins Haus gelassen wurde. Zu ihrem Empfange waren bereits große Teller mit umfangreichen Butterbroten geschmiert, Wurst und Käse wurde ihnen gereicht, und der Kümmelbranntwein durfte nicht fehlen. Sie blieben dann, je nach Bedürfnis, mehrere Tage im Hause und trieben in den unterirdischen Räumen desselben ihr Wesen.

Waren sie endlich abgelohnt, so wurde die Wäsche auf große Trockenplätze hinausgefahren und dann wieder zurückgeholt. Nun ging es an das Rollen, und wenn das auch vorbei war, dann erschienen mehrere Plättfrauen, die unter Beistand der weiblichen Dienerschaft das Haus mit dem eigentümlichen Plättgeruch erfüllten, der durch heiße Wasserdämpfe und leicht angesengte Leinwand erzeugt wird, und der Gesundheit keineswegs zuträglich sein soll. Nach etwa acht Tagen war das alles vollendet; die Wäsche wurde dann wieder in die großen Schränke zurückgelegt.

---

33 Willibald Alexis: *Die Hosen des Herrn von Bredow. Vaterländischer Roman.* Berlin 1846

Man braucht kein *laudator temporis acti*[34] zu sein, um zu behaupten, dass das Leinenzeug, namentlich die herrlichen Tafelgedecke, mit ihren Sprüchen, Wappen und Sinnbildern, in alten Zeiten dauerhafter und geschmackvoller gearbeitet waren, als heutzutage. Wo noch urelterliches Tischzeug bei festlichen Gelegenheiten aufgebreitet wird, da kann man sich von dem Unterschiede überzeugen, und kaum dürften unsere eigenen Urenkel sich noch ihrerseits an den aus jetziger Fabrikation angeschafften Vorräten erfreuen. Unsere Mütter und Großmütter blickten freudig bewegt auf die schneeweiße Habe, und nannten die große Wäsche auch wohl das Waschfest; trotz aller Unbequemlichkeiten, die es für die übrige Familie mit sich brachte; denn diese mussten einander in so geschäftigen Tagen selbst bedienen, weil niemand für sie Zeit hatte.

Um sich von dem häuslichen Leben damaliger Zeit eine richtige und anschauliche Vorstellung zu machen, ist es notwendig, dass wir uns vergegenwärtigen, wie die Berliner und Berlinerinnen gekleidet gingen. Im ersten Viertel des Jahrhunderts trugen Frauen und Mädchen ganz enge Kleider, den Gürtel unmittelbar unter den Armen. Der Rock, ziemlich kegelförmig ohne jede Falte, reichte bis an die Knöchel. An den zierlichen Füßen, deren Anblick gegönnt war, wurden die Schuhe durch Bänder kreuzweise über dem Spann befestigt. Damals befleißigte sich die Frauenwelt denn auch eines weit anmutigeren Ganges als gegenwärtig. Auf dem Kopfe trugen sie Hüte von weißer oder bunter Farbe, oft wie Herrenzylinder, mit großem, vorn sehr breitem und hinten schmalem Schirm, der das ganze Gesicht so beschattete und teilweise verdeckte, dass von dem schönen Antlitz nur sehr wenig zum Vorschein kam. Die ungezogenen jungen Leute hatten damals die Gewohnheit, den Damen unter die Hüte zu sehen, was bekanntlich heutzutage weder nötig noch ausführbar ist. Die gesamte Gestalt einer Frau glich den kleinen Figuren, die als Noahs Gattin und Töchter sich in den Archen befinden, welche den Kindern zum Spielzeug dienen.

Die Herren trugen sämtlich die Stiefel über den Beinkleidern, etwa bis zur Höhe der Waden. Viele hatten an diesen Stiefeln oben

34 »Lobredner einer vergangenen Zeit«, Zitat aus den Werken des römischen Dichters Horaz

einen sechs Zoll breiten gelben Überschlag, Stulpen genannt, oder wo diese fehlten, als Verzierung Puscheln. Als etliche Jahre später mein Vater zum ersten Mal die Beinkleider über den Stiefeln trug, fanden wir das, wie ich mich noch erinnere, ungemein auffallend und lächerlich. In den dreißiger Jahren wurden allgemein Sprungriemen unter dem Fuß getragen und die Beinbekleidung durch dieselben möglichst stramm nach unten gezogen. Damals hatten sich auch die Damenkleider schon sehr verändert, sie waren weiter geworden und zeigten Falten. Besonders auffällig war der Umfang der Ärmel, der allmählich ins Ungeheuerliche anwuchs, so dass der Rücken mehr als doppelt so breit erschien, wie die Verhältnisse der menschlichen Figur es erfordern. Um diese Ärmel, Gigots genannt, in ihrer ganzen Ausdehnung sehen zu lassen, wurden sie mit kleinen Federkissen ausgestopft und noch später durch eine Stahlfeder auseinandergezerrt.

Ich spielte damals öfter mit einer Dame vierhändig Klavier. Um das möglich zu machen, musste der Ärmel mit der Stahlfeder in die Höhe geschlagen und durch eine Nadel an der Schulter befestigt werden, weil der Mitspieler sonst unaufhörlich an den Arm gestoßen wurde. Die umfangreichen Hüte waren nicht mehr geschlossen, sondern wie ein Sonnenschirm über dem Gesichte ausgespannt. Im Hause trugen ältere Frauen sehr große, puffige Hauben aus weißem Tüll von solcher Breite, dass der Kopf nicht schmäler war als die Schultern. Die jüngeren verschönerten sich durch Frisuren von ungemeiner Höhe, fast immer in Form von drei großen Puffen, deren eine senkrecht in der Mitte, die beiden anderen schräg abstanden. Die Haare ragten dadurch in solchem Maße über den Kopf empor, dass das Gesicht erst einen Fuß unter dem obersten Punkt dieser Damenerscheinungen anhub. Aber der Liebe und Bewunderung tat das keinen Abbruch. Als 1836 diese unsinnige Mode abgeschafft wurde und, mit Hegel zu sprechen, in ihr Gegenteil umschlug, so dass die Frauen nun ganz enge Ärmel und winzige, auf den Hinterkopf gesetzte Hütchen trugen, da erschienen mir diejenigen weiblichen Wesen, an denen ich das zuerst gewahr wurde, geradezu unanständig und schamlos. So sehr sind wir, ohne es zu wissen, von der Mode beherrscht!

Die Herrenkleidung ließ 1830 an Geschmacklosigkeit nichts zu wünschen übrig. Der Rockkragen ging so hoch hinauf, dass er einen Teil des Hinterkopfes bedeckte. Die Ärmel hatten über den Schultern dick auswattierte Höcker, und die Zylinderhüte waren oben noch einhalbmal so breit als am Kopfe. Von der steifen Halsbinde, die einem das Kinn wundscheuerte, und den aufrecht stehenden Hemdkragen, Vatermörder genannt, die uns die Ohren vom Kopfe schnitten, will ich weiter nicht reden, da ich doch keine Geschichte der Moden, sondern nur einige kurze Andeutungen zu geben habe.

III.

Die Vergnügungen der Berliner waren im Ganzen von der einfachsten Art. Ein Spaziergang im Tiergarten oder die Fahrt nach einem benachbarten Dorfe vor den Toren wurde am liebsten unternommen. Der meist besuchte Ort war Charlottenburg, wo auch viele der Wohlhabenden Sommerwohnungen bezogen, die sich, wie Boz sehr richtig bemerkt, dadurch auszeichnen, dass sie enger, feuchter und unbequemer sind als die Stadtwohnungen.

Um die Wanderer, namentlich Sonntags, dorthin zu führen, standen außerhalb des Brandenburger Tores zu beiden Seiten der Stadtmauer lange Reihen von Wagen, jeder meist nur mit einem erbärmlichen Pferde bespannt, und geräumig für zehn bis zwölf Personen, welche Ladung dann oft fünf- bis sechsmal an einem Tage nach Charlottenburg hin und zurück geschafft werden musste.

Es war ein Jammer, diese Tierquälerei mit anzusehen. Einzelne der rohen Fuhrleute erzählten ungescheut[35], dass sie sich für den Sonntag ein altes, dem Verscheiden nahes Pferd für fünf bis sechs Taler kauften und dann zu Tode fuhren, wobei sie unter Anrechnung des Fahrgeldes und desjenigen, was sie von dem Abdecker für das Fell erhielten, noch ein gutes Geschäft machten. Tierschutzvereine gab es damals noch nicht, und wie wenig dieser Schutz namentlich den Pferden zugute kommt, davon kann man sich auch

35 ohne Scheu

heut noch täglich auf den Straßen überzeugen. Das Fuhrwesen für das Publikum stand in jenen Tagen in Berlin noch auf einer vorsintflutlichen Stufe. Droschken und Fiaker fehlten ganz, und ich erinnere mich sehr wohl, in welche Aufregung die ganze Stadt geriet, als ein gewisser Henoch[36] das Privilegium bekam, 24 (oder waren es 48?) Droschken auf den Straßen und öffentlichen Plätzen aufzustellen. Man hielt ihn für einen Narren, der sein Geld zusetzen würde. Er machte aber vortreffliche Geschäfte. Die Wagen waren recht hübsch und zierlich, die Kutscher in grüner Livree mit gelben Kragen. Die Pferde trugen große, gebogene, hölzerne Kumte[37] nach russischer Manier über den Köpfen.

Da vom Brandenburger Tor kein Wagen abfuhr, bis er seine Ladung voll hatte, so musste man oft eine halbe Stunde warten, ehe der Kutscher sich entschloss, von der Stelle zu rücken. Unter tausend Vorwänden verzögerte er den Antritt der Reise. Er knüpfte am Geschirr herum, revidierte die Sitze, gab vor, von weitem noch einen herankommenden Fahrgast zu erblicken und dergleichen. »Immer heran, mein Herr, es fehlt bloß noch eine lumpichte Person!«, war eine gewöhnliche Redensart. Später richtete ein Fuhrmann Kremser[38] bessere Wagen ein, in denen nur vier Personen Platz hatten, deren jede 1/6 Taler bezahlte, während die Fahrt auf den anderen Wagen nur 1/12 Taler kostete; dafür fuhr man auch mit den neuen »Kremsern« schneller und brauchte nicht so lange zu warten. Die Kremser erhielten ihren Standort rechts an der Mauer, wenn man aus dem Tore kam, die übrigen mussten auf der linken Seite bleiben.

Die Freuden des Publikums, wenn man nun endlich nach Charlottenburg gelangte, waren sehr einfach. Ein Spaziergang in dem herrlichen Schlossgarten, dann ein belegtes Butterbrot bei Madame Pauli im Türkischen Zelt – und die Sommersonntagsfreude war genossen. Auch das kleine Hoftheater im dortigen Orangeriehause

36 Israel Moses Henoch (1770–1844) eröffnete 1815 zusammen mit Alexi Mortgen die Droschkenanstalt zu Berlin.

37 steifer, gepolsterter Ring, der dem Zugtier um den Hals gelegt wird und ermöglicht, die Zugkraft auf Brustkorb, Schultern und Widerrist des Pferdes zu verteilen

38 Simon Kremser (1775–1851)

wurde Sonntags fleißig besucht, dasselbe fasste aber nur ein paar hundert Personen.

Für die Bewohner des östlichen Teils der Stadt hatten die an der Spree recht hübsch gelegenen Dörfer Stralau und Treptow ebenso große Anziehungskraft wie Charlottenburg. Diese beiden Ortschaften, namentlich Stralau, waren infolge des vielen Besuchs, den sie täglich aus Berlin empfingen, in förmliche kleine Wirtshauskolonien verwandelt worden. Wie in Charlottenburg die Butterbrote, so waren es in Stralau die Fische aus der Spree, namentlich die Aale, die das Publikum zum Genusse einluden und mit Gurkensalat verspeist wurden, wie denn auch andere Dörfer ihre eigenen anlockenden Speisen darboten; zum Beispiel Wilmersdorf die Schafmilch usw. In Stralau war neben dem Fischessen auch das Fahren auf Kähnen und Segelbooten und das Baden in der Spree ein anziehender, aber nicht ungefährlicher Zeitvertreib, dem alljährlich eine ziemlich große Zahl der Gäste zum Opfer fielen. Infolgedessen befindet sich, vielleicht einzig in seiner Art, dort ein besonderer Friedhof für Ertrunkene, auf dem ausschließlich diese Verunglückten begraben werden. Er liegt dicht an der Kirche, deren Turm der König von Schinkel hatte erbauen lassen.

Stralau ist außerdem berühmt, weil daselbst das einzige Berliner Volksfest, der Stralauer Fischzug[39], am 24. August gefeiert wird. Dasselbe stammt noch aus der Zeit, wo Berlin und Cölln Fischerdörfer waren, artete aber später vollständig aus. Der Pöbel erging sich und ergeht sich wohl auch noch dabei in abschreckender Rohheit, und am Abend kehrt die ganze Bande betrunken zurück. Man sagte, dass drei Monate vor dem Stralauer Fischzuge in Berlin die meisten Kinder geboren werden. Die höhere Bürgerschaft, früher auch der Hof, ja zuweilen der König, fuhren vormittags in Equipagen hinaus, um sich den Spektakel mit anzusehen.

Unter den Wintervergnügungen stand das Schlittenfahren und Schlittschuhlaufen obenan. Dazu war in der Umgegend von Berlin

39 Der Stralauer Fischzug geht auf das Jahr 1574 zurück, als der Kurfürst Johann Georg von Brandenburg das Fischen von Ostern bis Bartholomäus (24. August) verbot. Der Fischzug markiert das Ende der jährlichen Schonzeit.

vielfache Gelegenheit. Nicht nur die erwähnten Wiesen vor dem Oranienburger Tore, sondern in noch höherem Maße die regelmäßig überschwemmten Flächen zwischen Berlin und Charlottenburg gestatteten im Winter die herrlichste Fahrt. Man konnte teils auf diesen schwankenden Eisflächen, teils auf der Spree, an Moabit vorbei, in Zeit von einer Viertelstunde bequem vom Unterbaum[40] bis nach Charlottenburg hinübergleiten, und oft habe ich diesen Weg mehr als einmal an demselben Vormittage hin und her zurückgelegt. Auch die Kanäle, welche den Tiergarten durchschneiden und sich um die Rousseau- und Luiseninsel schlängeln, waren gesuchte Tummelplätze der Schlittschuhläufer. Damen wagten sich damals noch nicht auf das Eis, sondern begnügten sich damit, auf Stuhlschlitten geschoben zu werden.

Dies Vergnügen fand besonders auf der Spree hinter den sogenannten Zelten im Tiergarten[41] statt. Ursprünglich waren hier wirklich bloß Zelte aufgeschlagen, wie man auf dem wunderschönen Chodowieckischen[42] Kupferstich vom Jahre 1763 ersehen kann; später wurden massive Wirtshäuser errichtet, hinter welchen immer zahlreiche Stuhlschlitten bereit standen. Das eine dieser Häuser hatte an seinen beiden Etagen lange balkonartige Galerien über dem Wasser, auf denen sich die jungen Frauen und Mädchen, mit oder ohne Mütter, versammelten, um der unten laufenden männlichen Jugend zuzusehen. Diese musterten dann behaglich die oben aufgestellte Schönheitsgalerie, und es war gestattet, durch Gruß und höfliche Handbewegung eine der Damen einzuladen, sich fahren zu lassen. Diese trippelte dann, je nach ihrem Charakter, mehr oder weniger verschämt herunter, man entführte sie auf dem Stuhl-

---

40 Die Berliner Zollgrenze wurde ab 1724 durch Baumstämme in der Spree gesichert. Flussabwärts befand sich der so genannte Unterbaum in Höhe der heutigen Kronprinzenbrücke in der Nähe des Reichstags. Der flussaufwärts gelegene Oberbaum sperrte die Spree in Höhe der danach benannten Oberbaumbrücke ab.

41 Die Straße In den Zelten erhielt 1832 ihren amtlichen Namen und verlief am heutigen Haus der Kulturen der Welt. Sie wurde im Zuge des Baus des Bundeskanzleramtes 2002 entwidmet.

42 Daniel Chodowiecki (1726–1801), Kupferstecher, Grafiker und Illustrator

schlitten, um, wenn sie aufhören wollte, eine andere zu wählen. Dass ein Stelldichein zärtlicher Art hier zu den gewöhnlichsten Vorkommnissen gehörte, versteht sich von selbst, und oft genug spielte das Eis den Eheprokurator.

Ich darf nicht vergessen zu erzählen, dass der berühmte Bildhauer Schadow[43], damals schon über 70 Jahre alt, nicht selten sich unter die lustige Schar mischte und auf seinen Schlittschuhen munter über die Fläche dahinglitt. Das Publikum war bei diesem Wintervergnügen je nach den Tagesstunden ein sehr verschiedenes, was mit der Zeit zusammenhing, wo das Mittagsmahl in den Familien eingenommen zu werden pflegte. Der Bürgerstand speiste in der Regel um 1 Uhr, Vornehme um 2 oder 3, und nur ganz exklusive Leute hatten noch spätere Stunden für das Mittagsmahl. Friedrich Wilhelm III. speiste, wie ich glaube, regelmäßig um eins.

Auf diese Weise machte es sich von selbst, dass die Männer und Frauen aus den mittleren Ständen um Mittag die Schlittschuhbahn verließen oder sich erst nach Tische einfanden, während die feinere Welt von eins bis um drei erschien. Auch die frühen Morgenstunden von zehn bis zwölf waren fashionabel, weil die Attachés der Gesandtschaften und die *jeunesse dorée*[44] sich alsdann auf dem Eise tummelten, während die *misera contribuens plebs*[45] zu Hause sitzen und arbeiten musste.

Dieselbe Standesverschiedenheit nach der Zeit machte sich auch auf den beliebtesten Spazierwegen im Tiergarten bemerklich. Die Prinzessinnen pflegten zwischen ein und zwei Uhr zu lustwandeln, wo dann alles auf den Beinen war, was den Hof sehen wollte. Die Equipagen der höchsten Herrschaften hielten an der Stelle, wo die damals noch nicht gebaute Lennéstraße in die nur sparsam mit Häusern besetzte Bellevuestraße einmündet.

Auch der König ging nicht selten mit seinem Adjutanten, ohne weiteres Gefolge, im Tiergarten spazieren. Man erzählt, dass ihn

---

43 Johann Gottfried Schadow (1764–1850), Bildhauer

44 frz.: »vergoldete Jugend«, früher Ausdruck für die (neu)reiche und bürgerliche Jugend der Städte

45 lat.: »das arme steuerzahlende Volk«, Zitat aus dem »*Decretum tripartitum*« des ungarischen Juristen Verböczi (1514)

eines Tages auf der Promenade ein alter Herr ehrfurchtsvoll grüßte, der ihm bekannt vorkam. Auf Befragen erfuhr er von dem Adjutanten, es sei der Minister von Altenstein gewesen. Die auffallende Tatsache, dass ein König einen seiner eigenen Minister nicht erkannte, erklärt sich dadurch, dass Friedrich Wilhelm III. mit denselben fast niemals persönlich und mündlich verkehrte, sondern sämtliche Vorträge durch das Zivil- und das Militärkabinett oder durch den Oberkämmerer Fürsten von Wittgenstein entgegennahm.

Wenn die Berliner ihr Vergnügen nicht außerhalb der Stadt suchen wollten, so sorgte vor allen Dingen das Theater für Unterhaltung, und zwar gab es nur ein einziges derartiges Institut. Denn wenn auch im Opernhause und in dem, an Stelle des 1817 abgebrannten Schauspielhauses, neuerbauten Gebäude fast täglich gespielt wurde, so geschah das doch immer nur durch die Truppe der königlichen Schauspieler, von denen ein Teil des Sonntags auch in Charlottenburg oder in Potsdam Vorstellungen gab.

Erst 1824 gelang es, nach Überwindung der größten Schwierigkeiten, ein zweites Theater, das Königstädter[46], auf dem Alexanderplatz zu errichten. Die Konzession dazu erhielt unbegreiflicherweise ein gewisser Cerf[47], ein völlig ungebildeter Mann, der nicht einmal ordentlich lesen und schreiben konnte, und von der Kunst ganz und gar keine Begriffe hatte. Er trat auch sein Privilegium sehr bald an eine Gesellschaft reicher Kaufleute ab, welche sich den Justizrat Kunowski[48], einen Theaterenthusiasten, und später den Dichter C. von Holtei[49] zu Hilfe nahm. Die Eifersucht, mit welcher die Intendantur der Königlichen Schauspiele das neue Theater entstehen sah, war wohl begründet. Vollständig gerüstet, wie Minerva aus dem Haupte Jupiters, stand es plötzlich da und bot ein Ensemble, wie man es früher in Berlin noch nicht gesehen. Henriette Sontag[50],

46 Königsstädtisches Theater, auch Königsstädter Theater genannt, am Berliner Alexanderplatz

47 Karl Friedrich Cerf (1771–1845), Theaterleiter

48 Georg Carl Friedrich Kunowski (1786–1846), Justizkommissionsrat u. a. Theatersyndikus

49 Karl Eduard von Holtei (1798–1880), Schriftsteller, Schauspieler, Rezitator, Theaterregisseur und Theaterleiter

50 Henriette Sontag (1806–1854), Opernsängerin

Jäger, Wächter, Spitzeder[51], die Komiker Schmelka[52], Röseke, Angely[53], Beckmann[54], bald nachher Karoline Bauer[55] usw. versetzten das Publikum in wohlberechtigten Enthusiasmus. Niemals werde ich den Abend vergessen, obgleich ich erst zwölf Jahre alt war, an dem ich die Sontag zum ersten Mal gesehen. Sie schien, aus einem Schiffe steigend, in der Oper *Die Italienerin in Algier*[56] gleich einer wunderlieblichen Fee auf die Erde niederzuschweben. Eine solche Vereinigung von Schönheit, Anmut und vollendeter Gesangskunst ist seitdem nicht wieder gesehen worden. Holtei in seinen *Vierzig Jahre*[57] und Börne in seinem Aufsatz über die Künstlerin, haben dieselbe so wahr und meisterhaft geschildert, dass dem nichts hinzuzufügen ist. Man darf überhaupt dreist aussprechen, dass das Theater in Berlin vor fünfzig Jahren auf einer Höhe stand, die es später nicht wieder erreicht hat; namentlich ließen die Opernaufführungen kaum etwas zu wünschen übrig. Wer damals die großen Gluckschen[58] Schöpfungen mit angehört, der wird zugestehen müssen, dass unsere heutigen Künstler nicht imstande sind, *Armide*, *Iphigenie* und *Alceste* so zur Aufführung zu bringen, wie es unter Mitwirkung der Sängerinnen Milder[59], Schulz und Seidler[60], und der Sänger Stümer[61], Bader[62] und Blume[63] geschah, die übrigen

51 Josef Spitzeder (1796–1832) spielte von 1823 bis kurz vor seinem Tod am Königstädtischen Theater.

52 Heinrich Ludwig Schmelka (1777–1837), Theaterschauspieler, vor allem komischer Rollen

53 Louis Jean Jacques Angely (1787–1835), Lustspieldichter, Schauspieler und Regisseur, 1828 bis 1830 am Königsstädter Theater

54 Friedrich Beckmann (1803–1866), Komiker

55 Karoline Bauer (1807–1877), Schauspielerin

56 *L'Italiana in Algeri* ist eine Opera buffa. Libretto von Angelo Anelli, Musik von Gioachino Rossini. Uraufführung 1813

57 Karl Eduard von Holtei: *Vierzig Jahre Lorbeerkranz und Wanderstab. Lebenserinnerungen* (8 Bände, 1843–1850)

58 Christoph Willibald von Gluck (1714–1787), Opernkomponist

59 Anna Pauline Milder-Hauptmann (1785–1838), Opernsängerin

60 Karoline Seidler-Wranitzky, geb. Wranitzky (1790–1872), Sängerin

61 Heinrich Stümer (1789–1856), Sänger

62 Karl Adam Bader (1789–1870), Sänger (Tenor), 1820 bis 1845 gehörte er zum Ensemble der königlichen Bühne in Berlin.

63 Heinrich Blume (1788–1856), Sänger (Bariton) und Schauspieler

gar nicht zu erwähnen. Vor allen anderen Leistungen aber bleibt die Darstellung der größten aller Mozartschen Opern unvergesslich und unerreicht. Blume und Wauer[64] als Don Juan und Leporello waren so sehr diese Personen selbst, dass man dieselben sich gar nicht anders vorzustellen vermochte.

Auch das Schauspiel und das Trauerspiel konnte nicht besser mit Darstellern bedacht sein, als damals auf dem Königlichen Theater. Ludwig Devrient[65], die Stich-Crelinger[66], Beschort, Mattausch, Lemm, das Wolffsche Ehepaar. Daneben die Komiker Gern[67], Rüthling[68] und deren Kollegen, die selbst den ärgsten Hypochonder zum Lachen brachten!

Unvergleichlichen Reiz hatte auch das Ballett, mit dem Friedrich Wilhelm III. sich besonders eingehend beschäftigte, und weder Mühe noch Kosten scheute, um die schönsten jungen Mädchen in den Dienst des Theaters zu bekommen. Der Intendant Graf Brühl[69] war ein Mann von edlem Geschmack, und das Publikum so kunstverständig, dass man nicht hätte wagen dürfen, ihm die sinnlosen und unsittlichen Possen oder die Walzeroperetten vorzuführen, an denen die Welt sich leider jetzt ergötzt. Dass ich noch Ludwig Devrient als Falstaff, als armen Poeten und als Juden in dem Cumberlandschen[70] Stück gesehen, wird mir stets eine freudige Erinnerung bleiben. An Genialität hat er nie wieder seinesgleichen gehabt.

Von allen Mitgliedern des damaligen Theaters machte übrigens keins so viel von sich reden als Frau Stich, nachherige Crelinger. Grade weil die schöne Frau ein Liebling des Publikums war, und weil sie sich auch im Privatleben des besten Rufes erfreute, erregte es einen förmlichen Aufruhr, als sich plötzlich die Nachricht verbreite-

64 Karl Wauer (1783–1857), Sänger und Schauspieler

65 Ludwig Devrient (1784–1832)

66 Auguste Crelinger (verwitwete Stich, geborene Düring; 1795–1865), deutsche Schauspielerin

67 Albert Gern (1789–1869), Schauspieler

68 Johann Friedrich Ferdinand Rüthling (1793–1849), Schauspieler

69 Graf Carl von Brühl (1772–1837), General-Intendant der Königlichen Bühnen in Berlin von 1815 bis 1828

70 Richard Cumberland (1732–1811), englischer Dramatiker

te, ihr Mann sei von einem Grafen Blücher, den er bei seiner Gattin gefunden, durch einen Dolchstich tödlich verwundet worden. Der eigentliche Hergang blieb stets unaufgeklärt. Stich genas zwar scheinbar, starb aber bald nachher, sicher nicht ohne die Nachwirkung der erhaltenen Verletzungen. Nach diesen Ereignissen war es für die Frau keine leichte Aufgabe, wieder vor dem Publikum auf der Bühne zu erscheinen; doch gelang es ihr bald, die Gunst desselben durch taktvolles Benehmen zurückzugewinnen.

Waren die Schauspieler damals vortrefflich, so hatten sie dafür auch die Genugtuung, reichliche Anerkennung ihrer Leistungen zu finden. Die Gespräche in der ganzen Stadt drehten sich zu einem großen Teil um ihre Kunst und auch um ihre persönlichen Verhältnisse, die man ganz genau kannte.

Auf dem Theaterzettel paradierten die verheirateten weiblichen Mitglieder unter dem Titel Madame, die unverheirateten wurden Mademoiselle oder Mamsell genannt; denn man hielt damals an höchster Stelle noch sehr streng darauf, dass die Bezeichnung »Fräulein« nur jungen Damen von Adel gebühre. Zu einer bürgerlichen Dame »gnädige Frau« zu sagen, fiel überhaupt keinem Menschen ein. Als 1823 bei der Einholung[71] des Kronprinzen und dessen junger Gemahlin die üblichen weißgekleideten Jungfrauen ausgewählt waren, und man dem Könige die Liste derselben zur Genehmigung vorlegte, hatte man als erste »Fräulein Büsching«, die Tochter des Oberbürgermeisters, aufgestellt. Friedrich Wilhelm III. strich eigenhändig das »Fräulein« und setzte »Mamsell« dafür.

Der 28. November 1823, an welchem jene Einholung stattfand, war für Berlin auch deshalb merkwürdig, weil an diesem Tage die schöne neue Schlossbrücke dem Publikum geöffnet ward, auf deren reichverziertem Geländer später die bekannten vielbesprochenen Marmorgruppen von Kriegern aufgestellt wurden. Aber auch ein sehr trauriges Andenken ließ dieser Tag in vielen Familien zurück, weil abends bei der Illumination, infolge fehlerhafter Polizeianordnungen, mehr als siebzig Personen im Gedränge einen qualvollen Tod fanden.[72]

71 festlicher Einzug

72 »Die Studentenschaft Berlins veranstaltete zu Ehren der Braut des

Kehren wir nach dieser Abschweifung zum Theater zurück, so ist zu erwähnen, dass die Eintrittspreise zwar niedriger waren als jetzt (im ersten Range nie höher als ein Taler), dass die Leute aber doch zu ökonomisch sein mussten, um sich den Genuss so oft zu gestatten, dass man gegen denselben abgestumpft worden wäre; vielmehr behielt das Schauspiel, grade weil nur die Vornehmsten und Reichsten es mehr als einmal in der Woche besuchten, immer neuen Reiz.

Neben dem Theater war für die Berliner der gebildeten Kreise auch die geistliche Musik von großer Anziehungskraft. Die Aufführungen der Sing-Akademie unter Zelters[73] Leitung, besonders die Chöre, durfte man fast vollkommen nennen. Für die Solopartien, namentlich für den Alt, waren die Damen Türrschmidt und Solmar Künstlerinnen ersten Ranges. Für Sopran, Tenor und Bass aber wurden in der Regel die Kräfte der Großen Oper zu Hilfe genommen. Ein Festtag war es für die Berliner, als am 30. Juni 1825 der Grundstein zu dem jetzigen Gebäude für die Sing-Akademie[74] gelegt wurde, dessen Ausführung nach dem Plane von Ottmar

---

Thronfolgers einen Fackelzug. Die Fackeln wurden auf der damals noch freien Mitte des Lustgartens zusammengeworfen. Beim Zurückfluten der dem Schauspiel zuschauenden Volksmenge entstand infolge eines falschen Gerüchtes, dass die neue Brücke für den Verkehr gesperrt sei, auf der neben ihr während der Zeit des Baues errichteten hölzernen Notbrücke ein solches Gedränge, dass viele Menschen ins Wasser stürzten und mehr als 20 Personen den Tod fanden. (...) Dass Todesanzeigen von Menschen, die bei diesem traurigen Abschluss des Festtages ihr Leben eingebüßt hatten, mit Rücksicht auf die fürstliche Braut in den Zeitungen vom Zensor verboten und ihre Veröffentlichung nur durch nachdrückliche Beschwerde beim Ministerium erwirkt werden konnte, rief in der Bevölkerung starke Entrüstung hervor.« Bogdan Krieger: *Berlin im Wandel der Zeit: Eine Wanderung vom Schloss nach Charlottenburg durch 3 Jahrhunderte.* Berlin 1923, S. 102

73 Carl Friedrich Zelter (1758–1832), Musiker, Komponist, Dirigent und Mauermeister. 1787 baute er zum Beispiel das Wohnhaus von Friedrich Nicolai in der Brüderstraße 13 um, das heute noch existiert. Neben seiner Tätigkeit als Maurermeister hatte sich Zelter als Autodidakt musikalisch weitergebildet.

74 Heute befindet sich darin das Maxim-Gorki-Theater.

erfolgte, dem Erbauer des Braunschweiger Schlosses. Auch Schinkel hatte eine Zeichnung vorgelegt, die aber nicht so großen Beifall fand wie die seines jungen Mitbewerbers.

Die Musikaufführungen der Akademie beschränkten sich fast ausschließlich auf Werke von Bach und Händel. *Der Messias*, *Joshua*, *Saul* und *Samson* waren am beliebtesten, auch *Judas Makkabäus* wurde wiederholentlich gesungen, und viel seltener kam eine Musik von Fasch[75] oder einem anderen älteren Meister an die Reihe. Den größten Triumph feierte die Akademie 1829, als es Felix Mendelssohn[76] und Eduard Devrient mit unendlicher Mühe und nach vielen Kämpfen durchgesetzt hatten, dass die Bachsche *Matthäuspassion*, und zwar in ihrer ganzen ursprünglichen Ausdehnung, aus langer Vergessenheit gezogen und dem Publikum vorgeführt wurde. Bekanntlich hat dies unermessliche Werk, seitdem man viele der veralteten, sehr langen Arien ausgeschieden, seinen Weg durch die ganze Welt gemacht und überall den tiefsten Eindruck hinterlassen. Größeres ist auf diesem Gebiete der Musik niemals und nirgends geleistet worden.

Bei jener ersten Aufführung sang Eduard Devrient den Christus und Adolf von Eckenbrecher, später Direktor des Gerichts in Stralsund, den Evangelisten. Große Anziehungskraft auf das Publikum übten auch die alljährlich am Grünen Donnerstag in der Garnisonkirche[77] stattfindenden Aufführungen des *Tod Jesu* von Graun[78]. Dieses jetzt ziemlich veraltete Werk kann sich allerdings neben der Bachschen Passion nicht hören lassen; solange aber diese noch nicht wieder ans Licht gebracht war, freute man sich der leichtverständlichen, melodienreichen Arien und Chöre Grauns. Das Hauptbravourstück *Singt dem göttlichen Propheten* wurde lange Jahre hindurch durch die Sängerin Schulz vorgetragen, deren Triller berühmt waren. Ich selbst habe diesen Aufführungen des *Tod Jesu* sehr oft beigewohnt, und zwar mit großem Genuss. Dass diese

75 Name einer deutschen Musikerfamilie

76 Felix Mendelssohn Bartholdy (1809–1847)

77 Die Kirche wurde mehrfach zerstört, zuletzt 1943. Der ehemalige Standort an der heute Anna-Louisa-Karsch-Straße genannten Straße wurde 1999 Garnisonkirchplatz benannt.

78 Carl Heinrich Graun (1704–1759), deutscher Komponist und Sänger

Musik aber jetzt noch denselben Eindruck machen würde wie vor vierzig Jahren, ist kaum anzunehmen.

Indem von den musikalischen Leistungen im damaligen Berlin die Rede ist, darf ich die Mittwochskonzerte nicht unerwähnt lassen, welche allwöchentlich im Tiergarten, in dem sogenannten Teichmannschen Lokal von einer Militärkapelle aufgeführt wurden. Jedes Mal bekam man eine der Beethovenschen Symphonien, für Blasinstrumente arrangiert, zu hören. Das hatte allerdings seine Mängel, aber auch Vorzüge. Gewisse Sätze, die zum Beispiel für Violoncell[79] geschrieben, sonst fast niemals recht zur Geltung kommen, hörte man hier in unübertrefflicher Klarheit.

Wenn es das Wetter irgend gestattete, versäumten wir diese Konzerte niemals. Wie man hier aber in der Regel sehr genussreiche Stunden verlebte, so ereignete es sich doch eines Tages, dass ein geradezu entsetzlicher musikalischer Eindruck die Hörer zur Verzweiflung brachte. Es wurde die B-*dur*-Symphonie gespielt. Wer erinnert sich nicht der unendlich ergreifenden Stelle, wo im Adagio ein Paukensolo in wenigen Takten den Anfang des Hauptthemas wiederholt! Als man bis dahin gespielt hatte, und jeder, dem der Satz bekannt war, mit Spannung aufhorchte, ergab es sich, dass durch die Feuchtigkeit der Luft die Pauken verstimmt waren und einen halben Ton zu tief angaben. Das machte einen unbeschreiblich kläglichen Eindruck und klang wie eine alberne höhnische Parodie des erhabenen Kunstwerkes.

Unmöglich kann ich meine Mitteilungen über die Musik in dem alten Berlin schließen, ohne Spontinis[80] gedacht zu haben. Dieser Komponist stand seit 1820 an der Spitze der Oper. Seine *Vestalin*, ganz im Gluckschen Geiste geschrieben und den Werken dieses großen Meisters fast ebenbürtig, hatte ihm schnell einen großen Ruf verschafft. In Berlin schrieb er die Oper *Fernand Cortez*, ebenfalls eine höchst anerkennungswerte Musik, voll schöner Melodien. Der

---

79 veraltender Ausdruck für Violoncello

80 Gaspare Spontini (1774–1851), italienischer Komponist und Dirigent, 1820–1841 Generalmusikdirektor und 1. Kapellmeister an der Königlichen Oper, Mitglied der Sing-Akademie, komponierte *Borussia, Tempo di marcia trionfale*, die preußische Nationalhymne von 1820–1840.

König fand besonderes Wohlgefallen an diesen Kunstwerken und wandte dem Komponisten auch persönlich große Gunst zu. Spontini, schon von Natur eitel und aufgeblasen, wurde durch diesen Erfolg bei Hofe unerträglich hochmütig und machte sich viele Feinde, die umso leichteres Spiel hatten, weil die folgenden Arbeiten des Italieners weit hinter jenen beiden ersten zurückblieben. In seiner *Nurmahal* – »Nur'mal«, sagte der Volkswitz – und *Olympie* suchte Spontini durch rauschendes Orchester, prachtvolle Dekorationen und allerlei seltsame Spielereien den Mangel an Melodie und musikalischer Erfindung zu verstecken; und als die Rezensenten in den Berliner Zeitungen, namentlich der bekannte Ludwig Rellstab, das rügten, entspann sich zwischen diesen und Spontini eine tödliche Feindschaft, die zu sehr unerquicklichen Feder- und Prozesskriegen führte.[81]

Diejenigen, welche Anspruch auf musikalische Kennerschaft machten, nahmen fast alle gegen Spontini Partei und warfen ihm, gewiss nicht mit Unrecht, vor, dass er durch überladene Orchesterbegleitung die Sänger und Sängerinnen zu übermäßiger und geradezu verderblicher Anstrengung ihrer Stimmen zwinge. In der Tat hat dieser Orchesterlärm Spontinis, den seine Nachfolger dann noch überboten, sicher dazu beigetragen, dass die alte einfache deutsche Art des Gesanges, die man noch auf Händelsche Überlieferungen zurückführen kann, immer mehr verschwunden ist. Von den Virtuosen unserer Tage wüsste ich nur Stockhausen[82] und Frau Joachim[83] zu nennen, deren Gesang mich an die Leistungen erinnert hätte, die uns in der Jugend entzückten. Auch Etelka Gerster muss nach allem, was man von ihr hört, auf diesem richtigen Wege wandeln.

Spontini blieb bis 1840 in Berlin. In seinem Übermute hatte er sich so weit vergessen, dass er wegen unehrerbietiger Ausdrücke der Majestätsbeleidigung angeklagt und auch verurteilt wurde. Der

81 Heinrich Friedrich Ludwig Rellstab (1799–1860), Journalist, Musikkritiker und Dichter. 1827 veröffentlichte er eine Satire, in der er Spontini der Lächerlichkeit preisgab. Dafür wurde er nach jahrelangem Rechtsstreit zu sechs Wochen Haft verurteilt, die er 1837 verbüßte.

82 Julius Christian Stockhausen (1826–1906), Sänger (Bariton)

83 Amalie Joachim (1839–1899), österreichische Altistin

König aber begnadigte seinen bisherigen Schützling vollständig und ließ ihm seinen Titel als Generalmusikdirektor und sein volles Gehalt – auch behielt er die vier kleinen Ordenskreuze, die ihm den Beinamen Ritter Edur verschafft hatten. Er ist 1851 in seinem Geburtsorte Majolati verstorben.

Eine Anekdote von Spontini mag noch hier Platz finden: Jener oben erwähnte Henoch, welcher das Droschkenprivilegium erhalten hatte, und deshalb nur Droschkenhenoch genannt wurde, war ein großer Musikliebhaber und spielt die Geige als Dilettant, d. h. wie es jemand sehr richtig erklärt hat, als ein Mensch, der sich zur Freude und anderen zur Qual Musik macht. Nebenbei setzte er den größten Ehrgeiz darin, vornehme und berühmte Leute in seinem Hause zu sehen; so hatte er es endlich dahin gebracht, dass Spontini ihn besuchte, um ein Streichquartett mit anzuhören, in welchem Henoch die erste Stimme spielte. Die Aufführung mag erbärmlich gewesen sein, denn ein Herr, der dem Komponisten begegnete, als er das Henochsche Haus verließ und die höchst aufgeregten Mienen Spontinis bemerkte, fragte denselben, was ihm zugestoßen sei. Der Italiener erzählte in höchster Wut, wie er sich habe verlocken lassen, eine entsetzliche Musik mit anzuhören, und ganz außer sich vor Zorn setzte er hinzu: *Et s'il avait joué seul, mais il avait trois complices!*[84]

Trotz allen seinen Sonderbarkeiten und Fehlern wird der Komponist der *Vestalin* doch für alle Zeiten den Namen eines großen Meisters behalten.

Bei Erwähnung der musikalischen Genüsse in meiner Jugendzeit kommt mir zum Bewusstsein, dass auch in dieser Beziehung damals, im Vergleich mit den jetzigen Sitten, eine große Frugalität herrschte. Es fanden sich Abendgesellschaften zusammen, wo jeder einzelne durch Gesang oder durch Spiel auf einem Instrumente das Seinige zur Unterhaltung beitrug. Oft nahm man den Klavierauszug einer Lieblingsoper vor. Einer der Anwesenden trat an das Fortepiano, und nun wurden Nummer für Nummer, Arien, Duette, Terzette und Chöre durchgesungen, so gut und so schlecht es gehen wollte.

84 »Wenn er nur alleine gespielt hätte, aber drei von denen!«

Das geschah auf die harmloseste Weise und ohne alle Prätention[85]. Nachher setzte man sich zu der oben beschriebenen einfachen Bewirtung zusammen und trennte sich dann in heiterster Stimmung. Dergleichen Abende habe ich in meiner Jugend bei den verschiedensten Freunden und Bekannten gar viele erlebt; und weil dabei häufig Herren und Damen anwesend waren, die als wahre Künstler im Gesange oder auf der Geige und der Flöte gelten konnten, so hatte man bei der völligen Harmlosigkeit, mit der das alles vor sich ging, größeren Genuss, als in manchem anspruchsvollen Konzerte.

Während hiernach die Berliner an musikalischen Genüssen durchaus keinen Mangel litten, stand es dagegen mit den bildenden Künsten desto schlimmer.

An öffentlichen Denkmälern aus diesem Gebiete besaß die Stadt eigentlich nichts von Bedeutung als die Reiterstatue des großen Kurfürsten, die aber dafür auch, trotz aller Anbequemung an die Zeit ihrer Entstehung, durch erhabene Schönheit hunderte von anderen antiken und modernen Denkmälern aufwiegt. Das prächtige, von Schadow modellierte Viergespann vor dem Siegeswagen auf dem Brandenburger Tore hätte wohl Anspruch darauf, als zweites Monument der Bildhauerei und Erzgießerei neben dem großen Kurfürsten genannt zu werden. Allein diese Quadriga war in den Augen des alten Berliners nicht ein Kunstwerk im gewöhnlichen Sinne des Wortes, sondern ein Heiligtum. Seit die Göttin mit ihrem Wagen von Napoleon nach Paris geschleppt und dann von dem siegreichen preußischen Heere an ihre alte Stelle wieder zurückgeführt und mit dem Eisernen Kreuze geschmückt war, erschien die prächtige Erzgruppe gleichsam wie der verkörperte Schutzgeist des Landes und seiner Hauptstadt. Mit freudigem Stolz blickte alt und jung zu dieser Viktoria empor!

Die von Friedrich dem Großen auf dem Wilhelmplatz[86] errichteten Statuen der Generale aus dem Siebenjährigen Kriege können

85 Anmaßung

86 Der historische Wilhelmplatz, der in Höhe der heutigen Mohrenstraße an die Wilhelmstraße angrenzte, ist nur noch teilweise in Umrissen erkennbar, weil er größtenteils bebaut wurde.

keinen Anspruch darauf machen, für besondere Kunstwerke zu gelten, und der alte Dessauer, damals am Rande des Lustgartens, dem Schlosse gegenüber aufgestellt[87], ist zwar eine treffliche Arbeit des alten Schadow, aber die Uniform mit dem langen Zopfe bleibt doch eben zopfig und das Ganze eignet sich vielmehr für ein kleines Format, nach Art der jetzt beliebten Statuetten.

Ganz anders nehmen sich dagegen die Rauchschen[88] Bildsäulen aus, welche Friedrich Wilhelm III. in den zwanziger Jahren aufstellen ließ.[89] Bülow und Scharnhorst vor der 1818 erbauten neuen Wache am Zeughaus und der alte Blücher[90] auf seinem etwas engen, ofenartigen Postamente, dem der König erst später die treuen Gehilfen Yorck[91] und Gneisenau[92] an die Seite setzte.

Zu dem Denkmal Friedrich des Großen ist bekanntlich der Grundstein erst im Sommer 1840 gelegt worden. Friedrich Wilhelm III. war damals schon krank und konnte die Festlichkeiten nur vom Fenster aus mit ansehen. Es war das letzte Mal, wo er sich dem Publikum zeigte und gleichsam von seinen geliebten Berlinern Abschied nahm. Die Jahreszahl 40 hatte dann wieder für Preußen ihre verhängnisschwere Bedeutung.

Besser als mit der Bildhauerei war es seit alten Zeiten her mit der Baukunst in Berlin bestellt. Von Schlüter[93] darf man sagen, dass nicht jedes Jahrhundert einen solchen Meister hervorbringt. Die »lange Brücke«, auf welcher er den Großen Kurfürsten aufstellte, ist der Statue würdig, ebenso die Fassade des Eckhauses in der

---

87 Das Denkmal des Leopold I., Fürst von Anhalt-Dessau (1676–1747) steht heute an der Ecke Wilhelm-/Mohrenstraße.

88 Christian Daniel Rauch (1777–1857), einer der bedeutendsten und erfolgreichsten Bildhauer des deutschen Klassizismus

89 2002 wurden die Denkmäler der Generäle Gerhard von Scharnhorst und Friedrich Wilhelm Graf Bülow von Dennewitz in der Grünanlage zwischen Staatsoper und Prinzessinnenpalais wieder aufgestellt. Im Mai 1950 waren die beiden Standbilder von ihrem historischen Standort vor der Neuen Wache entfernt worden.

90 Gebhard Leberecht von Blücher (1742–1819), General

91 Ludwig Yorck von Wartenburg (1759–1830), General

92 August Neidhardt von Gneisenau (1760–1831), General

93 Andreas Schlüter (ca. 1659–1714), Bildhauer und Architekt

Königstraße[94], auf welcher das kolossale Bildwerk, vom Schlossplatz aus gesehen, sich abzeichnet, und die Schlüter zu diesem Zwecke entworfen hat. Dieses Haus, die sogenannte Alte Post[95], war ursprünglich das Palais des Grafen Wartenberg, des Ministers und allmächtigen Günstlings unter Friedrichs I. Regierung. Auch die Ausschmückung des Zeughauses, welches man, ohne Widerspruch zu erfahren, für ein Kunstwerk allerersten Ranges erklären darf, ist Schlüters eigenstes Werk. Außer der wohltuenden Schönheit aller Verhältnisse dieses Baues, die der große Meister harmonischer gestaltete, als der erste Nehringsche Entwurf denselben in Aussicht genommen hatte, sind die Helme über den Fenstern, die Waffengruppen auf den Türflügeln und ganz besonders die Masken sterbender Krieger im Hofe dieses Prachtbaues schon allein hinreichend, um den Erfinder derselben den ersten Meistern aller Zeiten beizuzählen. Wie oft habe ich diese Ornamente mit immer neuer Freude betrachtet und mir die Einzelheiten derselben ins Gedächtnis geprägt!

Vortrefflich und imposant sind auch die von Schlüter herrührenden Teile des Berliner Schlosses erfunden. Nicht so großartig, aber unendlich anmutsvoll und lieblich ist die von ihm erbaute Sommerresidenz der Königin Sophie Charlotte in Charlottenburg, wo glücklicherweise noch die ganze graziöse und geschmackvolle Zimmereinrichtung erhalten ist. Hier zeigt jede Tür, jedes Möbel bis zum kleinsten Detail den Geist des Erbauers; vor allem anderen anziehend aber ist das Treppenhaus in diesem Teile des Palastes. Wer vielleicht durch diese Erwähnung sich veranlasst fühlen sollte, diese Charlottenburger Herrlichkeiten aufzusuchen, der wird es sicherlich nicht bereuen.

Es ist bekannt, dass Schlüter durch Hofkabalen aus Berlin verdrängt wurde und nach Russland ging. Die Stadt Petersburg verdankt ihm denn auch den Schmuck vieler schöner Paläste. Er starb daselbst im Jahre 1714. Seine Familie hinterließ er in Dürftigkeit. Der

---

94 1951 in Rathausstraße umbenannt

95 1889 wurde das Gebäude abgerissen, Teile der plastischen Arbeiten aus der Werkstatt Schlüters sind im Bode-Museum erhalten. Im Ephraim-Palais erinnert die Kopie einer Stuckdecke an Schlüters Alte Post.

König verweigerte den Hinterbliebenen des großen, in Ungnade gefallenen Meisters auf schroffe Weise jede Unterstützung.

Besucht man in Charlottenburg auch die später gebauten Teile des dortigen Schlosses und betrachtet nacheinander die von Friedrich II., Friedrich Wilhelm III. und Friedrich Wilhelm IV. neu eingerichteten Säle und Zimmer, so gewinnt man nicht nur ein kulturgeschichtliches Bild von dem Geschmack, der jedes Mal unter der betreffenden Regierung herrschend war, sondern es spiegeln sich auch die Charaktere und Lebensgewohnheiten der Regenten klar und deutlich in den Umgebungen, welche sie sich in ihrer Häuslichkeit schufen. Die überladene und doch, mit Schlüters Arbeiten verglichen, im Einzelnen dürftige Pracht des großen Rokokosaales, den Friedrich II. erbauen ließ, und an dem ich leider nicht so viel Geschmack finden kann wie Woltmann[96] in seiner Baugeschichte Berlins, sticht grell ab gegen die mehr als bürgerliche Einfachheit der Gemächer Friedrich Wilhelms III. und der Königin Luise, welche sich der unscheinbarsten Möbel aus der Zeit bediente, deren wenig ansprechenden Geschmack man in Frankreich mit dem Namen *Empire* bezeichnet. In der Wohnung, welche Friedrich Wilhelm IV. benutzte, ist wiederum alles überladen, und die Sachen und Geräte drängen sich scheinbar planlos durcheinander und deuten auf die verschiedenartigsten Interessen, welche sich in dem Geiste dieses Monarchen durchkreuzten.

Nach Schlüters Zeit hatte die Baukunst in Berlin ein Jahrhundert lang keinen Meister aufzuweisen, der ihm ebenbürtig gewesen wäre, bis 1810 Schinkel auftrat und sich alsbald in solchem Maße geltend machte, dass er schon 1815 zum Geheimen Oberbaurat ernannt wurde. Er huldigte in seinen Werken dem Stil der Antike und war bestrebt, die großartige Einfachheit der griechischen und römischen Baukunst den Bedürfnissen der Neuzeit anzupassen. Zugleich zeichnete er sich in der Landschaftsmalerei als Erfinder aus, was ihn befähigte, seine Gebäude stets mit den Umgebungen derselben in harmonischen Einklang zu bringen. Die Architekten haben in weit höherem Grade als die Meister irgendeiner anderen Kunst mit den

96 Alfred Woltmann (1841–1880): *Die Baugeschichte Berlins bis auf die Gegenwart*, Berlin 1872

Hindernissen zu kämpfen, welche fremder Wille und äußere Verhältnisse ihnen aufdrängen. Wer ein Haus baut, muss in vieler Beziehung den Geschmack und die Lebensgewohnheiten des Auftraggebers berücksichtigen und ist von demselben weit abhängiger als zum Beispiel ein Maler, bei dem ein Bild bestellt wird. Dringt trotz aller Schwierigkeiten der Baumeister mit seinem Entwurf durch, dann tritt noch der Kostenpunkt auf – und oft werden die besten Ideen verkümmert. Säulen, Türme und Kuppeln erweisen sich zu teuer, und der Künstler muss am Ende aller Enden seinen Namen zu einem Baue hergeben, der ganz verschieden von dem ist, den er ursprünglich zu errichten beabsichtigte. Auch Schinkel hatte in reichem Maße mit solchen Widerwärtigkeiten zu kämpfen, wie eine Vergleichung der von ihm veröffentlichten Risse und Entwürfe mit den nachher fertiggestellten Kirchen, Palästen und Wohnhäusern zur Genüge erkennen lässt. Aber trotz all diesen Hindernissen schuf er herrliche Denkmäler. Die Rotunde des Museums am Lustgarten würde allein hinreichen, seinen Namen unsterblich zu machen. Wenn hinter dem Besucher, der zum ersten Male diesen Raum betrat, die großen Flügeltüren mit wunderbar metallischem Klange sich schlossen und man in der überwölbten Säulenrundung umherblickte, so wurde man von ehrfurchtsvollem Schauer erfasst, der sich bald in staunendes Entzücken verwandelte. Wie oft habe ich diesen Raum gleich einem Heiligtume betreten und wie schmerzlich es später bedauert, dass die edle Einfachheit desselben durch unpassende Zutaten so sehr beeinträchtigt worden ist.[97]

97 Zwischen 1823 und 1830 ließ Friedrich Wilhelm III. nach Plänen von Karl Friedrich Schinkel ein Museumsgebäude im klassizistischen Stil am Lustgarten errichten – das »Königliche Museum«. Elf Jahre nach dessen Fertigstellung gab Friedrich Wilhelm IV. dem Schinkel-Nachfolger Friedrich August Stüler den Auftrag zum Bau eines weiteren Museumsbaus – das »Neue Museum«, wie es heute noch heißt. Schinkels Bau heißt seitdem »Altes Museum«. Stüler legte außerdem einen Plan für die weitere Gestaltung der Insel als »Freistätte für Kunst und Wissenschaft«, wie der König verfügt hatte, vor. Zu Stülers Lebzeiten wurde nur das »Neue Museum« erbaut. Die tempelartige »Alte Nationalgalerie« vollendete zwischen 1867 und 1876 ein anderer Baumeister. Das »Museumsinsel« genannte, kulturelle und bauliche Ensemble auf der nördlichen Spitze der Spreeinsel in der historischen

Die glänzenden, zum Teil geschmackvollen Räume des sogenannten neuen Museums, von den Nachfolgern Schinkels erbaut und ausgeschmückt, haben im Vergleich mit dem alten Museum doch immer etwas, was an einen eleganten Konditorladen erinnert.

Das ursprüngliche Museum war auf einem Platze errichtet, wo bis dahin ein alter Arm der Spree sein Bett gehabt hatte; weshalb durch Tausende von eingerammten Pfählen erst ein Baugrund geschaffen werden musste. Wenn man nun, auf dem Schlossplatze stehend, dem Einrammen dieser Pfähle zusah, so fiel es auf, wie der Schall des jedesmaligen Schlages erst mehrere Sekunden später ins Ohr drang, nachdem das Gewicht mit dem Holze in Berührung gekommen war. Bei dieser Gelegenheit ist mir als kleinem Knaben zum ersten Male der Unterschied der Geschwindigkeit zwischen den Wahrnehmungen des Gesichts und des Gehörs klar geworden.

Das Museum, welches auf dem so befestigten Grunde stehen sollte, war dazu bestimmt, einem dringenden und fühlbaren Bedürfnis des Publikums Genüge zu tun, denn bis zur Errichtung desselben, im Anfang der zwanziger Jahre, hatte man in Berlin überhaupt gar keine Gelegenheit, Meisterwerke der Malerei zu sehen und sich an denselben zu erbauen. Die Bilder, welche der König besaß und zum größten Teil von seinen Vorfahren ererbt hatte, waren in den verschiedenen Schlössern zerstreut und für die Kunstfreunde so gut wie unzugänglich, wenn man sich nicht damit begnügen wollte, die betreffenden Räume unter Führung eines Kastellans einmal flüchtig zu durchlaufen. Auch befand sich nur der kleinste Teil der Gemälde in Berlin. Die meisten hatte Friedrich der Große in Potsdam aufstellen lassen, auch in Charlottenburg und in den Schlössern der anderen Provinzen musste man sie aufsuchen. Jetzt nur wurde eine, besonders vom kunstgeschichtlichen Standpunkt aus sehr bedeutende Sammlung zugänglich gemacht, der es auch an einzelnen Hauptwerken der ersten Meister nicht fehlte. Friedrich Wilhelm III. hat die Anzahl derselben bedeutend erweitert, indem er die Sammlung alter Gemälde, meist aus der italienischen, aber auch teilweise aus der niederländischen Schule, welche der berühmte

---

Mittel Berlins ist weltweit einzigartig.

Kunstfreund Solly[98] angelegt hatte, 1821 für das zu errichtende Museum erstehen ließ.

Kunstausstellungen gab es zwar schon früher alle zwei Jahre in Berlin, in den Sälen des Akademiegebäudes Unter den Linden, allein bis zum Auftreten der Düsseldorfer Schule in den dreißiger Jahren hatten diese Ausstellungen keine besondere künstlerische Bedeutung. Es fehlte an großen Malern, deren Werke hätten Aufsehen erregen können. Sogar die Porträtmalerei war aufs tiefste gesunken, und selbst in reichen Häusern erblickt man noch heute Bildnisse aus jenen Tagen, die durchaus handwerksmäßig in der Technik und Auffassung sind. In Berlin, wo man fast gar keine Gelegenheit hatte, gute, alte Bilder zu sehen, ist das nicht so verwunderlich, dagegen muss man erstaunen, wie weit die Kunst damals auch an solchen Orten zurück war, wo den Jüngern derselben die herrlichsten Vorbilder zu Gebote standen. In Dresden galt zum Beispiel Kügelgen[99] für einen ganz vorzüglichen Porträtmaler. Man betrachte aber heute eines seiner gepriesenen Bilder und man wird über die Genügsamkeit unserer Eltern und Großeltern und über die geringen Ansprüche erstaunen, die sie auf diesem Gebiete machten; besonders wenn man bedenkt, dass unmittelbar vor der Zeit, von der wir reden, Männer wie Chodowiecki in Berlin und Graff[100] in Dresden herrliche Werke schufen, durch die man einen richtigen Maßstab für den Wert solcher Leistungen hätte gewinnen sollen.

Mitten in diesen Verfall der Kunst traten plötzlich die Arbeiten der seit 1826 unter Wilhelm Schadows[101] Leitung stehenden Akademie der Künste zu Düsseldorf ans Licht.

In der Zeit von 1830–1832 wurde die kunstliebende Welt Berlins durch die Gemälde der Düsseldorfer Schule in Aufregung gebracht, welche öffentlich ausgestellt wurden und ein neues goldenes Zeit-

---

98 Edward Solly (1776–1848), englischer Kaufmann und Kunstsammler

99 Franz Gerhard von Kügelgen (1772–1820), Professor an der Kunstakademie in Dresden

100 Anton Graff (1736–1813), Maler des Klassizismus, einer der bedeutendsten Porträtmaler seiner Epoche, sein Sohn Carl Anton Graff (1774–1832) war Landschaftsmaler und Zeichner.

101 Friedrich Wilhelm von Schadow (1788–1862), Mitbegründer der Düsseldorfer Malerschule

alter der Kunst anzukündigen schienen. Wer heutzutage die Bilder von Sohn[102], Hubranz, Lessing[103], Hildebrandt[104] und Bendemann[105] sieht, wird sich von dem Entzücken, das dieselben bei ihrem ersten Erscheinen verursachten, kaum eine Vorstellung machen können. Als ich vor zwei Jahren bei meiner verehrten Freundin Pauline von Decker[106] ihr von Sohn gemaltes Porträt wiedersah, wollte ich meinen Augen kaum trauen, dass dies dasselbe Bild sei, das ich in meiner Jugend als eines der größten Meisterwerke betrachtet hatte. Noch schlimmer war der Eindruck eines Bildes desselben Künstlers im Leipziger Museum. Die Kunst hat seitdem riesige Fortschritte gemacht, und doch verdienen jene Düsseldorfer Werke in vollem Maße die große Bewunderung, die ihnen zuteil ward. Die Umkehr zur treuen Nachahmung der Natur war der erste bedeutsame Schritt, den Schadow seine Jünger auf der neuen richtigen Bahn tun ließ.

In der Geschichte der bildenden Kunst, besonders der Malerei, und namentlich in Deutschland, bleibt manches auf dem ersten Blick fast unbegreiflich, am unbegreiflichsten auf dem Gebiet der Porträtmalerei. Wenn man bedenkt, dass die Künstler, welche in den letzten Jahren des 18. und in den ersten Jahren des 19. Jahrhunderts jene flachen, geschmacklosen, nichtssagenden Konterfeis fertigten, doch ebenso gut wie wir Raffaelsche[107] und van Dyksche Porträts kannten, so fragte man sich immer von neuem, wie angesichts solcher Vorbilder diese Sudeleien entstehen konnten. Welcher Abstand ist sogar zwischen einem Graffschen Bild und dem des alten Malers Krüger, der um das Jahr 1800 für einen der ersten Porträtmaler Berlins galt. Man muss annehmen, dass gewisse Zeitabschnitte den damals Lebenden geradezu die Fähigkeit entzogen hatten, richtig zu sehen.

---

102 Karl Ferdinand Sohn (1805–1867)

103 Carl Friedrich Lessing (1808–1880)

104 Theodor Hildebrandt (1804–1874)

105 Eduard Bendemann (1811–1889), eines seiner wichtigsten Werke *Trauernde Juden im Exil* (1832)

106 Pauline von Schätzel (1811–1882), deutsche Sängerin, heiratete 1832 den Hofbuchdrucker und Verleger Rudolf Ludwig Decker.

107 Raffael (1483–1520), italienischer Maler und Baumeister

Die Schadowsche Schule landete, wie gesagt, zuerst wieder in dem rechten Geleise, aber wie bei allem Neuem auch mit Übertreibung. Die Naturwahrheit wurde, besonders in Bezug auf Farbe, so weit getrieben, dass die Wirkung der Bilder darunter leiden musste, weil das Gemälde, das, an der Wand hängend, aus richtiger Entfernung gesehen wird, gewisse Verstärkungen der natürlichen Farbe verlangt, zu denen man sich nicht verstehen wollte. So geschah es, dass sogar Lessing, der bei weitem größte unter jenen Düsseldorfer jungen Meistern, sich später sagen lassen musste, seine Bilder sähen aus wie getuschte Bleistiftzeichnungen.

Das sind aber Betrachtungen, die man damals nicht anstellte. Die Vorzüge des Dargebotenen waren so glänzend, dass kaum ein Wort, nicht einmal ein Gedanke des Tadels laut wurde. *Hylas von der Nymphe geraubt*[108], Hildebrandts *Räuber*, Lessings *Trauerndes Königspaar*, seine Schneelandschaften, Schröders und Scheurens Bilder wurden immer und immer von neuem bewundert und für Preise angekauft, die heutzutage freilich sehr gering erscheinen, damals aber enorm hoch genannt wurden. Von allen jenen Düsseldorfer Bildern machte keines so großes Aufsehen wie Bendemanns *Trauernde Juden*. Es bemächtigte sich des stets kritisch zersetzenden Berliner Publikums ein Enthusiasmus, der sich sonst nur zu offenbaren pflegt, wo es neben der Kunstleistung auch eine besonders anziehende Persönlichkeit zu feiern gilt. Diesmal aber war die Freude eine durchaus edle und reine. Der Eindruck, den ich selbst von diesen Meisterwerken empfing, war unbeschreiblich. Ich wurde in einen geradezu lächerlichen Enthusiasmus versetzt, der sich auf den Maler Bendemann richtete. Ich machte Gedichte an ihn und an seine glückliche Mutter, die solchen Sohn geboren, und schwärmte ihn aus der Entfernung ebenso einseitig an wie die jungen Damen, denen ich meine Huldigungen darbrachte. Auch bei ruhiger Betrachtung ist jenes Kunstwerk heut noch aller Bewunderung wert, obgleich uns die Farbe jetzt etwas matt erscheint und die jüdischen Frauen einen sehr germanischen Gesichtsausdruck haben. Den alten Meistern gestattete man eine solche Vernachlässigung der historischen Wahrheit, wie denn im 16. Jahrhundert weder die Künstler

108 Karl Ferdinand Sohn: *Der Raub des Hylas,* 1830

noch das Publikum die nötigen Kenntnisse besaßen, um das Kostüm und die Volksphysiognomien der verschiedenen Zeiten und Völker gehörig zu beobachten. Auch in dieser Richtung ist später eine übertriebene Reaktion eingetreten, die man bei den französischen Meistern gewahr wird, wenn sie Patriarchen wie Scheichs der Wüste abbildeten. Die richtige Mitte scheint Kaulbach zum Teil bei seinem Einsturz des babylonischen Turmes in der *Hunnenschlacht*[109] innezuhalten.

Blieb nach alle diesem auf den verschiedenen Gebieten der Kunst damals gar viel zu wünschen übrig, so war die Wissenschaft umso glänzender in Berlin vertreten.

Schon bei Gründung der Universität im Jahre 1810 hatte der König die berühmtesten Männer aus allen Fächern dorthin berufen, und in dem genannten und den nächstfolgenden Jahren waren die Theologen Schleiermacher[110], Neander[111], Marheineke[112] und de Wette[113], die Juristen Savigny[114], Eichhorn[115] und Biener[116], die Ärzte Hufeland[117], Reil[118], Graefe[119] und Rudolphi[120], in der philoso-

109 Wilhelm von Kaulbach (1805–1874): *Die Hunnenschlacht*, Gemälde (1834–1837) und Wandbild im Haupttreppenhaus des Neuen Museums in Berlin (1845–1865) in Berlin, letzteres 1945 zerstört.

110 Friedrich Schleiermacher (1768–1834), Theologe, Philosoph und Pädagoge

111 August Neander (1789–1850), evangelischer Theologe

112 Philipp Konrad Marheineke (1780–1846), protestantischer Theologe

113 Wilhelm Martin Leberecht de Wette (1780–1849), Theologe. 1819 wurde er jedoch entlassen und aus Preußen verbannt, weil er der Mutter von Karl Ludwig Sand, der Mörder Kotzebues, einen Trostbrief gesandt hatte.

114 Friedrich Carl von Savigny (1779–1861), Jurist

115 Karl Friedrich Eichhorn (1781–1854), Rechtswissenschaftler, lehrte von 1811 bis 1816 an der Universität zu Berlin.

116 August Friedrich Biener (1787–1861), erster Dekan der juristischen Fakultät der Universität zu Berlin

117 Christoph Wilhelm Hufeland (1762–1836), Arzt, erster Dekan der Medizinischen Fakultät der Universität zu Berlin

118 Johann Christian Reil (1759–1813), Anatom, Chirurg, Gynäkologe, Augenarzt, Badearzt und Reformer

119 Karl von Graefe (1787–1840), Mediziner

120 Karl Asmund Rudolphi (1771–1832), Mediziner und Naturforscher,

phischen Fakultät der große Fichte, die Philologen Friedrich August Wolf[121] und Böckh[122], der Altertumsforscher Hirt[123], der Chemiker Klaproth[124], die Botaniker Link[125] und Willdenow[126], für die altdeutsche Sprache von der Hagen[127], der Wiedererwecker der Nibelungen, und Zeune[128], der edle Leiter einer großen Blindenanstalt, als Lehrer an der Hochschule tätig.

Neben diesen Männern hielten als Akademiker der berühmte Historiker Niebuhr[129], der bekannte Hellenist Buttmann[130] und der Astronom Bode[131], damals Direktor der Sternwarte, an dessen Stelle 1825 Encke[132] trat, Vorträge für die studierende Jugend. Auch der erst unlängst in hohem Greisenalter verstorbene Immanuel Bekker[133], der Herausgeber des Plato, war bereits 1810 berufen worden, trat aber erst später ein.

Es versteht sich von selbst, dass solche Männer auf das Leben und die Bildung der Berliner von unberechenbarem Einfluss sein

---

Rektor der Berliner Universität 1813 bis 1814 und 1824 bis 1825

121 Friedrich August Wolf (1759–1824), Altphilologe und Altertumswissenschaftler

122 August Boeckh (1785–1867), Altphilologe und Altertumsforscher

123 Aloys Hirt (1759–1837), Archäologe, mit der Gründung der Berliner Universität 1810 ordentlicher Professor für Archäologie

124 Martin Heinrich Klaproth (1743–1817), ab 1810 Professor der Chemie an der Universität zu Berlin

125 Heinrich Friedrich Link (1767–1851), Professor für Chemie und Botanik. Nach dem Tod von Carl Ludwig Willdenow übernahm er den Lehrstuhl für Naturgeschichte an der Universität zu Berlin sowie die Direktion des Botanischen Gartens in Berlin.

126 Carl Ludwig Willdenow (1765–1812), Lehrer für Botanik an der 1810 gegründeten Universität zu Berlin und Direktor des Botanischen Gartens in Berlin

127 Friedrich Heinrich von der Hagen (1780–1856), Germanist

128 Johann August Zeune (1778–1853), Pädagoge, Geograph und Germanist

129 Barthold Georg Niebuhr (1776–1831), Historiker

130 Philipp Karl Buttmann (1764–1829), Lehrer für Latein und Griechisch

131 Johann Elert Bode (1747–1826), Astronom, von 1786 bis 1825 Direktor der Berliner Sternwarte

132 Johann Franz Encke (1791–1865), Astronom

133 Immanuel Bekker (1785–1871), Altphilologe

mussten. Leider wurde der gewaltige Fichte schon 1814 durch den damals herrschenden Lazarett-Typhus hingerafft. Vier Jahre später nahm Hegel dessen Lehrstuhl ein, von dem man erwartete, dass er die Lücke ausfüllen würde, welche durch Fichtes Tod entstanden war; und in der Tat gelang es dem hochbegabten Manne gar bald, sich in den höchsten und in allen gebildeten Schichten der Gesellschaft ein Ansehen und einen Einfluss zu erwerben, wie es selten einem Philosophen möglich gewesen ist.

Auch ich habe mich, um das gleich hier zu erwähnen, diesem Einfluss nicht entziehen können und mich mit den seltsamen Thesen und Antithesen der Hegelschen Lehre gequält, bis ich zu erkennen glaubte, dass das ganze Gebäude nur formal in der Luft, aber auf keinem soliden Grunde aufgeführt sei. Mir galt von Jugend auf Sokrates als der wahre Philosoph, der erkannte, dass der Delphische Gott ihn deshalb für den weisesten aller Menschen erklärt habe, weil er zwar in der Tat nichts wisse, sich aber auch nicht einbilde, etwas zu wissen, während alle übrigen, die doch ebenfalls nichts wüssten, sich dennoch einbildeten, etwas zu wissen. Zu diesen letzteren gehörte nun unbedingt auch Hegel, der kurz vor Entdeckung des achten Planeten philosophisch bewiesen hatte, dass es nur sieben geben könne und dass unser Atom von Erdball der einzige Weltkörper in dem unbegrenzten Universum sei, der von vernünftigen Wesen bewohnt werde.

Von den anderen vorher genannten Heroen der Wissenschaft ist nur Savigny mein Lehrer gewesen und später wird noch Gelegenheit sein, auf diesen merkwürdigen Mann zurückzukommen. Es wurde bereits angedeutet, dass die Universität auf das Berliner Leben von großem Einfluss sein musste; indessen drang derselbe doch kaum bis in die mittleren und unteren Schichten des Bürgertums hinab.

Nur Fichte, der seiner Zeit so Großes zu der Erhebung der Nation gegen die französischen Unterdrücker beigetragen, und Schleiermacher, der zugleich der verehrteste und gesuchteste Kanzelredner Berlins war, hatten ihre Anhänger bei hoch und niedrig, in der weitesten Ausdehnung. Schleiermacher war den Berlinern noch außerdem als geistreicher und witziger Mann besonders lieb, und man pflegte die feinsten und besten Scherze, die in

Umlauf kamen, ihm zuzuschreiben. Auf die große Anzahl der Zuhörer, die sich allsonntäglich, um ihn zu hören, in der Dreifaltigkeitskirche einfanden, sei er, so erzählt man, gar nicht stolz gewesen, sondern habe einst gesagt: »In meine Kirche kommen hauptsächlich Studenten, Frauen und Offiziere. Die Studenten wollen meine Predigt hören, die Frauen wollen die Studenten sehen, und die Offiziere kommen der Frauen wegen.«

Dem Gelehrtenstande und demjenigen Teile des Publikums, welcher an höheren Dingen Interesse nahm, war es vor 50 bis 60 Jahren nicht so leicht und bequem gemacht wie heute, sich die Hilfsmittel behufs Erweiterung ihrer Kenntnisse zu verschaffen. Einesteils ließen sich die Männer vom Fach damals noch nicht häufig bereitfinden, die Ergebnisse ihrer Forschungen in einer dem Laien sogleich verständlichen Form mitzuteilen, und dann war auch der buchhändlerische Verkehr noch recht schwerfällig und nicht so entwickelt wie jetzt.

Bekanntlich ist in Deutschland der Hamburger Buchhändler Perthes[134] der erste gewesen, welcher in seinem Verkaufslokal gebundene Bücher zur Ansicht des Publikums aufstellte, so dass man imstande war, sich wenigstens flüchtig und im Allgemeinen mit dem Inhalte neuer literarischer Erzeugnisse bekanntzumachen, ehe man sie bestellte und anschaffte. Man musste damals vielmehr jedes Buch erst von dem Verleger verschreiben lassen und erhielt dasselbe dann in großen, völlig unhandlichen Druckbogen. Diese wanderten zum Buchbinder und gewöhnlich vergingen Wochen, bis man endlich in den Besitz des gewünschten Werkes gelangte. Überdies waren die Druckbogen nicht geleimt, sondern förmliches Löschpapier und mussten erst planiert werden, wie man es nannte. Dafür aber wurde damals der Papiermasse noch kein Holzstoff beigemischt und die Bücher erhielten sich unverändert, während jetzt anscheinend schönes und weißes Papier schon nach wenigen Jahren braun und mürbe wird und nach und nach völlig zerbröckelt.

Was unsere Kinder und Enkel in zukünftiger Zeit von dem, was jetzt geschrieben und gedruckt wird, noch werden lesen können, ist

134 Friedrich Christoph Perthes (1772–1843), Buchhändler und Verleger, gründete 1796 die erste reine Sortimentsbuchhandlung in Hamburg.

schwer zu sagen. Musikalische Werke erschienen damals fast nur gedruckt und nahmen sich recht unschön aus; die gestochenen und lithographierten Noten sind erst späteren Ursprungs.

Die Klavierauszüge aus Opern hatten eine magere und dürftige Begleitung und ein kleines hässliches Format. Unter den Berliner Buchhändlern war seiner Zeit Friedrich Nicolai[135] als der bedeutendste und vornehmste anerkannt. Er starb erst 1811. Durch seine Schriften, seine Verbindung mit der Aufklärungspartei und durch den engen persönlichen und brieflichen Verkehr, in welchem er mit Lessing und Moses Mendelssohn stand, durch den Spott, den Goethe in seinem Faust[136] und Fichte in einem eigens dazu bestimmten Buche[137] über ihn ausgegossen hat, ist dafür gesorgt, dass Nicolais Name in der deutschen Literaturgeschichte unvergessen bleiben wird.

Nach Nicolais Tode war Reimer[138], der Freund und Verleger Schleiermachers, Jean Pauls und des Bekkerschen Plato, wohl der angesehenste Buchhändler Berlins, trotz dem schlechten Papier, welches er dem Publikum zu oktroyieren pflegte. Er stand persönlich in hoher Achtung und lebte in vertrautem Verkehr mit dem Kreise der trefflichen Männer, welche während der Unglückszeit des Vaterlandes den Gedanken an dessen Befreiung und die Hoffnung auf eine bessere Zukunft nicht sinken ließen.

Bei diesen Zusammenkünften herrschte ein würdigerer und besserer Ton, als in dem damals vielbesuchten Salon der Frau von

---

135 Friedrich Nicolai (1733–1811), Schriftsteller und Verlagsbuchhändler

136 Nicolai litt vorübergehend an einer Störung, in deren Folge ihm Geister erschienen (Phantasmen). Er behandelte sich mit am Gesäß angesetzten Blutegeln und berichtete öffentlich von dem Erfolg dieser Kur. Goethe griff dies auf und ließ ihn in seinem Faust, in der Szene Walpurgisnacht, als »Proktophantasmist« (Steißgeisterseher) auftreten.

137 Johann Gottlieb Fichte: *Friedrich Nicolais Leben und sonderbare Meinungen. Ein Beitrag zur Literaturgeschichte des vergangenen und zur Pädagogik des ausgehenden Jahrhunderts* (1801)

138 Georg Andreas Reimer (1776–1842) gründete den Verlag Georg Reimer.

Varnhagen[139], wo neben Goethe auch Gentz[140] und Fanny Elßler[141] gefeiert wurden.

Man tut den Berlinern nicht unrecht, wenn man sagt, dass in dem ersten Viertel dieses Jahrhunderts das Interesse an höheren Dingen bei ihnen sehr gering war. Nach den Leiden, den Anstrengungen und den Opfern, welche die Jahre 1806 bis 1815 mit sich gebracht, wollte man ausruhen und schien zu ahnen, dass man im Genusse eines fast halbhundertjährigen Friedens Zeit haben würde, sich gütlich zu tun.

Der Umkreis, innerhalb dessen die Gedanken und Gespräche sich bewegten, war ein sehr enger und harmloser, und ging bei den meisten Leuten nur selten über den königlichen Hof und das Theater hinaus. Von Politik war kaum die Rede. Sich mit dieser zu beschäftigen, überließ man den jungen vorlauten Hitzköpfen, die nachher auf den preußischen Festungen Zeit genug hatten, über ihre voreiligen Schwärmereien nachzudenken.

IV.

Die Physiognomie des alten Berlin änderte sich plötzlich, als im Juli 1830 die Kunde von der französischen Revolution und der Vertreibung Karls X. dorthin gelangte. Allerdings war dafür gesorgt, dass die Nachrichten so wenig aufregend als möglich wirkten. Die Zensur strich mit unbarmherziger Strenge alles, was für den beschränkten Untertanenverstand nicht dienlich war, und das konnte umso leichter geschehen, weil in Berlin nur zwei Zeitungen erschienen, die politische Nachrichten brachten, die *Vossische*[142] und die *Spenersche*[143]; denn die dritte, die *Allgemeine Preußische Staatszeitung*[144], hatte gar keinen Einfluss auf das Publikum. Man

139 Rahel Varnhagen von Ense, geb. Levin (1771–1833)

140 Friedrich von Gentz (1764–1832), Schriftsteller und Politiker

141 Fanny (Franziska) Elßler (1810–1884), Tänzerin

142 Vossische Zeitung, älteste, überregional verbreitete und liberale Berliner Zeitung, erschien bis 1934.

143 Spenersche Zeitung, erschien von 1740 bis 1874 in Berlin.

144 Verkündungsblatt der preußischen Regierung, erschien von 1819 bis

pflegte zu sagen: Aus ihrem Titel müsste das »All«, das »Preußische« und das »Staats« gestrichen werden, um sie richtig zu kennzeichnen. Neben diesen existierte nur noch ein Wochenblättchen, *Der Beobachter an der Spree*[145], welcher in den Kreisen der Bürgerschaft sehr gefürchtet war, weil dies Blatt in keckster Weise alle Klatschgeschichten aus den Familien, mit oder ohne Namensnennung, veröffentlichte. Die Drohung: »Du kommst in den Beobachter«, war eine gewöhnliche.

Im Jahre 1830 aber begann, wie gesagt, der Gesichtskreis des großen Berliner Publikums sich zu erweitern. Man erkannte, dass viele der Missbräuche und Übelstände, welche die Pariser Revolution hervorgerufen hatten, bei uns in gleichem, wenn nicht in größerem Maße vorhanden wären. Das Verlangen nach verfassungsmäßigen Zuständen begann sich zu regen, und man gedachte des königlichen Versprechens von 1820, welches die Berufung allgemeiner Landstände verhieß.

Allein, während in fast allen anderen deutschen Staaten Unruhen ausbrachen und der König von Sachsen, der Kurfürst von Hessen und der Herzog von Braunschweig gezwungen wurden, ihr Land zu verlassen oder einen Mitregenten anzunehmen, regte sich in Preußen keine Hand. Es war, als hätte man stillschweigend das Übereinkommen getroffen, an dem Bestehenden nicht zu rühren, solange der König lebte, den man persönlich liebte und verehrte, und dem man auf seine alten Tage keine Unruhe bereiten wollte, weil eine solche ihm bei seinen regelmäßigen Lebensgewohnheiten doppelt schmerzlich gewesen wäre. So gärte denn alles im Stillen fort bis 1840. Nach wie vor aber beschäftigte man sich mit der Person des Königs und der Prinzen und Prinzessinnen in einer Art und Weise, von der man heutzutage kaum noch eine Vorstellung hat.

Durch das schwere Unglück, welches den Monarchen betroffen,[146] und durch die würdige und wahrhaft königliche Art, mit

---

1871.

145 erschien von 1802 bis 1869

146 Die preußische Armee wurde 1806 in der Doppelschlacht bei Jena und Auerstedt von den französischen Truppen unter Napoleon Bonaparte vernichtend geschlagen. Friedrich Wilhelm III. floh mit Frau und Kindern nach Ostpreußen.

welcher er dasselbe getragen, war zwischen Friedrich Wilhelm III. und seinem Volke ein Band gewoben, welches beide gleichsam zu einer großen Familie verknüpfte. Namentlich die Berliner betrachteten ihren König wie einen geliebten Vater, an dessen Tugenden man sich erfreut, und dessen Fehler und Schwächen man entweder gar nicht erkennt, oder dieselben doch nicht ihm persönlich, sondern seinen schlechten Freunden und Ratgebern zur Last legt.

Die große Einfachheit seiner Erscheinung trug nicht wenig dazu bei, ihm die Herzen zu gewinnen. Wenn er täglich in seinem unscheinbaren, unzählige Male ausgebesserten, offenen, gelben, mit zwei Pferden bespannten Wagen durch die Straßen fuhr, nur von einem Adjutanten und einem Lakaien begleitet, war jedermann glücklich, ihn grüßen zu können und den Gegengruß zu empfangen, der darin bestand, dass der König den Finger an die einfache Militärmütze legte, die sein Haupt bedeckte. Versäumte irgendjemand, was aber nur von einem Fremden geschehen konnte, den Gruß, so bemerkte man deutlich den Unwillen auf des Königs Gesicht; denn allgemein geliebt zu werden, war sein Wunsch, und dass er in der Tat allgemein geliebt werde, mit Recht seine feste Überzeugung.

Was aber dem Verhältnis zwischen dem Könige und seinem Volke noch eine besondere Innigkeit, ja fast eine Heiligkeit gab, war die Erinnerung an die frühverstorbene Königin Luise, die in der Phantasie des Volkes noch immer, gleich einem Schutzengel, das königliche Haus zu umschweben schien. Die älteren Leute erinnerten sich gar wohl der Zeit, wo sie mit ihrem jungen Gemahl den Thron bestieg und durch den Zauber ihrer Anmut und ihrer hohen Sittlichkeit die giftige Atmosphäre der Mätressenwirtschaft Friedrich Wilhelms II. reinigte und verscheuchte.

Das musterhafte Familienleben in dem bescheidenen Palais des bisherigen Kronprinzen leuchtete als weithin strahlendes Vorbild und fand Nacheiferung, wie jedes Beispiel, welches von oben gegeben wird. Gesteigert wurde die Liebe zu der schönen Königin noch durch die Demut und Aufopferung, mit welcher sie das Unglück ihres Gatten teilte und selbst den Hohn und die schmähliche Verleumdung des korsischen Eroberers über sich ergehen ließ, in der vergeblichen Hoffnung, denselben zugunsten unseres zerstückelten Vaterlandes milder zu stimmen.

Als nun vollends ein schneller Tod die Herrliche in der Blüte ihres an Kummer so reichen Lebens hinwegraffte, da entstand in den weitesten Kreisen der Bevölkerung ein förmlicher Luisenkultus, namentlich unter den Berlinern. Zu Tausenden und Tausenden wallfahrteten sie an ihrem Todestage, dem 19. Juli, alljährlich nach Charlottenburg, um das Mausoleum zu besuchen, wo die unvergleichlich schöne Statue Rauchs das Bild der Hingeschiedenen, als einer sanft Schlummernden, den andächtigen Verehrern vor Augen brachte.

Der kleine, granitene Tempel, welchen der König über der Ruhestätte seiner Gemahlin hatte errichten lassen, war schon an sich in seiner anspruchslosen Einfachheit ein bewunderungswürdiges Kunstwerk, welches den zugleich wehmütigen und erhebenden Zweck verkündigte, dem es geweiht war. Leider ist die ergreifende Schlichtheit dieser Trauerstätte später durch allerlei ungehörige Zutaten und künstlich hervorgerufene Lichteffekte entstellt worden.

Die Glorie, welche das Andenken der Königin umgab, übertrug das Volk mit auf den Gatten und die Kinder der Verklärten, wodurch die gesamte königliche Familie in den Augen des Volkes womöglich noch höher erhoben wurde. Heutzutage, bei gänzlich veränderten politischen Anschauungen, hat man Mühe, sich die damalige Auffassung dieser Verhältnisse klar zurückzurufen.

Die absolute Monarchie, welche in Europa kaum noch eine letzte Zufluchtsstätte bei den Russen findet, galt vor fünfzig bis sechzig Jahren als die normale, von Gott gewollte Form des Staates. Dass dem Könige alles erlaubt und nichts verboten sei, stand fest, und ich erinnere mich sehr wohl, dass wir als Knaben uns darüber verständigten, wie der Monarch unbedingt allen Untertanen Nasen und Ohren abschneiden lassen könne, wenn er es für gut finde, und dass es nur ein mit Dank anzuerkennender Ausfluss seiner persönlichen Güte und Milde sei, wenn er uns im Besitz dieser nützlichen Gliedmaßen belasse.

Wie lange auch war es denn her, seit Friedrich der Große, der populärste König von Preußen, ohne weiteres missliebige Beamte auf Lebenszeit nach Spandau geschickt,[147] und Trenck[148], mit Ketten beladen, in einen unterirdischen Kerker geworfen hatte, wo er des Nachts alle Viertelstunden geweckt und angerufen wurde? Und doch war Friedrich II. in der Meinung des Volkes nicht nur der größte, sondern auch der gerechteste Monarch, der, um einen Müller nicht unterdrücken zu lassen, den Justizminister fortgejagt und drei Kammergerichtsräte eingesperrt hatte, die erst nach seinem Tode die Freiheit wieder erhielten und überdies nur nach ihrem Gewissen und ihrer Überzeugung Recht gesprochen hatten.[149] Es war das ein Gewirr von Widersprüchen, die niemand aufzuklären versuchte.

Was 1769 der bekannte Friedrich Nicolai an Lessing schrieb: »Sobald ich in einem monarchischen Staat lebe und also an der Regierung keinen Anteil habe, kann ich diesen Anteil entbehren – ich kann schweigen«, das war auch fünfzig Jahre später noch so ziemlich das Glaubensbekenntnis der meisten Leute, namentlich der Berliner. Die neue Hegelsche Philosophie schien solchen Anschauungen nicht zu widersprechen, wenigstens legte man den Satz: »Was ist, das ist vernünftig« so aus: »Die absolute Monarchie ist, also ist sie vernünftig!«, worüber der, welcher den Satz in ganz anderem Sinne ausgesprochen hatte, sich im Stillen ins Fäustchen lachen mochte.

Aber, wie gesagt, die Berliner ließen sich durch solche Betrachtungen weder aus der Ruhe bringen, noch in ihrer Liebe zu dem angestammten Fürstenhause irre machen.

Vierzehn Jahre waren seit dem Tode der Königin Luise verflossen. Da traf 1824 wie ein Blitz aus heiterem Himmel die völlig über-

147 Die Zitadelle Spandau diente als Gefängnis für Staatsgefangene.

148 Friedrich Freiherr von der Trenck (1727–1794), 1745 wurde er aus bis heute ungeklärten Gründen inhaftiert, 1746 gelang ihm die Flucht. 1753 wurde er in Danzig erneut auf Befehl Friedrichs II. verhaftet und ohne Gerichtsurteil bis 1763 in Ketten gelegt.

149 Der Fall des Müllers Arnold ging in die Rechtsgeschichte ein, weil darin die Unabhängigkeit der Justiz durch den König in Frage gestellte wurde. Der Müller verfasste Eingaben an König Friedrich II., da er sich von der Justiz ungerecht behandelt sah. Friedrich II. ließ die Richter kurzerhand einsperren.

raschende Nachricht ein, Friedrich Wilhelm III. wollte zu einer zweiten Ehe schreiten und sich mit einer Gräfin Harrach[150] vermählen, die noch dazu eine Katholikin sei. Die Entrüstung war allgemein; das Publikum glich einer Kinderschar, die eine Stiefmutter bekommen sollte. Nicht nur eine Untreue gegen die verstorbene Gattin, nein, fast ein Sakrilegium gegen den Schutzengel des Landes, gegen die angebetete Luise, erblickte man in einem solchen Schritte des Monarchen.

Allein die Gemüter beruhigten sich bald, als man erfuhr, dass die Gräfin keineswegs Königin werden sollte, und noch mehr, als die Gefürchtete selbst erschien, und durch die bescheidene Zurückhaltung ihres Benehmens und dadurch, dass sie niemals den geringsten Versuch machte, in die Staatsgeschäfte mit einzugreifen, gar bald die erregten Gemüter für sich gewann. Niemals ist nur ein Hauch einer bösen Nachrede auf sie gefallen, aber niemals auch hat eine Frau es besser verstanden, sich in eine überaus schwierige und heikle Lage zu finden, als die Fürstin Augusta von Liegnitz; dieser Titel nämlich wurde der neuen Gemahlin des Königs verliehen. Anfangs von der Familie desselben mit Misstrauen und Vorurteilen empfangen, war sie bald überall bei Hofe beliebt und geehrt.

Der Kronprinz ging mit gutem Beispiele voran, indem er der neuen Stiefmutter sogleich wohlwollend entgegenkam, was seinem Herzen Ehre machte und für den König überaus beruhigend sein musste.

Wenn die Berliner es unangenehm empfanden, eine Katholikin dem Thron so nahe zu sehen, so äußerte sich dies Gefühl anfangs umso stärker, weil erst ein Jahr vorher, 1823, der Kronprinz sich mit der katholischen Prinzessin Elisabeth von Bayern vermählt hatte.

Berlin aber war damals eine ganz protestantische Stadt, unter deren Einwohnerschaft sich nur eine verschwindend kleine Zahl von Katholiken befand, die auch in keiner Art bemerklich wurden.
Dasselbe konnte man bis 1815 von dem gesamten preußischen Staate sagen, dessen Herrscher sich stets duldsam gegen alle Religionsbekenntnisse gezeigt, aber niemals gewillt gewesen waren, ihre oberst-

150 Auguste von Harrach (1800–1872), zweite Gattin von Friedrich Wilhelm III. von Preußen

bischöfliche Gewalt aus den Händen zu geben oder Eingriffe in dieselbe zu gestatten.[151]

Friedrich der Große hatte für die Katholiken in Berlin die Hedwigskirche am Opernplatz erbauen lassen, mit der bezeichnenden Inschrift: »Denkmal der Mildherzigkeit des Königs«. Die Gemeinde war also eigentlich nur geduldet und erst 1815, wo die Rheinprovinzen an Preußen kamen, konnte von einer Gleichberechtigung der Konfessionen tatsächlich die Rede sein. Niemals sah man in Berlin einen katholischen Geistlichen im Ornate. Die katholische Gemeinde, unter dem Fürstbischof von Breslau stehend, musste sich sehr bescheiden verhalten. Prozessionen waren ihnen nur innerhalb der Mauern ihrer Kirche gestattet. Zu Staatsämtern gelangten sie selten und nur ausnahmsweise; die katholischen Offiziere wurden nicht begünstigt.

Nach dem Eintreffen der Kronprinzessin und der Fürstin von Liegnitz in Berlin hatte sich das gänzlich ungegründete Gerücht verbreitet, der König neige selbst zum Katholizismus. Etwas Unangenehmeres konnte ihm kaum begegnen. Als nun nicht lange nachher seine Halbschwester, die Herzogin von Köthen, in Rom bekehrt wurde und förmlich zur römischen Kirche übertrat, da ergriff der König die Gelegenheit, in einem Briefe an seine Schwester, der augenscheinlich zugleich für die Öffentlichkeit bestimmt war, sich dahin auszusprechen, dass der Katholizismus ihm wegen der vielen antibiblischen Sätze, an denen er festhalte, durchaus anstößig und zuwider sei.

Bekannt ist, wie er mit dem Erzbischof von Köln, Droste von Vischering, den er übrigens nur auf dringenden Wunsch des Kronprinzen bestätigt hatte, kurzen Prozess machte, als der starrköpfige Kirchenfürst sich weigerte, den Staatsgesetzen in Beziehung auf gemischte Ehen Folge zu leisten.[152] Damals wären die Herren im

151 Nach der Reformation setzte sich in den evangelischen Territorien durch, dass der Landesherr, also Fürst oder König, die Funktion eines Bischofs einnahm und somit die Leitungsfunktion der Kirche innehatte. Dieses »landesherrliche Kirchenregiment« ging 1918 zusammen mit der Monarchie zu Ende.

152 Clemens August Droste zu Vischering (1773–1845), Erzbischof von Köln, wurde 1837 verhaftet und in Minden unter Hausarrest gestellt.

Zentrum des Reichstages mit ihren Prätentionen noch übler davongekommen als heut; auch hätte Friedrich Wilhelm III., mit seinem geraden, gesunden Menschenverstande, niemals die Geister gerufen, die wir jetzt nicht loswerden.

Es sei gestattet, hier einer komischen Begebenheit zu erwähnen, die sich bald nach der Ankunft der beiden katholischen fürstlichen Damen in Berlin zutrug. Diebe erbrachen die St. Hedwigskirche und stahlen die Altarleuchter und einige andere Geräte; allein sie hatten davon wenig Freude, weil sie bald gewahr wurden, dass diese Gegenstände nicht echt, sondern nur plattiert waren. Mit größter Frechheit trugen sie deshalb das gestohlene Gut einige Tage nachher in die Kirche zurück und legten auf den Altar einen Zettel, welcher die Worte enthielt: »Kronprinzessin und Fürstin Liegnitz – und doch keine silbernen Leuchter!« Diese beiden Prinzessinnen traten übrigens bald zum Protestantismus über, wodurch jene unangenehmen Empfindungen des Publikums ein für alle Mal beseitigt wurden.

Überhaupt waren die Berliner und sind auch noch heut leicht aufzuregen und ebenso leicht wieder zu beruhigen. Der Charakter derselben hat sich nicht viel geändert, wohl aber der Charakter der Einwohnerschaft Berlins, die jetzt kaum noch zur Hälfte aus eigentlichen und wirklichen Berlinern bestehen mag. Der Zufluss von Menschen aus allen Provinzen des Landes ist denn auch nicht ohne Einfluss auf die Hauptstädter geblieben, welche ja schon von alters her viele fremde Elemente in sich aufgenommen hatten. Nachweisen lässt sich der Einfluss, den zum Beispiel die unter dem Großen Kurfürsten eingewanderten französischen Kolonien auf das Leben und die Einrichtungen, sogar auf die Denkungsart und die Sitten geübt hatten.

Diese Einwanderer waren infolge der berüchtigten Widerrufung des Edikts von Nantes 1685 heimatlos geworden, weil Ludwig XIV. unter dem Einfluss fanatischer Priester eine überaus große Zahl der trefflichsten Menschen aller Stände ihres Glaubens wegen aus Frankreich vertrieben hatte.[153]

1839 wurde er wegen seines schlechten Gesundheitszustandes aus der Haft entlassen und lebte dann zurückgezogen in Münster.

153 Mit dem Edikt von Nantes gewährte Heinrich IV. im Jahr 1598 den

Der Große Kurfürst Friedrich Wilhelm von Brandenburg erkannte gleich, wie sich ihm hier eine vortreffliche Gelegenheit darbiete, nicht nur seine verfolgten Glaubensgenossen wirksam zu unterstützen, sondern auch dem eigenen entvölkerten Lande neue tüchtige Kräfte zuzuführen. Ohne Zögern erließ er jenen berühmt gewordenen Aufruf, durch welchen er allen vertriebenen Reformierten sicheres Unterkommen in seinen Staaten anbot. Diejenigen, welche sich im Brandenburgischen niederlassen wollten, könnten durch seinen Gesandten im Haag[154] Lebensmittel und freie Überfahrt nach Hamburg erhalten, von wo aus sie auf kurfürstliche Kosten in jede von ihnen zu wählende brandenburgische Stadt befördert werden sollten. Außerdem wurde ihnen Befreiung von Lasten und Abgaben auf sechs Jahre und viele andere Vergünstigungen in Aussicht gestellt. Eigens dazu ernannte Beamte mussten dafür sorgen, dass die fremden Gäste mit größter Zuvorkommenheit empfangen würden. Dieser Aufruf hatte den über alles Erwarten günstigen Erfolg, dass mehr als 16 000, zum größten Teile dem gebildeten Mittelstande angehörige Franzosen sich im Brandenburgischen niederließen; doch waren unter ihnen auch so viele aus adligen Familien, dass der Kurfürst zwei Kompagnien Musketiere und eine Kompagnie Grenadiere zu Pferde errichten konnte, in welchen sämtliche Offiziere und der größte Teil der Mannschaften solche Refugiés waren.

Diese Gäste hatten nicht nur auf die Entwicklung der feineren Gewerbe und Künste, sondern auch vorzüglich auf die Sitten und Gewohnheiten ihrer neuen Mitbürger, namentlich in Berlin, den größten Einfluss. Sie zeichneten sich durch Frömmigkeit, Fleiß und Sparsamkeit aus und waren bald überall beliebt. Dass durch sie nicht auch allerhand feinere Sünden importiert worden seien, möchte man allerdings nicht behaupten.

---

calvinistischen Protestanten (Hugenotten) im katholischen Frankreich religiöse Toleranz und Bürgerrechte. König Ludwig XIV. widerrief es 1685, woraufhin innerhalb weniger Monate hunderttausende Hugenotten flohen.

154 das heutige Den Haag, damals Residenz der Statthalter der Republik der Sieben Vereinigten Provinzen, ein Vorläufer des heutigen Staates Niederlande

Die französischen Kolonisten und ihre Nachkommen verhielten sich im ganzen gesellig sehr abgeschlossen und verkehrten fast nur untereinander. Sie hatten ihre eigenen Kirchen, Schulen und Gymnasien, ihre Armen- und Krankenanstalten und, wie ich glaube, wird noch heutigentags in einer der Kirchen auf dem Gendarmenmarkt allsonntäglich in französischer Sprache Gottesdienst gehalten.

Vor 50 bis 60 Jahren bestand die ausschließliche Zusammengehörigkeit der französischen Kolonie noch fort, und die Mitglieder derselben heirateten in der Regel nur untereinander. Sie sprachen zu Hause fast immer französisch, und zwar, wie man es in Berlin nannte, ihr Koloniefranzösisch, welches im Lauf der Zeit einen bedeutenden Zusatz von deutschem Akzent erhalten hatte. Im Umgange befleißigten sie sich ihrer angestammten Höflichkeit und Feinheit der Manieren, so dass die von Natur ziemlich formlosen Berliner ihnen gegenüber in keinem vorteilhaften Lichte erschienen.

Die Emigranten und ihre Nachkommen fanden häufig im Staatsdienste Verwendung, namentlich im Auswärtigen Departement, wo ihre Fertigkeit im Schreiben und Sprechen des Französischen sich vorzüglich verwerten ließ. In neuerer Zeit haben die zur Kolonie gehörigen Familien sich vielfach mit der übrigen Einwohnerschaft vermischt und das Gefühl der Zusammengehörigkeit ist unter ihnen im Verschwinden. Junge und ältere Frauen und Mädchen dieser Herkunft nahm man in wohlhabenden Häusern vorzugsweise gern als Bonnen[155] und Gouvernanten, damit sie den Kindern nicht nur die französische Sprache, sondern auch durch ihr Beispiel feinere Manieren beibringen sollten. Viele dieser »französischen Mamsells«, wie man sie nannte, blieben durch zwei oder drei Generationen in derselben Familie und wurden wegen ihrer Treue und Anhänglichkeit ganz wie nahe Verwandte behandelt.

War nun der Einfluss dieser Franzosen ein überwiegend geistiger, auf Förderung von allerlei Fertigkeiten und auf Verfeinerung der Umgangsformen wirkend, so hatten die Berliner in der Zeit von 1806 bis 1813 einen nach anderer Richtung ebenso wirksamen, wenngleich viel weniger sittlichen Einfluss derselben Nation zu erfahren; denn leider lässt sich nicht leugnen, dass die Frauen und Mädchen in

---

155 Kindermädchen

Deutschland, und namentlich in Berlin, den fremden Eroberern und Unterdrückern gegenüber sich gar vielfach nicht so benahmen, wie es ihrer würdig gewesen wäre, und wie es bekanntlich die Französinnen im Jahre 1870 und 1871 im umgekehrten Falle in sehr achtbarer und anerkennungswerter Art getan haben. Vielmehr muss man eingestehen, dass seit jenen Tagen unendlich viel französisches Blut in deutsche Adern übergegangen ist, was nicht wenig dazu beigetragen hat, den leichtlebigen und beweglichen Geist der Berliner zu steigern und ihnen ein gewisses Etwas beizubringen, was an französische Art erinnert.

Die eigentlichen Berliner, mit Spreewasser getauften Kinder sind ein kluges, aufgewecktes Völkchen; dabei gutmütig und in hohem Maße wohltätig und mitfühlend bei fremdem Unglück. Wird ein Ereignis im Publikum bekannt, wo schnelle Hilfe nottut, so eilt alt und jung, arm und reich herbei, zu helfen und zu geben. Der verstorbene Klaviervirtuose Lauska[156], damals Lehrer der königlichen Prinzen, pflegte im Hinblick auf dieses werktätige Wohlwollen zu sagen: »Wer in Berlin erst arm ist, der ist dicke durch!«

Eigentümlich ist den Berlinern jene Art von Witz, der in den einst allbeliebten Glaßbrennerschen Schriften[157] Ausdruck findet. Nebenbei ist auch der sogenannte Kalauer ein echter Berliner. Dies Völkchen nimmt alle Dinge so lange wie möglich von der spaßhaften Seite; aber wie ernst sie sein können, wenn es gilt, das hat ihre Landwehr 1813 und 1870 glorreich bewiesen.

Ein Hauptcharakterzug der Spreeathener ist unendliche Selbstgenügsamkeit und mitleidiges Herabsehen auf alles, was nicht berlinisch ist. Dieser Hochmut gibt sich schon in dem unverkennbaren Tonfall des Berliner Dialekts kund. Ein Fremder braucht nur auf der Straße bei einem Vorübergehenden sich nach irgendetwas zu erkundigen, zum Beispiel wo die und die Straße liegt, und er wird in dem, nach dem Wortlaute allereinfachsten Bescheide, den er empfängt, unverkennbar den Gedanken des Befragten mit heraushören: »Du dummer Kerl, das weißt du nicht?« Der echte Berliner Dialekt, der seit der Verbesserung der Schulen leider immer mehr

156 Franz Seraphinus Lauska (1764–1825)

157 Adolf Glaßbrenner (1810–1876), Humorist und Satiriker

verschwindet und gegenwärtig unter den Gebildeten schon sehr viel von seiner Eigentümlichkeit verloren hat, ist für den Fremden, wenn er einigen Humor besitzt, überaus ergötzlich. Ich selbst, als ich nach langer Abwesenheit vor dreißig Jahren einmal in meine Vaterstadt zurückkehrte, ging auf der Straße mit größtem Vergnügen hinter Leuten her, die sich miteinander unterhielten, bloß um mich an der possierlichen Redeweise derselben zu erfreuen.

◊[158] Besonders charakteristisch für diesen Dialekt[159] ist außer dem *g*, welches wie *j* ausgesprochen wird, auch die Dehnung der Endsilbe *er* zum Beispiel Tischl*eer*, Adl*eer* usw. Vor allem aber die Unfähigkeit der echten Berliner, den Dativ und Akkusativ zu unterscheiden; eine Eigentümlichkeit, die auch heute noch nur von wenigen ganz überwunden wird. Vor fünfzig Jahren aber verwechselten auch sonst ganz gebildete Leute, besonders Frauen, beständig mir und mich, und zwar ganz willkürlich. Man konnte die Bevölkerung in dieser Beziehung in drei Klassen teilen. Die erste Klasse brauchte ausschließlich entweder mir oder mich, und ein alter Herr, den ich kannte, wird in seinem ganzen Leben kaum einmal »mich« gesagt haben. Als derselbe einst eine andre Wohnung bezog, bemerkte ein Spaßvogel: »Der alte X. hat sich ganz neu eingerichtet; neue Möbel, neue Teppiche, neue Vorhänge, nur den Akkusativ hat er nicht neu machen lassen, der war noch gut im Stande, denn er hat ihn niemals gebraucht.«

◊ Die zweite Klasse sprach ohne alle ersichtliche Regel mir und mich bunt durcheinander, wie es ihnen grade in den Mund kam. Die dritte endlich, und zu dieser gehörten gar viele Berliner, bediente sich jedes Mal ohne Ausnahme des verkehrten Pronoms und sagte: »Mir friert«, Mir freut es«. Und dann wieder »Mich ist unwohl«,

---

158 Das Rautezeichen ◊ kennzeichnet die wieder eingefügten Absätze der Ausgabe von 1878, die in der Ausgabe von 1925 nicht mehr enthalten waren. Die Anmerkung am Ende des eingefügten Textes verweist auf die Seitenzahl der Ausgabe von 1878.

159 Diese Beschreibung des Berliner Dialekts befindet sich in der Ausgabe von 1878 an dieser Stelle. Der Herausgeber der Ausgabe von 1925 hat sie umformuliert und in das neue Kapitel über »Tante Kramer« eingefügt hat. Wir lassen der Vollständigkeit halber beide Varianten an der jeweiligen Stelle, auch wenn es dadurch Wiederholungen gibt.

»Es kommt mich so vor« usw. Den oben bereits erwähnten Tonfall, der sich gewiss durch Musiknoten andeuten ließe, haben sie alle gemeinsam.[160]

In früheren Zeiten konnte man die Berliner fast nur in ihrer Heimat kennenlernen, denn das Reisen war vor 1840, wo die Eisenbahnen in Deutschland anfingen, allgemeiner zu werden, keine leichte Sache, und wer dazu nicht gezwungen war, blieb entweder zu Hause oder entfernte sich doch nicht sehr weit von seinem Wohnorte. Ein Mann, der in Italien gewesen war, galt in meiner Jugend noch als etwas ganz Besonderes. Aus eigener Erfahrung kann ich durch ein Beispiel erläutern, welche Unbequemlichkeiten damals eine größere Reise zuweilen nach sich zog.

Im Jahre 1819 sollten meine Eltern die Emser Quellen[161] gebrauchen, und wir uns also in diesen Badeort begeben. Eine Tante meiner Mutter schloss sich an. Wir fuhren eines schönen Morgens in zwei Wagen mit Extrapost[162] ab; ich war bei den Eltern, meine Schwester bei der Großtante im Wagen; auf jedem der Kutscherböcke saß neben dem Postillon die betreffende Kammerjungfer. Gegen Mittag gelangten wir nach Potsdam, wo gespeist und dann wieder angespannt wurde, weil wir Wittenberg zu erreichen und daselbst zu übernachten hofften. Die kleine Karawane setzte sich beim Schmettern der Posthörner in Bewegung, wir fuhren ab, die Tante voraus, und wir folgten ihr – aber nur wenige Schritte weit. Ein Krach, ein Aufschrei – und ich, zwischen meinen Eltern sitzend, fühlte, wie der Wagen sich sanft nach vorn senkte, während der Postillon mit dem Kutscherbock und den Vorderrädern lustig davontrabte, die Jungfer an seiner Seite.

Durch vieles Blasen und Rufen gelang es, die voraus gefahrene Tante von der unverhofften Störung in Kenntnis zu setzen, wir kehrten um und gingen gemeinschaftlich in das Wirtshaus zurück, das wir soeben verlassen hatten. Der zerbrochene Wagen wurde

---

160 Ausgabe 1878, S. 86 f.

161 Ems, Heilbad an der Lahn, seit 1913 Bad Ems, im 19. Jahrhundert Sommerresidenz zahlreicher europäischer Monarchen und Künstler

162 Extrapost wurde das Reisen mit eigener Kutsche und gemieteten Pferden oder auch Reisen mit komplett gemieteten Fuhrwerken genannt.

untersucht, und es fand sich, dass gewisse Stellen desselben (mein Vater hatte die Kutsche für diese Reise alt gekauft) künstlich zugedeckt gewesen, um die schlechte Beschaffenheit zu verbergen. Der Wagen musste repariert und zu diesem Behufe nach Berlin zurückgeschickt werden, wir aber, da man nicht nach Hause zurückkehren wollte, um nicht ausgelacht zu werden, blieben vier volle Tage in Potsdam, vier Meilen von Berlin, liegen.

Mit dem endlich ausgebesserten Wagen wurde dann die Reise fortgesetzt. Viele Umstände[163] veranlassten dabei der Widerwillen meiner Mutter und meiner Tante vor fremden Betten und überhaupt vor der Berührung der Dinge in den Wirtshäusern, die vorher von so vielen Unbekannten und also verdächtigen Menschen benutzt wurden. Natürlich führten beide Damen ihre eigenen Betten mit, aber nicht genug damit, hatte jede derselben noch eine große rehlederne Decke bei sich, die verhüten sollte, dass die eigenen Betten mit den fremden Bettstellen und Matratzen in Berührung kamen. Diese wurden also abends, wo man Nachtquartier machte, sorgfältig vorher ausgebreitet, und zwar nach Angabe eines besonderen Zeichens jedes Mal so, dass immer dieselbe Seite der Rehdecke auf das fremde Lager kam, die andere aber für die Berührung der eigenen Bettbezüge vorbehalten blieb. Außerdem musste abends die Jungfer meiner Tante ein großes viereckiges, in ein Tuch eingeschlagenes Brett voraustragen, welches wir das Porträt nannten, und das dazu bestimmt war, anderweitige Berührung mit gewissen, Fremden zur Benutzung besonders ausgesetzten Orten zu verhüten. Wahrscheinlich aus Widerwillen gegen die Wirtshausbetten geschah es, dass mehrmals des Nachts durchgefahren wurde. Mir war dann zu den Füßen der Eltern unter dem kleinen Rücksitz des Wagens ein Lager bereitet, und über das schlafende Kind zog man das Spritzleder in die Höhe. Ähnlich war für meine jüngere Schwester Mathilde im Wagen der Tante gesorgt. So reiste man, allerdings nicht immer, im Jahre 1819.

Aber noch andere Unbequemlichkeiten musste der Tourist damals über sich ergehen lassen. Zu diesen gehörte ganz besonders

163 Die in diesem Absatz beschriebenen Reiseumstände fehlen in der Ausgabe von 1878.

die Passschererei und das Visitieren an den Grenzen der dreißig und soundso viel deutschen Vaterländer. An diesen Formalitäten hielten die Regierungen mit der größten Zähigkeit fest, hauptsächlich weil sie glaubten, durch die Passkontrolle das Eindringen von Hochverrätern hindern zu können; und erst nachdem die Zahl der täglich und stündlich mit den Eisenbahnzügen ankommenden und abgehenden Reisenden die Beibehaltung der Passvorschriften unmöglich gemacht hatte, fielen dieselben. Als ich mit einem Freunde noch 1839 eine Fußreise durch den Harz machte, wo man aus dem preußischen ins anhaltische, ins hannöversche und ins braunschweigische Gebiet kam und bald wieder aus einer Enklave dieser Staaten in die eines anderen, wurden unsere Pässe vierzehnmal revidiert und fast ebenso oft unser Gepäck nach steuerpflichtigen Waren durchsucht. An den Toren Berlins standen Beamte mit langen, spitzen Eisenstäben, um die Korn- und Mehlsäcke auf den ankommenden Wagen zu durchstechen, und dadurch zu entdecken, ob etwas eingeschmuggelt würde. Jede Equipage wurde angehalten und die darin Sitzenden gefragt, ob sie etwas Steuerbares hätten, was dieselben natürlich jedes Mal ohne Ausnahme verneinten. Das waren sanfte Nachklänge aus der Regierungszeit Friedrichs des Großen, der dem Publikum mit seiner Regie, seinen Kaffeeriechern[164] usw. noch ganz andere Dinge zugemutet hatte.

Aber nicht bloß Mehlsäcke und Kutschen wurden revidiert, nicht bloß der Inhalt der Reisekoffer zu oberst und unterst gekehrt, sondern auch für Worte und Gedanken gab es besondere Steuerbeamte, die Zensoren, welche alles Gedruckte, Zeitungen, Bücher und Broschüren, ja jede Verkaufsanzeige und dergleichen nach unerlaubten und verdächtigen Äußerungen durchstöbern mussten. Ganz besonders streng verfuhr man gegen Theaterstücke. Schillers *Wilhelm Tell* durfte in Berlin nicht aufgeführt werden, damit das Publikum nicht auf konstitutionelle oder gar republikanische Gedanken käme; denn alles, was direkt oder indirekt den König an

164 Friedrich der Große verbot 1780 die Einfuhr von Bohnenkaffee, um die einheimischen Malzkaffeehersteller zu schützen, und beschäftigte Invaliden, die erschnüffeln sollten, ob verbotenerweise Kaffee geröstet wird.

sein Versprechen, eine Verfassung zu geben, erinnern konnte, war nicht nur verboten, sondern wurde als Majestätsbeleidigung strafrechtlich verfolgt.

Die Zahl der verpönten Bücher war Legion, und natürlich las man dieselben nur umso eifriger. Man begründete sogar im geheimen eigene Lesegesellschaften, in denen nur und ausschließlich verbotene Bücher kursierten. Die Zensur ließ sich dadurch nicht beirren, sondern wurde immer strenger, je weniger sie ausrichtete. Mehr als einmal ist es vorgekommen, dass nicht nur die bereits gedruckten, sondern auch die künftig etwa erscheinenden Werke eines Dichters oder Schriftstellers im Voraus mit dem Bann belegt, und die noch ungeborenen Geisteskinder schon vor der Geburt erwürgt wurden. Hat man doch sogar den gesamten gegenwärtigen und noch zu erwartenden Verlag verschiedener Buchhandlungen zu unterdrücken versucht, zum Beispiel den von Hoffmann und Campe in Hamburg!

Aus den Akten des Oberzensurkollegiums ließe sich gewiss eine überaus reiche tragikomische Blumenlese von ebenso dummen wie gewalttätigen Eingriffen auf die Gedankenfreiheit zusammenstellen. Zu meinem Leidwesen sind mir eine Menge hierher gehöriger Geschichten aus dem Gedächtnis entschwunden, doch erinnere ich mich noch, dass der Zensor in Bonn eine Übersetzung des Dante unter dem Titel *Die Göttliche Komödie* beanstandete, weil mit göttlichen Dingen nicht Komödie gespielt werden dürfe.

Den Zeitungen war untersagt, über die Person des Königs und der Prinzen und Prinzessinnen das Geringste zu veröffentlichen, was nicht zuvor im Staatsanzeiger gestanden hatte. Als nun 1838 Friedrich Wilhelm III. nach Breslau kam, wo er seit fast zwanzig Jahren nicht gewesen war, weil er auf diese seine zweite Residenzstadt aus irgendeinem Grunde seine Ungnade geworfen hatte, wurde er daselbst mit größtem Jubel und vielen Festanstalten empfangen. Was die Zeitungen anderen Tages darüber erzählen wollten, strich der Zensor, weil es noch nicht im Staatsanzeiger mitgeteilt worden, und nur durch Vermittlung eines Herrn aus des Königs Gefolge gelang es, die Druckerlaubnis zu erhalten. Doch das sind nur einzelne Tropfen aus dem großen Meere des Zensurunwesens.

Auch an sonstigen Widersinnigkeiten und Übelständen fehlte es vor fünfzig Jahren ebenso wenig wie heute und leicht wäre es, eine lange Reihe derselben aufzuzählen. Aber eigentümlich berlinische Gebrechen waren das nicht, sondern ganz Deutschland, fast die ganze Welt musste gleiches und noch mehr ertragen.

Deshalb liegt es außerhalb des Planes dieser Erzählung, jenen Zeiten ihr Sündenregister vollständig vorzuhalten – und wir unterlassen das gern. Denn wer von uns hätte nicht ein liebevolles Erinnern an die Tage seiner Jugend, deren Widerschein noch das gebleichte Haar des alternden Mannes mit verklärendem Glanze umspielt! Und wenn auch nachher andere und dauerndere Güter dem betagten Erdenbürger zuteil wurden, die er nun und nimmer gegen das entschwundene Jugendbehagen vertauschen möchte, dennoch weilt der Blick mit Rührung auf jener Vergangenheit und trotz allen Einwendungen des Verstandes sprechen wir von ihr als der alten guten Zeit!

Das Vaterhaus

Die Familie[165]

Mein Vater und meine Mutter gehörten beide[166] den angesehensten und reichsten Kaufmannsfamilien der Stadt an. Der Vater meines Vaters[167] war zweimal verheiratet gewesen. Aus erster Ehe hatte er sieben Töchter, die fast alle ein hohes Alter erreichten und mit ihren Männern in den verschiedensten Gegenden Deutschlands zerstreut lebten. Aus der zweiten Ehe waren zwei Söhne und zwei Töchter entsprossen. Mein Vater wurde als Jüngster von diesen vier Geschwistern am 2. September 1794 kurz vor dem Tode seines Vaters geboren.

Die Mutter[168], eine Holländerin, scheint eine feingebildete Dame gewesen zu sein, die ihre Kinder mit großer Liebe und Sorgfalt erzog und ihnen den besten Unterricht erteilen ließ. Mein Vater wurde zu

---

165 Die Ausgabe von 1878 enthält dieses Kapitel über Ebertys familiäre Herkunft nicht. In der Ausgabe von 1925 beginnt das Kapitel »Das Vaterhaus« mit dieser ausführlichen Darstellung seiner Familie, der wir zwecks Übersichtlichkeit die Kapitelüberschrift »Die Familie« gegeben haben. Der Herausgeber der Ausgabe von 1925, Ebertys Enkel Joachim von Bülow, beschreibt zwar die Familie, aber nennt keine Namen. Auch verzichtet er darauf, bei einigen Personen, z. B. Angehörige der Familie Beer, deren Verwandtschaft zu Hermann Ebertys Ehefrau zu benennen.

166 Felix Ebertys Vater war Hermann Julius Eberty (1784–1856), der bis zu seiner Namensänderung im Jahr 1810 Heimann Joseph Ephraim hieß und der bedeutenden jüdischen Familie Ephraim angehörte. Veitel Heine Ephraim (1703–1775), Felix Ebertys Urgroßvater väterlicherseits, war königlich preußischer Hoffaktor, Erbauer und Namensgeber des Ephraim-Palais und Vorsitzender der Jüdischen Gemeinde zu Berlin. Felix Ebertys Mutter Babette Mosson (1788–1831), war Enkelin von Liepmann Meyer Wulff (1745–1812), der preußischer Hoffaktor, gewählter Repräsentant der Juden in Preußen und einer der reichsten Bürger Berlins war.

167 Joseph Veitel Ephraim (1730–1786), Bankier

168 Bela Gomperz (1745–1811)

dem Professor Bouvier in Pension gegeben, einem Franzosen, der später in hohem Alter als Bibliothekar des Kronprinzen, nachmaligen Königs Friedrich IV., gestorben ist. Dieser würdige Mann hielt bei seinen Zöglingen nicht nur auf gründliche Erlernung der französischen Sprache, der Geschichte und aller Wissenschaften, welche einem Kaufmann von Nutzen sein können (denn für diesen Beruf war mein Vater ja von Geburt auf bestimmt), sondern er gewöhnte sie auch durch sein Beispiel an ein feines, gesittetes Betragen und an die altfranzösischen Formen der Höflichkeit, die seit der Revolution leider auch in Frankreich selbst immer mehr zu verschwinden scheinen. Mein Vater, der schon von Natur zu einem zierlichen, gesetzten Wesen neigte, hat, wie ich von vielen Seiten gehört, stets als das Muster eines wohlerzogenen, gesitteten jungen Mannes gegolten. Dabei war er schon als Knabe gewissenhaft, fleißig und pünktlich in allem, was er tat. Die französischen Geschichtshefte, die ich noch aus seiner frühesten Jugend besitze, sind mit saubersten Handschrift und sichtlicher Freude an der Arbeit niedergeschrieben. Auf Ordnung und Regelmäßigkeit in allen Dingen hielt der alte Bouvier bis zur Pedanterie. Er hatte sich gewisse Regeln und Theorien gemacht, von denen er niemals abwich. Weil es ihm unrecht schien, wenn ein Lehrer in dem Augenblick des Ärgers über ein Versehen den Schüler strafte, so begnügte er sich, wenn der Fall eintrat, mit großer Ruhe zu sagen: »Du wirst morgen Nachmittag Prügel bekommen«, ein Versprechen, welches dann auch stets pünktlich gehalten wurde und den Schüler die erfreuliche Aussicht auf das, was da kommen sollte, ein bis zwei Tage im Voraus genießen ließ. Wie lange der Aufenthalt bei Bouvier gedauert hat, weiß ich nicht.

In das Haus seiner Mutter zurückgekehrt, fuhr mein Vater fort, sich mit Eifer dem Studium der neuen Sprachen zu widmen. Bald sprach und schrieb er das Englische ebenso flott wie das Französische. Italienisch lernte er bei der so viel genannten Hofrätin Grey, der Freundin Schleiermachers, die damals noch eine wunderschöne Frau war. Auch die Musik, für die er besonders begabt war, wurde fleißig geübt. Mein Vater hatte eine sehr liebliche Tenorstimme. Er sang jedes Lied vom Blatt und spielte die Geige mit solcher Sicherheit und Fertigkeit, dass seine Mitwirkung bei Liebhaberquartetten überall erwünscht war.

Diese Talente und sein feines, liebenswürdiges Benehmen gewannen ihm früh schon viele Freunde, deren Achtung und Liebe ihm bis in den Tod geblieben ist. Zu seinem vertrautesten Umgang gehörten Chamisso[169] und Varnhagen[170]. Die drei Jünglinge stifteten mit einigen andern Gleichgesinnten eine Art von Geheimbund, was ja damals im Zeitgeiste lag, wo die Freimaurer, die Rosenkreuzer und dergleichen in Blüte standen. Ihr Symbol war der Polarstern, den sie durch die griechischen Buchstaben τ τ π α bezeichneten. Gegenseitige Ausbildung und moralische Förderung war der Zweck dieser Jünglingsvereinigung, deren Statuten von Varnhagen entworfen wurden. Sie befinden sich noch in meinen Papieren, ebenso wie ein von demselben Freunde sauber ausgeschnittenes schwarzes Papierbild, auf welchem die Muse der Freundschaft die Anfangsbuchstaben des Namens meines Vaters in einen Baum schneidet.

Durch den Umgang mit einem so hochgebildeten Freundeskreise wurde mein Vater zu dem Wunsche angeregt, die Kaufmannschaft, für die er bestimmt war, mit dem Studium der Wissenschaften zu vertauschen und sich womöglich für den ärztlichen Beruf auszubilden. Allein seine Mutter war dem entgegen, besonders auch aus dem Grunde, weil es schon zu spät gewesen wäre, in so vorgerücktem Alter noch Griechisch und Lateinisch zu lernen, denn von der ersteren Sprache verstand mein Vater gar nichts, in der letzteren war er nicht über die ersten Anfangsgründe herausgekommen. Er fügte sich also in das Unabänderliche und trat in das große Geschäft des reichen Kaufmanns Beer[171] ein, der durch Zuckerraffinerien, die er inner- und außerhalb Deutschlands angelegt hatte, sich ein glänzendes Vermögen erworben hatte. Auf dem Kontor desselben erfüllte er mit größtem Eifer und Gewissenhaftigkeit seine Pflicht.

169 Adelbert von Chamisso (1781–1838), Naturforscher und Dichter

170 Karl August Varnhagen von Ense (1785–1858), Erzähler und Diplomat, 1814 heiratete er Rahel Levin.

171 Jacob Herz Beer (1769–1825) war verheiratet mit einer Tante von Hermann Ebertys Ehefrau.

Der Prinzipal meines Vaters war derselbe Beer, dessen ältester Sohn unter dem Namen Meyerbeer[172] so berühmt geworden ist. Auch zwei andere Beersche Söhne haben sich in der gelehrten und künstlerischen Welt einigen Ruhm erworben; Wilhelm Beer durch eine treffliche Mondkarte und Michael Beer als Dichter des *Paria*, des *Struensee* und anderer poetischer Werke. Auch der vierte Sohn des Hauses, Heinrich, machte in seinem Kreise nicht weniger von sich reden als seine Brüder, leider in nicht erfreulicher Art; denn er war ein so heilloser Verschwender, dass die Familie sich zu ihrem größten Leidwesen schließlich genötigt sah, ihn unter gerichtliche Vormundschaft zu stellen. Der wunderliche Mensch, der für viele Tausende von Talern Komödienzettel, Briefkuverte und allen möglichen Plunder kaufte und sein Geld nach allen Seiten zum Fenster hinauswarf, hatte eine ebenso wunderliche Freundschaft mit dem Philosophen Hegel und mit Alexander von Humboldt, welche beide sehr oft seine Tischgäste waren, und deren Vorlesungen er meistens hörte und nachschrieb, ohne ein Wort davon zu verstehen.

Genau entsinne ich mich der Trauungen Wilhelm und Heinrich Beers, die sich schnell folgten und beide in einem stattlichen Hause vollzogen wurden, das die Beersche Familie in der Spandauer Straße besaß. Wir Kinder wurden dahin mitgenommen. Mir schwebt noch das Bild einer erhöhten Estrade[173] mit einem Baldachin in einem großen Saale voll geputzter Menschen vor. Die alte Frau Beer stand in größtem Staate gar majestätisch dabei, und ein türkischer Turban mit einer Reiherfeder, den sie auf dem Kopfe trug, imponierte mir gewaltig. Sonst weiß ich von der Feier nichts, als dass sich mit einem Male der Geruch des herrlichsten Kaffees verbreitete und dass die Herren und Damen mit Tassen umherstanden.

Das Haus des alten Beerschen Ehepaares auf dem Exerzierplatz, jetzigem Königsplatz vor dem Brandenburger Tor in Berlin,[174] wurde durch die künstlerischen Verbindungen des ältesten und die gelehrten des zweiten Sohnes zum Sammelplatz für jede Art von

172 Giacomo Meyerbeer (1791–1864), Komponist und Dirigent

173 Podest

174 Die Villa befand sich an der Stelle, wo sich heute das Bundeskanzleramt befindet. Sie wurde 1871 abgerissen.

Berühmtheiten aus nah und fern, die in Berlin erschienen. Der alte Beer übte eine glänzende Gastlichkeit. Seine und seiner Gattin wohlwollende Gesinnung und die stets gute Laune des Hausherrn, der nichts von dem prahlerischen Hochmut geldstolzer Kaufleute an sich hatte, bewirkten, dass jeder sich wohl fühlte, und man übersah in Anbetracht der schätzenswerten Eigenschaften sehr gern den Mangel an eigentlicher Bildung bei den Wirten, die in den Augen ihrer Gäste durch die große Hochachtung und Verehrung gehoben wurden, welche die trefflichen Söhne ihren Eltern bezeigten. Im ersten Drittel dieses Jahrhunderts konnte in ganz Berlin kein Haus in geselliger Beziehung an Glanz mit dem Beerschen verglichen werden. Die Hauptstadt war dem alten Herrn zu großem Dank verpflichtet, weil mit durch seine Bemühung das Königstädter Theater entstand, von dem ich bereits an anderer Stelle sprach.

Für uns Kinder hatte das Beersche Haus etwas überaus Erhabenes und Ehrfurchtgebietendes. Die alte Dame war unter den Frauen gewesen, die sich in den Freiheitskriegen bei der Pflege der Verwundeten besonders auszeichneten, und hatte den Louisenorden erhalten, der damals nicht so verschwenderisch wie später verteilt wurde. Das Kreuz des Ordens einer jüdischen Dame zu verleihen, hielt Friedrich Wilhelm III. für unmöglich, er verlieh ihr dasselbe in Form einer am schwarz-weißen Bande zu tragenden Medaille. Als eine besondere Auszeichnung musste es betrachtet werden, dass die homburgische Prinzessin Wilhelm von Preußen alljährlich zum Geburtstage der Frau Beer in Person ihren Glückwunsch abstattete; auch einen Gipsabguss von der herrlichen Marmorstatue der Königin Luise, das Meisterwerk Rauchs, gab als ein nur an sehr wenige verliehenes Geschenk des Königs Zeugnis von der hohen Achtung, in der Frau Beer bei dem königlichen Hause stand. Wenn wir die für damalige Zeit höchst prachtvollen Räume betraten, in denen die alte Dame ihre Besuche empfing, so war uns ganz feierlich zumute. Aus dem kleinen, durch bunte Glasscheiben matt erleuchteten Boudoir führte eine Freitreppe in ein wohlgehaltenes Treibhaus voll blühender ausländischer Gewächse. An dieses schlossen sich Badezimmer, zierliche Gartensäle mit Glaskuppeln, was alles in jenen Jahren in einem andern Privathaus nicht zu finden war.

Die würdige Frau Amalie Beer war seit 1826 Witwe. Sie führte in Gemeinschaft mit ihrem Sohn Wilhelm und dessen schöner Frau das Haus ihres Gatten in unveränderter Weise gastlich fort. Die zahlreichen Gesellschaften, Konzerte und Bälle wurden sogar mit größerer Pracht als früher ausgestattet, allein der heitere Humor der alten Bekannten hatte einem etwas förmlicheren Ton Platz gemacht, und das Bestreben ging sichtlich dahin, recht viele Fürsten, Grafen, Gesandte und reich besternte Uniformen in den schönen Sälen beisammen zu sehen, wobei man nicht zu bemerken schien, dass gar viele dieser Durchlauchten und Exzellenzen ihre Gemahlinnen unter allerlei Vorwänden zu Hause ließen, und sich damit begnügten, den Damen höchstens eine kurze Vormittagsvisite in dem bürgerlichen Hause zu gestatten.

Amalie Beer erreichte ein hohes Alter; geehrt von einem weiten Kreise von Freunden und Verwandten und Bekannten, wurde sie von den zahlreichen Familiengliedern mit allen Beweisen der Liebe und Achtung umgeben.

Als sie 1853 ihren 87. Geburtstag feierte, befand ich mich als Mitglied der damaligen ersten Kammer in Berlin. In vollem Staate empfing die greise Frau vom frühen Morgen an viele Hunderte von Glückwünschenden und präsidierte einem großen Diner, das in mehreren Sälen serviert wurde. Doch hatte ihr Gesicht und Gehör bereits sehr gelitten, so dass sie von dem, was um sie vorging, eigentlich nicht viel wusste. Bei Tische hatte sie ihren Platz zwischen Alexander von Humboldt und dem berühmten Bildhauer Rauch. Als alter Freund des Hauses saß ich unmittelbar neben dem letztgenannten und uns gegenüber der würdige Geheimrat Johannes Schulze[175]. Dieser brachte in wohlgestalteter Rede die Gesundheit der Wirtin aus und pries sie als Mutter der Armen, deren sie sich ihr Leben lang mit größter Wohltätigkeit angenommen hatte. Die alte Frau aber hörte und verstand kein Wort von dem, was ihr zu Ehren gesagt wurde; sie bückte sich während der Rede zu mir herüber und

175 In der Ausgabe von 1925 ist der Vorname Johann. Es muss sich aber um den später noch erwähnten Geheimrat Johannes Schulze (1786–1869) handeln, der Theologe, Philologe, Pädagoge war und ab 1818 im preußischen Kultusministerium arbeitete.

erzählte ganz laut, wie sie in ihrer Jugend musikalisch gewesen und bei Righini[176] Singstunde gehabt und so weiter. Drei ihrer Söhne musste sie vor sich sterben sehen. Nur Meyerbeer war übriggeblieben, der alten Mutter die Augen zuzudrücken.

Für die damaligen Zustände des menschlichen Verkehrs ist es bezeichnend, dass in meiner Jugend Amalie Beer nicht nur uns, sondern den meisten unserer Bekannten deshalb besonders merkwürdig erschien, weil sie mehrmals in Italien gewesen war. Mit diesem Lande stand die Beersche Familie in vielfacher Beziehung, denn der Vater hatte in Triest und andern italienischen Städten große Zuckerraffinerien angelegt, die öfter Reisen dahin erforderten, ganz besonders aber war Meyerbeer, der in Italien seine Studien machte und seine erste Oper aufführen ließ, Veranlassung zu häufigeren Besuchen jenseits der Alpen.

Der alte Beer hat den europäischen Ruhm seines Sohnes nicht mehr mit angesehen, denn er starb mehrere Jahre vor der ersten Aufführung von *Robert der Teufel.*[177] Dennoch aber war in seinen Augen Meyerbeer ein ebenso großer, wenn nicht größerer Meister als Haydn, Mozart und Beethoven. Der Ruhm und der Beifall, den der Sohn erwarb, war das Lebenselement des alten Mannes. Die Zeitungen hatten für ihn nur Interesse, sofern des geliebten Abwesenden darin gedacht wurde. Hatte er des Morgens die Blätter durchlaufen, so reichte er sie seiner Frau mit der Bemerkung: »Es steht nichts drin«, das heißt Meyerbeers Name war an diesem Tage nicht erwähnt worden.

Durch den Umstand, dass mein Vater, wie erwähnt, in das Handlungshaus des alten Beer behufs Erlernung der praktischen Kaufmannschaft eintrat, wurde bald eine nahe Beziehung zur Familie seines Chefs herbeigeführt, denn der wohlerzogene Lehrling war in jeder Beziehung ein erwünschter Gesellschafter und Hausgenosse. Der junge Hermann Eberty machte durch seine Erscheinung auf jedermann den angenehmsten Eindruck, und ich darf sagen, dass mein Vater bis in sein hohes Alter ein auffallend hübscher Mann genannt werden musste. Obgleich klein von Gestalt, nahm er

176 Vincenzo Righini (1756–1812), Komponist und Sänger
177 *Robert le diable* (Robert der Teufel), Opéra, Paris 1831

sich durch zierlichen Wuchs und anmutige Bewegungen sehr vorteilhaft aus. Seine sanften, großen Augen hatten, wenn er freundlich war, etwas überaus Gewinnendes, sein rücksichtsvolles Benehmen und die feinen, gefälligen Formen, die er nie verletzte, machten ihn zu einem Liebling der Damen.

Dazu kam, dass er sich in sehr guten Vermögensverhältnissen befand. Zwar hatte er von den fünf Fideikommissen[178], die sein Großvater für die Nachkommen jedes seiner fünf Kinder gestiftet, keins erhalten, weil eines derselben seinem älteren Bruder zugefallen war, allein er besaß von seinem Vater her nicht nur zwei Häuser in Berlin, sondern auch ganz ansehnliche Kapitalien. Er war also in jeder Beziehung, was man eine gute Partie nennt. Dennoch sind es, wie ich von allen Seiten gehört habe, keineswegs diese äußeren Vorzüge gewesen, die ihm die Liebe meiner Mutter erwarben, als er sie im Beerschen Hause kennengelernt hatte. Diese galt für eines der schönsten Mädchen in Berlin. Hatte doch während der französischen Okkupation der Marschall Duroc[179] sich mit einem förmlichen Heiratsantrag an die Eltern meiner Mutter gewendet, ein Ansinnen, welches selbstverständlich ohne weiteres zurückgewiesen wurde. Zwischen ihr und meinem Vater entstand bald nach der ersten Begegnung eine heftige wechselseitige Neigung, wovon ihr Briefwechsel ein schönes Zeugnis gibt. Nur mit Widerstreben habe ich mich entschlossen, die vergilbten Blätter den Flammen zu übergeben, doch durfte ich diese zarten Zeugen eines rührenden Verhältnisses nicht dem Schicksal aussetzen, dereinst in gleichgültige Hände zu fallen.

Meine Großeltern waren mit der Bewerbung des hübschen, liebenswürdigen und wohlhabenden Freiers sehr einverstanden. Unter allseitiger Befriedigung ging also die Verlobung (ich glaube, es war im Anfang des Jahres 1807) vonstatten. Allein es standen dem Brautpaar noch harte Prüfungen bevor, bis sie zu dem ersehnten

178 Nicht mehr existierende Einrichtung des Erbrechts zum Erhalt des Familienvermögens – meist – adeliger Familien über Generationen hinweg

179 Géraud Christophe Michel Duroc (1772–1813), französischer General, Napoleons Adjutant und Stellvertreter, fiel im Zuge der Befreiungskriege in Markersdorf bei Görlitz.

Ziele ihrer Vereinigung gelangten. Die Erschütterung aller Verhältnisse nach dem Umsturz des preußischen Staates durch die Schlacht bei Jena und die bald darauffolgende Kontinentalsperre, brachte in der Handelswelt große Unglücksfälle hervor. Mein Vater verlor durch den Bankrott eines Münchener Hauses den größten Teil seines Vermögens. Wie das zusammenhing, ist mir niemals bekannt geworden, nur weiß ich, dass diese Verwicklungen ihn zwangen, seine beiden Häuser zu verkaufen, und zwar zu einer Zeit, wo dieselben wegen der unerschwinglichen französischen Einquartierungslast fast wertlos waren. Beide Grundstücke wurden zu einem Spottpreise losgeschlagen, während sie heutzutage einen gar nicht zu ermessenden Wert darstellen würden. Nach der Regelung aller seiner Verbindlichkeiten blieb meinem Vater nur noch so geringes Kapital, dass dasselbe kaum zum Unterhalt eines einzigen Mannes, viel weniger zur standesmäßigen Hauswirtschaft mit einer im größten Wohlleben erzogenen jungen Frau gereicht hätte. Die Heirat musste also fürs erste verschoben werden. So kam das Jahr 1809 heran, das ein zweites, kaum minder großes Unglück über die Familie bringen sollte.

Der Vater meiner Mutter verlor damals durch die Betrügereien eines Buchhalters, in den er unbedingtes Vertrauen gesetzt hatte, sein ganzes Vermögen. Auch hierüber habe ich die näheren Umstände niemals erfahren, weil mein Großvater es vermied, von dieser, überdies mehrere Jahre vor meiner Geburt sich ereigneten Katastrophe zu sprechen, die für ihn lebenslang von den unseligsten Folgen werden sollte.

Sein Schwiegervater[180] hatte, um seine vier Töchter[181] vor den Wechselfällen sicherzustellen, die seine Schwiegersöhne im Geschäftsleben treffen könnten, sein gesamtes großes Vermögen nicht seinen Kindern, sondern seinen Enkeln vermacht, so jedoch, dass die

180 Liepmann Meyer Wulff (1745–1812)

181 Jeanette heiratete Joseph Mosson und war Felix Ebertys Großmutter mütterlicherseits. Seine Großtanten waren Amalie, verheiratet mit Jacob Herz Beer, Eltern des Komponisten Giacomo Meyerbeer, Seraphine, verheiratet mit Veitel Heine Ephraim, der sich ab 1816 Viktor Ebers nannte, und Henriette, verheiratet mit Moses Heimann Ephraim, der sich ab 1816 Martin Ebers nannte.

Töchter den vollen Zinsgenuss als freies Eigentum erhielten, mit Ausschluss jeder Einmischung und jedes Anspruchs des Ehegatten an dasselbe. Zur Verwaltung des Nachlasses war mit unbegrenzter Vollmacht ausgestattet und von jeder Rechnungslegung befreit ein Kuratorium von drei Personen eingesetzt, an dessen Spitze ein alter, würdig aussehender Herr stand, der den Philosophen spielte, stets Worte voll Weisheit sprach und sich bei den vier Schwestern, deren Einkünfte er verwaltete, des größten Ansehens erfreute, so dass sie ihn fast wie einen Heiligen verehrten. Er war aber ein ganz schlechter Geschäftsmann und wirtschaftete namentlich auf den in Westpreußen gelegenen großen Herrschaften des Urgroßvaters so unvernünftig, dass die Einkünfte daraus kaum zur Bezahlung der Pfandbriefzinsen hinreichten und die Familie froh sein musste, als dieselben weit unter dem vierten Teil des Wertes verkauft wurden. Bei einigermaßen vernünftiger Verwaltung hätte ein so ausgedehnter Landbesitz noch die entfernten Enkel und Urenkel des Erblassers zu reichen Leuten gemacht.

Die Einkünfte der vier Töchter waren dessen ungeachtet immer noch groß genug und betrugen für jede derselben fast fünfzehntausend Taler jährlich.

Meine Großmutter war eine stolze Frau, die sich viel darauf einbildete, die Tochter eines reichen Hauses zu sein. Dass ihr Mann sich aus Mangel an Vorsicht um sein ganzes Vermögen bringen ließ, hat sie ihm nie verziehen, und er selbst hatte nicht Charakterstärke genug, unter solchen Verhältnissen seine Autorität zu behaupten. Die Equipage, die sie hielt, benutzte er nie, sondern ging zu Fuß. Wurde angespannt, so begab er sich mit seiner Tabakspfeife in den Stall und fragte: »Kuscherken, fahr' ick mit?« Da sie erklärte, den Tabaksgeruch nicht vertragen, ja nicht einmal im Nebenzimmer dulden zu können, so rauchte er seine Pfeife in einer nach dem Garten heraus gelegenen, für ihn eingerichteten Stube und fand sich nur zu den Mahlzeiten ein, wo es ihm auch keineswegs behaglich war. Er ertrug das alles ziemlich still, ohne dabei merkwürdigerweise das geringste Zeichen von irgendwelcher Unterwürfigkeit gegen die strenge Frau Gemahlin zu geben, vielmehr zog er sich mit einem gewissen Gleichmut in seine einfachen Lebensgewohnheiten zurück, die ihm die Achtung seiner Bekannten erhielten, während man das Benehmen seiner Frau durchaus missbilligte. Uns Kindern war es viel behaglicher in den Zimmern des Großvaters, wo wir spielen und lärmen durften, als in den prächtigen Räumen der Großmutter, die uns mit kalter Freundlichkeit empfing und doch stets besorgt schien, dass wir etwas verderben oder zerbrechen könnten.

Nachdem jener Vermögensverfall eingetreten war, hieß es die Grundlagen zu finden, auf denen der neue Hausstand meines Vaters und seiner Braut errichtet werden sollte. Was deshalb verhandelt wurde, kann ich nicht sagen, doch beschloss, wie ich glaube, der Großvater, die geringen Reste seines Vermögens mit dem, was meinem Vater geblieben war, zusammenzutun und ein neues Geschäft ins Leben zu rufen.

Zur künftigen Wohnung wurde für das Brautpaar der zweite Stock im Hause der alten Urgroßmutter[182] in der Heilige-Geist-Straße 13 eingerichtet.[183] Meine Großmutter, die damals ihren künftigen Schwiegersohn sehr liebte, versprach jährlich eine sehr bedeutende Summe zu zahlen, von der die jungen Leute reichlich leben konnten. So wurde im März 1811 endlich die Hochzeit gefeiert und am 26. Januar 1812 der erste Sohn in meiner Person geboren.

Das Haus der Familie

Ein Haus, dessen vier Stockwerke sämtlich von den Gliedern einer und derselben Familie bewohnt werden, ist gewiss eine Seltenheit.

Es mochte in den ersten Jahren des achtzehnten Jahrhunderts erbaut sein; denn die Straßenfront, mit fünf Fenstern in der Breite, zeigte hübsche Sandsteinverzierungen in dem Geschmack, der zwischen dem von Louis XIV. und Rokoko mitteninnen steht.

Über dem Erdgeschosse befanden sich noch zwei Stockwerke und unter dem Hausboden eine Reihe von den früher gewöhnlichen schrägen Dachkammern, die man zum Teil ganz wohnlich und behaglich eingerichtet hatte. Drei steinerne Stufen führten von der

182 Sara Mosson geb. Meyer-Rintel (1735–1817)

183 Bis 1972 verlief die Straße parallel zur Spree von der Rathausstraße bis zur Heiliggeistgasse. Heute befindet sich dort eine Grünanlage mit dem Marx-Engels-Denkmal und auf der nördlichen Seite der Karl-Liebknecht-Straße das »CityQuartier DomAquarée ».

Straße aus zu der mitten in der Front gelegenen Haustür, über welcher in großen vergoldeten Buchstaben das Wort »Freihaus« zu lesen war, welches bedeutete, dass das Haus unter Friedrich Wilhelm I. das Privilegium erhalten hatte, von Einquartierung befreit zu sein. Solcher Häuser gab es in Berlin nicht wenige. Hohe Beamte, königliche Kammerdiener und Köche, besonders aber solche Personen, die auf Befehl des Königs für eigene Kosten Häuser bauen mussten, wurden oft mit dieser Auszeichnung begnadet. Rechts und links zur Seite der Haustür lag im Parterre je eine geräumige, zweifenstrige Stube, die wieder mit verschiedenen Hinterzimmern in Verbindung stand.

Diese unteren Räume und das erste Stockwerk bewohnte die Urgroßmutter mit zwei unverheirateten Töchtern, die, als ich zur Welt kam, schon nahe an vierzig Jahre alt sein mochten und nicht mehr daran dachten, den jungfräulichen Stand zu verlassen. Die ältere derselben starb 1817 noch vor ihrer Mutter und ich habe von derselben kaum eine dämmernde Erinnerung, nur weiß ich, dass ihr Verlust von den anderen Familiengliedern lange und tief betrauert wurde.

Die alte Mama starb nicht lange nach ihrer Tochter, ebenfalls 1817, einundachtzig Jahre alt, und ich wundere mich darüber, dass ich mich ihrer noch so gut erinnere, während ich von der Tochter nichts mehr im Gedächtnis behalten habe. Die Urgroßmutter war eine kleine Frau mit sanften und edlen Gesichtszügen und gegen mich und meine um ein Jahr jüngere Schwester stets freundlich und liebevoll. Noch steht der Tisch mit Weihnachtsgeschenken mir vor Augen, den sie (es muss 1816 gewesen sein) für uns aufgebaut hatte. Er erschien mir damals und erscheint mir noch heute in der Erinnerung, wie eine endlose Tafel mit zahllosen herrlichen Spielsachen bedeckt. Besonders entzückte mich eine hölzerne Figur, die an den Tisch geschraubt war und durch ein unten angebrachtes birnenförmiges Bleigewicht in schaukelnder Bewegung erhalten wurde.

Da die Wohnung der alten Frau durch die Haustür geteilt war, so sorgten meine Großtanten, die mit zärtlicher Liebe und kindlicher Ehrfurcht an der Mutter hingen, vorsichtig dafür, dass dieselbe, wenn sie aus einem Zimmer über den Flur in das andere ging, keinen

Zug bekam und dass deshalb die Tür vorher ordentlich geschlossen wurde. Eine der beiden Tanten stand dann jedes Mal mit einer schwarzseidenen, pelzgefütterten Hülle bereit, die sie der Mama umhingen, bis die gefährliche Stelle passiert war. Im ersten Stock des Hauses, wo die Tanten ihre Schlafzimmer gehabt hatten, befand sich auch ein großes dreifenstriges, mit einer schönen Rosengirlande verziertes Zimmer, das zu Gesellschaften benutzt wurde.

Das zweite Stockwerk wurde von meinen Eltern bewohnt. Sie hatten nach vorn ein sehr behagliches, dreifenstriges Zimmer mit einem schrägen Glasverschlage für Blumen an einem der Fenster. Ein großer Vorhang schloss die weite Öffnung von doppelter Türbreite, welche den Alkoven, das Schlafgemach der Eltern, mit der Wohnstube verband. Aus dem Alkoven gelangte man in ein kleines Gemach, welches als Speisekammer diente; aus dieser kam man durch die Gesindestube in die Küche und von da durch einen Gang, auf den die Türen zu allerlei Vorratskammern und Wandschränken sich öffneten, in den mit dem Vorderhause gleichlaufenden Hausflügel im Hofe, wo die geräumige, freundliche Kinderstube lag.

Die beiden neben der Wohnstube nach der Straße hinaus schauenden Fenster gehörten zu der sogenannten Putzstube, dem Stolz der Kinder und auch wohl ein wenig der Eltern. Die Wände waren hellgrau gestrichen. Tapeten kamen nur bei den reichsten Leuten vor. Auf die eine Wand hatte Wilhelm Schadow, der nachherige Direktor der Düsseldorfer Akademie und meines Vaters Jugendfreund, demselben als Hochzeitsgeschenk die vier Jahreszeiten, grau in grau und mit weißen Lichtern gehöht, schön und plastisch gemalt, so dass es ein Relief zu sein schien. Ein herrlicher Teppich, Erdbeerblätter, Blüten und Früchte zeigend, bedeckte den Fußboden, die Möbel waren sehr zierlich aus weißem Birkenmaserholz gefertigt. Ein kleiner Kronleuchter zu vier Lichtern, an Glasketten hängend, schien uns überaus prächtig und ein unnahbares Kunstwerk zu sein, das wir gar zu gern mit den Händen berührt hätten, wenn es nicht aufs strengste verboten gewesen wäre; denn die Möglichkeit, diese Begierde zu befriedigen, war vorhanden, weil die Zimmerhöhe gestattet hätte, mittels eines Stuhls die glänzenden Glasstückchen zu erreichen.

Im Wohnzimmer, dessen Fußboden ein einfacher Teppich bedeckte und dessen Vorhänge dunkelgrün waren, hingen schöne Kupferstiche meist nach Raffael, welche die Eltern anschafften oder geschenkt erhielten. Zwischen Fenstern an den Pfeilern standen zwei nette, nach unten spitz zulaufende Wandschränkchen, die ich noch besitze und in deren einem die Mutter Tee, Zucker und Schokolade, in dem anderen Wolle, Seide und Stickmuster aufbewahrte. Hinter dem Putzzimmer lag noch ein unscheinbares Gemach nach dem Hofe hinaus. In demselben wurde zu Mittag gegessen, wenn wir allein waren. Eines besonderen Arbeitszimmers für meinen Vater bedurfte es nicht, weil derselbe den Tag über auf dem Kontor meines Großvaters beschäftigt war, an dessen Handlungshause er ja beteiligt war. Dieses Kontor befand sich in dem nicht weit von uns gelegenen großen Grundstücke meines damals bereits verstorbenen zweiten mütterlichen Urgroßvaters, wo dessen Witwe und meine Großeltern wohnten.

Betrat ich, was übrigens nur selten geschah, die langen, düstern Geschäftsräume, wo mehrere Herren an ihren Pulten eifrig schrieben, so hatte für mich ein hölzernes Gefäß voll Oblaten die größte Anziehungskraft. Dasselbe mag nicht übermäßig umfangreich gewesen sein, mir aber erschien es und erscheint es noch heut wie ein Scheffelmaß. Ich griff mit beiden Händen hinein, um die weißen und bunten Scheiben in den Mund zu stecken, die mir, weil es etwas Ungewöhnliches war, wie Leckerbissen vorkamen. Auch die blecherne Urne mit dem Hahn über einem Waschbecken schien mir wunderbar, und wenn einer der Herrn an dieselbe herantrat, um sich die Hände zu säubern, so konnte ich nicht begreifen, wo all das Wasser herkäme; ich glaubte, das Gefäß müsste von einer lebendigen Quelle gespeist werden.

Im Jahre 1819 löste die Handlung meines Großvaters sich auf, nachdem, wie ich glaube, er sowohl wie mein Vater nur Verluste dabei gehabt hatten.

Das erwähnte Kontor war übrigens für mich nicht das einzige Geheimnisvolle in diesem Hause; denn auch der Garten desselben schien mit einem eigentümlichen, unverständlichen Zauber umgeben.

Aus dem großen, von allen Seiten durch Gebäude eingeschlossenen Hofe führte am äußersten Ende ein Gittertor zu der Treppe, auf welcher man in diesen tiefer gelegenen Garten gelangte. Jeder Tritt auf die Stufen verursachte ein eigentümliches, metallisch glockenähnliches Geräusch, welches wahrscheinlich von darunter-gelegenen Gewölben herrührte. Der Garten selbst erstreckte sich bis an die Spree und manche Punkte desselben boten eine herrliche Aussicht über den Strom auf den gegenüberliegenden Teil der Stadt.[184] Seit des Urgroßvaters Tode betrat nur selten jemand die wohlgepflegten Anlagen. Die Treibhäuser standen leer, und statt blühender Gewächse wurden darin verstümmelte Statuen und andere Gartenzierrate aufbewahrt. Wenn ich mich neugierig in die glasbedeckten Räume wagte, um diese seltsamen Dinge in Augenschein zu nehmen, so hallten die Schritte des einsamen Knaben schauerlich wider, und ich eilte ins Freie zurück, um mich an den duftigen Blumenbeeten zu ergötzen, die sauber mit dichten Reihen des wohlriechenden Lavendel und anderer gewürziger Kräuter eingefasst waren.

Auf einem Rasenplatze mitten im Garten stand ein Bronzeabguss des berühmten antiken betenden Knaben, dessen erhobene Arme, wie man glaubt, von Benvenuto Cellini[185] ergänzt sind. Klopfte man an diese Statue, so gab sie denselben feierlichen Klang wie jene Treppenstufen. Es wurde mir wunderlich dabei zumute! Und als ich später das Goethesche Märchen vom neuen Paris kennenlernte, da tauchte das Bild des alten Gartens aus meiner frühesten Kinderzeit lebhaft wieder auf.

Diese phantastischen Eindrücke verschwanden alsbald, wenn ich in die Wohnung meiner Eltern zurückkehrte. Hier erschien mir alles

184 (Originalfußnote in der Ausgabe von 1925:) Der Garten lag am Ende der Burgstraße, da, wo heute der Circus Busch sich befindet. [Das Zirkusgebäude wurde 1895 errichtet und 1937 zwecks Straßenbegradigung abgerissen. Heute ist auf dem dreieckigen Grundstück südlich der Stadtbahn zwischen Burgstraße und Spree eine Grünfläche, die nach James Simon (1851–1932), Unternehmer, Kunstmäzen und Mitbegründer des *Verein zur Abwehr des Antisemitismus,* benannt ist. Anm. d. Hrsg. W.G.]

185 Benvenuto Cellini (1500–1571), Bildhauer

hell und heiter, voll Ruhe und Frieden. Noch heut beschleicht mich bei der Erinnerung an unsere große Wohnstube ein Gefühl von Behaglichkeit, wie ich es später niemals in höherem Maße empfunden habe. Die Ordnung und Sauberkeit, welche meine Mutter mit fast holländischer Übertreibung in jedem Winkel herzustellen wusste, der Duft von Reseda, deren frische Blüten sie stets in der Nähe hatte, während in Schüben und Schränken kleine durchsichtige Säckchen, mit derselben Blume im getrockneten Zustande angefüllt, zwischen die aufbewahrten Sachen gelegt waren, umgab das Bild meiner Mutter, die damals noch eine junge wunderschöne Frau war, mit einem ganz besonderen zarten Hauche. Wenn sie mit einer Handarbeit am Fenster saß, des Vaters Rückkehr erwartend, oder an ihrem kleinen Schreibtische sich mit Wirtschaftsrechnungen beschäftigte, oder die kleinen Zierlichkeiten im Zimmer vom Staube reinigte – immer und immer erschien sie mir wie ein Engel der Güte, des Friedens und Wohlbehagens. Mich, ihren Ältesten, liebte sie über alles. Jedem meiner Worte lauschte sie mit Andacht und hielt mich für den hübschesten, gescheitesten Knaben, sich selbst aber für die glücklichste Mutter.

Kam dann der Vater nach Haus, so wurde ihm erzählt, was ich für Kunststücke gemacht, und wenn derselbe auch nicht damit zufrieden war, dass alles an mir in meiner Gegenwart gelobt und bewundert wurde, so war doch auch er stolz auf seinen Sohn und gab sich vergebens Mühe, mich das nicht merken zu lassen; denn für dergleichen haben die Kinder unglaublich früh schon Verständnis.

Waren aber meine Eltern von den Vorzügen ihres Sohnes durchdrungen, so lebte auch ich meinerseits der festen Überzeugung, dass es keine schöneren und vortrefflicheren Menschen gäbe oder jemals gegeben habe als meine Eltern. Diesen Glauben teilte mit mir eine Schwester, die ein Jahr jünger war als ich. Und nicht nur die Eltern, sondern auch die alte Urgroßmutter und die Großtanten hielten wir für die edelsten und vollkommensten Menschen. Die Großeltern, die wir nicht oft zu sehen bekamen, blieben uns fremder.

Wir Kinder, und gewissermaßen auch die Eltern, hatten übrigens außer unserer Wohnung noch eine zweite, ja eine dritte Heimat; denn solange die alte Urgroßmutter lebte, fühlten wir uns sowohl bei dieser als auch bei der Großtante Johanne oder, wie sie allgemein genannt wurde, bei Tante Hanne, ebenso hingehörig wie oben bei uns. Die ganze Familie versammelte sich mehrmals jede Woche zum Abendessen in den Zimmern der alten Frau zur ebenen Erde. Es wurden dann gewöhnlich Fische gespeist, deren die Spree bekanntlich der verschiedensten Arten liefert, und die damals von den Fischhändlern in den Straßen zu unglaublich billigen Preisen ausgerufen wurden. Die alte, über siebzigjährige Köchin Dörte war berühmt wegen der Art, wie sie Hechte, Karpfen, Barsche, Zander und Schleie zuzubereiten verstand, und noch weiß ich ganz wohl, wie dieselbe eines Abends, wo ein größerer Kreis zu heiterm Mahle beisammen gewesen, ins Zimmer gerufen und mit einem Kranze aus solchen Lorbeerblättern gekrönt wurde, wie sie als Zutat zu den Karpfen verwendet werden.

Die Stunde dieser Abendmahlzeiten muss eine sehr frühe gewesen sein; denn wir Kinder wurden oft noch zum Nachtisch heruntergeholt. Die alte Mama saß dann in ihrer Wohnstube auf dem Sofa, die Familie rings um den Tisch. Dieser war mit einer groben, bunten, sogenannten Tirolerdecke belegt; zwei Lichter erhellten das Zimmer, und neben denselben standen zwei Glasnäpfe mit Äpfeln und Birnen, von denen wir unseren Anteil empfingen.

Nach dem Tode der trefflichen alten Frau wurde die Tante Hanne, die nun allein stand, für uns förmlich zu einer zweiten Mutter neben unserer eignen. Obgleich fast immer ernsthaft von Ansehen, flößte sie uns doch die größte vertrauensvollste Liebe ein. Für mich insbesondere hatte sie fast ebenso große Zärtlichkeit wie meine eignen Eltern, aber auch meine Schwester liebte sie sehr, und als dieselbe einst zur Winterzeit gefährlich erkrankt war und lebhaftes Verlangen nach Obst aussprach, fuhr die Tante trotz der großen Kälte nach Potsdam und brachte aus den Treibhäusern der königlichen Gärten die schönsten Pfirsichen und Weintrauben für die kleine Patientin mit.

Gab es etwas zu vermitteln, oder für ein Vergehen Nachsicht zu erbitten, so fanden wir, nachdem sie uns zuvor eine ernste Vermahnung gehalten, an ihr stets eine gütige und wirksame Fürsprecherin. Unzählige Kinderfreuden verdankten wir ihr, sie beschenkte uns bei jeder Gelegenheit und ich besonders war ihr für die neuen Anzüge sehr dankbar, mit denen sie mich oft bedachte. Denn in jener Zeit nach den Kriegen, wo man sich durchweg der größten Sparsamkeit befleißigte, um die großen Verluste, die fast jeder erlitten, wieder auszugleichen, war es üblich, dass die Knaben in der Regel die ausgedienten Röcke und Beinkleider des Vaters tragen mussten, nachdem dieselben zuvor »gewendet« worden, was damals zuweilen sogar zweimal geschah und auch der Mühe lohnte, weil das teure Tuch (das feinere kostete damals sechs bis sieben Taler die Elle) viel haltbarer war als jetzt. Die Tante ihrerseits scheute den Aufwand nicht, mich, so oft es ihr gut schien, ganz neu zu bekleiden, wofür ich ihr überaus dankbar war. Beiläufig gesagt, kann man sich nichts Unzweckmäßigeres denken, als die Tracht der kleinen Knaben in jenen Tagen. Sie trugen ein Jäckchen mit kurzen Ärmeln, an der Taille eng anschließend und rings um den Leib mit Messingknöpfen besetzt, an welche dann die mit der entsprechenden Anzahl von Knopflöchern versehenen Beinkleider von außen befestigt wurden, was die Mühe beim An- und Ausziehen sehr groß machte. Um den Hals trugen wir breite, ganz steif gestärkte und mittels einer Maschine oder auch mit einem heißen Messer feingerippte, waagrecht abstehende Kragen, auf die wir sehr stolz waren und sie möglichst sauber zu halten suchten. Esswaren und Spielwerk erhielten wir ebenfalls reichlich von der Wohltäterin, die für uns in jeder Beziehung das Ideal einer Tante war und es auch bis zu ihrem 1837 erfolgten Tode geblieben ist. Dabei konnte man zugleich kein vollkommeneres Exemplar einer echten alten Jungfer sehen als meine Tante Hanna. Strenge in ihren Sitten, brav, aufopfernd für andere, ein Muster von Ordnung und Reinlichkeit, die sie bis zur Übertreibung aufrecht hielt, stolz auf ihre Familie, wohltätig und hilfreich, oft weit über ihre Verhältnisse, verschloss sie die sanften und tieferen Regungen ihres Gemütes vor der Welt und war unwillig, wenn eins von uns sie dabei überraschte, wie sie in einsamer Stunde mit heißen Tränen ihrer dahingeschiedenen Eltern und Geschwister gedachte.

Sie ging immer nett und zierlich gekleidet, freute sich ihres schlanken Wuchses und ihres kleinen Fußes und erzählte wohl zuweilen, dass sie in der Jugend eine beliebte Tänzerin gewesen und von dem schon erwähnten französischen Obristen vorzugsweise zur Ekossaise[186] und zum Kontertanz aufgefordert worden. Walzer und Galopp sind neueren Datums, obgleich das Menuett damals schon im Aussterben war.

Die bejahrten Dienstboten, welche sie von ihren Eltern übernommen, waren in alle Eigentümlichkeiten der Tante eingeweiht und richteten sich mit ehrfurchtsvoller Ergebenheit nach ihren vielen kleinen Launen. Als aber diese hochbetagten Köchinnen und Stubenmädchen, Dörte an der Spitze, zu ihren Vorfahren versammelt wurden, da konnten neue Dienstboten der peinlichen Herrin nicht mehr genug tun. Sie wechselte beständig mit den Leuten und namentlich die männlichen Diener, denen sie stattliche Livreen[187] gab, hielten selten länger als einen Monat aus; wodurch ihr das Leben sehr verbittert wurde. Nach dem Tode der Urgroßmutter hatte sie eine alte bucklige Gesellschafterin, Mamsell Jettchen, ins Haus genommen, auf deren Meinung sie das größte Gewicht legte, weil sie dieselbe für sehr klug hielt – und das war sie auch. Nur bestand ihre Klugheit hauptsächlich darin, dass sie der Gebieterin nie widersprach und nur solchen Rat erteilte, von dem sie wusste, dass er erwünscht sei. So kamen die alten Damen vortrefflich mit einander aus und das Verhältnis hatte Bestand bis zu Mamsell Jettchens Tode.

Die Tante war meine erste Lehrerin und sie brachte mir nach der alten, jetzt verachteten Methode von a b, ab, b a, ba usw. in so kurzer Zeit die Kunst des Lesens bei, dass die neuesten rationellen Lehrmethoden sicherlich keinen schnelleren und besseren Erfolg gehabt hätten. Deutlich erinnere ich mich, unter ihrer Leitung die folgenden Worte gelesen zu haben: »Berlin 1817. Königliche Schauspiele«, woraus sich ergibt, dass ich bereits in meinem fünften Jahre die Komödienzettel entziffern konnte, die täglich ins Haus gebracht wurden. Schreiben lernte ich von meinem Vater, welcher sich einer überaus schönen und gleichmäßigen Handschrift rühmen konnte.

---

186 écossaise, frz.: schottisch, ursprünglich schottischer Rundtanz

187 uniformähnliche Bekleidung der Diener

Mein eifrigster Wunsch war es, recht bald so weit zu kommen, dass ich selbst einen Brief zustande bringen könnte, weil ich gern meiner Tante Elisabeth ohne fremde Vermittlung von mir Nachricht geben wollte. Diese Tante war meines Vaters ältere Schwester und an einen Arzt in Düsseldorf verheiratet. Ich hatte sie niemals gesehen, aber sehr viel von ihr gehört, weil mein Vater sie, von allen seinen zahlreichen Geschwistern, am meisten liebte. Er stand mit ihr in lebhaftem Briefwechsel und sorgte dafür, dass sie mit allem bekannt blieb, was ihn und seine Familie betraf. Dabei unterließ er natürlich nicht, seinen Erstgebornen im schönsten Lichte erscheinen zu lassen und dessen Eigenschaften geltend zu machen. Die Tante nahm deshalb an meiner Entwicklung umso größeren Anteil, weil sie selbst kinderlos war und in der Entfernung von ihrem Lieblingsbruder sich doppelt warm für alles interessierte, was auf ihn Bezug hatte.

Bald kam es so weit, dass sie in den an den Vater gerichteten Briefen jedes Mal ein Blättchen für mich und meine Schwester mit einlegte, worauf wir natürlich nicht wenig stolz waren. Die Briefe aus Düsseldorf gewannen für uns noch dadurch an ihrer Wirkung, dass meine Tante, die, ebenso wie ihre Geschwister, von einer französischen Gouvernante erzogen war, sich beim Schreiben stets der lateinischen Buchstaben bediente, was den von ihr herrührenden Blättern ein eigentümlich zierliches Aussehen gab.

Sobald ich nur einige Lettern kritzeln konnte, verlangte ich, auf die erhaltenen Briefe aus Düsseldorf selbständig zu antworten, was die Eltern gern geschehen ließen, weil das Anlass zu freiwilligen Schreibübungen gab, und gern verzieh man die vielen Tintenkleckse, an denen es dabei nicht fehlte. Die Tante beantwortete meine Zuschriften sehr regelmäßig und schickte gewöhnlich jedes Mal ein kleines Geschenk für uns mit, welches wir, da es aus so weiter Ferne kam, mit besonderer Ehrfurcht anstaunten und sorgfältig aufbewahrten. Auf diese Weise erschien uns die entfernte Verwandte in einem fast magischen Lichte, wie eine wohltätige Fee, die ihre Gaben spendet, ohne sich den Blicken ihrer Schützlinge leibhaftig zu zeigen, ganz im Gegensatz zu der sehr realen Tante, die wir täglich sehen und besuchen konnten und von der wir auch gelegentlich, bei vorkommenden Unarten, fühlbar abgestraft wurden.

Die unsichtbare Gönnerin in Düsseldorf gewann in unseren Augen noch dadurch an Würde und Hoheit, weil wir beständig im Hinblick auf ihre geheimnisvolle Gestalt zum Fleiß, zur Folgsamkeit und Sauberkeit vermahnt wurden, damit die Tante Elisabeth an uns Freude hätte, wenn sie einmal nach Berlin käme. Der unbestimmten Vorstellung von ihrer Gestalt und ihrem Aussehen feste Umrisse zu geben, war nicht möglich, weil mein Vater kein Bild von seiner Schwester besaß, das er uns hätte zeigen können. Erst als sie, nach dem Tode ihres Mannes, 1826 in die Heimat zurückkehrte und ihre Wohnung in Berlin nahm, bekamen wir sie leibhaftig zu sehen und waren nicht wenig überrascht, die wirkliche Erscheinung gar sehr verschieden von der idealen Vorstellung zu finden, die wir uns von ihr gemacht hatten. Aber ihre große Liebenswürdigkeit und Freundlichkeit ließ gar bald den Mangel an jeder äußeren Schönheit vergessen, der uns zuerst aufgefallen war, und es dauerte nicht lange, bis wir uns an ihre Züge so gewöhnt hatten, dass wir glaubten, wir hätten uns die liebe Tante niemals anders vorgestellt, als sie wirklich war.

Wie es geschehen konnte, dass ich während der Jahre 1818 und 1819 drei verschiedene Schulen besucht und fünf Hauslehrer gehabt habe, ist mir nicht klar. Aber die Tatsache steht fest. Ich war ein überaus wilder, verzogener Junge. Der Vater brachte den ganzen Tag auf dem Kontor zu, und meine Mutter, eine zarte und schwache junge Frau, vermochte nicht, mich zu bändigen. Es musste also Erziehungshilfe gesucht werden. Man brachte mich zuerst zu einer alten Dame, die mit meinen Eltern befreundet war und eine Mädchenschule hielt, deren Leitung sie in Gemeinschaft mit Adelheid Zelter, einer Tochter des berühmten Musikers, übernommen hatte. Was da mit mir vorgenommen wurde, weiß ich nicht mehr, doch erinnere ich mich, dass die Damen mich mit vieler Liebe behandelten.

Von einer zweiten Schule, deren Vorsteher Faulhaber hieß, ist mir lediglich die Merkwürdigkeit im Gedächtnis geblieben, dass ich eines Mittags nicht nach Hause kommen durfte und nichts zu essen bekam, und dass, als ich endlich beschämt zurückgeführt wurde, die Jungfer meiner Mutter mir heimlich eine trockene Semmel zusteckte, die dem ausgehungerten Kinde wie Ambrosia[188] schmeckte. Die dritte Schule, welche mein Vater schon als Knabe besucht hatte, war die des Professors Hartung. Dieser Mann sah frappant aus wie Mr. Blimber[189]. Auch er hatte ein so gewaltiges Unterkinn, dass man nicht begreifen konnte, wie er mit dem Schermesser in die Falten desselben dringen konnte; außerdem hatte er die Gewohnheit, so laut zu niesen, dass die ganze Klasse alsdann jedes Mal erschreckt zusammenfuhr. Er erzählte mir, als ich ihm vorgestellt wurde, dass mein Vater einer seiner liebsten und fleißigsten Schüler gewesen und jeden Sonnabend einen roten Zettel als Zeichen höchster Zufriedenheit mit nach Hause genommen habe. Der Sohn machte ihm leider nicht so viel Freude; denn ich weiß, dass ich niemals einen roten Zettel bekommen habe, was mir in Erinnerung geblieben ist, weil ich jeden Sonnabend deshalb von meinem Vater eine ernsthafte Vermahnung erhielt. Im Übrigen ist aber auch diese Schule für mich etwas durchaus Nebelhaftes und Traumartiges geworden. Mittags und nachmittags wurde ich abgeholt, nur im Sommer, wo meine Eltern in Charlottenburg wohnten, brachte mich mein Vater jeden Morgen in die Stadt und holte mich erst gegen Abend wieder ab. Ich aß während dieser Monate bei Professor Hartung, der wenige Häuser von seinem Schullokal entfernt in der Brüderstraße wohnte, zu Mittag.

Ob ich während des Besuchs dieser Schulen schon einen Hauslehrer hatte, oder ob diese Lehrer nur in den Zwischenzeiten eintraten, ist mir nicht mehr klar. Des ersten von ihnen erinnere ich mich noch sehr deutlich; er hieß Schönfeld, mochte etwa vierzig Jahre alt sein und war ein Dichter. Unter meinen Papieren hat sich eine von ihm an meinen Vater verfasste Gratulation in Alexandrinern, nach vorgellertschem[190] Geschmack erhalten. Er besaß in der Tat eine blühende Phantasie, welche ihn befähigte, uns durch märchenhafte Erzählungen, an deren Wahrheit und Wirklichkeit wir niemals zweifelten, lebhaft zu unterhalten. Oft ging er mit meiner Schwester und mir in den Straßen der Stadt umher und führte uns

188 Nahrung der Götter
189 Charakter aus dem Roman *Dombey and Son* von Charles Dickens
190 Christian Fürchtegott Gellert (1715–1769), Dichter und Philosoph

besonders gern auf den damals noch ziemlich ländlich aussehenden Schiffbauerdamm, zwischen der Friedrichstraßenbrücke[191] und dem Unterbaum, bei welchem die Spree Berlin verlässt, um am Tiergarten und hinter Charlottenburg vorbei nach Spandau zu fließen. Von jenem Damme aus erblickte man das jenseitige Ufer, welches fast ganz mit blühenden Gärten bedeckt war. Den schönsten derselben, den Georgeschen, habe ich bereits im ersten Abschnitt erwähnt. Vom Schiffbauerdamm aus gewahrte man die verschiedenartigsten Laubengänge und Lust- und Gartenhäuschen in seltsamem chinesischen, griechischen und sonstigen Baustil ausgeführt. Was wir von dieser Herrlichkeit durch die Lücken der großen dichtbelaubten Bäume sehen konnten, schien uns der Inbegriff alles Wünschenswerten und Wunderbaren zu sein. Wir glaubten in Alladins Gärten der Tausendundeinen Nacht zu blicken! Neugierig fragten wir nach der Bedeutung der Anlagen und nach den Bewohnern der lieblichen kleinen Paläste. Da belehrte uns denn Herr Schönfeld mit der größten Ernsthaftigkeit, es wäre dort drüben der Himmel, wo die guten Kinder hinkämen, die auf Erden recht artig gewesen und ihren Eltern Freude gemacht hätten. Reizende kleine Engel mit glänzenden Flügeln ständen dort zu ihrem Empfange bereit und spielten die schönsten Spiele mit ihnen. Ganz besonders anziehend wurde uns einer dieser Engel geschildert, der »Goldchen« hieß. Zu Hause in den Abendstunden, bevor Licht angezündet wurde, erhielten wir dann noch genaue Auskunft über die Einrichtung und die Freuden des aus der Ferne geschauten Himmels. Wir glaubten das alles aufs Wort, und so oft wir wieder an das jenseitige Spreeufer geführt wurden, blickten wir voll Entzücken, aber doch nicht ohne geheimnisvolles Bangen in die Gärten hinüber.

Der Schöpfer dieser herrlichen Phantasiegebilde blieb nur kurze Zeit in unserem Hause. Seine Nachfolger, die Herren Grünbaum und Prox, ließen an die Stelle der poetischen Bilder gar schnell nackte Prosa treten, namentlich handhabte Herr Prox, statt des

191 Die Weidendammer Brücke verbindet die Friedrichstraße mit dem nördlichen Spreeufer. Sie wurde in den Jahren 1824 bis 1826 als eine der ersten gusseisernen Brücken in Mitteleuropa errichtet und erst Ende des 19. Jahrhunderts ersetzt.

Zauberstabes, mittels dessen der Dichter den Garten einer Branntweinbrennerei in den Himmel verwandelt hatte, ein dünnes, spanisches Röhrchen mit solcher Kraft und Gewandtheit, dass mein Rücken nebst Zubehör ein deutliches Vorgefühl von der Hölle bekam. Diese Züchtigungen mögen, wie ich nicht zweifeln will, verdient gewesen sein; aber sie wirkten wenig, wie denn überhaupt durch Güte viel mehr auszurichten gewesen wäre, als durch Strafen. Ich war ein unbändiger Junge und fiel namentlich den Leuten, die uns besuchten, oft zur Last.

Noch sehe ich zum Beispiel einen Kreis geputzter Damen um den Teetisch in der Wohnstube versammelt; der Kessel dampfte, allerlei Teller mit Kuchen standen umher. Ich hatte die dringende Begierde, mir etwas von der süßen Ware zuzueignen, und weil ich noch zu klein war, um bequem auf den Tisch zu reichen, so hängte ich mich an den Rand desselben; die ganze zur Bewirtung aufgestellte Herrlichkeit geriet ins Schwanken, der Teekessel neigte sich vornüber und ergoss seinen siedenden Strahl in den Schoß einer Dame (es war die Gattin des bekannten Dichters und Holzschneidekünstlers Gubitz[192]), die entsetzt in die Höhe sprang und trippelnd sich von der heißen Flut zu befreien suchte, indem sie voll Schrecken und Ärger auf das verdorbene Kleid und den Anstifter des Unheils blickte. Solche und ähnliche Übeltaten wiederholten sich mehrfach und ich kam bei den Bekannten meiner Eltern förmlich in Verruf.

Mein vierter Hauslehrer war ein Kandidat der Theologie, Herr Müller, aus dessen Zeit ich mich hauptsächlich der Besuche erinnere, die er mit mir bei seinen Freunden, teils ebenfalls Kandidaten, teils ältere Studenten abstattete. Die Junggesellenwirtschaften derselben waren mir, durch den Gegensatz zu unserem Hauswesen, sehr merkwürdig. Wenn die jungen Männer in Hemdsärmeln am Tische saßen, das Bier mitunter aus der Flasche tranken, aus langen, bequasteten Pfeifen schlechten Tabak rauchten usw., so glaubte ich mich als Zeuge dieser Lebensart in eine ganz andere Welt versetzt.

Die Unterhaltung der Studiengenossen drehte sich meist um die damals 1819 in Blüte stehenden Demagogenverfolgungen, in welche Müller und seine Freunde teils verwickelt waren, teils in dieselben

---

192 Friedrich Wilhelm Gubitz (1786–1870), Grafiker und Holzstecher

hineinzugeraten befürchten mussten. Man erzählte, wie man es angestellt, gefährliche Papiere zu vernichten, so dass man dem eintretenden Polizeibeamten, auf den Ofen deutend, zurufen konnte: »Sie sind bewahrt und aufgehoben!« Oder es kam zur Sprache, wie man einem Verfolgten mit List und Klugheit zur Flucht verholfen und mehr dergleichen.

Der Zusammenhang dieser Dinge war natürlich dem siebenjährigen Knaben ganz unverständlich, doch ist mir der Eindruck geblieben, dass die jungen Leute durchaus nicht mit moralischer Entrüstung von den Verfolgungen sprachen, denen sie ausgesetzt waren, sondern dass Humor und Übermut, sowie die Freude an der Gefahr und an den verwegenen Mitteln, durch welche man derselben zu entgehen hoffte, durchaus vorherrschend war. Man hatte damals überall noch so streng monarchische Gesinnung, dass niemand den Gedanken zu fassen wagte, die Regierung oder gar der König könne Unrecht haben. Auch die, welche eine Änderung der bestehenden Zustände für erwünscht und notwendig hielten, verfuhren dabei doch fast immer mehr theoretisch und ergingen sich in Spekulationen, als dass ihnen der Gedanke an eine Empörung oder an Aufruhr ernsthaft gekommen wäre.

Ich habe schon erwähnt, dass das jetzt lebende Geschlecht sich kaum noch eine Vorstellung von der Liebe und Verehrung machen kann, die Friedrich Wilhelm III., namentlich in Berlin, genoss, und jedenfalls tut man diesem Fürsten Unrecht, wenn man ihn von einem Standpunkte aus beurteilt, welcher der damaligen Zeit ganz fremd und unzugänglich war.

Doch kehren wir zu meinem väterlichen Hause und zu den Insassen desselben zurück!

Die Eltern bezogen in jedem Jahre vom Juni bis Oktober eine Sommerwohnung in Charlottenburg, wie das viele Hunderte von Berliner Familien zur Gewohnheit hatten. Wer nicht reich genug war, ein eigenes Haus und Garten in dieser kleinen Residenzstadt zu besitzen, der suchte sich daselbst eine passende Mietwohnung, deren man in jedem Hause mehrere finden konnte. Charlottenburg glich während der warmen Jahreszeit einem sehr besuchten Badeorte ohne Heilquellen.

Zwischen den Familien, die auf diese Weise mehrere Monate lang unter ein gemeinschaftliches Dach oder doch in nahe Nachbarschaft kamen, sich täglich, ja stündlich vor der Tür oder im Garten trafen, entstanden dann viele Beziehungen engerer oder entfernterer Art, aus denen indessen, grade so wie es bei Badebekanntschaften geschieht, nur selten eine länger dauernde Freundschaft entsprang. Da auch meine Tante Johanna jährlich nach Charlottenburg zog, wo sie eine bestimmte Wohnung hatte, die auch während des Winters vollständig eingerichtet blieb, so waren wir daselbst ganz heimisch.

Für diesen Charlottenburger Aufenthalt schaffte sich mein Vater mehrere Jahre lang in jedem Sommer ein Pferd an, welches ihn, nachdem die Geschäfte im Kontor abgetan waren, abends auf seinem kleinen Wagen zu Frau und Kindern hinausführte. Solange ich eine der Schulen besuchte, nahm er mich des Morgens mit nach Berlin und brachte mich abends wieder in die Landwohnung zurück. Als ich bei einer solchen Fahrt einmal gar stolz neben meinem Vater in unserem Einspänner saß, wurden wir von einem Bekannten, der uns entgegenkam, höflich gegrüßt. Weil ich nun annahm, der Herr habe lediglich dem Vater zu Ehren den Hut gezogen, so behielt ich meine Mütze auf dem Kopfe, musste dieselbe aber dann als Strafe während der ganzen Fahrt mit der Hand in die Höhe halten.

An Charlottenburg knüpft sich auch die erste deutliche Erinnerung eines äußeren und eines innerlichen Vorgangs, die ich überhaupt aus meiner frühen Jugend noch festgehalten habe. Es war im Sommer 1815, wo ich also drei und ein halbes Jahr alt war. Mein Vater hatte sich in Geschäftsangelegenheiten nach Kopenhagen begeben müssen und blieb, glaube ich, drei Wochen lang fort. Während dieser Zeit wohnte die Mutter mit uns beiden Kindern in Charlottenburg und hatte als Gesellschafterin ein junges Mädchen zu sich genommen, welches bis zu des Vaters Rückkehr bei ihr bleiben sollte. Dieselbe war eine weitläufige Verwandte meines Großvaters und sie und ihre Mutter und Geschwister betrachteten sich fast wie Klienten unserer Familie und waren stets zur Aushilfe bereit, wo es etwas zu besorgen oder eine Stellvertretung zu übernehmen gab. Solche Personen waren damals fast überall im Gefolge jedes angesehenen Hauses zu finden, an welches sie durch allerlei Wohltaten und

Unterstützungen sich gefesselt fühlten und einen Stolz fanden, in weiterem Sinn mit zu den Angehörigen gezählt zu werden. Es war das eine Art von Vasallenverhältnis, nicht unähnlich demjenigen, welches etwa zwischen einem großen Grundbesitzer und den Familien seiner Beamten besteht. Mit der sogenannten guten alten Zeit scheinen dergleichen Beziehungen, die ihre sehr gemütliche Seite hatten, so ziemlich zu Grabe gegangen zu sein.

Ich erwähne die Kopenhagener Reise meines Vaters, wie gesagt, hauptsächlich darum, weil sich an dieselbe ein Vorgang in der Seele des Knaben anknüpft, der zwar nicht lobenswert ist, aber doch beweist, wie früh sich Kinder in gewisser Richtung entwickeln. Meine Mutter, welche mit größter Sehnsucht die Rückkehr des Vaters erharrte und jeden seiner Briefe voll Entzücken empfing, unterhielt sich mit jener Gesellschafterin fast von nichts anderem, als von der Hoffnung des Wiedersehens und von der Freude, die der Heimkehrende haben würde, die Seinigen alle gesund beieinander zu finden. Dabei kam denn auch mehrmals in meiner Gegenwart zur Sprache, was ich wohl sagen würde, wenn der Vater nach so langer Abwesenheit ins Zimmer träte, ob ich ihn gleich wiedererkennen würde usw. Das brachte in mir den Entschluss hervor, mich dadurch interessant zu machen, dass ich jedenfalls so tun wollte, als hätte ich das Gesicht meines Vaters vergessen – und so führte ich es auch aus. Denn als der Tag der Rückkehr erschienen war und nach der zärtlichen Umarmung mit der Mutter, mein Vater nun mich zu sich in die Höhe hob, da wandte ich mich ab, als ängstete ich mich vor dem fremden Manne, obgleich ich ihn ganz gut erkannte und nur bemerkte, dass sein Gesicht eine braune, sonnenverbrannte Farbe bekommen hatte. Die Eltern wurden übrigens durch mein Benehmen nicht getäuscht, sondern bemerkten, dass ich mich verstellte, was ihnen sicherlich einen sehr unangenehmen Eindruck gemacht hat. Es ist dies einer der Augenblicke, die mir mit größter Klarheit aus einer Zeit erinnerlich sind, deren sonstige Begebenheiten sich völlig aus meinem Gedächtnisse verloren haben – und klar ist mir auch, dass ich bei jener Komödienspielerei nicht entfernt eine Vorstellung davon hatte, wie ich meine Eltern betrüben könnte, sondern ich kam mir sehr klug vor, wenn ich ein solches Kunststück machte.

Noch muss ich erwähnen, dass ich bis zu meinem achten Jahre gar keine Bekannten und Gespielen unter den anderen Knaben hatte, sondern allein auf meine Schwester angewiesen war. Gleichaltrige Verwandte gab es in unserer Familie nicht. Die Geschwister meiner Mutter waren noch unverheiratet und die meines Vaters alle so sehr viel älter als er, dass deren Kinder schon ziemlich erwachsen waren, als ich noch im Mädchenrock herumlief.

Dass ich von den Eltern vorgezogen wurde, ist nicht zu leugnen. Meine Schwester Mathilde aber war ein so gutes, sanftes und bescheidenes Wesen, dass sie das ruhig ertrug und mit ebenso warmer Zärtlichkeit an Vater und Mutter hing, als ob sie deren erklärter Liebling gewesen wäre. Es dauerte dann auch nicht allzulange, bis ihr geduldiges Ausharren belohnt wurde und sie in dem Herzen der Ihrigen den Platz einnahm, den sie verdiente.

Bei der unablässigen Sorgfalt, welche meine Eltern und die Tante uns Kindern widmeten, empfanden wir übrigens den Mangel an gleichaltrigen Spielgefährten gar nicht; auch hatten wir dafür ältere Freunde, die uns verzogen und sich an unseren Einfällen ergötzten. Eine eigentümliche, ich möchte fast sagen pantomimische Freundschaft unterhielten wir mit einem hochbetagten Ehepaar, welches uns in der Stadt grade gegenüber wohnte. So oft diese würdigen Herrschaften uns am Fenster erblickten, nickten sie freundlich herüber, zeigten uns von weitem Bilder und andere hübsche Dinge, so dass wir in ihnen alte Bekannte zu sehen glaubten, obgleich sie nur sehr selten, wenn wir ihnen einmal auf der Straße begegneten, ein paar Worte mit uns wechselten.

Zufällig bin ich viele, viele Jahre später, als der Mann längst verstorben war, mit der alten Dame und deren Kindern und Enkeln bekannt geworden, und kam dann häufig in ihr Haus, welches zu der Zeit aber nicht mehr das frühere in unserer Straße war. In diesem wohnte im Erdgeschosse der Hauseigentümer, ein Herr S., der sich als wohlhabender Mann aus irgendeinem kaufmännischen Geschäft zurückgezogen hatte und von seinen Renten lebte. Er besaß einen einzigen Sohn, einen wohlerzogenen guten Knaben, der ihm aber deshalb Kummer machte, weil er nicht lebhaft genug war. Um diesen Temperamentsfehler seines Sprösslings zu kurieren, engagierte der alte Herr S. einen kleinen munteren Straßenjungen, der dem stillen Knaben zweimal wöchentlich etwas vorspringen und vortanzen musste, damit der andere auch Lust bekäme, lebhaftere Bewegungen zu machen. Von welchem Erfolg diese eigentümlichen Erziehungsversuche begleitet waren, kann ich nicht sagen, doch ist der junge S. später ein würdiger Kammergerichtsrat oder so etwas geworden. Im Jahre 1836 traf ich ihn auf einer Reise in Köln, und wir erinnerten uns der alten Nachbarschaft. Papa S. gewährte uns noch eine andere sehr harmlose Unterhaltung. Er besaß einen Einspänner, mit dem er öfters des Nachmittags spazierenfuhr. Da nun vor seiner Haustür der Rinnstein nicht überbrückt war, so musste jedes Mal, ehe die Fahrt vor sich ging, der Hausknecht den Straßenkanal mit einem Brett bedecken, damit der Wagen glatt darüber hinweg rollte. Sobald nun der Mann mit dem Brett erschien, blieben wir Kinder in höchster Spannung am Fenster, um mit anzusehen, wie die Räder über das Brett auf die Straße glitten. Es wäre zu wünschen, dass Erwachsene ebenso leicht durch Kleinigkeiten zu erheitern wären, wie Kinder, denen alles neu und interessant ist.

In dem neben dem S. schen Hause gelegenen Gebäude befand sich zu ebener Erde der kleine Barbierladen des Herrn Schubert. Dieser Mann hatte das Glück, einst in Gegenwart des Geheimrat Horn[193], des berühmten Arztes, einen Patienten sehr geschickt zur Ader zu lassen.

Horn wandte seitdem diesem Barbier große Gunst zu und empfahl ihn seinen Kranken, deren er unter den höchsten Ständen gar viele behandelte. Schubert kam nun förmlich in die Mode.

Von seinem Gönner unterstützt, erlangte er die Berechtigung zur chirurgischen und nicht lange nachher auch zur ärztlichen Praxis. Seine Kundschaft wuchs so sehr an, dass er bald einen Einspänner halten musste, um seine Besuche abzumachen. Ein Jahr später fuhr er schon mit zwei Pferden, und nicht lange nachher schloss er seinen

193 Vermutlich handelt es sich um Anton Ludwig Ernst Horn (1774–1848), der 1811 durch den ersten Arzthaftungsprozess der deutschen Rechtsgeschichte bekannt wurde. Er musste sich in Folge einer Anzeige eines Kollegen der Charité für den Tod einer Patientin vor dem Kammergericht verantworten, wurde aber aufgrund eines Gutachtens von Johann Christian Reil freigesprochen.

Laden, kaufte das gegenüberliegende Haus und hatte vier Pferde im Stall.

Herr Schubert, genannt Dr. Schubert, wurde auch unser Leibchirurgus und musste merkwürdigerweise an drei Weihnachtsabenden in drei aufeinanderfolgenden Jahren herum geholt werden, weil jedes Mal eine Fischgräte sich irgendwohin verirrt oder eingespießt hatte, wo sie nicht hingehörte. Deutlich erinnere ich mich noch des letzten dieser Vorfälle. Schubert war nicht zu Hause, und unser Mädchen musste vor seiner Tür warten, bis er zurückkam. Er fand sich denn auch bald bei uns ein und holte die geheimnisvolle Gräte mit einer kleinen Zange heraus. Dann empfahl er sich, indem er sagte: »Das war heut Abend das neunte Mal, dass ich an meiner Tür vorfuhr, um mit Frau und Kindern den Heiligen Abend zu feiern, aber jedes Mal wurde ich von Hilfesuchenden abgefangen. Nun, hoffe ich, wird man mir endlich einmal zwei Stunden Ruhe lassen! – Ja, ja, ein Arzt ist ein geplagtes Wesen.«

Unser Arzt war zuerst der als Geheimrat in hohem Alter verstorbene Dr. Wolf. Als wir nach einer Kinderkrankheit in der Genesung waren, ging meine Mutter in den Garten, wir wohnten gerade in Charlottenburg, und brachte uns einen hübschen Blumenstrauß ans Bett. Wir spielten mit demselben und erfreuten uns an dem sogenannten Venuswagen und den zwei Täubchen, die zum Vorschein kamen, wenn wir das größte der Blütenblätter zurückbogen. Das Spiel nahm bald die Wendung, die solche Spiele bei Kindern gewöhnlich nehmen, und ich verspeiste eine große Anzahl der hübschen Blumen. Meine Mutter, die auf einen Augenblick herausgegangen war, erschien gerade, als ich eine Blüte in den Mund steckte. Sogleich kam sie auf den Gedanken, dass diese schädlich sein könnten, und erfuhr auf ihre Erkundigungen zu ihrem größten Entsetzen, dass das Akonit[194] zu den Giftpflanzen gehörte. Sofort wurde ein Bote nach Berlin geschickt, um den Hofrat Wolf zu holen. Bis dahin mussten einige Stunden vergehen, die man benutzte, um die gewöhnlichen Hausmittel anzuwenden. Ich bekam in großen Massen Milch zu trinken, und da es nichts bewirkte, sollte mir Öl eingegeben werden. Unter Öl verstand ich nur Brennöl, weil ich von

194 Pflanzengattung Eisenhut

den verschiedenen Arten dieser fettigen Flüssigkeit keine Kenntnis hatte. Lampenöl zu verschlucken, schien mir aber eine so arge Zumutung, dass ich mit größter Entschiedenheit erklärte, lieber sterben zu wollen. Man kann sich die Verzweiflung der armen Mutter vorstellen, die sich als Giftmörderin ihres einzigen Sohnes betrachtete, weil sie selbst mir den verhängnisvollen Strauß gepflückt. Endlich kam der ersehnte Arzt und machte durch ein schnell wirkendes Brechmittel der Gefahr ein Ende, die wohl so sehr groß nicht gewesen sein mochte, obgleich sich herausstellte, dass ich siebzehn Blütchen verschluckt hatte.

Ob es bei dieser oder einer andern Gelegenheit war, dass Wolf, der nach alter Sitte einer von den groben, und zwar einer der gröbsten Doktoren war, sich den Unwillen meiner Eltern zuzog, weiß ich nicht. Genug, sie beschlossen, ihm untreu zu werden und den erst kürzlich nach Berlin gekommenen Dr. Horn zu engagieren, der sich schnell einen großen Ruf erworben hatte. Man war dabei in äußerster Angst vor dem alten Wolf und getraute sich nicht, ihm zu sagen, dass man einen andern Arzt nehmen wollte. Horn wurde vorläufig nach Charlottenburg gebeten, um mit ihm Rücksprache zu nehmen. Während er mit meinen Eltern sprach, kam Wolf vorgefahren. Das verursachte dem andern Arzt ein solches Entsetzen, dass er in äußerster Angst hinter den Ofen kroch und daselbst verblieb, bis der gefürchtete alte Grobian sich empfohlen hatte. Seitdem blieb Horn unser Arzt bis zu seinem Tode. Nie habe ich eine solche Ehrfurcht und ein solches Vertrauen zu eines Menschen Kunst und Fähigkeit zu helfen gehabt, wie zu diesem berühmten Arzt. Sein Eintreten ins Zimmer schien jede Krankheit zu bannen, und obgleich er in unserem Hause später nichts weniger als glückliche Kuren machte, so blieb unser Vertrauen sich immer gleich.

Ein denkwürdiger und segensreicher Tag für meine Schwester und mich war der 13. September 1816, an welchem, nach Ausweis einer noch vorhandenen Anzeige, ein junges, sechzehnjähriges Mädchen zur Unterstützung meiner Mutter und zur Mitbeaufsichtigung der Kinder ins Haus genommen wurde. Sie hieß Berta Genrich, war die Tochter eines Försters in Neustrelitz und gehörte einer Familie an, deren Mitglieder seit hundert Jahren fast alle in herzoglichem Hofdienst gestanden hatten. Wahrscheinlich wurde durch irgendeinen Zusammenhang mit der Dienerschaft der Königin Luise die so überaus glückliche Wahl meiner Eltern vermittelt, welche in dieser Berta die treueste und liebevollste Hausgenossin erwarben. Sie ist bis zu ihrem 1836 erfolgten Tode bei uns geblieben.

Berta, oder wie wir sie nannten, unsere Berta war eine der vortrefflichsten weiblichen Erscheinungen, die mir im Leben begegnet sind. Ihr Äußeres konnte man nichts weniger als schön nennen; doch blickte man gerne in ihr gutes Gesicht. Vollständig und ausschließlich ihren Pflichten lebend, nachsichtig und liebevoll gegen andere, strenge gegen sich selbst, verständig, fleißig und sparsam, war sie treu im schönsten Sinne des Wortes. Nach dem frühen Tode ihrer Eltern hatte eine alte Großmutter das Kind in Frömmigkeit und Gottesfurcht auferzogen; ihr Gesangbuch lag beständig neben ihr; in Stunden des Zweifels und der Bekümmernis fand sie Trost in den alten Liederversen.

Von dem Tage an, wo sie unser Haus betrat, suchte sie meiner Mutter jede Mühe und Sorge abzunehmen; meine Schwester Mathilde und mich gewann sie bald lieb, und wir hingen an ihr mit der größten Zärtlichkeit. Wenn später einmal die Rede davon war, dass sie heiraten oder aus irgendeinem anderen Grunde unser Haus verlassen könnte, so erhob sich ein unstillbares Weinen und Wehklagen der Kinder, in das sie dann selbst mit einstimmte und unter Tränen versprach, bis an ihren Tod bei uns zu bleiben. Bald betrachteten wir alle sie wie ein Glied der Familie, und nicht bloß meine Eltern, sondern auch die Freunde und Verwandten des Hauses befragten sie um ihre Meinung in Wirtschafts- und allen anderen Angelegenheiten.

Den Scherznamen Geheimrat, den wir ihr beilegten, verdiente sie im besten Sinne, denn sie war ebenso verschwiegen wie verständig, und ein anvertrautes Geheimnis wurde nirgends besser bewahrt, als in ihrer treuen Brust.

Sie hat viel Freude und Schmerz, Krankheit und Genesung, auch Todesfälle in unserem Hause miterlebt, stets sich gleichbleibend in aufopfernder Pflege, und Tag und Nacht zu helfen bereit, sich niemals vordrängend, niemals anmaßlich, noch der dienenden Stellung sich schämend, der sie zur Zierde gereichte, und in der sie ihre wahre höchste Ehre fand. Oftmals betrachte ich noch jetzt ein sehr ähnliches Bild von ihr, welches ich so glücklich bin zu besitzen, und bis an mein Ende werde ich ihrem Gedächtnis die volle Dankbarkeit bewahren, die sie so reichlich verdient hat.

Um das Bild der teuren längst Entschlafenen zu vervollständigen, darf ich nicht unterlassen, einen Zug von wahrhaft heroischer Treue zu erwähnen, dem sich viele ähnliche hinzufügen ließen. Meine Eltern wohnten während eines Sommers in einer stillen Nebenstraße Charlottenburgs, die sie gewählt, weil meine Mutter, die sehr schwach war, der größten Ruhe bedurfte. Uns gegenüber hatte ein Onkel der Mutter sein in parkartiger Umgebung gelegenes Haus, an welches sich schöne Frucht- und Treibhäuser anschlossen. Zur Bewachung derselben hielt er zwei große bissige Hunde, welche nachts frei umherliefen und durch ihr beständiges Geheul meine Mutter am Schlafen hinderten. Vergebens hatte sie den Onkel gebeten, die Hunde abzuschaffen oder einzusperren. Er behauptete, dieselben nicht entbehren zu können. Da ging Berta eines Nachts, ohne jemandem etwas davon zu sagen, ganz allein über die Straße, mitten durch die Hunde hindurch in jenen Garten und malte mit einer Kohle, die sie mitgenommen, einer dort stehenden Statue einen großen Schnurrbart, als Zeichen, dass die Hunde gegen das Eindringen eines Fremden keinen Schutz gewährten. Die Heldentat hatte ihre Wirkung, denn die Hunde wurden nun abgeschafft.

Um dieselbe Zeit, im Sommer 1819, kam auch der fünfte meiner Hauslehrer, Herr Friedel, zu uns. Ich selbst genoss nur kurze Zeit seinen Unterricht, weil ich im Anfang des nächsten Jahres anderen Händen anvertraut wurde, Friedel aber blieb bei uns. Er bezog eines von den Zimmern im dritten Stockwerk unseres Hauses und übernahm gegen eine Remuneration[195] die Verpflichtung, meine Schwester täglich einige Stunden in Geschichte, Geographie und deutscher Grammatik zu unterrichten. Er besaß gute Schulbildung; aber nach sächsischer Art (er war ein Bauerssohn aus der Gegend von Naumburg) hatte man bei seiner Erziehung das Hauptgewicht auf

195 Vergütung

die lateinische Sprache gelegt, in der er sich auch mündlich und schriftlich geläufig und nicht ohne Eleganz auszudrücken verstand. Er pries meiner Schwester seine Lieblingssprache so lange an, bis diese Lust bekam, lateinisch zu lernen. Mein Vater hatte nichts dagegen, das junge Mädchen ergriff diese Studien, wie alles was sie vornahm, mit Ernst und Eifer, und ist später so weit gekommen, Livius und Virgil in der Ursprache lesen zu können.

Herr Friedel sorgte dafür, dass sie außer seinen Lehrstunden noch viele Zeit mit Ausarbeitungen und Aufsätzen zu tun hatte, dabei erhielt sie Unterricht in Handarbeiten und war somit von morgens bis abends aufs emsigste beschäftigt, was ihrer eigenen, stillen, fleißigen Natur ganz entsprechend war. Ich habe sie nie über zu viel Arbeit klagen gehört, und sie trieb mit größtem Eifer und Gewissenhaftigkeit selbst solche Dinge, zu denen ihr eigentlich alles Talent abging. So mühte sie sich unter Leitung eines Malers Busch, die Blumenvorlagen desselben aufs genaueste nachzuzeichnen, und ihre sauberen Hefte geben ein rühmliches Zeugnis dafür, wie weit sie es durch ihre Ausdauer in dieser Kunst gebracht hat.

Die strenge Regelmäßigkeit, in der ihre Tage dahinflossen, schienen ihr keinen Zwang aufzulegen, weil sie aus Liebe zu meinem Vater, den sie vergötterte, alles und jedes willig tat, was demselben Freude machen konnte. Jeden Morgen um acht Uhr musste sie mit spiegelglattem Haarscheitel und völlig angezogen sich zum Frühstück einfinden. Ebenso regelmäßig erschien sie, namentlich in den Winterabenden, nach vollendeten Schularbeiten, mit ihrer kleinen Lampe im Zimmer der Eltern und setzte sich mit einer Stickerei oder Näherei zu ihnen an den Tisch, und wohl ist mir noch erinnerlich, dass ihr sanftes Eintreten, ihr freundlicher Blick aus den großen, ruhigen Augen den Eindruck machte, als gehe ein liebes, sanftes Gestirn an dem Familienhimmel auf.

Diese Schwester starb in ihrem siebzehnten Lebensjahr und hinterließ bei meinen Eltern eine Lücke, die sich nie wieder schließen sollte. Mein Vater, der selbst unermüdlich fleißig war und große Lust am Unterrichten fand, half ihr bei den Arbeiten, die sie außer den Lehrstunden zu machen hatte, und ließ sie täglich mehr als eine Stunde sich im Klavierspielen üben, obgleich sie nur sehr wenig musikalisch war. Dem Vater zuliebe trieb sie das Klavierspielen so eifrig, dass sie auch schwierige Stücke angenehm und korrekt vorzutragen lernte. Mein Vater selbst besaß ungewöhnliches Talent zur Musik. Mit einer überaus angenehmen und sanften Tenorstimme begabt, sang er vortrefflich, in einfacher und doch ausdrucksvoller Art die damals neuen Weberschen Lieder, sowie die melodiösen Kompositionen von Righini, Zelter und anderen beliebten Tondichtern, und zwar alles, auch das Schwerste, sicher vom Blatt. Jeden Donnerstagabend war in unserem Hause eine von jenen musikalischen Unterhaltungen, wie sie im ersten Abschnitt beschrieben sind, und wobei manche Mozartsche Oper durchgenommen wurde, und man sich an den Werken Paesiellos[196], Paërs[197] und anderer erfreute. Mein Vater, der auch auf der Geige seinen Mann stehen konnte, begleitete zuweilen die Sänger auf diesem Instrumente, oder man spielte ein Haydnsches oder Mozartsches Quartett. An Beethoven wagte man sich nur mit großer Scheu. Dieser Meister stand noch auf der Höhe seines Schaffens und wurde erst von der späteren Generation anerkannt und gewürdigt.

In das Jahr 1819 fiel auch die Reise nach Ems, deren Anfang durch jenen viertägigen Aufenthalt in Potsdam gemacht wurde. Aus diesen Potsdamer Tagen erinnere ich mich noch, dass mein Vater von einem Hunde gebissen wurde und die größte Besorgnis bestand, der Hund könnte toll gewesen sein. Da ich bei dieser Gelegenheit viel von tollen Hunden und von wasserscheu gebissenen Personen reden hörte, so wollte ich auf dem kürzesten Wege die Probe machen. Ich füllte deshalb ein Glas mit Wasser und hielt es meinem Vater hin. Da er beim Anblick desselben durchaus kein Entsetzen blicken ließ, so erklärte ich meiner Mutter, sie könnte ganz ruhig sein, der Hund wäre nicht toll gewesen. Der neue Lehrer, Herr Friedel, hatte den Eltern ein ganzes Paket mit Heften für mich zurechtgemacht, die ich unterwegs mit Schreiben und Rechnen, lateinischen Vokabeln und sonstigen Ergötzlichkeiten bis zu unserer Rückkehr nach Berlin anfüllen sollte. Der Gedanke an dieselben verbitterte mir teilweise

196 Giovanni Paisiello, auch: Paesiello (1740–1816), italienischer Komponist

197 Ferdinando Paër (1771–1839), italienischer Komponist

die ganze Fahrt und zog mir viel Unannehmlichkeiten zu. Von der Reise selbst habe ich nur sehr unvollkommene und unzusammenhängende Erinnerungen; zum Beispiel, dass wir in Kassel nicht nur die Wasserkünste auf der Wilhelmshöhe springen sahen, die Löwenburg und den Herkules bestiegen, sondern auch durch den Anblick des alten Kurfürsten beglückt wurden, der noch den steifen Soldatenzopf Friedrichs des Großen trug und bei seinen Truppen wieder eingeführt hatte. Sein Gesicht war durch ein ungeheures Gewächs furchtbar entstellt – er selbst aber, ein würdiger Vater und Großvater seiner beiden Nachfolger, von denen der letzte die Reihe dieser hessischen Kurfürsten Gott sei Dank für immer beschlossen hat. Ein gewisser Herr Büding veranstaltete dort meinen Eltern zu Ehren ein großes Mittagsmahl. Dieser Gastfreund war als ein sehr geiziger Mann bekannt und gab uns am nächsten Tage ein Beispiel von dieser Charaktereigenschaft. Mein Vater wünschte die berühmten kurfürstlichen Gemäldegalerien zu sehen. Herr Büding führte uns bis an die Tür des Museums und empfahl sich daselbst mit den Worten: »Hier bezahlen Sie dem Kastellan zwei Taler, der wird Ihnen das alles zeigen.« Von dem damals nicht unbekannten Kupferstecher Pinkus kaufte mein Vater in Kassel herrliche Miniaturbildchen nach Köpfen von van Dyck, Rubens und Rembrandt. In Frankfurt am Main wurde von irgendjemandem den Eltern ein Diner im Freien, unter großen Kastanienbäumen, gegeben, und ich erinnere mich, dass gegen das Ende der Festlichkeit zwei Zigeunerinnen erschienen, welche sangen und Tamburin spielten, und dann tanzend mit einem Teller um den Tisch die Runde machten und Geld einsammelten, bis sich zu allgemeiner Heiterkeit herausstellte, dass die Zigeunerinnen zwei den Wirten und auch meinen Eltern befreundete Damen waren, und zwar die eine, jene zur Zeit des Wiener Kongresses hochgefeierte Schönheit Marianne Saaling, die andere deren Schwester, welche später die Mutter des Dichters Paul Heyse[198] geworden ist.

In Frankfurt, wo wahrscheinlich die Equipagen zurückgelassen wurden, mieteten meine Eltern und die Tante gemeinschaftlich einen Kahn, auf dem man den Main und den Rhein hinabfuhr und

---

198 Paul Johann Ludwig von Heyse (1830–1914), Schriftsteller

von Koblenz sich nach Ems begeben wollte. Um während der Reise durch die schönen Gegenden sich auch einer angenehmen, geistreichen Unterhaltung zu versichern, kam mein Vater auf den Einfall, den später so berühmt gewordenen Ludwig Börne zur Teilnahme an dieser Rheinfahrt aufzufordern. Die Bekanntschaft mit demselben ist wahrscheinlich durch die Hofrätin Henriette Hertz vermittelt worden, in deren Hause bekanntlich der junge Börne mehrere Jahre gelebt hatte. Derselbe nahm das Anerbieten an und fuhr mit uns den Main und den Rhein bis Andernach hinunter, wo man, ich glaube des schlechten Wetters wegen, wieder umkehrte. Börne erfüllte übrigens in keiner Weise, was man sich von ihm versprochen hatte; er war die ganze Zeit über still in sich gekehrt und trug zur Unterhaltung so gut wie gar nichts bei. Als man dann stromaufwärts wieder bis Koblenz gekommen war, setzte Börne von da allein seine Reise nach Frankfurt fort, und unsere Gesellschaft ging nach Ems, wo ein vorher bestelltes hübsches Quartier an der Promenade unser wartete. Von dem dortigen Aufenthalte wüsste ich wenig zu sagen. Der Brunnen schmeckte uns Kindern sehr gut, war uns aber zu trinken untersagt. Unmittelbar hinter dem Hause, in dem wir wohnten, erhob sich eine steile Bergwand, in der Art, dass man oben aus dem ersten Stock wieder zu ebener Erde zu sein glaubte, wo man durch die Hintertür in den reichen Obstgarten gelangte. Die Bäume waren mit dem herrlichsten Obst beladen, große Aprikosen und Pflaumen reizten uns besonders, und obgleich die Früchte erst halbreif waren, richteten wir doch eine große Verwüstung unter ihnen an.

In Ems hatte ich auch zum ersten Mal Gelegenheit, mit anderen Knaben zu spielen und mich deren Gesellschaft anzuschließen, die noch dazu eine sehr vornehme war. Es befand sich dort nämlich die Prinzessin Wilhelm von Preußen, geborene Prinzessin von Hessen-Homburg, Schwägerin unseres Königs, zur Kur. Dieselbe hatte ihren ältesten Sohn, den nachherigen Admiral Prinzen Adalbert, bei sich und eine kleine Tochter, die noch auf dem Arm getragen wurde. Prinz Adalbert (geboren den 29. Oktober 1811) war nur wenige Monate älter als ich. Er sammelte die kleinen Knaben um sich und spielte mit uns Räuber und Wanderer und andere meist wilde Spiele.

Ich war nicht wenig stolz darauf, in diese Schar mit aufgenommen zu sein und mit einem königlichen Prinzen fast wie mit meinesgleichen umzugehen, der in Berlin eigentlich wie ein Wesen höherer Art betrachtet wurde. Hatten wir doch von Jugend auf mit angesehen und gehört, wie vor den ganz kleinen Kindern aus der königlichen Familie die Wache ins Gewehr trat und die Trommel gerührt wurde; und damals verlachte man das noch nicht, wie heutzutage, sondern erblickte darin nur einen Ausdruck der Verehrung, welche die Majestät und alles was mit ihr zusammenhing, zu beanspruchen hatte.

Auf das Emser Badeleben folgte denn noch der Aufenthalt in Schwalbach, wo meine Mutter eine Nachkur brauchte, und im Herbst 1819 gelangten wir alle wieder wohlbehalten in unsere Berliner Heimat. Die Eltern fanden in den lieben Räumen unserer behaglichen Wohnung allerlei Überraschungen vor, welche mein Großvater während der Zeit ihrer Abwesenheit für sie bereitet hatte, indem verschiedene, durch fast zehnjährigen Gebrauch unscheinbar gewordene Vorhänge, Bezüge und dergleichen, durch neue ersetzt waren. Als wir uns alle deshalb in das großväterliche Haus begaben, um Dank abzustatten, bekam ich bei dieser Gelegenheit wieder einmal, was sonst nur selten geschah, meine andere alte Urgroßmutter zu sehen, deren ich bereits am Anfang dieses Kapitels Erwähnung getan.

Sie bewohnte seit dem Tode ihres 1814 verstorbenen Mannes das erste, sehr ausgedehnte Stockwerk jenes großen Hauses, zu welchem der geheimnisvolle Garten mit dem betenden Knaben gehörte. Die alte Frau, damals etwa achtzigjährig, machte den Eindruck des höchsten Greisenalters. Sie war klein und gebückt, mit so vielen Runzeln im Gesicht, wie ich selten in einem menschlichen Antlitz beisammen gesehen habe. Wir Kinder pflegten sie mit einem verschrumpften Borsdorfer Apfel zu vergleichen, und so sah sie in der Tat aus. Dabei hatte ihr Geist noch seine ganze Klarheit behalten, obgleich sie herzlich lebensmüde und lebenssatt war und sehr oft versicherte, wie sehr sie sich nach der ewigen Ruhe sehnte.

Die große Reihe der Prachtzimmer, welche sie mit ihrem Manne bewohnt hatte, waren verschlossen, und nur wenige Räume zum

Gebrauch für die alte Dame offen geblieben. In einer großen getäfelten Eckstube pflegte sie auf einem schmalen Sofa zu sitzen, und wenn wir Kinder einmal zu ihr gebracht wurden, gab sie jedem von uns einen Apfel und ein paar Nüsse, die sie aus einem neben ihr stehenden Schränkchen hervorholte. Mir fiel dann jedes Mal die Ähnlichkeit des alten durchfurchten Gesichtes mit den Walnussschalen auf.

Ihre einzige Gesellschaft war ein altes Fräulein K. oder nach damaligem Sprachgebrauche: Mamsell K. Dieselbe sah abschreckend hässlich aus, liebte es aber, wie die meisten hässlichen Frauen, sich mit bunten Bändern und flatternden Hauben möglichst auffallend herauszustaffieren. Als sie eines Tages in einem ganz besonders prächtigen Staate zu der alten Urgroßmutter ins Zimmer trat, sagte diese in ihrer sarkastischen Art: »Närrin, warum putzen Sie sich? Sie sind so schon hässlich genug!« Solche und ähnliche Reden der alten Frau haben sich bei ihren Nachkommen bis auf den heutigen Tag als Sprichwörter erhalten. Sie war einst mit ihrem Manne viele Wochen verreist gewesen. Ihre Töchter, damals schon alle verheiratet, und in glänzenden Vermögensverhältnissen, benutzten diese Zeit, um die Wohnung der Eltern in deren Abwesenheit aufs prachtvollste neu möblieren und einrichten zu lassen. Nach ihrer Rückkehr wurden die alten Herrschaften durch die Reihe der Zimmer und Säle geführt. Die Urgroßmutter besichtigte alles genau, und, nachdem die Musterung zu Ende war, sagte sie: »Das wird einmal eine schöne Auktion geben!« Von einem Tafelklavier meinte sie: »Wenn es nichts anderes ist, ist es ein Disch.« Sie fand eben an den Äußerlichkeiten der Welt kein Gefallen mehr und war überdies so sparsam, fast geizig, dass sie den großen Aufwand, den man ihretwegen gemacht, für eine alberne Torheit ansah. Sie lebte völlig zurückgezogen und bewirtete selten jemand, außer an gewissen Tagen ihre Töchter und Schwiegersöhne.

Im Jahre 1823 starb die alte Frau nach kurzer Krankheit. Zum letzten Male habe ich sie im Dezember 1821 gesehen, als meine jüngste Schwester erst einige Wochen alt war, und die Urgroßmutter sich mühsam die beiden dunklen Treppen hinauf in unsere Wohnung hatte führen lassen. Deutlich sehe ich noch das Kind in der Wiege vor Augen und den seltsamen Gegensatz, den das uralte Gesicht der Greisin mit dem Anblick des kleinen schlummernden Säuglings bildete. Aus ihren letzten Lebenstagen stammt noch eins der Worte, die von uns oft wiederholt wurden, weil sie auf viele Lebensverhältnisse sich anwenden ließen und zugleich für die alte Stammmutter der Familie bezeichnend waren: Kurz vor ihrem Tode hatte sie einen Ohnmachtsanfall und rief laut: »Ich sterbe!« Der anwesende Arzt, Geheimrat Formey, sagte, als sie wieder zu sich kam: »Aber, liebe Frau, wie können Sie Ihre Kinder so erschrecken!« – »Ach was«, erwiderte die Kranke, »ich soll sterben, und die sollen sich nicht einmal erschrecken!« Bald darauf ist sie sanft eingeschlummert, um nicht wieder zu erwachen, und die Ruhe zu finden, nach der sie sich so lange gesehnt hatte.

Die Cauersche Anstalt (1820—1826)

Nach der Rückkehr von der Rheinreise 1819 wurde von meinen Eltern ernstlich in Erwägung genommen, dass die stets wechselnden Erziehungsversuche, denen ich bisher unterworfen gewesen, nunmehr aufhören und ich einer regelmäßigen und dauernden Leitung anvertraut werden müsste. Zu Hause sollte ich nicht bleiben, weil mein Vater voraussah, dass ein Hauslehrer bei einem Knaben, der von seiner Mutter, von einer Großtante und von unserer Berta um die Wette verzogen wurde, niemals die notwendige Autorität erlangen würde. Nachdem lange Zeit von allen Seiten die sorgfältigsten Erkundigungen eingezogen waren, entschlossen sich die Eltern, mich der Cauerschen Pensions- und Erziehungsanstalt zu übergeben, welche einige Jahre vorher eröffnet war und sich schnell einen großen Ruf erworben hatte.

Dieser Entschluss wurde namentlich meiner Mutter unendlich schwer, aber sie brachte zuletzt das Opfer und willigte ein, sich von ihrem Sohne zu trennen, weil sie einsah, dass es zu dessen eigenem Besten geschehen musste. Merkwürdigerweise ist mir der für mein ganzes Leben so wichtige Tag, an welchem mein Vater mich in die Pensionsanstalt brachte (es war im Januar 1820), gänzlich aus dem Gedächtnis entschwunden, auch wüsste ich nicht zu sagen, wie ich mit meinen neuen Mitschülern Bekanntschaft machte. Vielmehr kam es mir bald so vor, als hätte ich mit denselben von jeher zusammengelebt.

Die Cauersche Anstalt verdient es, dass ich ihrer ausführlich gedenke. Der eigentliche geistige Urheber derselben war kein geringerer Mann, als der große Philosoph Fichte. Er hatte in den Jahren der Erniedrigung des preußischen Staates durch seine, mit bewunderungswürdiger Kühnheit unter den Augen der französischen Gewalthaber, ja unter dem Drohen ihrer Bajonette gehaltenen Reden im Kreise aller Gebildeten ein unauslöschliches Gefühl der Beschämung über die bestehenden Zustände wachgerufen. Die Frage, ob und wie es jemals in Deutschland besser werden könne, beantwortete er in seinen berühmten Vorträgen *Über die Grundzüge des gegenwärtigen Zeitalters* und in den *Reden an die deutsche Nation*.

Mit dem älteren Geschlecht, welches in Erschlaffung und Sittenverderbnis herangewachsen, sei nichts zu machen, keine Hoffnung auf die Taten desselben zu setzen; dagegen sei alles daran gelegen, bei der Jugend durch zweckmäßige Erziehung sämtliche Kräfte des Leibes und der Seele auszubilden und Knaben und Jungfrauen für den Beruf vorzubereiten, dereinst das Vaterland von der Knechtschaft zu befreien und die Wiederkehr so schmachvoller Zustände unmöglich zu machen.

Die Wirkung, welche die Fichteschen Reden noch heute, nachdem die unmittelbare Veranlassung derselben längst beseitigt ist, auf jedes empfängliche Gemüt hervorbringen, lässt uns die Schilderungen von dem überwältigenden Eindruck, den die Worte des Philosophen in den Jahren 1806 und 1807 machten, wohl begreifen. Der eiserne Mann, mit seiner unbeugsamen Überzeugung und Willenskraft, riss die Nation mit sich fort, und namentlich unter den jüngeren Männern verbanden sich die Besseren zu dem heiligen Gelübde, auf allen Lebensgebieten die Ideen des großen Weltweisen verwirklichen zu helfen. Nicht minder gewaltig als die Wirkung der Fichteschen Reden auf das große Publikum war die Macht, die er als Universitätslehrer auf seine Zuhörer übte. In der Landsturmuniform bestieg die kleine gedrungene Gestalt das Katheder und feuerte stündlich von neuem die studierende Jugend zu patriotischem Eifer an, indem der Lehrer seinen Zuhörern die Überzeugung aufzwang, dass für den Menschen nichts Wert habe, nichts seinen Taten wahren Adel verleihe, wie unbedingte Hingabe und Aufopferung für eine große Idee.

Unter seinen Schülern befanden sich zehn junge Männer aus den verschiedensten Ständen und von den verschiedensten Berufsarten: Theologen, Mediziner, Naturforscher, Mathematiker und Philosophen; ihrer Religion nach Protestanten und Juden, und nur deshalb war zufällig kein Katholik unter ihnen, weil Bekenner dieser Konfession sich überhaupt damals nur sehr vereinzelt in Berlin befanden. Diese zehn Jünglinge beschlossen in reiner Begeisterung, ihr Leben dem Bestreben zu widmen, nach Fichtes Auffassung ein besseres Geschlecht heranbilden zu helfen. Fast alle begaben sich zu ihrer fachgemäßen Vorbildung nach Yverdon am Neuchâteller See, wo Pestalozzis[199] weltberühmte Erziehungsanstalt damals in Blüte stand. Die Ansichten desselben stimmten mit Fichtes Grundsätzen vollständig überein und gaben den allgemeinen patriotischen Vorsätzen der Freunde eine bestimmte Form, so dass die Heimgekehrten 1817 sofort an die Errichtung einer höheren Erziehungsanstalt die Hand legen konnten. Es war eine Art von kleiner Republik, die sie gründeten; alle sollten vollkommen gleichberechtigt sein und sich nach ihren Fähigkeiten und Anlagen in die Geschäfte teilen. Von einer Direktorschaft oder dem Unterordnen des einen unter den anderen war keine Rede. Da aber die Sache doch einen Namen haben musste, so wurde Herrn Ludwig Cauer[200], aus Dresden stammend, die Ehre zuteil, der neuen Anstalt als Vertreter nach außen hin zu dienen. Diese Wahl beruhte darauf, dass Cauer der geschäftsgewandteste unter seinen Kollegen schien und durch sein stattliches Aussehen sich am besten zur Repräsentation eignete. Er war ein hochgewachsener, ziemlich korpulenter Mann mit einem hübschen Gesichte und auffallend hoher, kahler, spiegelblanker Stirn. Ein Porträt von Eduard Magnus[201], aus nicht viel späterer Zeit, hat seine Züge mit treffender Lebendigkeit wiedergegeben. Cauer hatte hauptsächlich das Amt, die Eltern der Zöglinge zu empfangen, ihnen Auskunft zu erteilen, die Bedingungen der Aufnahme für jeden Schüler genau zu bestimmen und zugleich alles Ökonomische unter seine Oberaufsicht zu nehmen. Als Lehrer war er fast der am wenigsten Einflussreiche von allen. Er hatte lediglich den Schreib- und Zeichenunterricht zu leiten, wovon noch später die Rede sein wird.

In der Zeit, wo ich eintrat, machte unter den Lehrern ein kleiner dicker Mann, namens L., sich besonders bemerklich und behauptete durch seine lauten und bestimmten Willensäußerungen ein gewisses Übergewicht über die anderen. Noch in demselben Jahre schied er aus der Anstalt, und es gingen dunkle Gerüchte, dass seine Entfernung durch irgendein schreckliches Verbrechen veranlasst

---

199 Johann Heinrich Pestalozzi (1746–1827), Schweizer Pädagoge

200 Ludwig Cauer (1792–1834), Reformpädagoge

201 Eduard Magnus (1799–1872), einer der meistbeschäftigten Porträtmaler in Berlin

wäre. Die Schüler erfuhren darüber niemals das Geringste, und hätte auch keiner den Mut gehabt, deshalb eine Frage an einen der Lehrer zu richten. Ich will mich auch enthalten, irgendeine Vermutung auszusprechen. Die übrigen Lehrer, von denen einige nicht ganz unbemittelt waren, hatten ein Kapital zusammengeschossen und dafür das Haus in der Münzstraße Nr. 21 in Berlin gekauft, welches an das Grundstück grenzte, wo sich gegenwärtig das Viktoriatheater befindet. Das ursprünglich aus dem Vordergebäude und einem nach dem Hofe gelegenen Seitenflügel bestehende Haus hatte nur ein Stockwerk über dem Erdgeschosse und viele Dachkammern, welche zu Schlafstätten für Lehrer und Schüler eingerichtet waren. Parterre befand sich das Konferenzzimmer der Lehrer (die sehr gefürchtete, sogenannte grüne Stube) und verschiedene größere und kleinere Zimmer, in welchen die Schreibpulte der Knaben standen, deren ganze bewegliche Habe, mit Ausnahme der Wäsche und Kleider, in den verschiedenen Behältnissen dieser Pulte aufbewahrt wurde. Die Schüler wohnten auf diese Art gewissermaßen reihenweise nebeneinander, wie die Verkäufer auf einem Jahrmarkte. In dem größten, durch Wegnahme einer Zwischenwand erweiterten Saale mögen wohl fünfundzwanzig solche Pulte gestanden haben, an welchen diejenigen Knaben ihre Plätze hatten, die weder zu den jüngsten noch zu den ältesten gehörten, und in welche Mittelklasse auch ich eingereiht wurde. Im ganzen waren stets zwischen vierzig bis fünfzig Zöglinge in der Anstalt. Die Hälfte derselben hatte in dem oben erwähnten Saale ihre Pulte, während die Kleinen in zwei Hinterzimmern des Erdgeschosses, die fast Erwachsenen in einem großen Zimmer eine Treppe hoch sich während des Tages aufhielten und Unterricht empfingen. Das Alter der Zöglinge, nicht aber die größeren oder geringeren Kenntnisse derselben, bedingte diese Dreiteilung, welche sich hauptsächlich auf die körperliche Pflege und auf gewisse kleine Unterschiede in der Beköstigung bezog, die den verschiedenen Altersstufen möglichst angepasst wurde. Mit Rücksicht hierauf fand auch die Verteilung in die Schlafzimmer statt. Immer vier bis fünf Zöglinge schliefen mit einem Lehrer zusammen, die Kleinen in den Kammern nach vorn heraus, wo in den kältesten Wintertagen geheizt wurde, während in den übrigen Schlafgemächern keinerlei Ofen waren, und wir bei strenger Kälte gar oft eine dicke Eiskruste auf dem Deckbette vor dem Munde hatten, auch das Waschwasser in den Krügen und Becken bis zum Boden der Gefäße festgefroren fanden, so dass erst flüssiges Waschwasser vom Hofe geholt werden musste.

In dem bereits bei Ankauf des Hauses vorhandenen Seitenflügel lagen die große Küche und die Vorratsräume, an welche sich noch ein niedrigeres Häuschen mit einem Badezimmer zur Benutzung für die Kleinen anschloss, denn die Größeren wurden im Sommer fast täglich in die große Pfuelsche Schwimmanstalt[202] und im Winter abteilungsweise in eine öffentliche Badeanstalt der Stadt geführt.

Die Lehrer hatten ihre Wohnzimmer im ersten Stockwerk, einige auch oben, in den zu diesem Behufe ganz behaglich hergerichteten Kammern. Da gemeinschaftlich gefrühstückt und zu Mittag und Abend gespeist wurde, so war man genötigt gewesen, der Küche gegenüber einen zweiten Flügel aufzuführen, in welchem unten ein großer Esssaal und darüber ein ebenso großer Musiksaal sich befand, der mit dem oberen Stockwerke des Hauptgebäudes durch einen geräumigen Gang in Verbindung stand, während man zum Speisesaal durch die halboffene Fortsetzung des Hausflurs gelangte. Noch befand sich irgendwo Parterre ein Zimmer für die verwitwete Frau Geheimsekretär M., welche den Küchen-, Reinigungs-, Wäsche- und sonstigen häuslichen Angelegenheiten vorstand, und deren drei Söhne mit uns erzogen wurden. Unterstützt wurde diese Frau durch die beiden Schwestern des Lehrers Herrn S., Therese und Bella, und durch die Nichte eines anderen Lehrers, Luise Wredow. Dieses schöne und liebenswürdige Mädchen starb wenige Jahre nachher an der Schwindsucht. Ihr Bruder, August Wredow[203], war unser Mitschüler; derselbe hat sich später als Bildhauer einen hochgeachteten Namen erworben.

An den Hof des Hauses schloss sich ein geräumiger Garten, der zum Spielplatz für die Knaben diente und deshalb nur am äußersten

202 Ernst von Pfuel (1779–1866), preußischer General, gründete 1817 in der Köpenicker Straße 12 nahe dem Oberbaum eine Flussbadeanstalt in der Spree, zu der auch männliche Zivilisten Zugang hatten.

203 August Wredow (1804–1891), Bildhauer

Ende einige Blumenbeete zeigte, während der übrige Raum vollkommen festgetreten war und uns keinerlei Zwang auferlegte, wenn wir uns in demselben tummelten. Links vom Eingange stand ein gemauertes Gartenhäuschen, dessen innerer Raum wohl zwanzig Fuß im Geviert haben mochte und zur Übungswerkstatt für solche Knaben eingerichtet war, die Talent zu mechanischen Arbeiten, Tischlerei, Drechslerei und dergleichen zeigten. Auch wurde daselbst modelliert, und außer August Wredow ist auch der Bildhauer Emil Cauer, dem man so viele hübsche Gruppen und Statuetten aus Glanzgips verdankt, ein Schüler der Anstalt gewesen. Er war der jüngste Bruder unseres Lehrers. Dieser Werkstatt gegenüber, rechts von der Gartentür, hatte man Turngeräte angebracht, Recke und Barren, und an der einen langen Mauer des Gartens einen gewaltigen sogenannten Schwebebaum. Die hintere Begrenzung des freien Spielplatzes, jenseits jener erwähnten Blumenbeete, wurde durch große Bäume gebildet, deren jeder einzelne uns wohlbekannt wie ein alter Freund erschien. Wir hatten da eine Balsampappel, eine Birke, eine Schwarzpappel, eine Silberpappel, eine Linde, letztere neben dem erwähnten Gartenhäuschen.

Die in der Ecke stehende Balsampappel war der höchste dieser Bäume und schien bis zum Himmel zu ragen. Wir beneideten die größeren Knaben, welche an dem, von einem der oberen Äste herabhängenden Seile ganz hinaufzuklettern vermochten. Im Schatten dieser Baumreihe wurden für diejenigen Knaben, welche sich darum bewarben, kleine Gärtchen, etwa sechs Fuß lang und drei bis vier Fuß breit, an der hinteren Gartenmauer abgesteckt, welche, sobald das Frühjahr die Bearbeitung und Bepflanzung derselben gestattete, gar bald ein Bild von den Eigenschaften des Besitzers gaben. Da sah man ordentliche und unordentliche, regelmäßig abgeteilte, und wiederum ganz geniale, zu kleinen Parks gestaltete Beete. Der eine suchte hübsche Blumen, ein anderer junge Bäume zu ziehen, während ein Dritter hauptsächlich an essbaren Kräutern und Gewächsen seine Lust hatte. Unser meist sehr geringes Taschengeld wurde im Sommer größtenteils für Samen und Pflanzen ausgegeben, während im Frühling uns das Material für Umzäunung in Unkosten gesetzt hatte. Diese Zäune waren ebenso bezeichnend verschieden wie die Gärtchen selbst. Der eine begnügte sich damit, vier Pfähle einzustecken und die oberen Enden derselben mit einem Stricke zu verbinden. Ein Zweiter suchte schon eine Tür herzustellen, während ein Dritter sein Beet mit einem Plankenzaun fest einschließen wollte. Die Höherstrebenden brachten Geflechte von Bindfaden an, und einige der größeren Knaben fertigten sogar ganz zierliche Drahtgitter, die mehr als einen Sommer vorhielten. Ich selbst zog gern junge Bäumchen, teils aus Samen, teils indem ich von Spaziergängen kleine Eichen oder Buchen mitbrachte, demnächst aber liebte ich besonders die Kresse, die es schnell verrät, und besäte damit einen Teil meines Beetes. Doch was hier verraten wurde, war nicht sowohl der Name einer Geliebten, als der Appetit auf einen Kressensalat, der uns denn auch, wenn wir ein Gerichtchen beisammen hatten, durch die Güte der jungen Damen zum Nachtisch für den Abend mit Essig, Öl und Zucker zubereitet wurde. Diese Gärtchen gaben übrigens auch zu manchen Faustkämpfen Veranlassung, wenn ein Nachbar dem anderen aus Ungeschicklichkeit oder Mutwillen die Umzäunung verdarb oder sonst Schaden anrichtete.

Die Beschreibung des Hauses würde unvollkommen sein, wenn ich nicht einer links von der Haustür gelegenen unterirdischen Höhle Erwähnung täte, in welcher drei Hausknechte ihr Wesen trieben. Da dieselben hier täglich die Stiefel von fünfzig Schülern und zehn Lehrern zu putzen hatten und namentlich im Winter nicht oft die Fenster öffneten, so drang jedem, der da unten etwas zu bestellen hatte, aus der Tür ein Qualm entgegen, desgleichen mir in späteren Jahren kaum jemals vorgekommen ist und der an die Eskimohütten erinnerte, wie sie in Nordpolexpeditionen beschrieben werden. Das Dienstpersonal der Anstalt wurde durch ein paar rüstige Stubenmädchen vervollständigt, die fast immer lustig und dienstwillig waren, und endlich waltete eine Frau Trutersheim als Reinigungskommissarin über die jüngsten Knaben, deren Köpfe sie mit größter Sorgfalt davor zu bewahren hatte, dass sich auf denselben nicht etwa eine Filialpension etablierte, denn einige der Schüler waren noch so klein, dass sie sich nicht selbst ordentlich zu waschen und zu kämmen vermochten. Der winzigste dieser Knaben wurde »der kleine Julius« genannt. Sein Vater hatte ihn nach der Mutter

Tode der Anstalt anvertraut, wo er auch vortrefflich aufgehoben war. Als ich sein Mitschüler wurde, trug er noch die neutrale Kleidung, welche in der ersten Lebenszeit beiden Geschlechtern gemeinsam ist. Er mochte damals kaum vier Jahre alt sein, ist aber seitdem herangewachsen und hat sich später als Besitzer der Springerschen Buchhandlung[204] einen ehrenvollen Namen erworben.

Die Tagesordnung in der Anstalt war eine sehr regelmäßige. Punkt halb sechs Uhr wurde im Winter und Sommer aufgestanden. Das empfand ich besonders hart. Zu Hause hatte man langes Schlafen für gesund gehalten, und hier musste ich nun unbarmherzig auf den ersten Ruf zum Bette hinaus und zwar, da ich im Januar eingetreten war, gleich in das eiskalte Zimmer. Noch dazu war ich gerade dem unbarmherzigsten und mir widerwärtigsten unter den Lehrern, Herrn R ... ak, als Schlafgenosse zugeteilt, von dem noch genugsam die Rede sein wird. Die Furcht vor diesem Manne, der bei dem geringsten Zögern gleich bereit war, einen armen Knaben gewaltsam aus den Federn zu reißen oder gar mit Ohrfeigen zu traktieren, brachte uns dann schnell genug auf die Beine. Nun gings in die Toilette, wobei es mir unendlich zuwider war, dass wohlriechende Seife zu brauchen nicht gestattet war; auch Zahnpulver war ein in der Anstalt unbekannter Artikel, wie denn die jetzt allgemein übliche Pflege der Zähne in Deutschland überhaupt noch nicht so alt ist und vielleicht als eine aus England eingeführte gute Sitte betrachtet werden muss. Um sechs Uhr mussten Lehrer und Schüler zum Frühstück im »Esssaal« beisammen sein, wobei es fast niemals vorkam, dass einer zu spät erschienen wäre oder, ausgenommen in Krankheitsfällen, ganz gefehlt hätte. Um halb sieben saß jeder Schüler an seinem Pulte. In den Parterrezimmern hatte von da an ununterbrochen einer der Lehrer bei den Größeren und einer bei den Kleineren die Aufsicht. Die letzteren waren hauptsächlich einem Herrn K ... r, einem Theologen, anvertraut, der ihnen auch die Anfangsgründe des Lesens und Rechnens beibrachte, während der Schreibunterricht für alle ohne Ausnahme

---

204 Julius Springer (1817–1877), Buchhändler und Gründer des heute zweitgrößten Wissenschaftsverlags der Welt Springer Science+Business Media

von Herrn Cauer gegeben wurde. Die Unterrichtsstunden begannen erst um acht Uhr, bis wohin man noch Zeit hatte, sich vorzubereiten und was etwa an schriftlichen Arbeiten im Rückstande war, nachzuholen. Die Lehrstunden dauerten vormittags von acht bis zwölf, nachmittags von drei bis fünf Uhr; doch war das nicht für alle gleichmäßig, weil die Einteilung der Schüler und die Anordnung des Lehrplans für jeden einzelnen durchaus von der auf Schulen und Gymnasien üblichen Gewohnheit abwich. Bestimmte Klassen gab es überhaupt nicht, sondern es sollte der gewiss vernünftige Grundsatz streng festgehalten werden, dass jeder Knabe in jedem Unterrichtsgegenstande immer mit denen zugleich unterrichtet wurde, die mit ihm gleich weit vorgeschritten waren. Dies bis ins einzelnste durchzuführen, hatte die allergrößten Schwierigkeiten, wie jeder ermessen kann, der einmal mit der Ausarbeitung eines Schulplanes zu tun gehabt hat. Hier nun musste aber nicht, wie in anderen Schulen, nur für jede Klasse der Stundenzettel entworfen werden, sondern jeder der Knaben, mit Ausnahme der ersten Anfänger, hatte seinen eigenen Stundenplan, welcher zwar demjenigen ähnlich sein mochte, welcher für die ihm zunächst Stehenden galt, vollkommen aber mit keinem anderen übereinstimmte, sondern ganz besonders für die eigentümlichen Fähigkeiten und Anlagen jedes einzelnen entworfen war.

Die Hauptunterrichtsgegenstände, auf welche bei weitem das größte Gewicht gelegt wurde, waren Griechisch, Mathematik und Musik. Schon diese Dreiheit erinnert unwillkürlich an Plato und das klassische Altertum, umso mehr, als gleichzeitig auch die gymnastischen und eigentlichen Turnübungen die eingehendste Berücksichtigung fanden. Im Gegensatz zu der sonst überall befolgten Methode lernten die Knaben zuerst Griechisch und bekamen lateinischen Unterricht viel später, wenn sie vom Griechischen bereits soviel gelernt hatten, wie etwa der Sekundaner eines Gymnasiums. Auch die Anfangsgründe der Geometrie wurden schon den kleinsten Knaben beigebracht. Für beide Gegenstände besaß die Anstalt zwei Lehrer von der vorzüglichsten Befähigung. Der eine, Herr S., verstand es in wahrhaft genialer Weise, seine Schüler von Jugend auf mit hoher Begeisterung für das griechische Wesen zu erfüllen und ihnen die Sprachformen als einen harmonischen Ausdruck des erhabenen Schönheitssinnes dieses Volkes zum Bewusstsein zu bringen. Seine höchst eigentümliche Methode bestand im Wesentlichen darin, dass er uns, nachdem wir mit dem Alphabet und den Akzenten einigermaßen bekannt gemacht waren, kurze Sätze diktierte, die wir spielend auswendig behielten und in welchen die Substantive nur im Nominativ, die Zeitwörter in der dritten Person des Präsens im Singular vorkamen, wobei die gewöhnlichsten Partikeln und sonstige kleine Wörter mit angebracht waren, zum Beispiel: Der Vater spricht so. Die Mutter kommt hierher usw. Nachdem wir auf diese Weise einigen Vokabelvorrat erhalten hatten, mussten wir solche Sätze aus dem Deutschen ins Griechische übertragen, was wir mit dem größten Eifer und Vergnügen taten. Ein plötzlicher Abschnitt in dieser Sprachwissenschaft trat in dem Augenblicke ein, als Herr S. eines Tages diktierte: Der Zeus schickt die Iris. Die meisten Knaben übersetzten ganz schnell nach der gewohnten Art, indem sie Zeus und Iris gleichmäßig als Nominative behandelten. Nur einige wenige stutzten und gaben sich dadurch sogleich als die Befähigteren zu erkennen, aus denen eine höhere Klasse gebildet werden musste. Das führte nun zur Erlernung der Deklination, die uns auf eine so logische und leicht fassliche Art beigebracht wurde, dass wir die Schwierigkeiten dabei leicht überwanden.

Darüber war der Sommer herangekommen, wo Herr S. seiner Gesundheit wegen sich auf einige Wochen nach Karlsbad begeben musste. Die seiner Abreise vorangehende Woche benutzte er dazu, um uns mit dem Begriffe des Zeitworts und den dadurch bedingten Veränderungen der Wortform bekannt zu machen. Vielen von uns, und namentlich mir selbst, war das so interessant und unterhaltend, dass mich sicherlich keine Theateraufführung und keine Vorstellung eines Taschenspielers mehr ergötzt hätte als die Stunde (sie steht noch heute nach sechsundfünfzig Jahren so deutlich vor mir, als wäre es gestern gewesen), wo der Lehrer vor die große Schultafel trat und mit Kreide das Wort ε | λε | λυ | χ | ει | σαν anmalte, welches er durch Querstriche in sechs Abteilungen teilte und uns erklärte, wie der Sinn und die Bedeutung des Wortes in dem Stamme λυ lösen, zu suchen sei und wie dieser Stamm mit organischer Notwendigkeit alle diese Äste, Zweige und Blätter getrieben, um damit anzuzeigen, dass von der vergangenen Zeit einer vollendeten Handlung für mehrere dritte Personen, welche sich tätig bewiesen, die Rede sei und dass dies Wort bedeute: »Sie hatten gelöst!« Weniger Stunden bedurfte es, um die Befähigteren so weit zu bringen, dass der Lehrer bei seiner Abreise uns ein Schema der Konjugation übergeben konnte, welches wir bis zu seiner Rückkehr ausfüllen und lernen sollten. Denjenigen, die das zur Zufriedenheit geleistet haben würden, verhieß er, mit ihnen sofort den Homer zu lesen.

Dies Versprechen entzündete einen brennenden Ehrgeiz unter den Knaben; nicht nur setzte jeder alles daran, um zu den Bevorzugten zu gehören, sondern es mischte sich auch die Eifersucht und das Bestreben ein, etwas vor denen voraus zu haben, denen die Aufgabe nicht gelingen würde.

Dass der Homer und die Aussicht, seine Gesänge in der Ursprache zu lesen, uns so gewaltig bewegte, war leicht erklärlich. Am vergangenen Weihnachten hatten viele der Knaben die Flaxmanschen[205] Umrisse, einige die *Odyssee*, andere die *Ilias* erhalten, und das stets wiederholte Anschauen dieser unübertrefflichen Bilder, noch mehr aber die Erläuterungen, welche wir darüber in den Freistunden von den Lehrern und zum Teil von »den Großen« erhielten, hatten uns mit den trojanischen Helden und deren Kämpfen nicht minder vertraut gemacht, als mit dem viel duldenden Ulysses und dessen an Abenteuern reichen Rückfahrt nach Ithaka. Dazu kam noch der Einfluss eines anderen, äußerst glücklich gewählten Weihnachtsgeschenkes. Unter Beihilfe des geschickten Anstaltsbuchbinders und des noch geschickteren Tischlers Franke, der auch in der Gartenwerkstätte Unterricht erteilte, hatten diejenigen unter den großen Schülern, welche Zeichentalent besaßen, vor allem Wredow und Emil Cauer, für acht oder zehn der kleineren Knaben griechische Rüstungen, künstlerisch genau nach den

205 John Flaxman (1755–1825), britischer Bildhauer, fertigte als Auftragsarbeit klassizistische Umrisszeichnungen zu Homers *Ilias* und zur *Odyssee* an, die in Kupfer gestochen wurden und große Verbreitung fanden.

Flaxmanschen Vorbildern, gefertigt. Jeder erhielt Brustharnisch, Helm und Schild; außerdem ein hölzernes Schlachtschwert und eine Lanze. Die Verzierungen stimmten bis ins kleinste mit den Ausschmückungen der Waffen bei Flaxman überein, und jede dieser Rüstungen unterschied sich von der anderen sowohl durch die Form der Waffenstücke und durch die auf Schild und Helm angebrachten Embleme, als besonders durch die Farbenzusammenstellung. Da gab es rot und golden, schwarz und silbern, blau und golden usw. verzierte.

Gar bald hatten die Knaben unter sich die Rollen der Homerischen Helden verteilt. Achill war M. M., ein Jahr jünger als ich; noch heut mein lieber Freund und in schriftlichem Verkehr mit mir, obgleich wir einander seit fast vierzig Jahren nicht mehr gesehen haben. Zwei Brüder, Adolf und Emil mit Vornamen, stellten den großen und kleinen Ajax dar. Diomed war der jüngste Sohn der erwähnten Frau M. usw. Sehr bald wünschte ich aufs dringendste, in diese Spiele mit einzutreten und bat meinen Vater, mir eine ähnliche Rüstung machen zu lassen. Das geschah denn auch; allein, da die Arbeit einem gewöhnlichen Buchbinder übertragen wurde, so fiel dieselbe sehr schüchtern und prosaisch aus und ich zog es vor, meine Rolle als Odysseus (diese war mir zugefallen) lieber in meinen gewöhnlichen Kleidern zu spielen, als dass ich mich der modernen Panzerstücke bedient hätte, die gar zu sehr an preußische Landwehrkavallerie erinnerten.

Diese griechischen Heldenrollen der Knaben kamen in der verschiedensten Art zur Geltung; teils kämpften wir, teils bildeten wir uns ein, wir wären zu Schiffe, während wir im Garten umherliefen, ganz besonders aber ergötzte uns, zumal während der Winterabende, das harmlose Vergnügen, uns an dem Pulte eines der Helden zu versammeln, die Flaxmanschen Hefte Blatt für Blatt umzuschlagen und dann, wenn unser besonderer Held abgebildet war, voll Freude zu rufen: »Hier bin ich!« Bei diesem Spiele war ich sehr im Vorteil, weil Ulysses in der Odyssee fast auf jedem Blatte vorkommt.

Während wir durch diese Spiele und durch die Beschäftigung mit dem griechischen Zeitwort uns fortwährend in klassisch-hellenischen Gedankenkreisen bewegten, war die Kurzeit unseres Lehrers verflossen und der ersehnte Zeitpunkt nahte heran, wo wir in die Homerischen Gesänge eingeführt werden sollten. Ehe das dazu kam, erfreute uns Herr S. durch sehr hübsche kleine Geschenke, die er aus dem böhmischen Bade mitgebracht hatte. Noch sind mir lebhaft die ausgeschlagenen Nussblätter erinnerlich, die er unter uns verteilte und deren jedem eine Figur aus einem Bauernhochzeitszuge aufgeklebt war. Als ich nach vielen, vielen Jahren in Karlsbad einem alten Manne ähnliche Blätter abkaufte, machte ich die Bemerkung, dass die Kunst seit 1820 bedenklich zurückgeschritten sein musste, wofern nicht die Phantasie auf jene damals erhaltenen Bilder ein verklärendes Licht aus der Jugendzeit geworfen hatte.

Im Herbste 1820 sammelte der Lehrer dann sieben oder acht von uns um sich und begann das erste Buch der Odyssee zu erklären. Herr S. verstand es von Anfang an, uns seinen Unterricht so lieb zu machen, dass wir die Zeit von einer Stunde bis zur anderen kaum erwarten konnten. Die unvergleichliche Einleitung des Gedichtes, welche gewissermaßen aus der Vogelperspektive eine Übersicht über die Leiden des viel duldenden Ulysses gewährt und durch die Gespräche in der Götterversammlung das tragische Ende Agamemnons und den ebenso tragischen Heldenmut des jungen Orestes vergegenwärtigt, erfüllte uns mit brennendem Verlangen, recht viel von diesen Dingen zu erfahren, und voll Ungeduld eilten wir von einem Verse zu dem anderen. Dabei wurden unterwegs die Regeln der Grammatik eingeschärft und befestigten sich durch Wiederholung unter verschiedener Form gar bald in unserem Gedächtnis. Voll Entzücken begleiteten wir den edlen Telemach auf seiner Fahrt zu Nestor und Menelaus, und die großartige Lehrbegabung unseres Sprachmeisters bewirkte, dass die Gründlichkeit unter der Schnelligkeit des Lernens nicht litt – wir machten überraschend schnelle Fortschritte.

Ich war, um dies schon hier zu erwähnen, noch nicht elf Jahre alt, als wir, außer einer guten Zahl Homerischer Gesänge, auch bereits mehrere Bücher des Herodot und die platonischen Gespräche *Kriton* und die *Apologie des Sokrates* gelesen und vollkommen verstanden hatten. Die letztgenannte Schrift fanden wir so entzückend, dass mein junger Freund M. und ich die *Apologie* bald ganz und gar auswendig hersagen konnten und uns in den Freistunden damit unterhielten, dieselbe dramatisch aufzuführen, indem wir die Rollen des Sokrates und der Ankläger unter uns verteilten. Noch heut lese ich diese letzte Rede des großen Weltweisen recht oft mit der größten Freude, namentlich auch die treffliche Übersetzung derselben, die sich in den Werken des Wandsbecker Boten findet.

In fast ebenso genialer Weise wie der griechische Unterricht, wurde den Anfängern der erste Unterricht in der Mathematik erteilt, doch kann ich leider nicht sagen, dass wir den Mathematiklehrer ebenso geliebt hätten wie unseren Herrn S. Jener, ein überaus hässlicher, verwachsener Mann, namens H ... dorf, besaß eine auffallende Ähnlichkeit mit Judas Ischariot, wie ihn das Abendmahl von Leonardo da Vinci darstellt. Er hatte Medizin studiert, weshalb auch jeder Knabe, der sich unwohl fühlte, zuerst ihm vorgestellt wurde, damit er Puls und Zunge untersuche. Sein eigentliches Amt aber bestand darin, die jungen Knaben in den Anfangsgründen der Geometrie und der Algebra zu unterrichten, während die schon weiter fortgeschrittenen »Großen« bei dem durch seine Schriften unter den Fachgenossen hochgeachteten Mathematiker Emanuel Magnus[206] Stunde hatten, der aber nicht zu dem eigentlichen Lehrerpersonal der Anstalt gehörte, auch nicht im Hause wohnte, wohl aber fast täglich mit uns speiste.

Der geometrische Unterricht des Herrn H ... dorf begann damit, dass in den ersten Stunden die Erklärungen von Punkt, Linie, Fläche und Körper und deren Begrenzungen zur Sprache kamen und so oft und so lange mit uns durchgenommen wurden, bis wir alles wohl gefasst hatten. Dann teilte der Lehrer uns die Euklidischen Forderungen und die sogenannten Grundsätze mit, die uns mehr als selbstverständlich schienen, und mit dieser Ausrüstung versehen, wurden wir auf das offene Meer der Wissenschaft entlassen, um, allerdings unter Aufsicht des Lehrers, mit eigener Kraft weiterzusteuern. Er teilte uns nämlich nur die Lehrsätze und Aufgaben, eine nach der anderen mit, um die Beweise und Auflösungen

---

206 Ludwig Immanuel Magnus (1790–1861) veröffentlichte wie auch Jakob Steiner in *Crelles Journal.*

ohne weitere Nachhilfe selbst zu suchen. War einer der Knaben mit einem Satze zustande gekommen, so musste er denselben ordentlich und sauber in das dazu bestimmte Heft eintragen und er erhielt dann die nächste Aufgabe. Da nun natürlich die Fähigeren rascher vorwärtsschritten als die minder Begabten, und unter diesen wieder, je nach ihrem Fleiß und Anlagen, ebenfalls der eine dem anderen es zuvortat, so waren nach einiger Zeit kaum zwei der Knaben mit derselben Aufgabe beschäftigt. Dass man hierbei einander geholfen oder dem Hintermanne die Auflösung eines Satzes verraten hätte, daran war gar nicht zu denken. Der Ehrgeiz und der gegenseitige Wetteifer waren viel zu groß. Ich gehörte zu den besseren Mathematikschülern; doch hatte ich zuweilen mit ganz eigentümlichen Schwierigkeiten zu kämpfen und erinnere mich noch genau, dass ich fast acht Wochen lang bei der einfachen Aufgabe, ein Perpendikel[207] auf einer Ebene zu errichten, stehenblieb, weil ich mich bei der Beweisführung in eine Reihe von Zirkelschlüssen verfangen hatte, aus der ich keinen Ausweg zu finden vermochte. Auf Hilfe des Lehrers war dabei nicht zu hoffen. Von dieser unumstößlichen Regel wurde allein zu Ehren des pythagoräischen Lehrsatzes insofern eine Ausnahme gemacht, dass man uns die bekannten beiden Hilfslinien zog, weil man doch nicht verlangen konnte, dass wir so scharfsinnig sein sollten wie Pythagoras.

Mit dem Rechnen und der Algebra wurde in ganz ähnlicher Weise verfahren. Nachdem uns das Multiplizieren und Dividieren in logischer Weise begreiflich gemacht worden und wir auch im Kopfrechnen tüchtig geübt waren, ging der Lehrer von leichteren zu schwereren Aufgaben über und jeder einzelne rückte dann nach seinen Kräften weiter vor und suchte seine Mitschüler zu überflügeln. Dass ich von selbst auf den Gebrauch der Buchstabenrechnung verfiel und ohne Anleitung meine unbekannten Größen *a* und *b* nannte, zog mir, wie ich wohl merkte, die einigermaßen bewundernde Anerkennung des Lehrers zu, mit dem ich übrigens sonst schlecht genug stand, weil ich ihn, soviel ich konnte, wegen seines abschreckenden Aussehens lächerlich machte. Gelobt hat er mich nur einmal sehr, als ich die Momente, wo die Zeiger der Uhr

207 Pendel

übereinander stehen, in kurzer Weise bestimmte. Oft auch sagte er: »Der Junge rechnet immer erst dreimal falsch und das vierte Mal richtig und ist doch früher fertig als die anderen.«

Es war bei diesen mathematischen Studien ebenso wie bei den griechischen, ein in der Tat ästhetisches Wohlgefallen, welches die einzelnen Sätze, wie sie aufeinander folgten, in mir erregten, und ich fühlte sehr wohl, weshalb man gewisse Beweisarten und Formeln als elegant bezeichnet.

Diese Richtung auf schöne Form und schöne Erscheinung war bei mir von Jugend auf überall vorherrschend und hat bis in mein Alter stets das Interesse für das Materielle überwogen. Da scheint es denn natürlich, dass ich durch den Musik- und Zeichenunterricht die vollste Befriedigung hätte erlangen müssen; allein hier traten allerlei störende Einflüsse dazwischen.

Musik war, wie ich bereits andeutete, neben dem Griechischen und der Mathematik derjenige Bildungsgegenstand, auf welchen in der Anstalt das größte Gewicht gelegt wurde. Herr R ... ak, der Lehrer für dieses Fach, konnte in der Tat Anspruch darauf machen, ein tüchtiger Musiker genannt zu werden, doch gehörte er zu denen, welche mehr durch die wissenschaftliche als durch die künstlerische Seite der edlen Musika angezogen werden. Im siebzehnten oder achtzehnten Jahrhundert hätte er einen vorzüglichen Kantor abgegeben. Eine Kirchenmusik zu leiten, ein Orchester zusammenzuhalten, sich bei Sängern und Musikern in Respekt zu setzen, verstand er meisterlich. Aber weiche Empfindung kannte er nicht, und bei seiner strengen, gründlichen Bildung waren die Grazien ausgeblieben.

Herrn R ... aks Äußeres durfte durchaus nicht für einnehmend gelten. Seine große, starke, gedrungene Gestalt nahm sich stattlich genug aus, aber sein an sich schon unschönes Gesicht war durch eine eingedrückte Nase entstellt, der das mittlere Nasenbein ganz zu fehlen schien, so dass sie bald nach ihrem Hervortreten aus der Stirn sich unterhalb der Augen verlor und dann wieder in Form eines dicken Knopfes über dem Munde hervortrat. Es wurde uns gesagt, dass ihm als Kind einst ein Baumast ins Gesicht gefallen sei und die Nase eingedrückt habe; doch hielten wir das für eine Fabel.

Alle »Jungen« (so wurden wir ausschließlich genannt), die irgendwelche musikalische Anlagen zeigten, wurden zur Bildung eines vierstimmigen Chors vereinigt, welcher unter Hinzurechnung einiger Lehrer wohl vierzig Stimmen stark sein mochte und an zwei Abenden wöchentlich tüchtig eingeübt wurde. Außerdem erhielten diejenigen Schüler, deren Eltern es wünschten, Unterricht auf dem Klavier. Zu dem Ende besaß die Anstalt wohl zwanzig von jenen Klavieren, wie sie bis in die Mitte des vorigen Jahrhunderts ausschließlich in Gebrauch waren, und von denen die besten, die Silbermannschen, noch heute ihren Nachruhm behalten haben, nachdem die Instrumente selbst bis auf einige Invaliden sämtlich aus der Welt verschwunden sind oder sich noch irgendwo in der Kantorwohnung eines entlegenen Dorfes finden. Die Konstruktion dieser Klaviere war die einfachste. Durch den Anschlag der Taste setzte sich ein Messingstift in Bewegung, um gegen die ausgespannten Saiten von unten anzuschlagen. Eine Dämpfung gab es nicht bei allen; das war schon eine Neuerung. Der Ton hatte etwas sehr Dünnes und Klimperndes, doch konnte man durch guten Anschlag viel zur Verschönerung desselben tun, und gerade aus diesem Grunde wurde es für vorteilhaft gehalten, die Anfänger auf solchen einfachen Instrumenten zu unterrichten, auf welchen einst Bach und Händel ihre Meisterwerke vorgetragen.

Diese Klaviere waren in den einzelnen Zimmern verteilt; acht derselben befanden sich neben dem Flügelinstrument in dem großen Musiksaal. Es wurde nämlich der Klavierunterricht von Herrn R... ak nach der damals ganz neuen Logierschen Methode[208] erteilt, wo viele Schüler zugleich spielten und lernten. Die einzeln stehenden Klaviere dienten zum Einüben, und die erwähnten Schwierigkeiten bei Entwerfung des Stundenplanes wurden bedeutend dadurch noch erhöht, dass jeder Knabe Zeit haben musste, auf einem Klavier in einem Zimmer zu üben, wo gerade kein Unterricht erteilt wurde.

---

208 Johann Bernhard Logier (1777–1846), Musiker und Musikpädagoge, ließ sich seine Methode, mehrere Schüler zugleich zu unterrichten, 1814 patentieren. Auf Einladung der preußischen Regierung kam er 1822 nach Berlin und unterrichtete bis 1826.

Für mich waren die Klavierstunden die schwersten Stunden meines Lebens; teils besaß ich nur mäßiges Talent und noch mäßigeren Fleiß zum üben, teils aber war Herr R … ak wirklich ein roher Mensch, welcher uns, und namentlich mir selbst, die Liebe zur Musik einzuprügeln wünschte, wie denn selten eine Stunde verging, während der er mich nicht geohrfeigt oder förmlich durchgeprügelt hätte. Unter tausend Tränen bat ich meine Eltern, so oft ich sie sah, mich von den unglückseligen Klavierstunden zu befreien – aber umsonst. Mein Vater duldete überhaupt keine Klagen über die Lehrer, und er selbst hatte in seiner Jugend die Annehmlichkeiten kennengelernt, welche musikalisches Talent in der Gesellschaft gewährt, weshalb es ihm gar nicht in den Sinn kam, meine Klavierstunden aufhören zu lassen. Alle Klagen und Bitten trugen mir nur strenge Verweise ein, und ich musste zu meinem Peiniger zurück.

Noch heute, nachdem ich seit länger als fünfzig Jahren Herrn R … aks Zucht entrückt bin, kann ich nicht ohne Empörung an diesen musikalischen Tyrannen denken, und ich darf in Wahrheit versichern, dass unter allen Menschen er allein es gewesen ist, der mich das Gefühl eines förmlichen erbitterten Hasses kennen gelehrt hat, welches sonst meinem Herzen und meiner Gemütsart ganz fremd ist.

Lange Zeit, bis in mein reiferes Alter, verfolgten mich des Nachts ängstliche Träume von Herrn R … ak, und ich muss gestehen, dass ich mich wirklich freute, als ich hörte, er sei gestorben und könne nun keinem Jungen mehr mittels seiner Ohrfeigen einen Zahn ausschlagen, was ihm in der Tat einmal passierte. Nun will ich aber hiermit aufhören, ihm meinen Hass nachzutragen, und wenn er als taktfester Musiker in die Kapelle der himmlischen Heerscharen aufgenommen sein sollte, so möge es ihm in dieser Stellung bis in alle Ewigkeit wohlergehen. Zu seinem Lobe muss ich aber sagen, dass er bei den Singübungen zwar ebenfalls barsch und strenge genug war und auf eine Ohrfeige nicht warten ließ, sobald ein Knabe die Pausen nicht zählte und zu frühe einsetzte, dass er aber durch sein ungewöhnliches Verständnis der Musik und durch die treffliche Auswahl der Stücke uns von Jugend auf daran gewöhnte, nur an wirklich klassischen Werken Gefallen zu finden.

Der Kreis der Komponisten, mit denen wir bekannt wurden, war so klein, dass man ihn eigentlich gar keinen Kreis nennen konnte, denn außer Bach, Händel und Gluck wurde niemand für ganz voll angesehen, und nur in sehr seltenen Fällen kam etwas von einem anderen alten Meister an die Reihe. Mozart galt schon für modern, also gewissermaßen für frivol; Beethoven eignete sich nicht für Kinder, und von Weber durfte erst gar nicht die Rede sein. Zuweilen wurde wohl ein Chor aus der Schöpfung gesungen, aber auch nicht sehr oft.

Der Gesangsunterricht erhielt eine festumschriebene Form dadurch, dass jährlich wenigstens zweimal ein Händelsches Oratorium mit voller Orchesterbegleitung in der Anstalt öffentlich aufgeführt wurde. Da man nun Zeit genug hatte, sich auf diese großen Tage gründlich vorzubereiten, so ging in der Regel alles vortrefflich. Unter den Zuhörern fand sich gewöhnlich der alte Zelter ein, der auch wohl seinen berühmten Schüler Felix Mendelssohn mitbrachte. Dieser nahm dann eine Geige und spielte im Orchester mit. Den Kontrabass führte der brave Eisold, dieser Grundpfeiler der königlichen Theaterkapelle, die er mehr als einmal vor dem Umwerfen bewahrt und im Schwanken gestützt hat. Auch der damals berühmte Trompeter Krause spielte mit und ließ die langen Töne im Halleluja und Amen des Messias mit unübertrefflicher Klarheit und Zartheit über unseren Häuptern schweben. Alt und Diskant waren von uns Knaben besetzt; auch die Schwestern der Lehrer nahmen teil; im Tenor und Bass fanden verschiedene der älteren Mitschüler Platz, die Lehrer und einige Gäste verhalfen diesen Stimmen zu der notwendigen Stärke. Für die Solopartien war trefflich gesorgt. Beide Schwestern des Herrn S. hatten schöne Stimmen, und wir freuten uns jedes Mal, wenn Bella die Altsoli sang. Für den Tenor ließ sich der berühmte Maler Eduard Magnus bereitfinden, dessen Brüder unsere Mitschüler waren, und der durch sein sanftes, gebildetes Organ jedermann entzückte. Im Bass leistete Herr R ... ak selbst die Hauptsache, und trotz seiner infolge jener unglücklichen Nasenformation etwas gequetschten Stimme wusste er durch das große Verständnis, mit dem er sang, eine gute Wirkung zu erzielen. Im ganzen waren die Aufführungen vortrefflich; die größten Kunstkenner Berlins machten sich ein Vergnügen und eine Ehre daraus, eingeladen zu werden; auch fehlte nie die Madame Löwy, schon damals hochbejahrt, welche einst für die vortrefflichste Bachspielerin gegolten und sich in ihrer Jugend vor Haydn und Mozart auf einem jener altertümlichen Klaviere hatte hören lassen, deren wir uns bedienten. Ich werde ihrer noch eingehend gedenken.

Es kamen fast ausschließlich Händelsche Oratorien zur Aufführung: *Samson*, *Judas Makkabäus*, *Der Messias*, *Saul* und *Josua* waren die beliebtesten; seltener das mit Unrecht weniger bekannte *Allegro penseroso und moderato*[209] nach Miltons Gedicht[210], in welchem besonders die heiteren und idyllischen Stücke unsere Lust waren. Wir Jüngeren freuten uns an solchen Abenden hauptsächlich auf die kriegerischen Chöre mit frischem Rhythmus, während gewisse andere uns entschieden zuwider waren, zum Beispiel der zweite Chor im Messias: »Er wird sie heiligen.«

Die Singstimmen der Chöre mussten wir uns selbst abschreiben, was eine Quelle großer Bedrängnis für mich war. Hätte man uns liniertes Notenpapier gegeben, so wäre es noch angegangen; allein wir sollten mit sogenannten Rostralen, fünfteiligen Blechfedern, die sich fortwährend verbogen, die Linien selber ziehen, was viele Tintenkleckse, schiefe Striche und andere Unfälle veranlasste, welche Herrn R… ak nicht unwillkommene Gelegenheit zum Prügeln gaben. Außerdem war ich zwar nicht gerade faul, aber doch im höchsten Grade, was man verspielt nennt, und vertrödelte die Zeit mit unnützen Dingen, so dass ich oft im letzten Augenblick übereilt das Versäumte nachholen musste. Ich wurde dann entweder nicht fertig oder schrieb so flüchtig und schlecht, dass ich stets von neuem dem verhassten Lehrer in die Hände fiel.

Durch die häufige Wiederholung derselben Musikstücke prägten sich uns dieselben so fest ein, dass wir die erwähnten Oratorien alle von vorn bis zu Ende auswendig wussten, wie ich denn noch heute fast jeden Takt derselben im Gedächtnis habe.

---

209 *L'Allegro, il Penseroso ed il Moderato* (HWV 55)

210 John Milton (1608–1674), englischer Dichter und politischer Denker. 1632 schrieb er die beiden Dichtungen *L'Allegro* (Frohsinn) und *Il Penseroso* (Schwermut). Sein Trauerspiel *Samson Agonistes* (1671) wurde zur Vorlage für Händels Oratorium *Samson*.

Am 24. Februar, zu Händels Geburtstag (wir sagten nie anders als Herr Händel), fand jedes Mal die Hauptaufführung statt. Geburtstage wurden außerdem in der Anstalt noch mehrere festlich begangen. Das geschah nicht nur am 3. August, dem allgemeinen Freudentage der Berliner, welche bis 1840 noch in viel herzlicherer Weise, als es jetzt geschieht, den Geburtstag ihres Königs feierten, sondern auch am 12. Januar, zu Pestalozzis Geburtstag, und am 19. Mai, an welchem Tage Fichte das Licht der Welt erblickte. Endlich war noch Platos Geburtstag im Juni ein solcher Festtag. Die Lehrstunden gingen dabei zwar ihren gewöhnlichen Gang, aber zu Mittag wurde ein besonderer Festbraten aufgetragen, und jeder von uns erhielt ein Glas Wein, auch wohl ein Stück Kuchen. Schon des Morgens um sechs Uhr wurde ein solcher Feiertag durch die Buttersemmeln, welche wir zum ersten Frühstück erhielten, festlich eingeläutet.

Unsere Mahlzeiten waren übrigens auch an den gewöhnlichen Tagen sehr gut und reichlich, da jeden Mittag ein fast vierzig Pfund schweres Stück Rindfleisch gekocht wurde, was nicht nur eine vortreffliche Brühe gab, sondern auch ein so gutes und saftiges Fleischgericht, wie ich sonst selten genossen. Nur die Gemüse machten mir vielen Kummer. Ich wurde gezwungen, Mohrrüben, Spinat und Grünkohl zu essen, und bekam Strafen und Prügel, wenn ich mich weigerte, diese mir widerwärtigen Dinge hinunterzuwürgen, die ich übrigens heute, fünfzig Jahre später, noch ebenso sehr verabscheue wie in meinen Kinderzeiten. Abends erhielten wir Suppe und Brot, mit nicht immer untadliger Butter bestrichen. Den Größeren ward dazu etwas kaltes Fleisch gestattet. Zuweilen bestand das Abendbrot zu unserer größten Freude aus Kartoffeln in den Schalen und Heringen. Früh zehn Uhr und nachmittags fünf Uhr gab es Butterbrot, im Sommer zweimal in der Woche frisches Obst, welches dann in großen Körben in den Garten getragen und jedem Knaben auf einem Strohtellerchen zugeteilt wurde. Die Sonntagskost unterschied sich von der alltäglichen dadurch, dass zu Mittag ein großer Braten mit Apfelmus erschien.

Die Prügel, deren ich oft gedacht, waren ein zwar häufiges Zuchtmittel (und einigen Lehrern, zum Beispiel Herrn H ... dorf, schien das Prügeln förmlich Vergnügen zu machen), doch gab es noch andere Strafarten, welche eigentlich die Regel bildeten. In der ersten Zeit fanden sich einige Täfelchen vor (man führte ihren Ursprung auf jenen Herrn L. zurück), welche sehr saubere Bilder eines Schweines und eines Esels zeigten, zur Auszeichnung für unreinliche und faule Knaben um den Hals zu tragen; doch erinnere ich mich kaum, dass dieselben zur Anwendung gekommen wären. Desto häufiger war die Strafe des Ringumhängens. Anfangs gab es eine Anzahl von solchen Holzringen, wie man sie beim Reifenspielen benutzt; diese wurden dem Verbrecher als ein Zeichen der Ausgeschlossenheit aus der menschlichen Gesellschaft umgehängt, oft nur während einiger Stunden, oft auch mehrere Tage lang.

Wer einen solchen Ring umhatte, durfte mit keinem Mitschüler reden; tat er es dennoch, so wurde er, und auch der Angeredete, der sich mit ihm in ein Gespräch eingelassen, noch besonders bestraft. Der Lehrer, der den Ring umgehängt hatte (und das geschah wegen der geringsten Kleinigkeit), hatte allein das Recht, ihn wieder abzunehmen. Als schwerstes Verbrechen galt die Lüge. Wer absichtlich frech gelogen hatte, bekam auf fünf Tage einen schwarzen Ring um und musste an abgesondertem Platz bei Tische sitzen. Das alles war nicht dazu angetan, ein feines Ehrgefühl bei den Knaben zu entwickeln, und hier liegt einer von den großen Fehlern, die in der Anstalt begangen wurden. Kam eines von den Eltern der Kinder oder auch ein Fremder zum Besuch, während wir im Garten waren, so musste ihm sogleich der Halsschmuck auffallen, den allezeit einer oder der andere trug; das veranlasste Nachfragen, Beschämung und zuletzt Abstumpfung gegen die Schande. Mussten diese Ringe doch sogar bei Spaziergängen umbehalten werden! Allein zum Glück waren die ursprünglichen festen Reifen bald abgenutzt oder verloren, und wurde seitdem ein zusammengeknüpfter Bindfaden symbolisch getragen, der sich unter den Rock knüpfen und vor fremden Augen verbergen ließ.

Die erwähnten Spaziergänge fanden täglich, bei jedem Wetter, bei Hitze und Kälte, im Winter von zwölf bis halb zwei mittags und im Sommer von sechs bis acht Uhr abends statt. Nur wenn es wolkenbruchartig regnete, blieb man zu Hause, und in dem kalten Winter von 1823, wo das Thermometer einmal zu Mittag noch

23 Grad unter null zeigte, ließ man die Kleinsten zurück. Immer waren wir von einem, manchmal von zwei Lehrern begleitet, die uns aber sehr selten zu dem Lieblingstummelplatz der Berliner, dem Tiergarten, führten, sondern zu anderen Toren hinaus, wo man damals fast überall noch in sehr unerquickliche sandige Wüsteneien geriet; doch fand sich im Sommer bald vor jedem Tore ein weiter Platz, wo man Ball spielen konnte. Daselbst wurde dann in der Regel haltgemacht, die ganze Gesellschaft teilte sich in zwei Parteien, und ein sehr hübsches, halb gymnastisches Spiel mit Ballwerfen, Laufen und Fangen wurde begonnen. Mein Erzfeind R ... ak, der ungewöhnliche Körperkräfte besaß, ließ auch diese Gelegenheit nicht unbenutzt, um mich mehr als einmal mit einem kleinen harten Ball so zu treffen, dass ich es noch lange nachher fühlte.

Im Winter trat das Schlittschuhlaufen an die Stelle des Ballspiels, und bald hatten wir, nach den sonst wenig besuchten Richtungen hin, die wir einschlugen, verschiedene Teiche und überschwemmte Wiesen entdeckt, deren spiegelglatte Eisflächen bisher von keinem Eisen gefurcht waren. Namentlich gewährte vor dem Königstor[211] ein kleines Gewässer, mit dem prosaischen Namen Saupfuhl[212], eine so herrliche, vollkommen durchsichtige, bräunliche Bahn, dass man, darüber hinweggleitend, Fische, Wasserpflanzen und Käfer weit deutlicher und schärfer wahrnehmen konnte, als es sonst im Wasser der Fall ist.

Im Sommer wurde der größte Teil der Knaben fast täglich an das Schlesische Tor zu der sogenannten Pfuelschen Schwimmanstalt geführt; das war ein so weiter Weg, dass mit Hinzurechnung der gesunden Bewegung des Badens dadurch der Spaziergang ersetzt wurde. Ich habe ein paar Sommer hintereinander Unterricht im Schwimmen erhalten, diese edle Kunst aber niemals erlernt, weil ich nicht dahin gebracht werden konnte, langsame, regelmäßige Bewegungen mit Armen und Beinen zu machen. Als es eines Tages gar nicht gehen wollte, sagte mein Schwimmlehrer, der Unteroffizier

211 Das Königstor befand sich bis 1866 dort, wo heute die Straßen Otto-Braun-Straße, Am Friedrichshain und Friedenstraße aufeinandertreffen.

212 Der Teich befand sich in der Nähe des heutigen S-Bahnhofs Greifswalder Straße.

Krug, zu mir: »Du wirst wohl 1840 schwimmen lernen!« Das sollte so viel heißen, wie zu einer Zeit, die eigentlich niemals eintreten wird. Jetzt sind wir achtunddreißig Jahre über 1840 hinaus – aber schwimmen habe ich doch nicht gelernt.

Bei Gelegenheit des Schwimmunterrichts konnte man übrigens den ganzen Umfang des Prügelunfugs übersehen, der bei Cauers getrieben wurde; die Rücken von mehr als einem Knaben waren oftmals so braun und blau geschlagen, dass der begleitende Lehrer sich selbst schämte und die armen Schlachtopfer ihre Schwimmmäntel bis zu dem Augenblick, wo sie ins Wasser sprangen, nicht abnehmen ließ.

An zwei Abenden in der Woche fanden große Turnübungen unter Leitung des Dr. Eiselen[213] statt, eines der Adjutanten des alten Vater Jahn[214]. In jener Zeit waren alle öffentlichen Turnübungen bekanntlich von Staats wegen aufs strengste verpönt, weil die dummen Reaktionäre à la Kamptz[215] und Konsorten dergleichen für staatsgefährlich erklärten. Ob die Anstalt eine besondere Erlaubnis erhalten hatte, im Garten dennoch turnen zu lassen, ist mir nicht bekannt. Den größeren Knaben erteilte Herr Eiselen auch Fechtstunden, an denen ich nicht teilnahm, desto eifriger aber mitturnte, auch bei den Übungen, die mehr Gewandtheit als Körperkräfte erforderten, nicht ungeschickt war. Am Reck und Barren, auf dem Schwebebalken und dem Sprungseile wurden alle möglichen Kunststücke geübt, auch mit Gerstangen geworfen, wobei für einen kräftigen jungen Engländer, namens Knight, eine besonders starke, eichene, mit Eisen beschlagene Stange angeschafft werden musste, weil die gewöhnlichen ihm viel zu leicht waren.

Um nun von diesen verschiedenen Erholungen zu den eigentlichen Unterrichtsstunden zurückzukehren, so wurde neben der

---

213 Ernst Eiselen (1793–1846) führte die deutsche Fechtterminologie ein.

214 Friedrich Ludwig Jahn, auch »Turnvater Jahn« genannt (1778–1852). Gründer der deutschen Turnbewegung, die die Jugend auf den Kampf gegen die napoleonische Besetzung vorbereiten sollte. 1811 entstand der erste Turnplatz in der Berliner Hasenheide.

215 Karl Albert von Kamptz (1769–1849), deutscher Richter und preußischer Justizminister, der sich insbesondere bei der Verfolgung der Burschenschaften und der Presse hervortat.

Musik auch das Zeichnen mit großem Eifer betrieben. Bald nach meinem Eintritt in die Anstalt musste, um ein geräumiges Lokal für die Jünger dieser Kunst zu beschaffen, ein Saal in dem Nebenhause gemietet werden, welches man von unserem Garten aus zugänglich machte, indem eine Mauer durchbrochen ward. Der neue helle Zeichensaal war ringsum oben an den Wänden mit einem laufenden Gestell umgeben, auf welchem Abgüsse der besten antiken Bildwerke sich befanden. Hier sah man, teils in Originalgröße, teils in verkleinertem Maßstabe, den Apoll von Belvedere, den borghesischen Fechter, den Herkules und viele andere Meisterwerke. Auch an architektonischen Verzierungen zum Nachzeichnen fehlte es nicht, wie denn überhaupt bei Beschaffung der Lehrmittel nicht gespart wurde. Ein vollständiges menschliches Skelett stand in der einen Ecke, und wir überwanden bald das Grauen vor diesem Anblick, wenn wir einzelne Knochenteile nachzeichnen mussten. Ein großes Repositorium enthielt achtundvierzig Schiebfächer, von denen jeder Knabe eins für Papier, Kreide, Bleistifte und Gummi erhielt. Reißbretter waren in großer Zahl vorhanden. Eine Menge kleiner Tische standen für uns bereit, jeder hatte einen solchen für sich allein und vor demselben ein verschiebbares Gestell für die nachzubildenden Gegenstände. Der Unterricht erfolgte in der von Peter Schmidt angegebenen Art (Anleitung zur Zeichenkunst, Stettin 1809) durchweg nach der Natur. Von dem Würfel, der zuerst in den verschiedensten Stellungen perspektivisch nachgebildet werden musste, ging man zu anderen geradlinig begrenzten Körpern über; später kamen Kugel, Kegel und Walze, getrocknete Blätter, auch Muscheln, und hierauf Gipsvorlagen, zuerst in Umrissen, dann schattiert. Den Geübteren wurde auch zuweilen gestattet, etwas aus Flaxmans Umrissen oder dem Dürerschen Gebetbuche abzuzeichnen, für welches ich vom ersten Augenblicke an dieselbe begeisterte Bewunderung empfand, welches dieses geniale Kunstwerk mir noch heute einflößt.

Damals konnte ich freilich auf vieles Bitten nur durchsetzen, dass ich die Cranachschen Nachträge zu demselben geschenkt erhielt, jetzt aber ist es mir gelungen, die erste seltenste Ausgabe in wohlerhaltenem Exemplare zu erwerben. Nicht minder als diese

Dürerschen Zeichnungen entzückten mich die Volpatoschen Kupferstiche[216] nach Raffaels vatikanischen Wandgemälden, die in kostbaren alten Abdrücken, eingerahmt an der langen Wand des Musiksaales aufgehängt waren. Durch tägliches Anschauen prägten wir uns jede einzelne Gestalt auf denselben ein, so dass sie uns wie persönliche Bekannte erschienen. Eines Tages zeigte uns Herr Cauer diese Blätter in prachtvoll kolorierten Exemplaren, die Heiligenscheine usw. mit echter Goldfarbe aufgetragen – man konnte nichts Herrlicheres sehen!

Alles, was ich selbst während dieser Zeichenstunden in sechs Jahren von 1820 bis 1826 zustande gebracht, besitze ich noch wohlgeordnet in einer kleinen Mappe. Da ich mein ganzes Leben lang mit Leidenschaft gezeichnet und gemalt und durch unablässige Übung einige Fertigkeit in dieser Kunst erlangt habe, so bin ich über die Geringfügigkeit des Talents erstaunt, welches sich in jenen Jugendarbeiten kundgibt. Übrigens fehlte es auch beim Zeichnen nicht an tränenreichen Stunden, da Unsauberkeit und Trägheit strenge Strafen nach sich zogen; dagegen waren es für die Zeichenlustigen hohe Festtage, wenn Eduard Magnus zuweilen, beim Besuche seiner Brüder, sich bewegen ließ, einige flüchtige Skizzen für uns aufs Papier zu werfen; auch gedenke ich noch mit Entzücken verschiedener Kreidezeichnungen von August Wredow, die sogar dem alten Schadow Zeichen bewundernder Anerkennung entlockt hatten.

Ob Herr Cauer selbst zeichnen konnte, weiß ich nicht – wir bekamen niemals irgendeine derartige Arbeit von ihm zu Gesicht. Die Schmidtsche Methode, nach der er unterrichtete, war im Allgemeinen gewiss vortrefflich, doch wurde uns die Sache durch mancherlei Pedanterien erschwert, zum Beispiel beim Schattieren von ebenen Flächen durften wir nur gerade Striche machen, was die Mühe vervielfältigte, ohne die Wirkung im Geringsten zu erhöhen.

Im Vergleich mit den Unterrichtsgegenständen, welche ich ausführlich erwähnt habe, waren die übrigen Lehrstunden von geringer Bedeutung. Geschichte und Geographie wurden gar nicht als besondere Wissenschaften vorgetragen, sondern wir empfingen die nötigen Kenntnisse teils während der Sprachstunden, teils durch

216 Giovanni Volpato (1735–1803), italienischer Graveur

gelegentliche Erzählungen der Lehrer. Von neuerer Geschichte erfuhren wir so gut wie gar nichts. Französisch wurde ebenso wenig gelehrt wie Tanzen – beides galt in der Zeit unmittelbar nach den Freiheitskriegen in gewissen Kreisen für undeutsch und unpatriotisch und wurde von uns Knaben verachtet.

Auf dringenden Wunsch meiner Eltern erhielt ich zuletzt dennoch Unterricht im Französischen bei einem alten Herrn Gauché, welcher mich und ein paar meiner Mitschüler in die Lehre nahm und uns rasch und gründlich vorwärtsbrachte. Dieser würdige Greis war eins von den Originalen, die jetzt mehr und mehr aus der Welt verschwinden, weshalb es gestattet sein möge, etwas umständlicher seiner zu gedenken. Schon damals war sein Aussehen so vorweltlich greisenhaft, dass er ebenso gut hundert, wie sechzig Jahre alt sein konnte. Über seine Herkunft sprach er niemals. Man hielt ihn seiner feinen Manieren und seiner vielseitigen, ungewöhnlichen Bildung wegen für einen vornehmen Emigranten und fand es höchst zutreffend, als jemand im Scherze sagte, der alte Gauché müsse Page bei Ludwig XIV. gewesen sein. Da er auch meiner Schwester Unterricht gab, so war er im elterlichen Hause bekannt und bald ein täglicher Besucher desselben geworden. Es gehörte nämlich zu den Eigentümlichkeiten des alten Herrn, jeden Tag eine große Anzahl von Visiten abzustatten und zwar bei Leuten aus den allerverschiedensten gesellschaftlichen Kreisen. Manche von diesen Familien besuchte er fast ohne Ausnahme täglich, und man durfte ihn mit Bestimmtheit noch erwarten, wenn es auch schon neun oder zehn Uhr abends geworden war. Zu denen, bei welchen er am regelmäßigsten vorsprach, gehörten auch meine Eltern, und wusste ich früher den Kreis seiner Freunde ziemlich vollständig zu nennen; noch jetzt erinnere ich mich, dass der bekannte Schriftsteller Geheimrat Schöll[217] und die Fürstin Hatzfeld, geborene Schulenburg (dieselbe, welche den berühmten Auftritt mit Napoleon hatte), zu denen gehörte, die er, wenn sie in Berlin waren, täglich besuchte. In der Regel blieb er nur wenige Minuten, weil die weiten Wege, die er alle zu Fuß machte, ihm nicht viel Zeit für jeden einzelnen ließen. Während des Sommers zumal, wo seine meisten Freunde teils im

217 Friedrich Schöll (1766–1833), Historiker und Philologe

Tiergarten, teils in Charlottenburg Landwohnungen bezogen, musste er sich bald nach Tische auf die Wanderung begeben, um niemanden zu versäumen. Auch als er immer älter und schwächer wurde, setzte er diese Rundgänge noch fort, und weil er, einige Jahre vor seinem Tode, das Unglück hatte, auf einer finsteren Treppe auszugleiten und sich erheblich zu beschädigen, so trug er seitdem beständig ein Stückchen Wachsstock in der Tasche, welches er, sobald er sich empfahl, jedes Mal anzündete und sich damit zum Hause hinausleuchtete; denn Flure und Treppen waren damals noch in den meisten Häusern abends stockfinster.

Die Schüler des alten Herrn verloren sich einer nach dem anderen; die jüngeren waren herangewachsen und neue fanden sich nicht, weil Herr Gauché nur noch sehr undeutlich und bei seiner leisen Stimme fast unverständlich redete; allerdings ein großes Unglück für einen Sprachmeister. Wovon er nun lebte, wusste niemand. Er machte oft Anspielungen auf sein Vermögen und seine Erben, so dass manche ihn für einen alten Geizhals hielten; denn seine Bedürfnisse waren die allerknappsten. Er bewohnte ein großes Zimmer mit einem Schlafkabinett in der Französischen Straße, und wer ihn dort besuchte, wurde von dem seltsamsten Anblick überrascht. Alle Wände waren von oben bis unten mit Büchergestellen bedeckt, auf welchen die gesamte ältere französische Literatur sich ausbreitete; nur eine einzige kleine Lücke befand sich in diesen Bücherreihen, dieselbe war mittels eines verschossenen grünwollenen Vorhangs wie eine Art Baldachin dekoriert, unter welchem das uralte Männchen auf einem ganz kleinen Sofa vor einem Tische saß. Seine Züge schienen vollständig ausgetrocknet, die Augen glanzlos, und seine große, gebogene Nase hing über den schmalen Mund hinweg auf das vorspringende Kinn herunter. Man erschrak vor der Hässlichkeit des Anblicks, bis man nach einem kurzen Gespräch gar bald die wohlwollende Liebenswürdigkeit des Greises aus seinen Gesichtszügen zu lesen begann. Da er alle Zähne verloren hatte, konnte er keine festen Speisen genießen, und wenn er nicht bei Freunden zu Gaste war, bestand seine Mahlzeit nur aus Rühreiern, die er auf die sparsamste Art für sich zubereitete. Er hatte nämlich auf das Berliner

Intelligenzblatt[218] abonniert, welches täglich für geringes Geld acht bis zehn Bogen Druckpapier lieferte; das war sein Kochmaterial. In einem kleinen Kamin bereitete er über den angezündeten Tageblättern seine Eierspeise.

Es war in den dreißiger Jahren, als wir eines Tages erfuhren, dass der alte Mann plötzlich gestorben sei. Das Geheimnis seiner Herkunft ist niemals aufgeklärt worden; eine Dame, die er zur Erbin eingesetzt hatte, und die irgendwo im südlichen Frankreich leben sollte, blieb unermittelt, auch gab man sich deshalb keine weitere Mühe, nachdem der Stand seiner Vermögensverhältnisse klargeworden. Er hatte alles in allem dreitausend Taler besessen, welche ihm ein befreundeter Kaufmann, aus Wohlwollen für den alten Mann, mit zehn Prozent verzinste. Als Herr Gauché nun tot war und keine Erben sich fanden, rechnete der Kaufmann die zuviel gezahlten Zinsen auf das Kapital an, so dass nicht das Geringste übrigblieb und seine Freunde zusammenschießen mussten, um den rätselhaften alten Franzosen anständig zur Ruhe zu bestatten. Ein nach seiner Leiche gefertigtes Porträt habe ich zum Andenken an den Greis aufbewahrt.

Ihm also verdankte ich die Kenntnis der französischen Sprache in ihren Anfangsgründen. Der Unterricht im Deutschen wurde in der Anstalt von Herrn K… h erteilt, der zuletzt Direktor einer höheren Lehranstalt in Berlin wurde. Er besaß ein sehr einnehmendes Äußere. Von großer, edler Gestalt, zeigten seine Züge klare Offenheit und Verstand. Seine Methode als Lehrer war ebenso einfach als zweckmäßig. Ohne uns durch grammatische Regeln zu langweilen, suchte er unseren Stil dadurch zu bilden, dass er mehrere Seiten aus einem guten Buche wiederholt vorlas, welche wir bis zur nächsten Stunde aus dem Gedächtnis niederschreiben mussten, wodurch wir so große Übung erhielten, dass wir das Gehörte bald fast wörtlich wiederzugeben verstanden. Die gewählten Stücke waren zuerst Lessingsche Fabeln, dann Abschnitte aus Goethes italienischer Reise und aus dessen Wahrheit und Dichtung. Außerdem las er uns einzelne Szenen aus Schillerschen Stücken, fast

218 amtliches Mitteilungsblatt mit geschäftlichen und privaten Anzeigen, »Intelligenz« im Sinn von Information, Nachricht, Wahrnehmung

den ganzen Tell und viele Balladen desselben Dichters so oft vor, bis wir dieselben auswendig konnten, auch ein großer Teil des Nibelungenliedes wurde uns von ihm in altdeutscher Mundart vorgelesen und erklärt. Von eigentlichem Auswendiglernen war in der Anstalt nicht die Rede, das galt für geisttötend. Warum wir niemals freie Aufsätze zu machen bekamen, wüsste ich nicht zu sagen; doch als wir die Anfangsgründe der mathematischen Geographie lernten, mussten wir das Gehörte zusammenhängend ordentlich und sauber niederschreiben. Der erwähnte kleine Ajax, ein guter, aber sehr dummer Junge, begann sein Heft mit den Worten: »Wenn man den Himmel näher betrachtet, so findet man, dass er blau ist.« Man kann sich denken, wie oft er damit gehänselt worden ist. Derselbe Junge hatte auch an den ersten griechischen Stunden, die wir bekamen, teilnehmen dürfen, doch zeigte sich bald, dass man seine Fähigkeiten zu hoch geschätzt hätte. Den Satz: Der Elefant ist ein großes Tier, übersetzte er: ἐλέφας ἐστὶ μεγαλῶς θυγατήρ.[219] Nach dieser Leistung wurde er von der Fortsetzung der hellenischen Studien entbunden. Was dieser Knabe für ein Ende genommen hat, weiß ich nicht. Als er die Anstalt verließ, wurde er nach Potsdam zu einem Kaufmann in die Lehre gebracht; sein Herr schickte ihn mit einem Beutel voll Geld zu einem Geschäftsfreunde. Ajax kam bald zurück, und auf die Frage nach der Quittung antwortete er: »Der Herr war nicht zu Hause, da habe ich den Beutel vor die Türe gestellt.« Nachdem ich noch die beiden geflügelten Worte: »Eine schneegelbe Weste« und »Wenn ich König wäre, äße ich alle Tage Milchreis« von diesem Schüler verzeichnet habe, sei er hiermit für immer entlassen.

Bei dem deutschen Unterricht muss ich nachträglich erwähnen, dass wir auch mit einer großen Anzahl Klopstockscher Oden[220] bekannt gemacht wurden, deren Silbenmaße uns in Entzücken versetzten. Ein Schlachtgesang, in welchem der Dichter ein ganz absonderlich verwickeltes Metrum zur Anwendung gebracht hat,

---

219 Statt zu übersetzen, schrieb er einfach den deutschen Satz lautmalerisch in griechischen Buchstaben, was mit dem Wort Elefant noch funktioniert, aber insgesamt keinen Sinn ergibt.

220 Friedrich Gottlieb Klopstock (1724–1803)

begeisterte mich dermaßen, dass ich beschloss, das Gedicht zum Geburtstage meiner Mutter sauber abzuschreiben. Ich führte diesen Vorsatz aus und überreichte meinen schönen Bogen nicht ohne einiges Selbstgefühl. Das hatte aber üble Folgen. Mein Vater lachte mit Recht über die seltsame Wahl des Gegenstandes, auf welche die Lehrer mich allerdings hätten aufmerksam machen sollen, einige zur Gratulation anwesende Freunde und Verwandte stimmten in die Verhöhnung mit ein, ich geriet in Wut, und die ganze Geburtstagsfreude wurde verdorben.

Unter den Stellen aus Goethes Werken, welche uns vorgelesen wurden, war auch diejenige, wo er über den Plan zu einem Drama *Iphigenie in Delphi* berichtet. In knabenhaftem Übermut beschloss ich nun, selbst eine solche *Iphigenie* zu dichten und machte eine Menge Verse, zu denen ich mich durch allerlei Hokuspokus, indem ich kleine Wachslichter auf den Rand meines Pultes klebte und dergleichen zu begeistern suchte. Ich erwähne das darum, weil die Lehrer merkwürdigerweise dies Treiben nicht nur duldeten, sondern auch dadurch ermutigten, dass mir gestattet wurde, das Machwerk während der Schreibstunden ins Reine zu bringen. Es ist nichts davon übriggeblieben und gewiss auch nichts daran verlorengegangen. Zu ferneren Nachahmung regte nicht bloß mich, sondern viele von uns das Märchen vom neuen Paris an, wobei das tollste Zeug zutage kam; wir lachten herzlich über Achill, welcher in der von ihm verfassten Erzählung die Genien in Schwimmhosen auftreten ließ.

Der Kreis dessen, was wir aus der deutschen Literatur zu lesen oder zu hören bekamen, war ein sehr beschränkter. Bis zu meinem vierzehnten Jahre hatte ich außer dem, was zum Unterricht gehörte, kaum mehr als zehn Bücher kennengelernt. Am liebsten und öftesten lasen wir in der Anstalt *Lienhard und Gertrud* von Pestalozzi[221], und vergeblich war bis jetzt alle meine Mühe, mir die erste, dort vorhandene Ausgabe dieses Buches zu verschaffen. Nach einigen Jahren erhielt ich Goethes *Iphigenie*, dann, von meinen

221 *Lienhard und Gertrud* ist ein vierbändiger Roman von Johann Heinrich Pestalozzi. Er erschien 1781–1787 und machte Pestalozzi weltberühmt.

Großeltern, doch mit nachheriger Genehmigung der Lehrer, *Anacharsis Reisen in Griechenland*[222]; später einmal zu Weihnachten *Bilder aus dem Zeitalter der Kreuzzüge* von Funck[223]; das wird so ziemlich alles gewesen sein. *Robinson* und die *Entdeckung Amerikas* von Campe[224] waren alte Bekannte aus der vorcauerschen Zeit. Da wir keine neuen Bücher erhielten, lasen wir die alten immer wieder von vorne, was bei mir zur Gewohnheit wurde, so dass ich auch heutigentags Bücher, die mir gefallen, so oft lesen kann, bis ich sie fast auswendig weiß. Übrigens wurde uns in der Anstalt auch noch an den Sonntagnachmittagen, wo wir nicht nach Hause gehen durften, von dem Aufsicht habenden Lehrer, sehr oft von Herrn S., etwas vorgelesen, entweder aus Reineke Fuchs, aus Hebels *Schatzkästlein*, [225]aus dessen alemannischen Gedichten, und nach und nach fast die sämtlichen Werke des *Wandsbecker Boten*[226].

Im Übrigen vergingen diese Sonntage in der Anstalt eigentlich recht langweilig. Dabei ist denn zunächst zu bemerken, dass von kirchlicher Gesinnung weder bei Lehrern noch Schülern die Rede war; ja, es wurde überhaupt kein Religionsunterricht erteilt; nur die erwachsenen Knaben schickte man zur Vorbereitung für die Einsegnung wöchentlich zweimal an gewissen Vormittagsstunden zu einem Geistlichen.

In der Anstalt herrschte ein rein deistischer Geist – Sokrates war unser Heiliger. Vom Christentum wurde zwar überall, wo es die Gelegenheit mit sich brachte, voll Hochachtung gesprochen, aber durchaus nicht in supernaturalistischem Sinne, was schon deshalb nicht geschehen konnte, weil mehrere Lehrer und viele der Schüler

222 Jean Jacques Barthélemy (1716–1795): *Reise des jüngern Anacharsis durch Griechenland, viertehalbhundert Jahr vor der gewöhnlichen Zeitrechnung*. Die Übersetzung des mehrbändigen Werkes ins Deutsche erschien 1792 und prägte das Bild des antiken Griechenlands.

223 Karl Wilhelm Ferdinand von Funck: *Gemälde aus dem Zeitalter der Kreuzzüge* (Buchreihe), Brockhaus-Verlag, Leipzig 1823

224 Joachim Heinrich Campe (1746-1818), Schriftsteller und Verleger. Autor der Kinderbücher: *Robinson der Jüngere,* Hamburg 1779 und *Die Entdeckung von Amerika,* Hamburg 1781

225 Johann Peter Hebel (1760–1826): *Schatzkästlein des rheinischen Hausfreundes.* Cotta, Stuttgart 1811

226 *Der Wandsbecker Bothe* erschien von 1771 bis 1775.

Juden waren. Es entsprach das auch ganz und gar dem damals in Berlin herrschenden Geiste der Gleichgültigkeit gegen religiöse Dinge – unter den Theologen stand der Nationalismus in Blüte, und die Gegner fingen erst an sich zu regen. Hatten doch sogar die kurzen Gebetsworte, welche beim Beginn und am Ende jeder Mahlzeit gesprochen wurden, keinerlei positiv christliche Farbe. Auch war von frommer Andacht der Schüler dabei keine Rede, und besonders des Abends, wenn es Kartoffeln gab, blickten wir während des Betens mit gierigem Auge auf die dampfenden Schüsseln, weil jeder in dem Augenblick, wo Amen gesagt wurde, sich seiner inzwischen beäugelten Lieblingskartoffel zu bemächtigen suchte.

Bei alledem wäre es ein großer Irrtum, wenn man glauben wollte, es habe in der Anstalt ein frivoler weltlicher Sinn geherrscht – ganz im Gegenteil! Das sittliche Prinzip, welches vorwaltete und uns durch alle Lehren, Reden und Beispiele eingeprägt wurde, war, wie es sich von Schülern Fichtes nicht anders erwarten lässt, teils dem antiken Geiste verwandt, welcher in der griechischen und römischen Geschichte herrscht, teils entsprach dasselbe dem Kantischen kategorischen Imperativ: Das Gute um des Guten selbst willen zu wollen und zu tun. Eigennutz, Selbstsucht und alles Banausische wurde uns als hassenswürdig und verächtlich hingestellt. Die Wissenschaft um des Gewinnes willen zu treiben, sagte man uns, zieme nur gemeinen Seelen; Wahrheit und Schönheit wurden als die eigentlichen Lebenselemente des Menschen bezeichnet; und jeder einzelne habe den Beruf, in diesem Sinne zur Veredelung aller mitzuwirken.

Solche und ähnliche Grundsätze mit Worten zu predigen und anzupreisen, lag allerdings nicht im Geiste der Anstalt, wo alles Scheinwesen und alle Ostentation möglichst unterdrückt werden sollte; aber die Nutzanwendungen, welche bei jeder Gelegenheit aus den Begebenheiten der Geschichte, aus den Dichterworten und aus den uns als lobenswert hingestellten Handlungen gezogen wurden, liefen alle auf eine edle und reine Gesinnung hinaus. Damit hing es denn auch zusammen, dass das Ehrgefühl in gewöhnlichem Sinne, sofern es mit den Begriffen von besonderer Standes- und Berufsehre zusammenhängt, nicht gepflegt wurde, weil hier ein gutes Teil Eitelkeit und falscher Eigenliebe mit unterläuft.

Um nun auf die Sonntage zurückzukommen, so konnten wir an denselben so ziemlich machen, was wir wollten. Wir tuschten Bilderbogen aus oder führten Gebäude mittels des prachtvollen, mathematisch genau gearbeiteten Baukastens auf, den die Anstalt besaß. Auch an Schach- und Mühlenspielen fehlte es nicht, und bei einigen Knaben, auch bei mir selbst, war ein gewisses Geduldspiel sehr beliebt, welches fast eine Stunde Zeit erforderte, um zwölf elfenbeinerne Ringe von einer Messinggabel herab und wieder hinaufzubringen.

Im Sommer tummelten wir uns im Garten, hielten Wettkämpfe an den Turngeräten, beschäftigten uns mit unseren kleinen Anpflanzungen oder liefen als Achill und Patroklus phantasierend umher. Nachmittags wurde in der Regel ein größerer Spaziergang gemacht und abends etwas vorgelesen; auch standen einige Bilderbücher zur Verfügung, zum Beispiel die acht dicken Bände des Bertuchschen Kupferwerkes,[227] dessen Darstellungen aus allen Gebieten der Kunst und der Natur uns ebenso viel Belehrung als Vergnügen verschafften. So vergingen die Sonntage derjenigen Schüler, welche nicht zu ihren Eltern durften. Da jedem überhaupt nur alle vierzehn Tage gestattet war, nach Hause zu gehen, so blieb durchschnittlich ziemlich die Hälfte aller Knaben abwechselnd jeden Sonntag in der Anstalt; auch waren einige von außerhalb nach Berlin geschickt, welche dann einmal im Jahre auf acht oder vierzehn Tage Urlaub erhielten.

Für mich waren die Sonntage, wo ich abgeholt wurde (denn allein durften wir niemals über die Straße gehen), wunderbar aus Freude und Leid, aus Angst und froher Erwartung gemischt. Bis zehn Uhr vormittags mussten wir in der Anstalt bleiben; mit klopfendem Herzen zählten wir die Minuten, bis der ersehnte Bote erschien. Kam er heute gar nicht? War irgendetwas geschehen, was die Eltern verhinderte, uns holen zu lassen? Wir lebten in fieberhafter Aufregung. Endlich hatte die Ungewissheit ein Ende. Ich wurde abgeholt. Jubelnd stürmte ich die Treppen zu unserer

227 Zwischen 1790 und 1830 erschien in monatlichen Ausgaben das Bilderbuch für Kinder im Verlag von Friedrich Justin Bertuch (1747–1822), ein enzyklopädisches, illustriertes Sach- und Lehrbuch.

Wohnung hinauf und meiner Mutter in die Arme, die mir jedes Mal schon entgegenkam. Auch mein Vater und meine Schwester freuten sich, den Verbannten wiederzusehen. Alles wurde mir gewährt, meine Schwester durfte mir nichts abschlagen, was sie auch ohnehin nicht getan hätte. Ich glaubte, in eine andere Welt versetzt zu sein. In unserer behaglichen Wohnstube schien man zu leben, um das Leben zu genießen, nicht um bei Herrn R … ak Stunden zu haben und Prügel zu bekommen. Mittags wurden meine Leibgerichte aufgetragen – doch schon während der Mahlzeit überkam mich ein banges Gefühl davon, dass die Hälfte des Tages bereits vorüber sei, und dass der kleine Zeiger der Uhr sich der verhängnisvollen Zahl neun entgegen bewegte, wo ich wieder in der Anstalt sein musste. Nur ausnahmsweise, wenn die Eltern mich in ein Kinderschauspiel, zu Kunstreitern oder dergleichen führen wollten, wurde ein kurzer Nachturlaub erbeten und von den Lehrern, jedoch immer ungern, bewilligt.

Zu einem rechten Genusse kam es indessen auch bei solchen Extrafreuden nicht, weil der Gedanke an die Trennung und die Rückkehr in die Pension den Geist wie ein drückender Alp umklammert hielt. Waren aber, was die Regel bildete, die Eltern abends zu Hause geblieben, so pflegte ich mich dicht an meine Mutter zu drängen, den Kopf an ihre Schulter zu legen und mich so ihrer unmittelbaren Nähe zu versichern, die ich nun wieder zwei Wochen lang entbehren sollte. Traurig und zögernd erfolgte dann endlich die Trennung und ich wurde zurückgeführt.

Fast zwei Jahre lang war ich in der Anstalt gewesen, als ich eines Tages, es war am 28. November 1821, nach Hause geholt wurde, wo mir eine Überraschung bevorstand. Es war eine kleine Schwester geboren und meine Mutter wünschte mich zu sehen. Ich fand das ganze Haus wie verwandelt. Die Anstalten, die ich vorfand, erschienen mir ganz wunderbar. Die große Wohnstube war durch die zusammengezogenen Vorhänge halb verfinstert, und in dem Alkoven hatte ich Mühe, meine Mutter zu erkennen, bis sich das Auge an die Dunkelheit gewöhnte und ich nun ihr freundliches Gesicht gewahrte, das ich, auf den Zehen heranschleichend, küssen durfte. In der Wiege lag das neugeborene niedliche Kind.

Mein Vater hatte das Zepter des Hausherrn feierlich in die Hände der alten Hebamme Marianne gelegt, die mit der Gewalt eines römischen Diktators unumschränkt regierte. Kein Laut durfte gehört werden, und nach kurzer Begrüßung meiner Mutter und des Schwesterchens wurde ich, mit einer Zuckertüte beschenkt, wieder abgeführt. Die nächste sehr erfreuliche Folge bestand darin, dass mir auf ausdrückliches Verlangen meiner Mutter während der nächsten Wochen gestattet wurde, jeden Sonntag nach Hause zu kommen, ja, als ich einmal zur Strafe dableiben sollte, setzte mein Vater es durch, dass der Mutter dieser Kummer erspart wurde, und ich kam dennoch, musste indessen den Tag, da des Vaters missbilligender Blick auf mir haftete, ziemlich trübe verbringen, umso mehr, als Marianne noch immer regierte und jede laute Äußerung des Knaben durch leises, aber barsches Anfahren zum Schweigen brachte. Ein Wochenbett war damals eine viel wichtigere und feierlichere Angelegenheit als heutzutage; der Vorsichtsmaßregeln gab es kein Ende.[228]

Mein Widerwillen gegen die Pension war, trotz mancher heiteren Stunde, die ich lenkend und spielend daselbst verbrachte, gar wohl gerechtfertigt; denn mir war den ganzen Tag über zumute, als müsste ich mich zwischen den engen Maschen eines großen Strafnetzes hindurchwinden. Prügel und Ringe waren nämlich nicht das Einzige, was die Knaben bedrohte; es gab auch noch ein entsetzliches sogenanntes finsteres Loch, welches durch den spitzen Winkel gebildet wurde, den das Haus mit dem nicht in der gleichen Fluchtlinie stehenden Nebenhause machte, so dass beide Brandmauern, die nach dem Hofe zu etwa sechs Fuß weit voneinander entfernt waren, vorn an der Straße zusammenliefen. Von den dunklen Räumen, die dadurch in den verschiedenen Stockwerken gebildet wurden, benutzte man das zu ebener Erde gelegene, mit ägyptischer Finsternis angefüllte Dreieck zum Aufbewahren der Berge schmutziger Wäsche, die in jeder Woche sich aufhäuften und in welchen ganze Scharen der kleinen Insektenwelt sich tummelten.

In dieses Loch wurde ein Knabe wegen schwerer Verbrechen auf eine Stunde eingesperrt und zwar, damit er keinen Unfug treibe, mit

---

228 Die beiden vorangegangenen Kapitel über die Geburt der Schwester sind in der Ausgabe von 1878 nicht enthalten.

auf den Rücken gebundenen Händen in einer förmlichen Zwangsjacke. In dieses Loch bin ich dreimal und zwar höchst grausamer Weise gesperrt worden; das erste Mal zu Anfang einer griechischen Stunde, für welche ich, wahrscheinlich nicht zum ersten Mal, meine Vorarbeit nicht gemacht hatte. Nach der Stunde ließ man mich heraus. Jämmerlich zerbissen, abwechselnd von Wut und Langeweile geplagt, hatte ich die sechzig Minuten verbracht.

Wieder ans Licht gezogen, war mir zumute wie dem Taucher, der aus dem Bereiche des entsetzlichen Hais und des Hammerfisches in die Oberwelt zurückgekehrt. Mit kindischem Leichtsinn vergaß ich bald, was ich ausgestanden und keiner der Mitschüler sagte mir etwas von den neuen Aufgaben, die wir während meiner Gefangenschaft bekommen; so wurde ich in der nächsten Stunde von neuem eingesperrt und ebenso in der dritten. Nun mochte Herr S. sich wohl von der Erfolglosigkeit der Strafe überzeugt haben, die auch nicht wiederholt wurde. Noch ein viertes Mal, ich weiß nicht mehr, weshalb, sollte ich eingesperrt werden und zwar auf Befehl des Herrn K ... h; da fasste ich mir ein Herz und sprudelte alles heraus, was ich über eine so schmähliche Behandlung lange im Stillen gedacht. »Sie haben doch gesehen«, sagte ich, »dass ich durchaus nicht besser werde, wenn Sie mich einsperren. Sie bereiten mir eine schreckliche, unsaubere Qual und kommt dabei weiter nichts heraus, als dass ich Sie und alle Lehrer eine Stunde lang verfluche; denn meine Wut ist viel zu groß, als dass ich daran denken könnte, mich zu bessern!«

So und in ähnlicher Weise deklamierte ich in höchster Erregung wohl eine halbe Stunde lang. Der Lehrer hörte mir verwundert zu, begann dann, sich in eine förmliche Disputation mit mir einzulassen, welche damit endete, dass ich nicht eingesperrt wurde. Wahrscheinlich hat er seinen Kollegen ausführlich von diesem Vorfalle erzählt, denn ich glaube nicht, dass die Strafe später überhaupt noch zur Anwendung gekommen ist.

Verstärkt wurde die das Ehrgefühl schädigende Wirkung noch dadurch, dass unter den Knaben ein förmliches Klatsch- und Angebersystem eingeführt war. Dass es verächtlich und schändlich sei, einen Mitschüler dem Lehrer zu verraten und ihm dadurch

Strafe zuzuziehen, ist bekanntlich das Wesentliche der Standesehre bei allen sonstigen Schulgenossen. Bei Cauer galt dieser Grundsatz nicht. Es tat der Freundschaft zwischen zwei Knaben keinen Abbruch, wenn der eine den anderen »anzeigte«, ja, wir wurden gezwungen, das zu tun, und man hatte uns von klein auf handgreiflich eingeprägt, dass das Unterlassen solcher Anzeigen strafwürdig sei.[229]

Dass ich aus Trägheit oder Zerstreutheit unterlassen hatte, meine Arbeit zu machen, war nichts Ungewöhnliches; obgleich dasjenige, was wir außer den Lehrstunden zu tun hatten, nicht eben bedeutend war.

Die Lehrer gingen von der Ansicht aus, dass man wesentlich nur während des eigentlichen Unterrichts lernen sollte, und obgleich darin viel Richtiges liegt, so wurde doch auf diese Art der häusliche Fleiß zu wenig angeregt, und die Knaben gewöhnten sich daran, alles in den Mund gestopft zu bekommen. Der beste Beweis dafür ist, dass uns weder ein Wörterbuch noch eine Grammatik in die Hand gegeben wurde, also von einer Vorbereitung auf die Sprachstunden nicht viel die Rede sein konnte. Auch als ich in den letzten Jahren von Herrn K ... er im Lateinischen Unterricht erhielt, bekam ich nur ein kleines, fingerdickes, etymologisches Wörterbuch von Kröcher, in welchem die Wörter nach den Stammsilben geordnet waren, was dem Anfänger das Aufsuchen der Vokabeln fast unmöglich machte. Das Lateinische wurde uns übrigens durch die griechischen Vorkenntnisse außerordentlich erleichtert, so dass wir sehr bald Cäsar und Livius lesen konnten; doch habe ich niemals große Liebe für die Sprache der Römer empfunden. Wie sollte auch einem Knaben, der den Homer so gut kannte, die lederne Äneide[230] gefallen! Nur Horaz hat später meine Zuneigung gewonnen. Herr K ... er war auch nicht dazu gemacht, uns warmes Interesse für die Sprache einzuflößen; er war ein trockener und langweiliger Lehrer, dem wir außerdem, nach der unbarmherzigen Kritik, welche Knaben üben, keine große Weisheit zutrauten. Es schien uns lächerlich,

---

229 Dieser Absatz ist in der Ausgabe von 1878 nicht enthalten.

230 Aeneis (veraltet Äneide), Vergils Epos von der Flucht des Aeneas aus dem brennenden Troja

dass er sich zum Beispiel beim Livius der großen Drakenborchschen Ausgabe bediente, die auf jeder Seite nur ein paar Zeilen Text hat, während der Rest mit Anmerkungen gefüllt ist; wir glaubten, dass er aus diesen Noten seine ganze Gelehrsamkeit schöpfte, umso mehr, als sich Herr S. in seinen homerischen Lehrstunden stets der Wolfschen Ausgabe bediente, welche lediglich die Worte des Dichters enthält.

Weniger möchte ich es tadeln, dass das uns mitgeteilte Wissen doch im Grunde lückenhaft und einseitig war. Teils würde sich das ergänzt haben, wenn ich zwei Jahre länger in der Anstalt geblieben wäre, teils betrafen die uns mangelnden Lehrgegenstände doch nur solche Gebiete, auf denen sich der Erwachsene später selbst zurechtfinden kann. In der Tat habe ich das Beste, was ich überhaupt gelernt, der Cauerschen Anstalt und vor allem Herrn S. zu verdanken. Von dem genialen pädagogischen Blick dieses Mannes möge folgendes Beispiel Zeugnis geben: Ich mochte neun bis zehn Jahre alt sein, als eines Abends mehrere von uns in der Anstalt beisammen saßen. Herr S. trat plötzlich lächelnd zu uns und sagte: »Ich will einmal prophezeien, was aus euch werden wird, merkt es euch, ob es nicht eintrifft!« Wer die anderen waren und was er ihnen sagte, weiß ich nicht mehr, doch müsste ich mich sehr irren, wenn er nicht zu Albert M., der als Medizinalrat in Berlin gestorben ist, gesagt hat: »Du wirst ein reicher Arzt werden!« Mir aber prophezeite er nicht ein so glänzendes Los. »Aus dem Felix«, sagte er, »wird nichts als eine gelehrte Rumpelkammer!« Ich erinnere mich auch, dass ich mich durch diese wenig schmeichelhafte Ankündigung gar nicht sehr gekränkt fühlte, sondern im Tiefsten meines jungen Herzens empfand, der Mann habe recht. Mir war eine Neigung für gelehrte Seltsamkeiten angeboren, alles Anekdotische übte von Kind auf den größten Reiz auf mich und für solche Dinge hatte ich und habe ich ein ungewöhnliches Gedächtnis, während zum Beispiel Namen und Jahreszahlen auf keine Weise in meinem Kopfe haften bleiben.[231]

Soviel von dem Unterricht in der Anstalt, wo wir einen Tag wie den anderen ein durchaus gleichförmiges, geregeltes Leben führten. Von äußeren Begebenheiten war in jener, auf die Freiheitskriege

231 Dieser Absatz ist in der Ausgabe von 1878 nicht enthalten.

folgenden Zeit allgemeiner Erschöpfung wenig die Rede und wüsste ich nur zu erwähnen, dass eines Tages in unsere klösterliche Abgeschlossenheit die Kunde drang: Napoleon sei auf St. Helena gestorben. Mir kam das so wunderbar vor, als hätte man den Tod des Großen Kurfürsten oder eines anderen Helden aus grauer Vorzeit gemeldet; denn da ich von dem Kriege und dem, was damit zusammenhing, aus eigener Anschauung nichts wusste, so schien mir auch Napoleon etwas längst Vergangenes und Beseitigtes.

Viel größeres Aufsehen machte unter uns die große Handelskrisis, welche in jenen Tagen in Berlin eintrat und den Sturz vieler reicher und angesehener Häuser zur Folge hatte, deren Söhne Schüler der Anstalt waren. So hatte zum Beispiel in der Familie des Gutsbesitzers und großen Viehhändlers G. früher Herr R … ak als Hauslehrer fungiert und bei Gründung der Anstalt vier von den sieben Söhnen seines Prinzipals als Schüler in unsere Pension gebracht. Jener Herr G. war ein sehr freundlicher alter Mann, der mehrere von uns einlud, ihn auf seinem schönen Gute K. im Oderbruch zu besuchen, wenn seine Söhne im Sommer dorthin Urlaub erhielten. Mein Vater erteilte mir die Erlaubnis zur Reise und wir verlebten eine Woche in K., welche unendlich angenehm gewesen wäre, wenn nicht der Herr H … dorf uns begleitet hätte, welcher auch auf dem Lande seine Prügelsucht nicht zähmen konnte und mir bei jeder Gelegenheit das Leben verbitterte. Die G. sche Herrlichkeit nahm aber ein plötzliches Ende, indem der alte Herr, in jene Handelskrisis mit verwickelt, sein ganzes Vermögen verlor. Von diesem Unglück gänzlich darnieder gedrückt, verfiel er in religiöse Schwärmerei, wurde dann durch einen Schlagfluss halb gelähmt und starb nicht lange darauf. Die Söhne blieben nach wie vor in der Anstalt, ohne dass von ihnen Bezahlung verlangt wurde oder doch gegen eine ganz geringe Vergütung, wie es überhaupt einen der schönsten Züge des unter unseren Lehrern waltenden Geistes ausmachte, dass ihnen jeder Eigennutz fern lag. Der vierte oder fünfte Teil aller Zöglinge waren so gut wie Freischüler und wurden von den Wohlhabenden mitgetragen, was deren Eltern wussten und billigten. Indem ich dieser Freischüler gedenke und besonders eines derselben, der beständig körperlich leidend war, werde ich darauf geführt, der ärztlichen Pflege zu gedenken, welche uns, so oft wir derselben bedurften, in der besten und liebevollsten Weise zuteil wurde. Eine der Dachkammern hatte man zur Krankenstube bestimmt und mit allen Bequemlichkeiten ausgestattet. Hausarzt war auch hier der Geheimrat Horn, welcher regelmäßig einmal in der Woche kam und sich die Knaben vorstellen ließ, die über etwas zu klagen hatten. Wurde jemand ernstlich krank, so erschien er natürlich jeden Tag oder schickte seinen Assistenzarzt. Da die meisten Beschwerden aus Indigestionen entstanden, so war Horns gewöhnlicher Ausspruch: »Ein bisschen Fasten, ein bisschen Haferschleim!« Das kam mir, wenn es mich selbst einmal betraf, ganz erwünscht, weil ich vor Medizineinnehmen großen Abscheu hatte; namentlich war es mir unmöglich, und ist mir auch heute noch geradezu unmöglich, das sogenannte Wiener Tränkchen [232] hinunterzubringen. Als mir nun einst dasselbe zudiktiert war, musste ich mich vor den Lehrer hinstellen (es war ein Herr von der L., der aber seinen Adel vorläufig abgelegt hatte und sich nur Herr L. nennen ließ), um mir einen Löffel voll der gräulichen Mixtur in den Mund stecken zu lassen. Das Zeug hinunterzuschlucken vermochte ich nicht und stand mit aufgeblasenen Backen und geschlossenen Lippen da, den Höllentrank auf der Zunge. »Wirst du den Augenblick herunterschlucken!« fuhr der Lehrer mich an – da brach die Krisis los. Wie aus einer Dusche sprudelte das braune Zeug heraus und besprühte den unglücklichen Herrn L. von oben bis unten. Ich glaube, dass ich in Anbetracht meines Unwohlseins ohne Strafe davonkam.

An Krankheiten habe ich, außer einigen leichten Anfällen, mein ganzes Leben lang nur wenig zu leiden gehabt; doch befiel mich einst in der Anstalt eine Art Wechselfieber, welches sich jeden Mittag einstellte und meine Versetzung in die Krankenstube nötig machte, wo sich zufälligerweise gerade auch mein Freund M. befand. Wir waren hier von allen Arbeiten entbunden und verbrachten wörtlich die sämtlichen Tagesstunden, wo wir nicht aßen und schliefen, mit dem bekannten Glocken- und Hammerspiel. Auf die Länge war das denn doch nicht zu ertragen, und wir betrachteten zur Abwech-

232 Abführmittel aus Sennesblättern

selung aus unserem Fenster die gegenüberliegenden Häuser, was sonst nicht gestattet war. Da bemerkte ich uns gegenüber am Fenster ein allerliebstes, kleines Mädchen, etwa unseres Alters, mit langen, blonden Locken – ich glaubte, niemals etwas so Schönes gesehen zu haben. Die kleine Nachbarin betrachtete uns ebenso eifrig wie wir sie betrachteten und es gelang mir bald, durch Zeichen eine Art von Verkehr mit ihr anzuknüpfen. Ich hielt Bilderbücher gegen die Scheiben, wandte die Blätter eines nach dem anderen um und machte das hübsche Kind auf dieselben aufmerksam. Sie lachte und war offenbar durch die stumme Huldigung erfreut, denn bald holte auch sie ihre Bilderbücher, um uns unserseits durch den Anblick derselben zu ergötzen. Mit unserer baldigen Genesung endete dies allerliebste Bilderspiel und ich glaube nicht, dass ich das Mädchen jemals wieder gesehen.

Ich will nun noch einige Vorkommnisse erwähnen, welche für uns in der Anstalt zu den besonders erfreulichen gehörten. Da ist denn zuerst einer in jedem Sommer wiederkehrenden Ausflucht[233] nach dem lieblichen Tegel, dem Stammgute der Humboldts zu gedenken, dessen Garten gegenwärtig die Gräber der beiden berühmten Brüder Wilhelm und Alexander umschließt.

Schon eine Woche vorher wurde uns der für diese Lustfahrt bestimmte Tag angekündigt und mit banger Sorge blickten wir nun fortwährend zum Himmel, um zu erforschen, ob das Wetter günstig sein werde; denn mehr als einmal hatte schon an dem ersehnten Morgen der Regen an den Scheiben unserer Schlafkammer geplätschert, wo dann die Wagen wieder abbestellt wurden und wir wie betrübte Eselein mit gesenkten Ohren, statt ins Freie zu wandeln, an unseren Schreibpulten Platz nehmen und Stunde haben mussten. War das Wetter aber schön, so machte man sich schon früh zwischen fünf und sechs Uhr auf den Weg; die Kleineren auf langen, sogenannten Stuhlwagen, die Größeren aber zu Fuß, wo dann drittehalb Stunden lang durch die damals noch tiefsandigen Wege marschiert werden musste. Das Hauptvergnügen bestand in der Befreiung von der Arbeit und darin, dass alles neu und anders war als gewöhnlich. Schon am Tage vorher war ein Lehrer mit einem der großen Knaben

233 Ausflug

hinausgegangen, um dafür zu sorgen, dass in dem sehr ländlichen Wirtshause des Dorfes alles für eine so große Anzahl von Gästen bereit wäre. Das Fest selbst verlief sehr einfach. Spaziergänge im Schlossgarten und an dem schönen Tegeler See; Spiele im Freien, Mittagessen im Schatten einer schönen Lindenallee (es gab jedes Mal Milchreis), dann, da fast alle recht ermüdet waren, Lagerung im Grase, wo die Lehrer schlummerten, wir aber uns untereinander am Schlafen hinderten. Endlich abends die Heimkehr. Dieses einfache ländliche Fest gewährte uns dann noch langdauernde Nachfreuden. Wir hatten in Tegel nach allerlei Naturmerkwürdigkeiten gesucht; der eine brachte eine lebende Eidechse, ein anderer einen seltenen Schmetterling oder ein mit der Wurzel ausgegrabenes Bäumchen nach Hause und jeder hatte irgendeine Trophäe, die ihn an den frohen Tag erinnerte. Statt nach Tegel wurde einmal auch nach Potsdam gefahren, wo wir über Nacht blieben und erst am folgenden Tage zurückkehrten, denn nach Potsdam war damals noch eine förmliche kleine Reise, auf welcher unterwegs die Pferde eine Stunde lang gefüttert wurden. Von dieser Fahrt, die sich auch nach der Pfaueninsel erstreckte, wo ein Riese und ein Zwerg und die damals ganz neuen Georginen[234] zu sehen waren, ist mir hauptsächlich im Gedächtnis geblieben, dass ich bei dieser Gelegenheit zum ersten Mal das Gefühl des wahren wirklichen Hungers kennengelernt. Wir waren von unserem Wege abgekommen und hatten viele Stunden lang durch glühenden Sand waten müssen. Viele von uns fühlten sich dem Verschmachten nahe. Da erblickten wir endlich den großen Omnibus (damals noch keine übliche Bezeichnung für solche Wagen) in der Ferne. Kein Schiffbrüchiger konnte ein am Horizont auftauchendes Segel mit größerer Freude begrüßen! Im Wagen fand sich zu unserer Überraschung für jeden Knaben eine Semmel und eine Birne. So hat mir niemals in meinem Leben etwas geschmeckt!

Ein anderes Hauptvergnügen verdankten die Jungen den Ratten, welche in wahrhaft erschreckender Menge sich im Hofe der Anstalt eingenistet hatten. Zufällig entdeckte einer von uns ein einfaches Mittel, diese Tiere zu fangen und zu töten. Es wurde eines der Rinnsteinbretter aufgehoben und an das Ende desselben ein Schmet-

234 Dahlien

terlingsnetz gehalten; die erschreckten Tiere gerieten fliehend in diesen Beutel, der dann umgeschwungen und auf das Pflaster geschlagen ward. Diese Jagd erwies sich so ergiebig und für die Reinlichkeit des Hauses so vorteilhaft, dass uns für zwölf Ratten immer ein Pfefferkuchen versprochen wurde. Wir betrieben deshalb das Geschäft in den Freistunden mit solchem Eifer, dass wir uns ganz gut dabei standen.

Viel harmloser war das Vergnügen, welches einige andere kleine Tiere uns gewährten. Die Eidechsen nämlich, welche wir aus Tegel mitgebracht hatten, hatte man in einem großen Kasten voll Erde, mit einem Gazedeckel versehen, im Garten aufgestellt, so dass wir ihre schnellen, zierlichen Bewegungen beobachten konnten. Als wir nun eines Tages ihrem Spiele zusahen, bemerkten wir, dass dieselben ganz allerliebste kleine Eierchen, orangegelb und nicht größer als eine Erbse, gelegt hatten. Wir hofften, aus denselben junge Eidechsen entschlüpfen zu sehen und beobachteten die Eier deshalb fortwährend; doch ist, soviel ich weiß, keines ausgekrochen.

Alle diese kleineren und größeren Freuden, die uns in der Anstalt geboten wurden, schrumpften aber vollständig in Nichts zusammen, verglichen mit dem Jubel, der unser zu Weihnachten wartete. Wir hatten alle bisher auch daheim schöne Weihnachtsgaben unter einem hell beleuchteten Tannenbaum empfangen; meine Mitschüler aber versicherten mir, sobald ich in die Anstalt kam, dass die Herrlichkeiten, die man hier zum Christfeste erlebte, alles weit überträfen, was man im elterlichen Hause veranstaltet hätte; sie konnten der Beschreibung ihrer Freuden kein Ende finden, und in der Tat gaben jene griechischen Rüstungen das beste Zeugnis von der großen Sorgfalt und Mühe, die man angewendet hatte, um solche Gaben herzustellen. Das ganze Jahr hindurch sprachen wir von Weihnachten und zählten die Tage bis dahin mit solcher Sehnsucht, dass wir, wie ich mich erinnere, einmal ausgerechnet hatten, in hundertachtundsechzig Tagen sei Weihnachten.

Die Voranstalten zu der Feier begannen bereits im November, und Lehrer und Schüler gerieten in Bewegung, denn es galt vor allen Dingen, einen riesigen Baum, der vom Fußboden bis zur Decke des Musiksaales reichte, würdig auszuschmücken. Nicht nur mit Nüssen und Äpfeln, vergoldeten und versilberten, mit Pfefferkuchen, Zuckerwerk und dergleichen sollte derselbe behangen werden, sondern den Hauptschmuck bildeten die zierlichsten Zeichnungen und Ausschmückungen aus Papier, zu denen die geschicktesten unter den größeren Knaben, August Wredow und Emil Cauer an der Spitze, ihre Beiträge liefern konnten. Täfelchen auf rotem Grunde mit schwarzer Tusche wurden nach Flaxman und Albrecht Dürer aufs sauberste hergestellt; Netze und fliegende Fahnen durften nicht fehlen, und man arbeitete an diesen Dingen so fleißig, dass ganze Körbe voll davon hinaufgetragen wurden. Wochenlang vor dem Feste gingen die Lehrer abwechselnd täglich in die Stadt, um die Geschenke, den Neigungen und Wünschen der einzelnen entsprechend, zu besorgen, denn die Eltern der Knaben mussten zu dem Ende eine ziemlich bedeutende Summe hergeben, wofür dann auch die Unbemittelten ganz gleichmäßig mit den anderen Geschenke erhielten. Voll von geheimnisvollen Andeutungen kehrten die Lehrer von ihren Weihnachtsexkursionen zurück.

Aufs höchste spannte sich die Erwartung etwa acht Tage vor dem Feste, wo der Musiksaal und die große Vorhalle zu demselben abgeschlossen wurden. Dann gewahrte man eines Morgens, zum Frühstück gehend, auf dem Hausflur einige Tannennadeln; der Baum war also in der Nacht geheimnisvoll hinauf geschafft worden. Von da ab litt die Aufmerksamkeit in den Lehrstunden bedeutend; alle unsere Sinne waren darauf gerichtet, etwas von den großen Mysterien zu erlauschen, was aber kaum jemals gelang. Am Vormittage des 24. Dezember hatten wir noch Unterricht wie gewöhnlich; nach Tische aber nahm das Haus schon einen festlichen Charakter an. Es verbreiteten sich süße Düfte von Pfefferkuchen und Äpfeln; dicht eingewickelte Pakete wurden hin- und hergetragen, Papiere, die zur Umhüllung seltsam geformter Gegenstände gedient haben mussten, lagen ab und zu auf dem Fußboden; wir tanzten und sprangen vor Freude in unseren Stuben herum, die besten Freunde umarmten sich vor Entzücken. Um sechs Uhr sollten wir den Festraum betreten; endlich gab eine Glocke das Zeichen. In wildem Gewühl stürzten wir nun die Treppe hinauf, die Tür des Vorsaales öffnete sich – geblendet von einem Lichtglanze ohnegleichen blieben wir einen

Augenblick wie festgebannt stehen, dann aber stürmten wir durch die Vorhalle, an allerlei für jetzt nicht beachteten Kisten und Körben vorbei, in den Saal selbst.

An der hinteren Wand prangte im Schmuck von wohl zwei- bis dreihundert Wachslichtern der riesige Baum; die goldenen Früchte, die Netze, das Rauschgold und die Fähnchen bildeten ein ebenso reiches als geschmackvoll geordnetes Ganze. Rechts und links waren zwei endlose Tafeln aufgestellt. Für jeden Knaben bezeichnete ein Papier den Platz, auf dem sauberen Tischtuche, wo dessen Geschenke lagen. Nun erst gewahrten wir, dass auch unsere Eltern und Angehörigen gekommen waren, denn im ersten Augenblicke hatten wir, geblendet von dem Glanze, nichts unterscheiden können. Väter und Mütter nahten sich ihren Söhnen und halfen ihnen, die richtigen Plätze aufzufinden; dann erscholl ein Jauchzen und Freudengeschrei, von dem man sich keine Vorstellung machen kann, weil in der Tat ein jeder Knabe fast immer das geschenkt bekam, was er sich am sehnlichsten gewünscht hatte. Nun ging es an ein Bedanken, Vorzeigen, wechselseitiges Bewundern und Beglückwünschen, dass man ganz schwindlig wurde.

Vor dem Platze eines jeden der Jungen brannten neben den Geschenken noch zwei Lichter und ein Wachsstock und längs den Wänden waren Lampen angezündet, so dass all der freudige Lärm inmitten eines wahren Lichtmeeres erschallte. Ich selbst hielt mich an jenem ersten Weihnachtsabend (1820) für einen der Glücklichsten, denn ich hatte die *Ilias* und *Odyssee* von Flaxman erhalten. Noch sehe ich das glatte blaue Papier der Deckel vor mir, und unvergessen ist die Wonne, mit der ich über dasselbe mit den Fingern hinstrich. Das köstliche Bilderwerk besitze ich übrigens noch heute ziemlich unversehrt, bis auf einige Flecken, die ich hineinbrachte, als ich mittels selbst fabrizierten Ölpapiers einmal etwas durchzeichnen wollte. Meine Eltern hatten als Nebengabe zu diesem Hauptgeschenke noch eine polnische Mütze von blauem Samt mit Silber gefügt, die mir auch große Freude machte. Ich war vollkommen selig, besonders auch aus Stolz darüber, dass ich jetzt beide Teile des Flaxman besaß, während die anderen Knaben fast immer nur den ersten oder den zweiten hatten.

Das Jubeln und Springen, das Hin- und Herlaufen von einem Platz zum anderen, bis jeder der fünfzig Knaben die Geschenke seiner Kameraden gesehen und bewundert hatte, brachte uns in solche Aufregung, dass wir zuletzt ganz erschöpft uns in den Vorsaal zurückzogen. Hier erwartete uns eine neue Überraschung. Die großen Waschkörbe, an denen wir vorbeigestürmt waren, zeigten sich bis zum Rande gefüllt mit Äpfeln, Nüssen, Haselnüssen und Pfefferkuchen der verschiedensten Art. Von den feinsten Sorten hatte noch überdies jeder Knabe einen Teller voll vor seinem Platze gefunden. Alle diese Herrlichkeiten standen ohne Beschränkung zu unserer Verfügung, doch heute Abend waren wir von Freude und Wonne zu sehr gehoben, um den Esswaren besonders zuzusprechen.

Allmählich nahmen die Eltern und die anderen erschienenen Fremden von uns Abschied, wir wurden stiller, es stellte sich Ermüdung ein, der wir vergebens zu widerstehen suchten, und wir schlichen zuletzt, nachdem die Augen durchaus nicht mehr offenzuhalten waren, sanft beseligt in unsere Schlafkammern, während mancher unterwegs noch einmal schnell zurückkehrte, um von seinen geliebten Geschenken für heute den letzten Abschied zu nehmen.

Der erste und zweite Weihnachtstag waren zur Nachfeier bestimmt. Nur wenige verlangten nach Hause zu gehen, oder sie wollten doch wenigstens den ersten Tag noch bei ihren Sachen bleiben, welche erst am zweiten aus dem Saale entfernt werden durften.

Der erste Weihnachtstag kündete sich sofort als ein besonders hohes Fest dadurch an, dass wir, das einzige Mal im ganzen Jahre, bis halb acht Uhr im Bette liegen blieben. Nach dem Frühstück durften wir sogleich hinaufgehen, mit unseren Sachen spielen und aus den herrlichen Körben im Vorsaale nach Belieben soviel essen, wie wir wollten. Dasselbe wiederholte sich am nächsten Tage, doch erinnere ich mich merkwürdigerweise nicht, dass dabei große Unmäßigkeit gewaltet hätte. Teils mochte die gehobene Feststimmung das bewirken, teils auch schämten wir uns vor den Lehrern, die heute alle als sanfte Männer zwischen uns herumwandelten und die

Faszes[235] nicht in den Händen trugen. Wir waren deshalb nur umso artiger, wie ja auch das Volk sich überall gesitteter zeigt, wenn man bei großen Gelegenheiten durch Zurückziehen der Polizei ihm volles Zutrauen in seine Selbstbeherrschung schenkt. Am sogenannten dritten Feiertage kehrte alles so ziemlich wieder in das alte Geleise zurück, doch tönten einige Nachklänge fort, bis am Sylvesterabend das scheidende Jahr dem neuen Platz gemacht hatte, wo dann wieder die regelmäßige Ordnung zu herrschen begann.

Die Weihnachtsfestlichkeiten verloren übrigens durch die jährliche Wiederholung nichts von ihrem Zauber, denn jedes Mal wartete unser irgendeine neue Überraschung. Einmal besonders gewährte es einen herrlichen Anblick, als man statt des Tannenbaums eine große, dreiseitige Pyramide aufgerichtet hatte. Dieselbe war im Ganzen rot und gold gehalten; die Seitenwände netzartig mit vergoldetem Bindfaden überspannt und wo die Fäden einander kreuzten, hatte man jedes Mal eine vergoldete Pfeffernuss aufgeklebt. In die vordere Seite der Pyramide war eine Nische gebrochen, mit Tannenreis und nachgebildetem Schnee und Eiszapfen geschmückt. In der Nische stand ein Weihnachtsmann, den Sack voll Spielzeug auf dem Rücken, meisterlich von Emil Cauer in Gips geformt. Über der Nische war ein großer Stern ausgeschnitten und mit geschliffenen Glassteinen gefüllt, hinter welchem sich, von der Lichtwärme gedreht, ein Zylinder von buntfarbigem Papier bewegte. Vor jeder der drei Kanten der Pyramide stand ein antiker Kandelaber mit flammendem Feuerbecken, die Kandelaber selbst hatte man durch schön geschwungene Goldpapierketten miteinander verbunden. Die Wirkung dieser gesamten Anordnung war über alle Beschreibung prachtvoll und gefällig zugleich.

Außer den Geschenken, die jeder einzelne erhielt, wurden jedes Mal auch einige, zum Gemeingebrauch für alle bestimmte Sachen beschert. Zum Beispiel ein kleines Billard und der schon erwähnte Baukasten, ein Meisterstück des Anstaltstischlers Franke.

Ich darf wohl an dieser Stelle noch meiner Mitschüler und Lehrer gedenken.

---

235 fascis, lat.: Bündel, Plural Fasces, eingedeutscht Faszes, Rutenbündel, in der Antike Symbol der Herrscher- und Amtsgewalt

Der Seltsamkeit wegen will ich Franz Gr. nicht vergessen. Dies war ein dicker, großer, fast blödsinniger Knabe, den seine Angehörigen zu Cauer gebracht haben, weil sie hofften, dass sein schlummernder Geist hier geweckt werden sollte. Das gelang aber durchaus nicht. Trotz einer eigens für ihn angefertigten Rechenmaschine konnte er nicht ordentlich bis hundert zählen. Als ich in die Anstalt kam, war er schon dort. Merkwürdigerweise gewahrte ich aber so wenig wie die anderen, dass der Knabe geistesschwach war, wir hielten ihn nur für einen sehr dummen Jungen. Zum Pferdspielen, Ballwerfen und dergleichen war er gut genug zu brauchen. Eines Tages lief er fort, und es dauerte lange, bis man mit Hilfe der Polizei seiner habhaft wurde, weil er nicht imstande war, über seine Person gehörige Auskunft zu geben. Er war, wohl ohne bestimmten Zweck, vielleicht aus Heimweh, aufs Geratewohl fortgegangen, die Chaussee von dem Königstor hatte ihn bis Werneuchen geführt, wo er angehalten wurde, weil er ohne alles Geld war. Man brachte ihn in das große Arbeitshaus, den Ochsenkopf[236], in Berlin, der dicht bei der Münzstraße liegt, und so kam er dann drei bis vier Tage nach seinem Verschwinden zurück. In dem Ochsenkopf hatte es ihm sehr wohl gefallen; besonders lobte er die Kaldaunen[237], die man ihm zu essen gegeben.

Wunderlicherweise kann ich alles Bemühens ungeachtet nicht mehr auf Knaben mich besinnen, von denen mir ein dunkles Bild vorschwebt und die mir eine Zeitlang sehr nahe gestanden haben müssen. Ein gewisser Rudolph von B., wohl sechs bis sieben Jahre älter als ich, machte sich in halb freundlicher, halb neckender Weise mit mir zu schaffen. Er hatte allerlei Sonderheiten an sich, die man ihm mit großer Nachsicht durchgehen ließ. So verlangte er Kontrabass spielen zu lernen und erhielt wirklich Unterricht auf diesem Rieseninstrument. Es kursierten unter uns stets allerlei Anekdoten über diesen B. Eine nur ist mir erinnerlich. Er behauptete, ein Zweigroschenstück verschluckt zu haben und erzählte das mit bedenk-

236 Das 1758 errichtete Arbeitshaus, das später auch als Obdachlosenasyl diente, wurde 1886 für den Bau des Polizeipräsidiums abgerissen, das im Zweiten Weltkrieg zerstört wurde. Heute befindet sich an der Stelle das Einkaufszentrum Alexa.

237 Magen vom Rind oder Schaf, auch Kutteln genannt.

licher Miene dem Geheimrat Horn. Dieser untersuchte ihn und fragte, ob er denn irgendwo Schmerzen fühle. Rudolph B. nahm nun eine ganz verzwickte Stellung ein, indem er sich wie ein Clown bei den Kunststücken seitwärts zusammenbog, und sagte: »Wenn ich so mache, tut es weh!« Horn antwortete: »Aber welcher vernünftige Mensch macht denn so?« und ließ ihn stehen. Er hat später noch seltsame Abenteuer gehabt. Durch eine Erbschaft fiel ihm ein schönes Gut bei Berlin zu; ich sah ihn einmal als schönen, vornehm aussehenden Mann wieder. Er hatte sich mit einem Fräulein R. vermählt, lebte nicht glücklich mit ihr, verspekulierte außerdem sein Vermögen und suchte das Weite. Seine zurückgelassene Frau (die, beiläufig gesagt, später mit einem der Prinzen von S. lebte) erhielt nach mehreren Jahren einen Brief von ihrem Mann, der sie bat, sie möchte ihm ihren Totenschein schicken, dessen er bedurfte, um eine Komtesse U. zu heiraten. Natürlich konnte diese Bitte nicht gewährt werden. Es erfolgte aber später eine Scheidung, und B. heiratete wirklich seine österreichische Schönheit, ist auch, wie ich glaube, in kaiserliche Dienste getreten und darin verstorben.

Während der ganzen sechs Jahre, die ich in der Anstalt war, kam merkwürdigerweise nur ein Todesfall unter den Zöglingen vor und zwar 1822. Von der Krankheit dieses Knaben hörten wir wenig, bis wir eines Tages zusammengerufen wurden, um von der Leiche unseres Kameraden Abschied zu nehmen. Ich habe noch die sehr friedlich und sanft aussehende Leiche des Jünglings in ihrem Sarge vor Augen. Wir umstanden sie mit verwunderter Neugier. Von Schauern des Todes empfand ich durchaus nichts dabei, wie denn überhaupt der Tod für Kinder etwas ganz Unverständliches ist. Und nicht für Erwachsene ebenfalls? Auch als wir ihn zum Kirchhof vor das Prenzlauer Tor geleiteten, empfand ich weder Wehmut noch Trauer, sondern nur ein interessantes Vergnügen darüber, dass wir diesen Nachmittag keine Stunden hatten. Dieselbe psychologische Erscheinung wiederholte sich bald darauf, als die alte Mutter des Herrn Cauer starb. Auch zu dieser Leiche wurden wir geführt. Als man uns zusammenrief, stießen einige der Knaben, ich glaube, ich war selbst dabei, einen Freudenschrei wegen der interessanten Begebenheit aus. Bald aber fassten wir uns wieder, im Gefühl des verletzten Anstandes, und schritten langsam in das Nebenhaus, wo der Sarg aufgestellt war. Die Verstorbene hatte still für sich mit ihren Söhnen gelebt, zu den Knaben kam sie fast nie. Jetzt lag sie da wie eine Marmorstatue. Ihre edlen Züge machten wirklich einen erhabenen Eindruck, der seine Wirkung auf uns nicht verfehlte.

Nach allen diesen Mitteilungen wird man sich von dem Wesen der Anstalt und von dem Treiben in derselben so ziemlich einen Begriff machen können. Die Idee, aus welcher das Ganze hervorging, war eine durchaus edle, und wenn die Ausführung, wie alles Menschliche, Fehler und Mängel zeigte, so entsprangen dieselben nicht aus bösem Willen oder aus niedrigen Beweggründen, sondern aus Irrtum oder den Leidenschaften einzelner Lehrer.

Ein Knabe, der von früh an bis zur vollendeten Schulbildung in der Anstalt blieb, konnte als wohlvorbereitet für die Universität gelten; die auf solche Weise Abgehenden hatten noch vor der Staatsprüfungskommission ein Examen abzulegen, welches alle in der Regel mit Ehren bestanden. Es befanden sich unter den Schülern zum Teil so erwachsene junge Leute, dass sie sich zum Eintritt in den Militärdienst als Freiwillige melden mussten. Dazu war wieder ein Examen notwendig, welches häufig Gegenstände betraf, die in der Anstalt niemals gelehrt wurden. So forderte man bei solcher Gelegenheit einst von einem gewissen A. von S., er solle die Poststationen zwischen Berlin und Königsberg angeben. Von S. antwortete ganz unbefangen: »Auf diesem Wege bin ich noch niemals gefahren«, wobei man sich auch beruhigte.

Sehr bedeutende Männer sind übrigens, außer August Wredow und Gustav Magnus[238] aus der Anstalt nicht hervorgegangen. Vielleicht wäre dies der Fall gewesen, wenn sie länger bestanden hätte, allein bereits 1826 trat ein Ereignis ein, welches den ganzen Charakter des Instituts umwandelte und bald nachher das Ende desselben herbeiführte.

In Charlottenburg sah man 1824 oder 1825 am damaligen Anfange der Berliner Straße, die sich jetzt viel weiter der Hauptstadt entgegenstreckt, ein großes, neues Gebäude sich erheben, welches

238 Gustav Magnus (1802–1870), Physiker und Chemiker (Magnus-Effekt), jüngerer Bruder von Eduard Magnus

für eine elegante Gastwirtschaft bestimmt war. An das eigentliche Haus schlossen sich zwei weit vorspringende Seitengebäude an und begrenzten einen großen Rasenplatz, der nach der Straße zu durch ein eisernes Gitter abgesperrt war. Hof und Wirtschaftsgebäude und ein großer, neu angelegter Garten dehnten sich rückwärts bis an die Spree aus, wodurch treffliche Gelegenheit zu einer Badeanstalt geboten war. Das Ganze gewährte einen höchst stattlichen und soliden Anblick; doch kam es nicht zur Eröffnung der Gastwirtschaft, entweder weil dem Unternehmer die Sache wieder leid geworden war, oder weil ihm die Geldmittel fehlten. Dieses Charlottenburger Bauwerk mit seinen Zugehörigkeiten erregte bei unseren Lehrern den Gedanken, dass eine Übersiedlung der Anstalt in dieses frei gelegene Grundstück sehr wünschenswert sei. Die enge Münzstraße, die Stadtluft, die Unbequemlichkeit, dass man den Zeichensaal in einem Nebengebäude hatte mieten müssen, die mangelhafte Einrichtung der Schlafkammern und mancher Lehrerwohnungen, das alles kam zusammen, um eine Verbesserung dringend zu wünschen. Das Charlottenburger Haus wurde bald verkäuflich, die Lehrer überschlugen ihre Geldmittel und beschlossen, das Geschäft gemeinsam zu unternehmen.

Als alles bereits fest abgemacht war, trat Herr Cauer, welcher seit seiner Heirat mit einer wohlhabenden Dame sich im Besitze eines nicht unbeträchtlichen Vermögens befand und deshalb das überwiegend meiste zu der Kaufsumme beitragen sollte, plötzlich mit der Erklärung hervor, dass er das Geschäft nur dann endgültig vollziehen werde, wenn er Direktor der Anstalt würde und die Lehrer sich von ihm besolden ließen. Das machte einen niederschmetternden Eindruck auf seine bisherigen Kollegen. Sie hatten nur zu wählen zwischen der Auflösung der Anstalt, in welche sie nicht nur ihr kleines Besitztum gesteckt, sondern der sie auch jahrelang die aufopferndste Tätigkeit gewidmet hatten, oder der Unterwerfung unter das Schicksal aller Republiken, die nun einmal in Europa auf die Länge nicht zu gedeihen scheinen, sondern sich früher oder später in Monarchien verwandeln. In der Tat fügten sich die Lehrer alle bis auf Herrn S. in das Unvermeidliche. Dieser hatte, weil er ganz arm war, keinen Vermögensverlust zu befürchten, und bei seiner eminenten Begabung konnte er sicher sein, überall mit Freuden als Lehrer angenommen zu werden. In der Tat erhielt er sogleich eine sehr gute Anstellung als Oberlehrer und bald hernach als Professor am Joachimsthalschen Gymnasium. Leider machte ein Brustleiden, welches ihn bereits in der Anstalt befallen hatte, nach wenigen Jahren seinem Leben ein Ende. Mit ihm zugleich schieden auch die beiden Herren J., Schwäger des Herrn Cauer, aus der Anstalt. Ich habe ihrer, sowie noch einiger anderer Lehrer, deshalb nicht gedacht, weil ihr Unterricht auf mich keinen besonderen Einfluss geübt hat.

Mit dem Augenblick, wo Herr S. uns verließ, stieg mein Widerwillen gegen das Pensionsleben aufs höchste. Ich beschwor meine Eltern, mich nach Hause zu nehmen – vergebens. Ich fühlte, dass seit dem Ausscheiden des besten und genialsten der Lehrer, des einzigen, den ich wirklich liebte, mir ein ferneres Verweilen in dieser Prügelmühle geradezu unmöglich sein würde. Außerdem fasste ich eine tiefe Verachtung gegen diejenigen Lehrer, welche sich dazu verstanden, nunmehr gewissermaßen die Untergebenen eines Mannes zu werden, dessengleichen sie vormals waren; kurz, ich beschloss, ohne mir das gerade bestimmt klarzumachen, die Sache auf irgendeine Art zu Ende zu bringen.

Dennoch habe ich niemals nachher mit Hass oder Widerwillen an die Anstalt zurückgedacht; vielmehr blieb ich stets dessen eingedenk, dass ich dort viel Gutes gelernt und eine Weltanschauung gewonnen hatte, welche mich davor bewahrte, Philister zu werden.

Merkwürdigerweise kann ich eine einzelne Unterrichtsstunde als diejenige bezeichnen, welche auf meine ganze Lebensrichtung entscheidend eingewirkt hat. Wir lasen den Gorgias des Plato: Gleich am Anfange des Gesprächs, wo der Freund zu Sokrates sagt: Wenn du Zeit hast, wird dir Gorgias seinen Vortrag noch einmal halten, bemerkte Herr S., dass es nach der Anschauung der Griechen eines freien Mannes unwürdig gewesen sei, keine Zeit zu haben. Er erläuterte das dahin, dass der Mensch sich stets die volle Freiheit des Handelns bewahren müsse, damit er imstande sei, in jedem Augenblicke nur solche Interessen zu verfolgen, die er für richtig und zu seiner Veredlung notwendig erachtet. Und wenn ich, allerdings nach vielen Irrungen und Abwegen, zuletzt dennoch einem solchen Ziele nahegekommen bin, so verdanke ich das wesentlich der Erziehung in der Cauerschen Anstalt, der deshalb alles, was sie vielleicht an mir gesündigt hat, von Herzen vergeben sein soll.

Da[239] ich nun wohl wusste, dass ich einst zwar keine Reichtümer zu erwarten hatte, allein der Sorge für das tägliche Brot doch voraussichtlich für mein ganzes Leben überhoben sein würde, so stand der Entschluss bei mir fest, diese durch ein günstiges Geschenk mir gewährte Freiheit gewissermaßen als eine Aufforderung anzusehen, stets frei meinen Neigungen zu leben und niemals die Wissenschaft oder Kunst wie einen nährenden Beruf zu betrachten, sondern mich zu bestreben, die Himmlische nach Kräften zu mehren. Den vielen Irrungen und Abwegen, denen man bei solchem Streben ausgesetzt ist, bin ich allerdings nicht entgangen, ja, ich habe im Leben gewiss viel mehr nach allen Seiten abgeschweift als nötig war, allein es waren daran auch gar vielfach äußere Verhältnisse und Einwirkungen schuld, die nicht von mir allein abhingen.

Wir saßen an einem heißen Tage in einem großen Saale an unseren Pulten und sollten häusliche Arbeiten machen. Herr H., der die Aufsicht hatte, öffnete ein Fenster in meiner unmittelbaren Nähe, wodurch ich heftig Zugluft bekam und das Fenster wieder schloss. Der Lehrer öffnete es von neuem, ich schloss es wieder und beharrte fortwährend darauf, dass es zubleiben müsste, weil ich sonst krank würde. Darüber kam es zu einem heftigen Wortwechsel. Herr H. wollte mich schlagen, ich war aber jetzt ein großer vierzehnjähriger Junge und hatte keineswegs die Absicht, mich geduldig ohrfeigen zu lassen. Der bucklige Mann konnte mich nicht bezwingen und rief nun einen der größten und stärksten Jungen, den 17–18-jährigen Leo von K., der mir die Arme auf den Rücken halten musste, worauf der Unhold mich so lange ins Gesicht schlug, bis ich krampfhafte Zuckungen bekam. Das machte das allergrößte Aufsehen. Man fürchtete nicht nur den üblen Eindruck, den so unerhörte

239 Die folgenden zwei Absätze, in denen Eberty schildert, wie und warum er die Cauersche Anstalt verließ, fehlen in der Ausgabe von 1878. Dort hieß es stattdessen nur: »Ich benahm mich so ungebärdig, dass endlich sowohl die Lehrer als meine Eltern einsehen mussten, es gehe auf solche Art nicht weiter. Im Sommer 1826 wurde ich zu meiner großen Freude endlich entlassen.« (S. 218 f.)

Misshandlung bei den Eltern der Knaben hervorbringen musste, sondern durfte auch erwarten, dass ich vor dem Äußersten nicht zurückschrecken würde, um mich zu rächen. Herr Cauer schrieb deshalb an meinen Vater und bat, mich nach Hause zu nehmen, was dann auch wenige Tage nachher geschah. Das war im Sommer 1826.

Über die ferneren Schicksale derselben weiß ich wenig Genaues zu berichten. Sie hat nur kurze Zeit nach meinem Ausscheiden noch fortbestanden und verlor sehr bald, infolge häufigen Lehrerwechsels, ihren ursprünglichen Charakter. Herr Cauer wurde kurz nach dem Antritt seiner Direktorschaft durch einen plötzlichen Tod in den kräftigsten Mannesjahren hinweggerafft. Nach seinem Hinscheiden übernahm der erwähnte Herr von der L. die Leitung.

Auch von der L. s Herrschaft war nicht von langer Dauer. Der Staat kaufte das Grundstück in Charlottenburg und errichtete daselbst ein Progymnasium für die Stadt. Von den genialen Eigentümlichkeiten der Cauerschen Anstalt ist wohl kaum etwas übriggeblieben! – *Sic transit gloria mundi!*[240]

---

240 Lat.: So vergeht der Ruhm der Welt!

Letzte Schuljahre (1826–1831)[241]

Es war also im Juli 1826 gewesen, als ich aus der Anstalt in das väterliche Haus zurückkehrte.Meine Eltern hatten ihre Sommerwohnung in Charlottenburg bezogen, diesmal in der Berliner Straße, unmittelbar hinter den sogenannten Türkischen Zelten, damals die beliebteste Restauration, die Tag für Tag von Besuchern wimmelte, sonntags aber von vergnügungslustigen Berlinern förmlich überquoll. In dem Nebenhause hatten meine Eltern die Hälfte der Parterrewohnung, die andere war von einem alten Major R. und dessen Frau für Sommer und Winter gemietet, und im ersten Stock wohnte der schon erwähnte Historiker Schöll mit seiner Familie, die aus zwei erwachsenen Töchtern und deren Gouvernante bestand. Der Sohn, Legationsrat Schöll, im Auswärtigen Ministerium beschäftigt, kam täglich zu Besuch.

Meine Eltern hatten nur wenige Zimmer zur Verfügung. Mathilde und die kleine Anna, damals fünf Jahre alt, nebst Berta und einer Köchin bildeten, glaube ich, den ganzen Hausstand. Der Vater war des Tages über in Berlin, wo er seinen Geschäften oblag, die aber sehr geringen Umfang hatten und hauptsächlich dazu dienten, ihn vor gänzlicher Untätigkeit zu bewahren, denn diese konnte er ein für allemal nicht vertragen. Ich glaube, dass er es vorzog, die fortlaufenden kleinen Verluste über sich ergehen zu lassen, die eine Folge seines kaufmännischen Unglücks waren, ehe er sich entschloss, ganz geschäftslos zu bleiben. Abends kam er jedes Mal, in der Regel wohl schon zwischen 3 und 4 Uhr, zum Mittagessen heraus.

Meinen Eltern war bisher der Sommer ungemein vergnügt und fröhlich vergangen. Mit der Familie Schöll hatte sich sehr bald ein eifriger Verkehr entsponnen, aus dem sich, was bei solchen Sommerbekanntschaften sonst selten sich ereignet, eine wahre dauernde Freundschaft fürs Leben entstand. Der alte Schöll war ursprünglich

241 Das Kapitel über seine Schulzeit von 1826 bis 1831 ist in der Ausgabe von 1878 nicht enthalten, stattdessen schließt das Kapitel über die Zeit an der Universität in Bonn direkt an das Kapitel über die Cauersche Anstalt an.

Buchhändler in Straßburg und dann in Paris gewesen. Er hatte das große botanische Werk von Humboldt und Bonpland herausgegeben,[242] und dabei hat er wie durch andere Spekulationen, die mehr in Aussicht auf den inneren Wert als auf die Verkäuflichkeit der Schriften unternommen waren, sein Vermögen zugesetzt. Der Staatskanzler Hardenberg lernte ihn kennen und wusste aus seinen mannigfachen Fähigkeiten und seiner Meisterschaft im Französischen Nutzen zu ziehen. Schöll stieg schnell bis zum Range eines Wirklichen Geheimen Oberregierungsrats[243] und Vortragenden Rats in der Staatskanzlei, erhielt aber nach dem Eintritt der Reaktion, durch welche die Stein-Hardenbergsche Partei beseitigt wurde, seinen Abschied unter Beibehaltung des vollen Gehaltes, und doch hätte gerade ein reaktionäres Ministerium sich seiner gar wohl bedienen können, denn nach mannigfachen Wandlungen seiner politischen Überzeugungen war er, wie man heut sagen würde, ein Feudaler oder nach damaligem Sprachgebrauch ein Ultra. Die Heiligkeit der Majestät von Gottesgnaden hatte an ihm den eifrigsten Verfechter; als einst jemand in seiner Gegenwart sagte, es wäre schade, dass man den erbärmlichen Ferdinand VII. von Spanien nicht totgeschlagen, geriet er in die äußerste Wut und verbat sich ernstlich, in seiner Gegenwart so hochverräterische Reden zu führen. Von dieser Richtung waren seine Ansichten auf allen Lebensgebieten gefärbt. Ein Dichterwerk taugte nichts, wenn der Verfasser sich liberaler Gesinnungen verdächtig machte. Die alten französischen Klassiker galten ihm für die größten Genies, die jemals auf Erden gelebt, und Racines[244] *Athalie* stellte er höher als den Homer. Gegen diesen Ausspruch wagte ich einst einen bescheidenen Widerspruch. Da kam ich aber schön an. Ich hätte zu lernen und zu glauben, was gescheite Leute sagten! Im Grunde hatte er recht, weil ich die *Athalie* so gut wie gar nicht kannte und nur, nach Cauerscher Art, jede Verkleinerung Homers für Hochverrat hielt, ganz ebenso wie Schöll einen Angriff auf königliche Majestäten. Der alte Herr

242 Die erste Ausgabe erschien 1805 bei F. Schoell, Paris.

243 Der Titel wurde in Preußen als Auszeichnung an höchste Beamte verliehen.

244 Jean Baptiste Racine (1639–1699), Autor der französischen Klassik

war einer der korpulentesten Männer, die sich jemals einen Bauch stehen ließen. Sein Schreibtisch, an dem er den größten Teil des Tages zubrachte, um die vielen bändereichen Werke zu verfassen, die ihm in der literarischen Welt einen geachteten Namen verschafften, war eigens für seine Figur konstruiert. Die Platte des Tisches hatte nämlich einen weiten runden Ausschnitt, der den Bauch umschloss, so dass er gewissermaßen um sich selbst herum schrieb. Die wohlgeformten Hände des alten Herrn waren so dick wie gestopfte Kissen. Stieg er in einen Wagen, so musste der Diener eines der Beine seines Herrn nach dem anderen mühsam zusammenbiegen und hineinschieben. Dabei war er trotz der Unförmlichkeit seiner kolossalen Figur in Mienen und Bewegung so gelenkig wie ein junger Franzose. Sein wirklich schönes Gesicht spiegelte ausdrucksvoll jede Regung der Seele wider. Ein glänzendes Augenpaar, von dunklen, dichten Brauen überragt, bildete mit dem schneeweißen Haar, das die hohe, kahle Stirn umkränzte, einen sehr hübschen Gegensatz. Die äußerste Reinlichkeit seiner Kleidung trug dazu bei, die Erscheinung des Greises zu einer überaus anmutigen und würdevollen zu machen, so dass man kaum daran dachte, dass jeder andere bei einer so unmäßigen Wohlbeleibtheit geradezu lächerlich aussehen müsste Ebenso groß wie der Fleiß und die Loyalität des alten Schölls war dessen Interesse für Trinken und Essen, namentlich für das letztere. Er rühmte sich mit Stolz, einer der größten Gourmands zu sein und hatte alles, was sich auf Wahl und Zubereitung der Speisen bezieht, förmlich wissenschaftlich studiert. Wie gern und eingehend er sich auch über gelehrte und politische Gegenstände unterhielt, so wurde er doch doppelt lebendig, wenn das Gespräch auf sein Lieblingsthema kam. Er gab auch wohl den Anlass dazu, indem er ausrief: »*Parlons cuisine!*« Und nun hörte man ihm mit dem größten Vergnügen zu, wenn er mit wichtigstem Ernste sich über eine Reihe von gut schmeckenden Dingen mit ebenso viel Gründlichkeit wie Behagen vernehmen ließ. Ein Diner war für ihn eine feierliche Angelegenheit, über die er keinen Spaß verstand, und wenn es zur Tat kam, so wusste er im richtigen Verhältnis zu seinem körperlichen Umfange das Nützliche mit dem Angenehmen zu verbinden, indem er ungeheure Massen von seinen

Lieblingsgerichten verschlang. Die beiden Schöllschen Töchter, Karoline und Marie, waren äußerst wohlerzogene, von Herzen vortreffliche Mädchen, der Legationsrat Schöll ein wohlunterrichteter junger Mann, dessen Benehmen zwischen großer Schüchternheit und aufwallender Heftigkeit sonderbar hin und her schwankte. Seine vollkommene Beherrschung der französischen Sprache, die ihm geläufiger war als die deutsche, machte ihn zu einem brauchbaren Arbeiter im Ministerium, doch hinderte eine gewisse Umständlichkeit und Peinlichkeit sowie der Mangel an eigentlichen eleganten Formen (obgleich auch er vollkommen wohlerzogen war) sein Avancement[245] im Auswärtigen Ministerium. Er wurde später der Bundesgesandtschaft in Frankfurt attachiert und blieb in dieser Stellung bis zu seinem in den vierziger Jahren erfolgten Tod. Durch den beständigen Verkehr im Auswärtigen Ministerium mit Gesandten und vornehmen Legationsräten war Schöll so gewöhnt, die Leute mit hohen Titeln anzureden, dass dies mit zu einer komischen Äußerung Anlass gab. Nach dem Tode seines Vaters hatte er einen Schneider Bremer, einen kleinen buckligen Kerl, und dessen Frau als Wirtschafterin und zur Bedienung engagiert. Eines Tages kam er höchst erregt zu meinem Vater und sagte: »Wissen Sie, ich glaube jetzt überzeugt zu sein, dass Herr von Bremer mich bestiehlt!« Mit scheinbarer Ergebung, obgleich innerlich tief verletzt, ertrug er es, dass er stets von neuem bei Beförderungen übergangen wurde. An meinen Vater schloss er sich mit der wärmsten Hingebung an. Beide Männer waren durch rücksichtsvolles förmliches Benehmen einander ähnlich. Der junge Schöll wurde ebenso wie Gouché ein täglicher Besucher unseres Hauses.

Im Sommer 1826 war diese Verbindung zwischen beiden Familien im Entstehen und trug nicht wenig zum allgemeinen Wohlbehagen bei. Gemeinschaftliche Partien zu Wagen wurden unternommen, man saß des Abends bei schönem Wetter oft bis spät in die Nacht hinein plaudernd zusammen. Man fing bald an, sich wie Angehörige und nahe Verwandte zu behandeln. Meiner Mutter war ein solcher Verkehr bei uns im Hause durchaus erwünscht. Sie fühlte

245 Beförderung

sich seit Annas Geburt leidend und schwach, konnte keine weiten Spaziergänge unternehmen und litt an allerlei Beschwerden, die sich langsam steigerten, bis fünf Jahre nachher, viel zu früh für uns alle, ihr teures Leben endete, ohne dass die Ärzte über die eigentliche Beschaffenheit der Krankheit ins klare gekommen wären. Man hatte sie bereits früher nach Franzensbad, dann nach dem eben erst in Aufnahme kommenden Kissingen geschickt, doch kehrte sie stets schwächer und kränker zurück, so dass seitdem keine Badereise mehr unternommen wurde.

Auf jene erste Reise war 1823 eine Fahrt nach dem Seebad Doberan gefolgt, wohin die Eltern sich mit Mathilde begaben, während ich bei Cauers blieb. Das Seebad schien zwar meine Mutter einigermaßen gekräftigt zu haben, doch war die gute Wirkung von keiner Dauer, und in dem Jahre 1826, von dem jetzt die Rede ist, hatten ihre Kräfte schon sehr abgenommen, so dass die größte Ruhe allein ihr zusagte.

In das Stillleben mit der Schöllschen Familie, das einem solchen Zustande vollkommen entsprach, platzte ich nun wie eine Bombe hinein, als jener Austritt in der Cauerschen Anstalt die Eltern nötigte, mich nach Hause zu nehmen. Mein Vater geriet mit Recht in den größten Zorn darüber, dass ich durch mein unbändiges Betragen wider seinen Willen meine Entfernung aus der Pension herbeigeführt hatte. Dazu kam, dass in der beschränkten Sommerwohnung kein rechter Platz, für mich war, dass die aufregenden Beratungen darüber, was nun mit dem ungeratenen Sohn zu tun sei, meiner Mutter schädlich werden konnten, dass man für die Zwischenzeit, bis über meine Zukunft Entschluss gefasst war, ein Interimistikum[246] einrichten musste – ich war in jeder Beziehung der Störenfried und bekam das hinreichend zu fühlen.

Wo und wie man mich unterbrachte, ist mir nicht mehr genau erinnerlich. Ich glaube, dass ich bei einer Tante schlief, die nur ein paar Häuser neben uns wohnte, und dass ich meine Arbeit im Gartenhäuschen machen sollte, das zu der Wohnung der Eltern gehörte und wohin man über einen geräumigen Hof gelangte, hinter dem der von den Mietern wenig benutzte und vernachlässigte Gar-

246 vorläufige Regelung

ten lag. Die Charlottenburger Sommergäste zogen es nämlich fast alle vor, sich bei schönem Wetter in den kleinen Vorgärten an der Straße aufzuhalten, wo sie des oft sehr argen Staubes nicht achteten, um das Vergnügen zu haben, die Vorübergehenden und Vorüberfahrenden zu sehen, namentlich auch den Anblick des Königs und der Prinzen und Prinzessinnen zu genießen, die im Sommer täglich zwischen Berlin und Charlottenburg hin und her fuhren.

Womit ich zuerst beschäftigt werden sollte, war nicht zweifelhaft. Durch den Gang des Unterrichts bei Cauer war ich im Lateinischen weit zurückgeblieben, namentlich einen ordentlichen lateinischen Aufsatz zu machen, überstieg meine Kräfte. Das hätte den Erfolg gehabt, dass ich in jeder anderen Erziehungsanstalt oder auf einem Gymnasium, trotz meinen guten Kenntnissen im Griechischen und der Mathematik, in eine sehr tiefe Klasse gesetzt worden wäre. Dies zu vermeiden, traf es sich sehr glücklich, dass Herr Friedel, Mathildes Lehrer, ein firmer Lateiner war, der sich nicht wenig darauf einbildete, diese Sprache geläufig und klassisch zu schreiben, wie er denn vielfach als Nebenverdienst Dissertationen junger Leute übersetzte und korrigierte. Während also die Beratungen über meine Zukunft noch zu keinen Resultaten gediehen waren, musste Herr Friedel bis zum Herbst täglich zu uns herauskommen, um mir viele Stunden des Tages teils Unterricht zu geben, teils mich mit schriftlichen lateinischen Arbeiten zu beschäftigen, woraus mir unendliche Pein und Langeweile erwuchs. Ich hatte nun einmal gegen dies Lateinische gerade solchen Widerwillen wie der selige Benvenuto Cellini gegen das allerliebste Hörnchen, das ihn sein Vater zu blasen zwang.[247]

Endlich war man nach vielseitigen und umfassenden Erkundigungen, welches Gymnasium in dem preußischen Staate am besten sei, zu dem Entschluss gekommen, mich nach Wittenberg zu schicken, wohin ich zum 1. Oktober abgeführt werden sollte. Von da ab verbesserte sich meine Lage sehr zu ihrem Vorteil. Meine gute Mutter hatte sich doch nur sehr ungern von der Schlechtigkeit ihres geliebten Kindes überzeugen lassen und war tief betrübt über die

247 Nach dem Willen von Cellinis Vater, der Baumeister, Instrumentenbauer und Musiker war, sollte er Musiker werden.

bevorstehende Trennung. Wenn wir allein waren, kehrten die Beweise ihrer rührenden Zärtlichkeit zurück. Auch Mathilde bedauerte mich, weil ich nun wieder in die Verbannung geschickt wurde, und die brave Berta umarmte ihren Knaben oft mit tausend Tränen. Auch der Vater wurde erweicht, denn er liebte mich nicht nur, sondern war auch im geheimen stolz auf meine Klugheit und meine Fähigkeiten, die er sogar überschätzte, indem er glaubte, es läge nur an meiner Trägheit und meinem bösen Willen, wenn ich nicht das Außerordentlichste leistete. Er überwand seinen Verdruss über die Eigenmächtigkeit, mit der ich in mein Schicksal und seine Erziehungspläne eingegriffen hatte, und die letzten Wochen vor der Abfahrt nach Wittenberg war ich ziemlich vergnügt mit Eltern und Geschwistern.

In diesen Tagen kam einst eine Bekannte zu uns zum Besuch und brachte die damals 15–16-jährige Pauline von Schätzel[248] mit, deren sie sich mütterlich angenommen hatte, und die sie fast ganz mit ihrer eigenen Tochter erziehen ließ. Das junge Mädchen stand damals in höchstem Glanze ihrer aufblühenden Schönheit. Von dem großen Talente, das ihre Mutter, einst selbst eine hochberühmte Sängerin, unter dem Namen Julie Schick in Berlin gefeiert, still heranbildete, wusste man noch nichts. Ich aber war von dem Reiz dieser Erscheinung vollkommen bezaubert. Schweigend gaffte ich das schöne blonde Mädchen an und hätte mein Leben darum gegeben, um die Schüchternheit zu überwinden, die mich daran hinderte, ein Wort an sie zu richten.

Der Tag der Abreise nach Wittenberg rückte heran. Mein Vater wollte mich selbst an den Ort meiner Bestimmung bringen. Der Abschied von meiner geliebten Mutter und von Mathilde, sowie von der kleinen, noch nicht fünfjährigen Anna und der guten Berta mag schwer und tränenreich genug gewesen sein, doch sind alle Einzelheiten jener Stunden vollkommen aus meinem Gedächtnis entschwunden.

Ich selbst finde mich zuerst allein mit meinem Vater in einem Mietswagen auf der geraden, staubigen Chaussee zwischen Potsdam und Wittenberg wieder. Leichtsinnig gebe ich mich dem Reiz einer

---

248 Pauline von Schätzel (1811–1882), Sängerin, später verheiratete Decker

so ungewohnten Lage hin und hatte die Erlaubnis erlangt, mich zu dem Kutscher auf den Bock zu setzen, der mir zu meiner größten Freude Zügel und Peitsche überließ. Abends spät gelangten wir nach Wittenberg und übernachteten im Gasthof zur Weintraube.

Die zwei Jahre in Wittenberg will ich in diesem Zusammenhange nicht schildern. Sie geben zwar ein getreues Abbild von dem Kleinstadtleben zu jener Zeit, aber für mich persönlich waren sie nicht erfreulich, und es war mir eine Erlösung, als Herr Friedel zum 1. Oktober 1828 erschien, um mich abzuholen. Ich darf wohl sagen, dass mir die Welt damals recht grau in grau erschien, denn ich war bei den Eltern eines fast noch schlimmeren Empfanges gewärtig, als da ich mich von Cauers hatte herausmaßregeln lassen. Was sollte ich zur Entschuldigung für die immer schlechten Zensuren anführen? Was sollte ich sagen, wenn sich herausstellte, dass diese ganzen zwei Jahre mir sittlich wie wissenschaftlich nichts genutzt, und dass ich im Herbst 1828 eher weniger wusste als 1826? Zudem begriff ich sehr wohl, dass meine Eltern in der ärgsten Verlegenheit sein mussten, was mit mir anzufangen sei, denn in der engen Wohnung, wo sie selbst sich kaum notdürftig behelfen konnten, war kein Platz für mich.

Über meinen Empfang in Berlin und die ersten Tage daselbst gehe ich hinweg und will sogleich berichten, dass ich zum Glück schon bald eine leidliche Unterkunft fand. Da ich, wie bereits beschlossen war, das Friedrich-Wilhelm-Gymnasium[249] besuchen sollte, das an der Ecke der großen Friedrich- und Kochstraße gelegen war, so war es sehr erwünscht, dass ein Vetter sich bereit erklärte, mich vorläufig zu sich zu nehmen, da er eine Wohnung unfern des Halleschen Tores bezogen hatte.

Bevor ich in das Friedrich-Wilhelm-Gymnasium aufgenommen wurde, musste ich bei dem Direktor ein Examen bestehen, weil er nicht Lust hatte, mich auf Grund meines schlechten Wittenberger Abgangszeugnisses nach Prima zu versetzen. Da ich mich aber im

---

249 Das Friedrich-Wilhelms-Gymnasium in der Friedrichstr. 41 bestand von 1797 bis zum Ende des Zweiten Weltkriegs und war eines der führenden Gymnasien Preußens. Es brachte so berühmte Personen wie Otto von Bismarck, Paul Heyse und Bruno Bauer hervor.

Griechischen viel besser unterrichtet zeigte, als er erwartet hatte, so gab er nach und ich wurde der ersten Klasse überwiesen. Hier gefiel es mir unendlich besser als in Wittenberg. Nicht nur fand ich in Professor Y. einen Lehrer, der in seiner Art fast ebenso geistreich wie S. unterrichtete, und an den ich mich sogleich anschloss, sondern es waren auch unter meinen Mitschülern die trefflichsten jungen Leute, dergleichen ich in der Stadt Martin Luthers nicht gefunden. Mit einigen blieb ich viele Jahre in enger Freundschaft verbunden.

Ganz besonders aber Y.s deutscher Unterricht machte mir die größte Freude. Dieser Mann war ein enthusiastischer Bewunderer Goethes und namentlich auch der Goetheschen Prosa, die man nachahmen musste, wenn man seinen Beifall gewinnen wollte. Da ich nun selbst damals ein Goetheschwärmer war, so gab ich mir die größte Mühe, die Wort- und Satzbildung des großen Dichters zu studieren und in ähnlicher Weise zu schreiben, was gar nicht so schwer ist, weil die Manieriertheit, welche in dessen späteren Schriften so auffallend ist, selbst in seinen früheren Werken schon vorspukt.

Durch ein solches Eingehen auf die Wünsche des Lehrers gewann ich mir seine Gunst, ebenso durch den Inhalt meiner Aufsätze, in welchen ich, da wir die Themata selbst wählen durften, gewöhnlich einen paradoxen Satz zu verteidigen suchte, was Y., der viel Humor hatte, nicht ungern sah. Eigentümlich war das Verhältnis, in das ich mit diesem Lehrer geriet. Während er es nämlich trefflich verstand, sich bei uns in größten Respekt zu setzen, besonders auch dadurch, dass er sich stillschweigend auf einem Zettelchen fortwährend Notizen machte, von dem wir wussten, dass sie auf unsere Zensuren und auf unser Heraufrücken wesentlichen Einfluss hatten, behandelte er mich außerhalb der Lehrstunden mit wahrhaft freundschaftlicher Herablassung und plauderte mit mir manchmal wie mit seinesgleichen. Auch als ich die Schule verlassen hatte, besuchte ich ihn zuweilen und sprach mit ihm über ästhetische und philosophische Dinge. Er hatte mich schon öfter dahin bringen wollen, den zweiten Teil von Goethes Faust zu lesen, der in seinen Augen ein großes geheimnisvolles Kunstwerk war, während ich nichts als Langeweile dabei empfand und das Poem auch heutigen

Tages noch nicht halb gelesen habe. Meinen Widerwillen zu überwinden, erbot Y. sich einst, einen Spaziergang mit mir zu machen und im Freien das Gedicht vorzulesen. Mit Freude willigte ich ein. Wir wanderten an einem Sonntagmorgen zum Frankfurter Tore hinaus und wollten im Schlossgarten zu Friedrichsfelde[250], auf dem Grase gelagert, die Lektüre vornehmen. Nach langem Marsche in großer Hitze an dem Ort unserer Bestimmung angekommen, waren wir beide aber so müde, dass wir unter einem schattigen Baume einschliefen und nicht eher erwachten, als bis es Zeit war, wieder nach Hause zu gehen. So blieb dann der zweite Teil des Faust ungelesen. Der brave Professor hatte bald nachher das Unglück, in eine Geisteskrankheit zu verfallen. Er bildete sich ein, Goethe zu sein. Ob er wieder geheilt wurde, wüsste ich nicht zu sagen.

Nächst Y.s Stunden waren es eigentlich nur die des Direktor S. selbst, die mir Interesse einflößten. Er erklärte uns den Horaz mit so großer, halb echter und halb gemachter Begeisterung, dass es ihm gelang, uns an den Oden großen Geschmack beizubringen, was jedoch bei mir nicht vorgehalten hat, indem ich späterhin mich höchstens an den Satiren und Episteln dieses galanten, geistreichen und etwas frivolen Dichters ergötzt habe, doch war es die Wieland-sche unübertreffliche geistestreue Übersetzung, die ich damals las, und die den gleichen Genuss wie das Original gewährt und doch unserer Empfindung und Anschauung die Sachen näherbringt.

Wunderlich genug war das Verhältnis, in das ich bald zu unserem Geschichtslehrer Professor W. geriet. Da ich bei Cauers gar keine und in Wittenberg so gut wie gar keine Geschichte gelernt, so war ich der unwissendste Historiker der ganzen Klasse, und da ich schon in der Jugend kein Gedächtnis für Namen und Jahreszahlen hatte, so wusste ich fast niemals ordentliche Antworten zu geben. Das Anekdotische, das in meine gelehrte Rumpelkammer gehörte, behielt ich dagegen gut genug, und von dergleichen besaß ich in meinem Kopf einen unerschöpflichen Vorrat. Der Lehrer mochte erkennen, dass dagegen nichts zu machen war, und so ließ er mich lachend gewähren. Kam er an eine pikante Stelle, zum Beispiel die Aufzählung der

250 Schloss Friedrichsfelde und Schlossgarten gehören heute zum Tierpark Berlin, einem der beiden Berliner Zoologischen Gärten.

Frauen Heinrichs VIII. und die verschiedenen Gründe, aus denen dieser Tyrann sich derselben entledigte, so sprang er mit seinen Fragen aus der Reihe auf mich über und ließ mich solche Kuriosa erzählen. Kaum hat ein anderer Lehrer je größere Nachsicht mit mir gehabt.

Am schlechtesten ging es mir in den sogenannten Philosophiestunden, welche S. erteilte. Was da vorgetragen wurde, ist mir nicht klar geworden, nur wurde ich für jede Antwort gescholten, und in meine Zensur schrieb der strenge Schulmonarch: »Für Philosophie fehlt ihm jede Befähigung.« In der Mathematik war ich auch in der berlinischen Prima noch immer weiter als alle anderen, und wenn ein Schulrevisor oder ein Mitglied der Prüfungskommission mit einem unglücklichen Kandidaten erschien, der Probelektionen zu geben hatte, so rief der Mathematiklehrer, Professor P., mich in der Regel auf, ein a + b oder ein ähnliches Kunststück an der Tafel zu demonstrieren. Dieser P. war ein seltsamer Schwärmer. Er hatte allerlei physikalische Entdeckungen und Erfindungen gemacht, seine Hauptgedanken aber auf die Ergründung der eigentlich bewegenden Weltkraft gerichtet, weil er das Newtonsche Gesetz, nicht gelten ließ. Den Fachleuten ist bekannt, zu welchen Sonderbarkeiten sich P. auf diesem Gebiete verleiten ließ. Seine Stunden waren ganz schlecht, nicht weil er nicht hätte guten Unterricht geben können, sondern weil er auf dem Katheder schon nach wenigen Minuten in seine Träumereien verfiel und oft die halbe Lektionszeit über seine Probleme grübelnd stumm in sich versenkt dasaß.

Weil ich nun auch vom Französischen mehr wusste, als auf dem Gymnasium gelehrt wird, die griechische Stunde bei dem alten B. mich unerträglich langweilte, so dass ich während derselben unter der Bank Schach spielte oder malte oder Schmöker las, so war nach alledem der wissenschaftliche Gewinn für mich auch auf dem Friedrich-Wilhelm-Gymnasium nicht bedeutend, und die Zufriedenheit der Lehrer erwarb ich mir daselbst kaum in höherem Grade als in Wittenberg.

Zu Ostern 1829 bezogen meine Eltern eine neue Wohnung Unter den Linden 71, zwei Treppen hoch, in einem kleinen Hause, das damals für die Erben der bekannten Madame du Titre[251] verwaltet wurde und in dem man nun desto behaglicher wohnte, weil der eigentliche Administrator nicht in Berlin anwesend war, sondern sich auf seinem Landgut aufhielt.

Die Sonderbarkeiten der Madame du Titre[252] waren stadtbekannt und sind mehrfach bereits in Druckschriften besprochen worden. Diesen Anekdoten will ich hier, da der Name der alten Dame gerade genannt wurde, noch eine hinzufügen, die den meisten Lesern noch neu sein dürfte: Sie hatte ein Gesellschaftsfräulein, zu deren Obliegenheiten es gehörte, dass sie der Gebieterin niemals widersprechen durfte. Einst fuhren beide Damen an einem windigen Tage im offenen Wagen nach Charlottenburg; Madame du Titre, schön geputzt, trug einen mit drei Marabufedern verzierten Hut. Sehr bald entführte der Wind eine derselben und die Eigentümerin, die etwas Weißes in der Luft flattern sah, fragte: »Mamsellken, war det nicht eine Taube?« Antwort: »Jawohl, Madame du Titre!« Nach einigen Minuten entführte Zephyros die zweite Feder: »Mamsellken, war det nich en Stiksken Papier?« – »Jawohl, Madame du Titre!« Als nun gleich darauf auch die dritte Feder sich empfahl, wurde die Sache verdächtig. »Herr Jees, Mamsellken, war det nich en Marampuff?« – »Jawohl, Madame du Titre, es war der letzte!«

Ich selbst konnte übrigens in das neue Haus nicht sogleich mit übersiedeln. Zwar hatte mein Aufenthalt bei jenem Vetter nun ein Ende, weil er nach Schöneberg zog, aber in der neuen Wohnung der Eltern konnte ich auch nicht bleiben, denn diese wurde zugeschlossen, wenn die Eltern sich mit allem Dienstpersonal nach Charlottenburg begaben. Mich allein in Berlin, wo ich die Schule besuchte, zurückzulassen, fiel meinem Vater natürlich nicht ein, es wurde also wieder ein neuer Mentor für mich gewählt, mit dem ich mich in einer Wohnung in der Kronenstraße einrichten sollte, wo eine Frau zwei Parterrezimmer zu vermieten hatte. Mein neuer

251 Marie Anne du Titre, geb. George (1748–1827), allgemein Madame du Titre genannt, gehörte zu den schon weitgehend assimilierten Hugenotten.

252 Die in diesem Absatz erzählte Anekdote befindet sich in der Ausgabe von 1878 im Kapitel über die Referendarszeit.

Hofmeister hieß Herr R., blieb aber nur kurze Zeit. Ich würde diesen R. kaum erwähnen, wenn ich ihm nicht eine Bekanntschaft verdankt hätte, die mir viel frohe Stunden bereitete. Er führte mich nämlich zu einem reichen Kupferschmied P., mit dem er, glaube ich, entfernt verwandt war. Dieser Mann hatte sich von den Geschäften zurückgezogen und lebte sehr behaglich in seinem schönen Hause und Garten in der Leipziger Straße. Durch eigene Klugheit hatte er den Grund zu seinem Wohlstande gelegt. Das Dach des Berliner Schlosses war schadhaft geworden und man beschloss, die kolossalen Flächen mit Zink zu belegen. Der Mindestforderer[253] sollte die Arbeit erhalten. P. erbot sich, die Zinkbelegung ohne jede Bezahlung auszuführen, wenn ihm dafür das alte Kupfer überlassen würde, welches noch seit der Zeit der Erbauung des Palastes sich auf dem Dache befand. Die Behörden gingen darauf ein, und P. hatte einen Gewinn von 80 000 Talern bei diesem Geschäfte.

Er hatte seine älteste Tochter an einen Offizier verheiratet, die jüngere, ein sehr angenehmes Mädchen, wohnte bei dem Vater, ein Sohn von stillem, unbedeutendem Wesen kam wenig zum Vorschein. In diesem Hause ging es nun sehr lustig zu. Man hatte keinen anderen Lebenszweck, wie es sich und anderen wohl sein zu lassen, und täglich wimmelte es von Besuchern. Das ganze Leben in dieser reichen Handwerkerfamilie war so ganz von allem verschieden, was ich bisher gesehen, dass es mich höchlich ergötzte. Harmlose Lustigkeit mit ein wenig Witz und viel Behagen, reichliche Bewirtung, leichter Verkehr mit jungen Mädchen, die mich, wenn ich ihnen die Kur zu machen[254] versuchte, schon halbwegs für voll gelten ließen. Das alles entzückte mich, und es tat mir nur leid, dass ich diesen Umgang nach R. s Abgang nicht fortsetzen konnte.

Die Stelle dieses Mentors nahm ein sehr gutmütiger Herr K. ein, der nach einem Jahr eine Predigerstelle erhielt. Dann trat Theodor P. an dessen Stelle. P. war ein edler, tiefdenkender junger Mann, der es versuchte, mich mit der Hegelschen Philosophie bekannt zu machen, was mir das größte Interesse einflößte und die Ursache war, dass ich mich später jahrelang mit diesen Dingen gequält habe, bis

253 Anbieter mit dem niedrigsten Preis

254 umwerben, hofieren

mir die Unfruchtbarkeit derselben klar wurde. Während Herr K. bei mir war, hatte man für uns ein wunderliches Obdach gefunden. Es war im Sommer 1829 oder 1830, wo meine Eltern im Herrmannschen Hause in Charlottenburg wohnten. Für meinen Aufseher und mich war ein Zimmer und Schlafkabinett am Dönhoffplatze[255], bei einem Goldarbeiter, gemietet worden, der mit seiner unverheirateten Tochter lebte. Dieselbe hatte eine Verbindung mit einem Hauptmann gehabt, und ein kleiner Junge lief als Beweis dafür im Hause herum. Weshalb der Hauptmann seine Schöne nicht geheiratet, kann ich nicht begreifen, denn er liebte sie und kam jeden Abend zu Besuch. Unsere Wohnung lag drei Treppen hoch und gewährte, namentlich am Markttage, die reizendste Aussicht. Wenn morgens die Gemüsewagen mit den hoch übereinander getürmten zierlichen Körben in die Stadt kamen und ihre Ware abluden, wenn die Markthändler die grünen Kohlköpfe und die zarten, jungen Mohrrüben, Schoten, Spargel, Kirschen und was sonst noch aufgestellt hatten, so glaubte man von der Höhe unserer Fenster herab eine Reihe der zierlichsten niederländischen Kuchenstücke zu sehen. Das Gewimmel der Käufer und Verkäufer zwischen den frischen Farben der Gartenerzeugnisse erregte jedes Mal von neuem meine freudige Bewunderung.

Zwei entfernte Verwandte unsrer Mutter imponierten mir damals durch die Gewandtheit ihrer Formen und die Eleganz ihrer Erscheinungen so sehr, dass ich kaum wagte, mich ihnen vertraulich zu nähern: Hans Adolf M. und sein Vetter Paul. Beide hatten, und zwar nicht ohne Auszeichnung, die Freiheitskriege mitgemacht, wurden zu Offizieren ernannt und nahmen nach dem Frieden, mit Ehrenkreuzen geschmückt, ihren Abschied. Beide waren mitten aus ihrer Schulbildung heraus ins Feld gegangen, hatten also eigentlich nichts Rechtes gelernt und wollten deshalb Landwirte werden. Da aber ein bescheidener Anfang als Inspektor oder Pächter ganz außerhalb ihres Gedankenkreises stand, so verlangten beide, ihre

255 Der bis 1975 nach dem preußischen Generalleutnant Alexander von Dönhoff benannte Platz, frühere Schreibweise auch Dönhofsplatz, liegt an der Leipziger Straße. An seiner Stelle wurde zu Zeiten der DDR eine namenlose Grünfläche angelegt, die 2010 in Marion-Gräfin-Dönhoff-Platz umbenannt worden ist.

Mütter sollten ihnen große Güter kaufen. Das war teils deshalb untunlich, weil die Damen nicht über das Kapital verfügten, teils hatten beide auch nicht Lust, ihren Söhnen, die nicht gerade die solidesten Gewohnheiten angenommen hatten, große Summen anzuvertrauen.

Adolf M. durchlebte nun noch einige Jahre ohne allen Beruf, ohne alle Tätigkeit im wildesten Taumel aller Genüsse. Das einzige, was er mit allem Ernst betrieb, war die Reitkunst, und er hat in der Tat stets für einen der besten Reiter in Berlin gegolten, viele Preise bei Wettrennen, nicht nur in Deutschland, sondern später sogar in England, gewonnen und dadurch einigermaßen die großen Verluste zu ersetzen versucht, die er als Spieler zu erleiden hatte. Im Jahre 1817 oder 1818 entschloss er sich zuletzt, einen ernstlichen Versuch in der Erlernung der Landwirtschaft zu machen. Er ging auf das Gut eines Herrn von H. in Pommern, wo er sich vortrefflich amüsierte, als einziges volles Resultat aber nur den Sieg aufzuweisen vermochte, den er über das Herz der liebenswürdigen Tochter seines Prinzipals gewann. Nach seiner leidenschaftlichen Art drängte er nun auf seine sofortige Verheiratung mit Johanna von H. Die Eltern, die neun Kinder besaßen, waren damit sehr einverstanden und die Großeltern wussten, dass sie gegen den Entschluss ihres Sohnes doch nichts ausrichten konnten, auch hofften sie, dass er als Ehemann ein solideres Leben beginnen würde. Einige Jahre lebte das junge Paar in Neubrandenburg und zog erst 1826 nach Berlin. In völliger Geschäftslosigkeit verbrachte er hier seine Tage mit Reiten, Spielen und den dazugehörigen ritterlichen Vergnügungen, wobei sein Vetter Paul ihm behilflich war, der sich als Gutsbesitzer *in partibus* ganz in gleicher Lage befand, doch hatte dieser Paul weit mehr Tätigkeitstrieb als Adolf M. Er wurde einstweilen ein vorzüglicher Gärtner und erhob den Blumenflor seiner Eltern in Charlottenburg in der Tat zu einem kleinen Wunderwerk.

Beide Männer waren von auffallend schöner Gestalt und Gesichtsbildung und hatten die Offiziersmanieren in hohem Grade angenommen. Sie erschienen mir als die beneidenswertesten Menschen, da sie lebten wie die seligen Götter auf dem hohen Olympus, wo es nicht regnet noch schneit, noch irgendein Sturm weht. Wäre mir damals schon der Begriff eines englischen Gentleman geläufig gewesen, so hätte ich in diesen beiden unnötigen Menschen das Ideal eines solchen verwirklicht zu sehen geglaubt, und es war keineswegs von heilsamem Einfluss auf mein Jugendleben, dass nicht die ernste Arbeitsamkeit meines Vaters, sondern die liederliche Genusssucht jener beiden mir nachahmungswürdig und beneidenswert erschien.

Da mein Interesse für die mathematische Wissenschaft, besonders für die Geometrie, beständig im Wachsen war, so bewog ich meinen Vater, mir bei dem berühmten Steiner Privatstunden geben zu lassen. Dieser wunderliche Mann willigte auch ein und kam wöchentlich zweimal zu mir. Seine geistreichen Entdeckungen versetzten mich in wahrhaftes Entzücken, und ich ließ mir mit Wonne die Sätze erklären, die mir das Labyrinth seiner Kreise und der einander durchschneidenden Linien, von denen immer drei oder noch mehr in demselben Punkt zusammentrafen, erklären und fasste auch alles ziemlich leicht. Wenn ich mich aber nun selbst mühen sollte, etwas mit Fleiß zu finden, so bewährte sich wieder leider der Spruch meines Lehrers in Wittenberg: »Weiß nicht, was Mühe heißt.« Ich wollte eben von der gelehrten Kost naschen, aber sie nicht im Schweiße meines Angesichts dem Boden abgewinnen.

Steiner war ein Schweizer Bauernjunge, in einem Dorfe nicht weit von Solothurn 1796 geboren. Die Schulbildung, die er genoss, kann kaum mangelhafter gedacht werden. Erst mit vierzehn Jahren erlaubte ihm der Dorfpfarrer, schreiben zu lernen, weil vorher der Heidelberger Katechismus von Anfang bis zu Ende, und noch dazu vorwärts und rückwärts, auswendig hergesagt werden musste, was eine Lehrzeit von vielen Jahren ausschließlich in Anspruch nahm.

Mit Feldarbeit beschäftigt, brachte der Knabe die Tage fast ganz im Freien zu, wodurch sein Leib und seine Sinne sich ungewöhnlich kräftigten, so dass er zum Beispiel auf dem weit entfernten Jura die Kühe weiden sehen konnte. »Ich habe«, pflegte er später zu sagen, »auch jetzt noch die Fähigkeit, ein Rindvieh von weitem zu erkennen.« Ein unbestimmtes Gefühl von den großen Fähigkeiten, die in ihm schlummerten, deren Art und Umfang er aber selbst nicht kannte, machten leidenschaftlichen Drang nach Bildung in ihm rege, so dass er die härtesten Kämpfe mit seiner Familie, insbesondere mit dem überaus geizigen Vater nicht scheute, bis er durchsetzte, dass er nach Yverdon in die Pestalozzische Erziehungsanstalt geschickt wurde. Der mathematische Geist, der dort vorherrschend war, brachte Steiner bald zur Erkenntnis des Weges, den er zu wandeln hätte. Überraschend schnell offenbarte sich sein Genie, und es dauerte nicht lange, so war er dem dortigen Lehrer der Geometrie überlegen. Dieser hatte ihm gesagt, dass durch drei Ebenen ein körperliches Dreieck gebildet werde; Steiner, der in seinem ganzen sonstigen Wesen noch ein ganz ungebildeten Bauernjunge war, erwiderte sofort: »Das gibt ja acht Dreiecke!«[256]

Als Pestalozzis Anstalt in Verfall geriet, wandte sich Steiner nach Heidelberg, um dort zu studieren. 1821 ging er nach Berlin, wo er unter anderem auch in dem Cauerschen Institut Privatstunden gab und lange mit Not zu kämpfen hatte, bis er bei Wilhelm Humboldt eingeführt wurde, der seit der Zeit, wo er Gesandter in Bern gewesen, eine große Vorliebe für die Schweizer hatte. Er ließ seinen Sohn von Steiner unterrichten und empfahl denselben seinem Bruder Alexander, durch diesen kam er mit Crelle[257] in Verbindung und beide begründeten nun das bekannte mathematische Journal. Seine Schriften machten ihn schnell bekannt und berühmt. Die Königsberger Universität erteilte ihm ehrenhalber das Doktordiplom, 1834 wurde er Professor an der Berliner Hochschule und Mitglied der dortigen Akademie. Bald war er als ebenbürtig den größten Geometern der Welt überall anerkannt, aber ein glücklicher Mensch ist er nie geworden. Die ihm angeborene raue Natur ließ sich nicht so weit glätten, dass der Verkehr mit anderen Gelehrten ohne Reibung möglich gewesen wäre.

Als nun bei zunehmenden Jahren sein Gedächtnis schwächer wurde, wodurch er sich in der Ausübung seiner Wissenschaft gehindert fühlte, da bemächtigte sich seiner eine tiefe Schwermut. Er kehrte in seine Heimat zurück und ist dort 1863 gestorben.

256 (Originalfußnote in den Ausgaben von 1878 und 1925:) C. F. Geiser, zur Erinnerung an Jakob Steiner, Schaffhausen 1874.

257 August Crelle (1780–1855), Gründer des noch heute erscheinenden *Journal für die reine und angewandte Mathematik*, auch *Crelles Journal* genannt.

Dem Mathematiker braucht man nicht zu sagen, worin die unvergleichliche Genialität von Steiners Methode und seiner Entdeckungen bestand; aber sehr schwer wird es sein, dem Laien eine Vorstellung davon zu geben. Dass er schon als Knabe acht Dreiecke sah, wo der Lehrer nur eins verlangt hatte, ist gleichsam ein typisches Bild seines Verfahrens. Sein Geist besaß in Bezug auf geometrische Lehrsätze eine, man möchte sagen, kaleidoskopische Kraft. Das Einfachste gestaltete sich vor seinem inneren Auge zu vielseitiger harmonischer Erscheinung. Ein Sechseck wurde zu fünfzehn Sechsecken, deren Ausstrahlungen sich wieder in Knotenpunkt vereinigten, und diese Punkte durch weitere Linien verbunden, bildeten neue Figuren. Die meisten seiner Sätze konnte er nur im Kopfe konstruieren, weil keine Zeichnung imstande war, seinen Komplikationen nachzukommen. Eine Kugel schwebt in einer anderen hohlen Kugel, wie das Eidotter im Ei, und beide Flächen berührend, schlingen sich Reihen von Perlenschnüren zwischen denselben nach allen Richtungen hindurch. Steiner bestimmt die Zahl dieser kleinen Perlenkugeln und die Größe jeder einzelnen, er umgibt sie mit berührenden Ebenen und bestimmt deren Durchschnitte. Wie das Zellengewebe einer Pflanze wachsen die Bildungen organisch auseinander empor. Das alles aber sind nur die ersten elementaren Anfangsgründe der riesengroßen Kombinationsgabe dieses Mannes. Es war ein hoher Genuss, ihn solche Sätze entwickeln zu hören, und die Stunden, während welcher er mir in seiner unbeholfenen Sprache dergleichen Dinge vortrug, werden mir ewig unvergesslich bleiben.

So unverständlich war sein Schweizerdialekt damals noch, dass ich anfangs glaubte, er sei ein Franzose, und ihn bat, französisch zu sprechen, weil ich ihn dann besser zu verstehen hoffte. Zu meinem Erstaunen erwiderte er, dass er gar nicht französisch reden könne. Vermochte ich zuweilen seine Meinung gar nicht aufzufassen, so rief er mir halb ärgerlich, halb komisch zu: »Zinkedöh!« Wobei er zwei Finger in die Höhe hob. Dies Wort erklärte er auf meine Frage durch Zinke *deux*, das heißt zwei Zinken oder Hörner, also ein Ochse!

Steiner war durchaus und in jeder Beziehung ein Original und zwar ein solches, wie kaum alle hundert Jahre eins geboren werden mag. Dieser geniale Mann hegte eine Zeitlang die Hoffnung, einen ordentlichen Geometer aus mir zu machen, doch mein gewöhnlicher Mangel an Ausdauer musste ihn bald von einer so vorteilhaften Meinung zurückbringen. Um meinen Eifer anzuspornen, veranlasste er mich, die Lösung einer Aufgabe zu versuchen, die er im Crelleschen Journal gestellt. Er half mir dabei und ließ dann die Arbeit in dem Journal mit meinem Namen darunter abdrucken.[258] Auch das hielt nicht lange vor. Ich verlangte bald, Steiner sollte mich in der Algebra weiterbringen, die ihm bekanntlich förmlich zuwider war. Nur ungern verstand er sich dazu, die Gleichungen dritten Grades mit mir vorzunehmen. Als wir an den Punkt kamen, wo eine förmliche rationelle Lösung nicht möglich ist und man probieren muss, um die Wurzeln zu finden, kam es zu einem Bruch mit diesem genialen Manne. Ich bestand nämlich darauf, Probieren für unwissenschaftlich zu erklären, und verlangte eine bis ans Ende durchgeführte streng algebraische Lösung der Gleichungen. Hätte Steiner mir erklärt, dass die Wissenschaft noch nicht so weit gelangt wäre, eine solche Forderung zu erfüllen, oder hätte er noch besser den Beweis geführt, dass die Erfüllung ein für allemal unmöglich ist, so würde ich mich wohl beruhigt haben. Stattdessen aber wurde er ärgerlich, ich mag ihm in nicht ganz angemessener Weise geantwortet haben – kurz, Steiner erklärte, mir keine Stunden mehr geben zu wollen, und er blieb fort. So hatte ich wieder eine treffliche Gelegenheit zu meiner Ausbildung verscherzt und mir überdies noch den Zorn eines vorzüglichen Gelehrten zugezogen.

Die Lust, etwas mehr von der Mathematik zu lernen, und zwar womöglich ohne große Anstrengung meinerseits, war durch Steiners Abgang bei mir eher noch größer geworden, als dass ich mich hätte dadurch abschrecken lassen, und ich habe diesen Versuch bis in mein reifes Mannesalter stets wieder von neuem und natürlich stets mit gleich geringem Erfolge angestellt, weil ich immer noch nicht begreifen wollte, dass der alte Hesiod recht gehabt, dass den Menschen nichts ohne Schweiß von den Göttern verliehen wird.

Im Sommer 1829 gestatteten die Eltern mir, mit meinem Mentor N. eine achttägige Fußpartie in die sogenannte Märkische Schweiz

258 *Journal für die reine und angewandte Mathematik*, Bd. 5 (1830), S. 107 ff.

zu machen. Es waren das angenehme Tage. Wir wanderten mit sehr leichtem Gepäck zum Königstore hinaus und folgten der Chaussee über Werneuchen usw. bis Neustadt, Wriezen und Freienwalde. In Wriezen wurden wir von der dortigen Gastwirtin aufs herzlichste bewirtet, denn diese hatte bei meinen Eltern als Köchin gedient und zwar, wie ich glaube, seit ihrer Verheiratung bis 1815 oder 1816. Oft hatte meine Mutter noch den Verlust dieser tüchtigen, reinlichen und verständigen Dienerin bedauert, mit der sie sich, ich weiß nicht aus welchem Grunde, überworfen, wo dann beide Teile zu stolz waren, um den ersten Schritt zur Versöhnung zu tun. Von der »Marie« aber wurde immer wieder gesprochen, und man wünschte sie ins Haus zurück, wenn eine neue Köchin nicht den Anforderungen entsprach, die man an sie machte. Wir wussten, dass Marie in Wriezen verheiratet war. Ich traf sie als eine blühend aussehende Frau an der Spitze eines recht behäbigen und reinlichen Hauswesens. Sie freute sich sehr, mich, den sie als Kind so oft auf dem Arm getragen, in ihrem Hause bewirten zu können. Auch der Mann und die zwölfjährige Tochter waren sehr liebenswürdig gegen die Reisenden und wollten beim Abschied durchaus keine Bezahlung nehmen. Es existiert noch ein Brief, den ich von unterwegs an meine Eltern schrieb. Derselbe fiel mir vor kurzem in die Hände und überraschte mich dadurch, dass er ziemlich ebenso abgefasst war, als hätte ich ihn heute geschrieben. Ich bin eben in vielfacher Beziehung stets derselbe geblieben.

Auf dem Friedrich-Wilhelm-Gymnasium wurde ich durch meines Vaters Willen zweieinhalb Jahre in Prima festgehalten, obgleich ich längst zur Universität reif war, weil die Eltern sich nicht entschließen konnten, mich ohne Aufsicht in die Welt zu schicken. Sie glaubten, ich würde den größten Unfug anrichten, vielleicht mich geistig und körperlich vollständig ruinieren. So musste ich denn fünf halbe Jahre die entsetzlichen griechischen Stunden des alten B. und die Mathematikstunden P.s mit anhören, die mir nichts Neues brachten. Ich musste Boileau übersetzen, was ich im Schlafe von selbst konnte, mit einem Wort, ich war ein überreifer Schüler geworden, außer dass ich nun doch nicht ordentlich Lateinisch gelernt hatte und die Jahreszahlen der Geschichte ein für allemal nicht in meinem Kopf haften wollten. Ekel und Überdruss an den meisten Stunden waren die natürliche Folge meiner unnützerweise verlängerten Schulzeit, der ich durch möglichst vieles Schwänzen, wo ich konnte, mich zu entziehen suchte.

Ein eigentümliches Manöver hatte ich mir zu dem Ende ersonnen, das ich wenigstens einmal, oft zweimal in jeder Woche ausführte, ohne dass meine Eltern oder mein Vater jemals dahintergekommen sind. Das wurde auf folgende Art bewerkstelligt. Frühmorgens um 7 1/2 Uhr machte ich mich mit meiner Schulmappe auf den Weg, um angeblich den weiten Weg von den Linden bis zur Kochstraße ohne Übereilung zurücklegen zu können. Statt aber in die Friedrichstraße einzubiegen, wandte ich mich der Schlossfreiheit zu und legt in der Conradischen Konditorei, wo ich zuweilen etwas verzehrte, die Mappe nieder. Dann ging ich zum Oranienburger Tor hinaus nach Tegel, setzte mich, um auszuruhen, auf eine hübsche Bank im Humboldtschen Garten[259], wo ich las oder Verse machte, bis ich den Rückweg wieder antrat und Punkt 1 Uhr nach Hause kam und meine abgeholte Schulmappe mitbrachte. Im Gymnasium machte man, in Anbetracht dessen, dass ich wirklich bereits zum Abgange reif war, ein Auge zu, denn ich erinnere mich nicht, dass es jemals zu einer Klage oder gar zu einer Strafe gekommen wäre. Nur der alte B. war äußerst erzürnt auf mich, weil ich in seinen Stunden, wenn ich sie nicht schwänzte, nach wie vor den größten Unfug trieb. Einst in einer Euripidesstunde unterbrach er seinen Vortrag mit der donnernden Anrede an mich. »Eberty, ich werde Ihrem Herrn Vater raten, dass er Sie ein Handwerk lernen lässt, denn zum Studieren haben Sie weder Fleiß noch Fähigkeit.«

Auch mit dem Professor B., bei dem wir Tacitus lasen, hatte ich beständig Händel. B. hatte eine alberne schwülstige Übersetzung dieses Schriftstellers herausgegeben, über die ich mich beständig lustig machte. Noch ist mir sein Ausdruck »In des Buchenuferlandes schattiger Umhüllung« im Gedächtnis. Solche und ähnliche Lächerlichkeiten setzte ich einst zu einem Satz zusammen, schrieb denselben auf ein Papier und legte ihn vor Beginn der Stunde aufs

259 Entfernung ca. 13 km vom Berliner Schloss bis Tegel

Katheder. B. las, wurde dunkelrot vor Wut und rief: »Das hat mir kein anderer getan als Eberty!«

Unter solchen Vorbereitungen rückte die Zeit der Abiturientenprüfung heran. Die schriftlichen Arbeiten machte ich ganz gut, weil ich inmitten meiner Torheiten und Versäumnisse doch ebenso viel gelernt hatte wie die anderen. Als es zum mündlichen Examen kommen sollte, trat ein Ereignis ein, welches meinem ganzen Leben eine entscheidende Wendung gab. Meine Mutter hatte zuletzt fast die Hälfte ihrer Zeit im Bette zubringen müssen. Im Februar 1836 traten Atembeschwerden dazu – dass dies ein Zeichen der Wassersucht sei, sagte Horn uns nicht, und wir wussten es deshalb auch nicht. So ahnte ich bis zwei Tage vor ihrem Tode noch nichts von einer eigentlichen Gefahr und war vollkommen überwältigt, als ich am 5. März 1831 des Morgens vom Frühstück abgerufen wurde, um an das Sterbebett der Mutter zu treten. Ich übergehe diese Szenen, die so alt und doch jedes Mal so neu sind. Nach kurzem Todeskampf, ohne eigentliche Schmerzen, entschlief meine geliebte gute Mutter, eine Stunde nachdem ich an ihr Bett getreten. Von dem starken Opium betäubt, erkannte sie mich, glaube ich, nicht mehr.

An dem Tage, an dem man sie zur Erde bestattete, sollte mein mündliches Examen stattfinden. Ich wurde von demselben natürlich dispensiert und sollte es nachher allein machen, indessen beschloss das Lehrerkollegium, welches ja in den zweieinhalb Jahren Zeit genug gehabt hatte, meine Fähigkeiten zu beurteilen, mich dieser Nachholung zu überheben, und man erteilte mir, was damals noch sehr selten und nur in Ausnahmefällen vorkam, das Abgangszeugnis Nr. 1 und sogar noch eine Prämie, die in der Wolfschen Ausgabe von Aristophanes' »Wolken« bestand.

Von Jugend auf hatte man mir gesagt, dass ich Jura studieren sollte, weil das der Weg zu den höchsten Ehrenstellen im Staate sei. Ich selbst hatte zu verschiedenartige Anlagen und Fähigkeiten, als dass eine derselben zu einem bestimmten Lebensberufe gedrängt hätte. So fiel es mir umso weniger ein, mich zu widersetzen, als ich ja, wie die meisten jungen Leute, von dem eigentlichen Wesen der Jurisprudenz gar keinen Begriff hatte. Ich wünschte so eifrig, fortzukommen und endlich selbständig zu werden, dass ich ohne weiteres damit zufrieden war, mich einem Studium zu widmen, das die meisten meiner Schulfreunde erwählt hatten. In Berlin konnte ich nicht bleiben, das fühlte mein Vater so gut wie ich, denn seiner Natur nach hätte er nie vermocht, mich je anders wie einen Schulknaben zu behandeln, und doch sah er ein, dass dies nicht mehr anging. Nachdem nun über die verschiedenen Universitäten die eingehendsten Erkundigungen eingezogen waren, fiel die Wahl auf Bonn, was mir umso lieber war, als mehrere meiner Freunde ebenfalls dahin gehen sollten.

Berliner Originale

Madame Löwy[260]

Der reiche Kaufmann Itzig[261], der unter Friedrich dem Großen eine so bedeutende Rolle spielte, hatte dreizehn Kinder, die fast alle mit reichlicher Nachkommenschaft gesegnet waren. Eine der Töchter war eine alte Frau Löwy[262]. In welchem Maße die Familie sich ausgebreitet hatte, ergibt eine Unterredung, die ich mit dieser würdigen Greisin 1852 in Berlin hatte (sie war damals bereits über 92 Jahre alt). Sie selbst hatte keine Kinder. Ich fragte, ob sie wisse, wieviel Neffen und Nichten sie habe, Großneffen und Großnichten natürlich mitgerechnet. »Im Jahre 1811«, erwiderte sie, »habe ich bereits über 300 gezählt. Seitdem unterließ ich es, weiter nachzurechnen.« Man kann daraus einen Schluss auf die Vermehrung der Nachkommenschaft aller dieser Personen ziehen. Der Seltsamkeit wegen muss ich der Umstände gedenken, unter denen diese Unterredung stattfand. Ich ging nämlich um die Mittagsstunde die Behrenstraße entlang, als plötzlich eine Equipage neben mir still hielt, die ich an der uralten Livree des Kutschers sogleich für die der Madame Löwy erkannte. In der Tat wurde diese Dame von ihrem ergrauten Diener herausgehoben.

Ich hatte sie seit 15 Jahren nicht gesehen, fand sie aber fast unverändert. Auf meine Anrede erkannte sie mich nach längerem Besinnen wieder. Ich erklärte ihr meine große Freude, sie so wohl und munter zu sehen, und fragte, wie alt sie sei. Sie antwortete: »Die größte Hälfte des 93. Jahres liegt hinter mir, was aber meine

---

260 Das Kapitel über Madame Löwy ist in der Ausgabe von 1878 nicht enthalten.

261 Daniel Itzig (1723–1799), königlich preußischer Hoffaktor, war ein bedeutender Bankier und der Vorsteher der Jüdischen Gemeinde Berlin. Gemeinsam mit Veitel Heine Ephraim, dem Urgroßvater von Felix Eberty, machte Itzig sein Vermögen als Münzpächter im Siebenjährigen Krieg.

262 Sarah Löwy, auch Sara Levy, geb. Itzig (1761–1854), Cembalistin, Mäzenin und Musikaliensammlerin. Ihr Salon war der Treffpunkt der bedeutendsten Musiker und Gelehrten Berlins.

Munterkeit betrifft, so warten Sie einen Augenblick!« Die Straße war gerade menschenleer. Die alte Dame benutzte das, um vor meinen erstaunten Blicken auf dem Trottoir einen Walzerschritt hin und her zu tanzen, worauf sie durch ein tiefes, frohes Lachen ihre Freude über diese gewiss seltene Leistung zu erkennen gab. Anderen Tages führte ich meine Frau zu ihr, damit sie sich des Anblicks einer so seltenen Greisin erfreue. Wir trafen sie im besten Anzuge aufrecht an ihrem Schreibtisch, wo sie ihre wirtschaftlichen Rechnungen ordnete. Den nächsten Tag fuhr sie bei uns vor und machte ihre Gegenvisite, wobei sie den Kindern allerlei Spaßhaftes erzählte und auch darüber scherzte, dass sie nur noch ein Auge habe, das andere sei schon voran gereist. Frau Löwy gehörte in Berlin zu den bedeutendsten Persönlichkeiten. Von Ansehen kannte ich die Frau seit der Zeit, da ich zu Cauers kam, denn sie wohnte nicht nur unseren Musikaufführungen bei, sondern bewies sich in jeder Art als Beschützerin eines Institutes, bei dem zwei ihrer Neffen als Lehrer tätig waren.

Das Haus der Madame Löwy ist in seiner Art gewissermaßen berühmt geworden. Es lag am sogenannten Neuen Packhofe, hinter dem großen neuen Museum[263], an dessen seltsam verschobener Bauart eigentlich Madame Löwy allein schuld hat. Der ursprüngliche Plan des Museums war nämlich darauf berechnet, dass dasselbe auch den Platz umfassen sollte, auf welchem jenes Haus steht. Der König ließ deshalb anfragen, ob sie es verkaufen wollte. Sie erklärte sich dazu bereit, wenn ihr gestattet würde, solange sie lebte, in der Wohnung zu bleiben, welche sie vor länger als 60 Jahren, als sie sich verheiratete, bereits bezogen hatte. Natürlich wurde das zugestanden. Als die alte Dame aber immer älter wurde und mit der Erlaubnis zu leben förmlich Missbrauch trieb, wurde Friedrich Wilhelm IV. ungeduldig und ließ nochmals fragen, ob sie, da es doch einem öffentlichen Zweck gälte, nicht ausziehen wollte.

263 Das Neue Museum wurde zwischen 1843 und 1855 nach Plänen von Friedrich August Stüler auf der Museumsinsel errichtet. Die Planungsarbeiten begannen bereits 1841. Im Zweiten Weltkrieg wurde es zerstört und erst 2009 nach jahrelanger Restaurierung wiedereröffnet. Heute beherbergt es u. a. das Ägyptische Museum mit der Büste der Nofretete.

Sie lehnte das etwas unzarte Ansinnen aber mit dem Bemerken ab, dass auch sie den Kaufpreis für das Haus für einen öffentlichen Zweck bestimmt hätte. Es war wieder nichts zu machen, und da der König den Bau nicht länger hinausschieben wollte, so musste man den ganzen Plan verändern. Das Haus blieb nun bis zum Tode der alten Frau im Äußeren und Inneren unverändert.

Die schönen, großen Zimmer zeigten noch ganz die Einrichtung, wie man sie am Ende des vorigen Jahrhunderts in reichen Häusern sah. Auch die Gesellschaft, die sich um den Tisch der Hausfrau jeden Donnerstagmittag versammelte, bestand aus lauter konservierten Überresten der alten Zeit. Der feinste, aber auch der steifste französische Ton herrschte bei diesen Diners, an denen regelmäßig die Hofrätin Herz[264], Marianne Saaling, Herr Gauché, eine Tochter des Kupferstechers Chodowiecki und die blinden Schwestern der Wirtin teilnahmen. Der eisgraue Diener, der bei Tische aufwartete, war mit den Möbeln alt geworden. Jedes Stück des Hausrats schien ein Stück Lebensgeschichte zu erzählen. Unter den vielen Porträts, die die Wände schmückten, fesselte jeden Besucher sogleich das wundervolle Bild der Tochter einer alten Staatsrätin Uhden, die bis zu ihrem Tode im Hause gewohnt hatte. Diese Tochter hatte das kostbare, von Eduard Magnus in seiner letzten Zeit ausgeführte Gemälde ihrer mütterlichen Gönnerin und Freundin verehrt. Vor dem Hause an der Straße erhob sich eine Reihe uralter Ahornbäume, die Frau Löwy und ihr Mann mit eigener Hand gepflanzt, als sie den neuen Hausstand begründeten.

Der große Garten, der sich hinterwärts bis an die Spree zog, war wohlgepflegt und erhalten, die altmodischen Gewächs- und Lusthäuser glichen ehrwürdigen Ruinen. In diesem Garten hatte eines Tages Bettina Brentano mit Achim von Arnim »Verspruch[265] gehalten«. Wie Donnerstag zu Mittag bestimmte Teilnehmer des Gastmahls sich regelmäßig versammelten, so fand sich sonnabends ein Kreis von Bekannten und Freunden ohne besondere Einladung zum Tee. Hier ging es in den letzten Jahrzehnten recht stille zu,

---

264 Henriette Herz, geb. de Lemos (1764–1847), Schriftstellerin und eine der führenden Berliner Salonnièren

265 Eheversprechen, Verlobung

obgleich es an interessanten Gästen nicht fehlte. Die Unterhaltung kam oft ins Stocken, und man vernahm ein sanftes Flügelrauschen, wenn der Engel der Langeweile durch das Zimmer flog. Für solche Fälle hatte dann die Wirtin stets eine kleine Erzählung bereit, die mit den fabelhaft klingenden Worten begann: »Haydn sagte mir einmal« oder »Lessing, als ich ihn das letzte Mal sah« – und warf sie wohl eine anregende Frage dazwischen. Böse Zungen behaupten, sie habe die Totenstille der Tafelrunde einst mit der wissbegierigen Bemerkung unterbrochen: »Wo kommen denn eigentlich die Sardellen her?«

Diese steife, gerade sitzende Dame besaß aber trotz ihrer fast immer ernsten Miene, ihren beinahe männlichen Zügen und ihrer tiefen Stimme das weichste, wohlwollendste Herz. Ja, ihr Lebensberuf bestand eigentlich im Wohltun. Einen großen Teil ihrer reichen Einkünfte verwendete sie zur Unterstützung hilfebedürftiger Familien, Kranker und Leidender. Vielen Tausenden hat sie während ihrer langen Lebensdauer zu helfen gesucht. Wo sie von einer fleißigen, armen Handwerkerfamilie hörte, fuhr sie selbst hin, überzeugte sich von der Lage der Leute und bestellte bei ihnen Dinge, derer sie gar nicht bedurfte, um ihnen Arbeit zu verschaffen, anderen richtete sie aus eigenen Mitteln ein Geschäft oder einen kleinen Laden ein und war der gute Engel von Tausenden.

Da sie kinderlos inmitten eines unermesslichen Verwandtenkreises, wie ein Denkmal aus alter Zeit übrigblieb, so ist es begreiflich, dass sich vielfache Hoffnungen und Erwartungen auf ihre Erbschaft regten. Bei ihrem Tode, es mag 1854 gewesen sein, fand sich aber, dass sie ihr bedeutendes Vermögen so genau nach Verwandtschaftsgraden unter ihren Verwandten verteilt hatte, dass jeder nur eine geringe Summe erhielt. Wenige, die sie besonders liebte, waren durch ein Legat bevorzugt. Zu diesen letzten gehörte auch ihre Nichte, die Frau des Herrn Cauer, aber in der Zeit, wo dieselbe sich vermählte, lag die Erbschaft der Tante Löwy noch in weiter Ferne.

Von jener Hochzeit, die bei den Eltern der Braut gefeiert wurde, bekamen die Schüler der Anstalt so gut wie nichts zu hören oder zu sehen, nur wurden wir gewahr, dass das neue Paar sich im Nebenhause, in den an den Zeichensaal anstoßenden Zimmern sich behaglich und geschmackvoll eingerichtet hatte. Einige Knaben hatten mit Erlaubnis der Lehrer beschlossen, das Ereignis durch ein Festspiel zu verherrlichen. Vor uns Kleinen blieb das Nähere darüber ein Geheimnis, bis der Abend der Aufführung herangekommen war, wo denn einige Szenen aus *Lienhard und Gertrud*, dramatisch bearbeitet, aufgeführt wurden. Mir ist das Wenigste im Gedächtnis geblieben, doch machten die roten Schweizer Hosenträger auf den weißen Hemden einen prächtigen Eindruck, und Ferdinand G. der, allerdings in Männerkleidern, die Rolle der Frau Vögtin übernehmen musste, hatte deshalb lange unter unseren Neckereien zu leiden, umso mehr, als in seinem Wesen etwas Weiches und Weibisches lag.

Tante Kramer[266]

Tante Kramer war eine der ältesten Stiefschwestern meines Vaters. Sie mochte, als ich geboren wurde, nicht mehr weit von 60 Jahren sein, denn mein Vater war fast 30 Jahre jünger als sie. Tante Kramer führte ihren Namen eigentlich mit Unrecht, denn sie hätte Tante Krah heißen müssen, weil sie in ihrer Jugend kurze Zeitlang mit einem Herrn Krah (und zwar einem Bruder des Dichters Ephraim Krah) aus Breslau verheiratet, aber bald wieder von demselben geschieden war.

Ihr Äußeres konnte nichts weniger als reizend genannt werden. Ein kleines, von Gustav Hertz verfertigtes Bild stellt sie dar, wie sie leibte und lebte. Die scharfen Züge des sonst gutmütigen Gesichtes waren nur durch verschiedene Schönheitsmängel entstellt, indem das, was nach den Regeln des Praxiteles[267] in einem Frauenantlitz klein sein sollte, wie der Mund, ziemlich groß, und was groß sein sollte, wie zum Beispiel die Augen, ziemlich klein geraten war, so dann, was ihr besonders nicht zur Zierde gereichte, war eine Zugabe, die man in einem männlichen Gesicht zwar gern erblickt, bei einer Dame nun einmal wunderlich findet. Unter ihrer langen, seltsam

266 Das Kapitel über Tante Kramer ist in der Ausgabe von 1878 nicht enthalten.

267 Praxiteles, einer der bedeutendsten Bildhauer der griechischen Antike

gekrümmten Nase kräuselte sich nämlich ein stattlicher Schnurrbart, aus dem sie auch gar kein Geheimnis machte, denn sie hatte die Gewohnheit, ihn mit dem Finger zu drehen wie ein Gardeleutnant.

Ebenso wunderlich wie die leibliche war auch die geistige Eigentümlichkeit der Tante. Tante Kramer hatte seit 20 Jahren mindestens sich beständig in einem durchaus gebildeten Kreis bewegt, dessen Mitglieder in Sprache und Bewegungen und in der ganzen Art, zu denken und sich darzustellen, durchaus die Gewohnheiten der besten bürgerlichen Gesellschaft erblicken ließen. Das hatte aber nicht im Geringsten vermocht, die rauen Kanten und Ecken der Tante abzuschleifen, die in unerklärlichem Gegensatz zu ihren Geschwistern durchaus unfähig schien, sich feine gesellige Formen anzueignen.

Sie sprach jenen Urberliner Dialekt, der leider in seiner Reinheit allmählich zu verschwinden scheint, der aber in den 30er Jahren namentlich von älteren Leuten selbst aus den höheren und höchsten Ständen mit größter Harmlosigkeit gehandhabt wurde. Nächst dem weichen G und einem gewissen Silbenfall, dessen Rhythmus und Melodie unübertrefflich den Grundcharakter der Berliner, Selbstbewusstsein und Überhebung über andere, ausdrückte, war besonders die ganz regellose Verwechslung des Dativs und Akkusativs ergötzlich. Man konnte dabei je nach der Eigentümlichkeit der redenden Personen die verschiedensten Gewohnheiten beobachten. Ich habe Herren und Damen gekannt, die mit unbegreiflicher Konsequenz jedes Mal mir und ihnen sagten, wo es mich und sie heißen musste. Andere brauchten überhaupt nur die Akkusative und das Wort mir zu, Beispiel kam nie über ihre Lippen, während eine fernere Klasse von Berlinern lediglich des Dativs sich bediente. Außer solchen konsequenten Personen gab es noch die große Klasse derer, die man parlamentarisch mit dem Namen der Wilden belegen würde, die ganz willkürlich, wie es ihnen eben schien, mir und mich durcheinander brauchten. Zu der Dativpartei, und zwar zu der äußerst rechten, gehörte zum Beispiel der alte Onkel Ebers, der nie anders sprach als: »Ich freue mir auf Hanne« oder »Mir hungert, mir friert.« Als einst dieser Onkel mit dem Dativ sich eine neue Wohnung einrichten ließ, sagte meiner Mutter Bruder: »Der alte

Ebers hat alles renoviert, auch einen ganz neuen Dativ hat er sich angeschafft; nur der Akkusativ war noch ganz gut, den hat er nie gebraucht.« Von dem wild wechselnden Sprachgebrauch ist der bekannte Ausspruch der berufenen Wiesel, der Freundin des Prinzen Ferdinand, ein hübsches Beispiel, als dieselbe eines Nachmittags, auf dem Sofa liegend, zu ihrer Gesellschafterin sagte: »Jeben Sie mich einmal Herrn von Schillern, ich will sehn, ob ich bei ihm druseln kann!«

Zu welcher Klasse von Kasusverwechslern die Tante Kramer gehörte, ist mir nicht mehr erinnerlich, aber höchst ergötzlich waren ihre Verstöße gegen die Grammatik jedenfalls. Auch mit den Fremdwörtern und Namen verfuhr sie höchst eigenmächtig. Sie kam einmal ganz erschreckt aus dem Garten herein und rief, es wäre da ein ganzes Nest von Hornisten (Hornissen). Das Brandenburger Tor nannte sie Brannenburger Tor. Ferner bediente sie sich des Sprichworts: »Es ist noch nicht alle Tage Abend.« Man könnte ein Buch davon vollschreiben. Sie liebte die Musik und besuchte öfter die Opernaufführungen im Theater, wo sie dann die Melodien mit von ihr modifizierten Texten nachzusingen versuchte. Die Rachlust nächtlicher Geister aus *Armide* hieß bei ihr: Die Nachtluft mächtiger Geister usw. Der kleine Doktor D. (Tante Kramer sagte auch einmal: »Der Doktor D. hat einen Hund von der Rasse Friedrichs des Großen«), der an Neckereien aller Art das größte Vergnügen hatte, liebte es, die alte Dame aufzuziehen, und, ohne dass sie es merkte, bei jeder Gelegenheit zu verspotten. Zuweilen, wenn er es ganz arg trieb, geriet sie in heftigen Zorn und sagte ihm dann keine Schmeicheleien. Besonders empfindlich war sie, wenn man von ihrer entsetzlich schlecht konstruierten und höchst unkleidsamen Perücke Notiz nahm oder ihr Kartenspielen tadelte, wie man denn überhaupt mit den Eigentümlichkeiten der alten Dame sehr vertraut sein musste, um ihren Zorn nicht auf sich zu ziehen. Sie erreichte ein sehr hohes Alter. Es mag in der Mitte der dreißiger Jahre gewesen sein, als sie, einer Gesellschaft beiwohnend, vom Schlage getroffen wurde und plötzlich verstarb.

Tante F.[268]

Sie war die älteste Stiefschwester meines Vaters und soll in ihrer Jugend eine berühmte Schönheit gewesen sein, was ich wohl glauben will, denn noch in ihrem höchsten Alter machte ihre Erscheinung einen höchst angenehmen Eindruck. In ihrer Jugend soll sie eine gar galante, viel umschwärmte Frau gewesen sein. Zu ihren eifrigsten Verehrern gehörte der bekannte Staatsrat Staegemann[269], der Dichter der Freiheitssonette. Dieser alte Herr besuchte die Tante noch ab und zu, und ich erinnere mich namentlich eines großen Mittagsmahls, bei dem er zugegen war. Er war sehr klein und hinkte auf einem Fuß. Sein gescheites Gesicht und seine schneeweißen Haare machten einen angenehmen Eindruck.

Ein fernerer Verehrer war der damals nicht unberühmte Philosoph Kiesewetter[270], der sich das Verdienst erwarb, die Kantische Philosophie durch klare und leicht fassliche Bearbeitungen in die weitesten Kreise zu verbreiten. Er war unverheiratet und wohnte als alter Junggeselle in der letzten Zeit seines Lebens mit der Tante zusammen, was bei den hohen Jahren des befreundeten Paares keinerlei Anstoß erregen konnte. Kiesewetter ist auch im Hause meiner Verwandten gestorben und hat derselben sein ganzes, nicht unbeträchtliches Vermögen vermacht, was zu einem Prozesse Veranlassung gab, der im Wege des Vergleichs beigelegt wurde.

Die Tante hatte durch langjährigen Umgang mit einem Philosophen gewisse Redensarten und Manieren angenommen, sie bediente sich gern französischer Redensarten und Sprichwörter und gebrauchte zuweilen Ausdrücke, die erkennen ließen, dass sie nicht ohne Nutzen die langjährige Freundin eines Professors der Logik gewesen war. So fällt mir aus viel späteren Jahren ein, dass ich sie einmal fragte, ob ihr kleiner Enkelsohn gute Fortschritte mache. Sie antwortete sogleich: »O ja, er ist ein kluger Junge, er hat Begriffe, zieht Schlüsse und bildet Urteile.« Auch eine Kunstkennerin war sie und schmückte ihre Zimmer mit den herrlichsten französischen und

268 Das Kapitel über Tante F. ist in der Ausgabe von 1878 nicht enthalten.
269 Friedrich August von Staegemann (1763–1840)
270 Johann Gottfried Kiesewetter (1766–1819)

italienischen Kupferstichen nach Raffael, die ich, sooft ich sie besuchte, mit einer von Neid nicht ganz freien Bewunderung betrachtete. Eines Tages, als ich wieder zu ihr kam, bemerkte ich zu meinem Erstaunen, dass sie an einer Wand, wo die prachtvollen Blätter von Raffael, Morghen, Anderloni und Deroger glänzten, unter diesen Meisterwerken eine Reihe von ganz erbärmlichen französischen kleinen Kupferstichen aus der biblischen Geschichte in schön vergoldeten Rahmen aufgehängt hatte. Ich vermutete, dass irgendeine Erinnerung an den Geschenkgeber oder früheren Besitzer dieser Scharteken[271] denselben einen solchen Ehrenplatz erworben und fragte die Tante, was sie veranlasst habe, so schlechte Bilder in ihre Staatszimmer zu hängen. Da kam ich aber schön an. Sie erklärte mir, es wären die größten Kunstwerke, die wohl verdienten, neben den anderen einen Platz einzunehmen. Ich weiß noch gar wohl, dass ich förmlich starr vor Erstaunen blieb, als die Kunstkennerschaft der Tante sich so plötzlich in Humbug verwandelte.

Während nun aber Philosophie und Kunstkennerschaft nur die Staatsliebhaberei der alten Dame war, so besaß sie dafür eine andere, die sich so echt bewies, dass sie bis zum Tode ausgedauert hat, das war die Liebe zum Bostonspiel[272]. Sie war glücklich, wenn sie jeden Abend ihre Partie machen konnte, und nicht bloß selbst zu spielen, sondern auch anderen Spielen zuzusehen, machte ihr die größte Freude. Jede Woche lud sie an einem bestimmten Tage wohl 20 Personen ein, die dann an fünf bis sechs Spieltischen Platz nahmen und bis zum Abendessen an denselben ausharrten. Ja, oftmals wurden die Gerichte an den Spieltischen herumgereicht, um die Partien nicht länger als nötig zu unterbrechen.

Da die Personen, die sich hier versammelten, wesentlich nach deren Fertigkeit im Whist- und Bostonspiel ausgewählt waren, so kann man sich denken, dass sie, aus einem anderen Gesichtspunkt betrachtet, eine gar buntgemischte Gesellschaft abgab. Kammerherren, Barone, Kaufleute, alte Jungfern und Gott weiß was, verband der Genius der Karten hier zu einem Kranz. Ein alter, sehr

271 abwertende Bezeichnung für altes Buch, im 19. Jahrhundert auch allgemein für alte Sachen

272 im 19. Jahrhundert populäres Kartenspiel

dummer Kammerherr von K. war einer der Stammgäste, den wie viele andere nichts als die Gewissheit, hier alle Woche eine Partie und ein gutes Souper zu finden, an dieses Haus fesselte. Als die Tante sehr alt wurde und ihr geschwächtes Augenlicht ihr kaum noch möglich machte, die Karten zu unterscheiden, sah von K. mit Schrecken den Tag herannahen, an dem der bitterste Ernst des Lebens hier dem Spielen ein Ende machen könnte. Da sagte er einst in der Bekümmernis seines dummen Herzens zu der ältesten Tochter meiner Tante: »Sagen Sie mir doch, meine Verehrteste, werden Sie nach dem Tode Ihrer Frau Mutter das Haus in der bisherigen Weise fortführen?« Der alte Mann hatte nicht Gelegenheit zu erfahren, ob dies geschehen würde, denn er starb noch eher als die Tante. In seinem Testament hatte er nebst anderen Albernheiten auch angeordnet, dass jeder, der bei seinem Begräbnis auf dem Kirchhofe erschien, einen Friedrichsdor[273] aus dem Nachlasse erhalten sollte. Da unzweifelhaft das gesamte große Vermögen des Kammerherrn nicht ausreichte, diese Bestimmung zu erfüllen, weil sie in Berlin bekannt geworden war, so schwebten die Erben in Todesangst. Sie verheimlichten die Stunde der Feierlichkeit und ließen ihren Verwandten lange vor Sonnenaufgang beerdigen, wodurch dann der befürchtete Verlust glücklich abgewendet wurde.

Hanne F.[274]

Die älteste Tochter meiner Tante F. hieß Johanna oder, wie sie in der ganzen Familie kurzweg genannt wurde, Hanne. Wenn je ein weibliches Wesen, so war diese Hanne schon in der Wiege dazu bestimmt, eine alte Jungfer zu werden, denn ein vollkommeneres Musterexemplar von dieser Spezies dürfte sich kaum finden lassen. Der Grundzug ihres Charakters war Wohlwollen und Gutmütigkeit, nach Berliner Art mit einem guten Teil der daselbst landüblichen

273 Nach Friedrich dem Großen benannte preußische Goldmünze (d'or, frz.: aus Gold) aus 21-karätigem Gold mit einem Feingewicht von ca. 6 gr., die zwischen 1741 und 1855 geprägt wurde.

274 Das Kapitel über Hanne F. ist in der Ausgabe von 1878 nicht enthalten.

Polissonnerie[275] vermischt. Wo sie eine Pflicht zu erfüllen hatte, zeigte sie sich von Jugend auf in bewundernswürdiger Weise gewissenhaft und treu. Die alte Mutter hat sie mit kindlicher Aufopferung bis zum Tode gepflegt und wich keinen Augenblick von ihr. Als später ihr Bruder, der nach dem Tode seiner Frau nicht recht wusste, was er mit einem kleinen Mädchen anfangen sollte, die Sorge für das Kind an die Schwester übertrug, unterzog sie sich mit derselben Hingebung dieser neuen Pflicht und wurde der kleinen Antonie eine zweite Mutter.

Nachdem ich meiner alten Kusine aus vollem Herzen habe Gerechtigkeit widerfahren lassen, möge sie verzeihen, wenn ich nun auch ihrer kleinen Schwächen gedenke, die zum Teil so ergötzlicher Natur sind, dass es schade wäre, wenn man nicht wenigstens einen Teil derselben der Vergangenheit zu entreißen suchte. Es ist eine Eigentümlichkeit der meisten alten Jungfern, dass sie entweder zur Prüderie oder zum Zynismus neigen. Hanna F. gehörte von Jugend auf der letzten Richtung an und hatte es im Laufe der Jahre unendlich weit darin gebracht. Besonders hatte sie auch das mit Diogenes gemein, dass es ihr vollkommen gleichgültig war, »was die Leute dazu sagen«. In Gang, Haltung und Toilette hatte sie sich seit langen Jahren dermaßen vernachlässigt, dass man sie auf den ersten Blick zu der Gattung der sogenannten Hundefräulein zu rechnen geneigt sein konnte, umso mehr, als sie selten ohne Begleitung eines Lieblingshündchens angetroffen wurde. Als ich sie vor einigen Jahren in Berlin auf der Straße traf, bemerkte ich, dass sie vorn in ihren Schal ein Loch geschnitten und durch dasselbe den Bindfaden befestigt hatte, an dem sie ihren Hund leitete. Sie liebte diesen Begleiter des Menschen, der den unvermählten Personen beiderlei Geschlechts oft die Familie ersetzen muss, mit übermäßiger Leidenschaft, indem sie nicht nur für Lager, Kost und Pflege des jedesmaligen Schoßhündchens mit mütterlicher Zärtlichkeit Sorge trug, sondern auch jedem dritten gegenüber alle die Sünden, durch welche sich solche Tiere zuweilen sehr unangenehm machen, lieber auf sich selbst nahm, ehe sie einen Verdacht oder Tadel auf dem teuren Vierfüßler sitzen ließ.

275 frz.: Schabernack, Jungenstreich

Mit der Nachlässigkeit ihrer persönlichen Erscheinung bildete die große Sauberkeit und Eleganz ihrer Wohnung einen merkwürdigen Gegensatz. Die Räume, in denen sie gern und oft einen großen Kreis von Bekannten bewirtete, machten durchaus einen behaglichen Eindruck, und man hatte an ihrer Tafel nichts von der Nachlässigkeit und Unordnung zu befürchten, die an der Person der alten Dame so seltsam auffiel. Eine Anzahl von weiblichen Standes- und Altersgenossinnen, welche es sich bei ihr wohlschmecken ließen, behandelte sie mit großer Herablassung, obgleich Komtessen und Baronessen darunter waren. Die Freude am Kartenspiel hatte sie von ihrer Mutter geerbt, was der Eintretende durch die verschiedenen, ins Auge fallenden Bostonkästchen gewahr wurde. Auch sie hatte eine Zahl von Bostonspieler an sich gefesselt, doch ging alles harmloser und mit weniger Förmlichkeit bei ihren Partien vor sich als im Hause der Mutter.

Über alle Klatschgeschichten in der Stadt war sie aufs genaueste unterrichtet, besonders auch über die etwas zweideutigen, und eifrig war sie für die Verbreitung derselben in den weitesten Kreisen bemüht. Sie pflegte ihren Erzählungen gewöhnlich eine kleine Einleitung vorauszuschicken, um sich davor zu bewahren, dass man glaube, sie interessiere sich für solches Gerede. »Was die Leute doch immer zu klatschen haben. Da soll wieder die und die das und das getan haben. Ich bekümmere mich in meinem Leben nicht um solche Sachen, aber man muss sich's ja mit anhören, was weiß ich, ob's wahr ist.« Und dann reihte sich eine Skandalgeschichte an die andere. Wenn sie aber auch viele ihrer Besuche zum Teil nur aus der Lust an der Verbreitung solcher nützlichen Kenntnisse bei ihren Bekannten abstattete, so musste man zu ihrer Ehre sagen, dass sie auch ebenso oft und ebenso unermüdlich sich da einfand, wo sie wusste, dass sie einen Kranken oder Leidenden durch ihre Gespräche aufheitern und unterhalten konnte, und mit ihren Belehrungen über das, was in der Familie der Bekannten vorging, kramte sie dann auch ebenso reichlich alles aus, was sie zur Erquickung und Herzstärkung der Freunde auftreiben konnte, denen sie hilfreich zu sein wünschte.

Wie der Berliner überhaupt keine Autorität anerkennt und vor niemand leicht Ehrfurcht hat, so besaß Hanne namentlich die Gabe, mit den vornehmsten Personen auf eine so ungenierte Art zu reden, dass es staunenswert war. Mit ihrem, von ihr wahrscheinlich kaum gekannten Vorbilde Diogenes hatte sie auch das gemein, dass sie wie er zu Alexander dem Großen gesagt haben würde: »Geh mir aus der Sonne!« Sie war keineswegs ungebildet und hatte allerlei gelernt, aber sie gefiel sich darin, das nicht merken zu lassen, so dass man erstaunte, wenn zuweilen eine Bemerkung unterlief, die nicht nur von ihrem scharfen Verstande und einer großen Menschenkenntnis, sondern auch von einem feinen Gefühl für das Rechte und Schickliche Zeugnis gab, das man bei ihr am wenigsten gesucht hätte.

Als ein Beispiel für die Art und Weise, wie sie jedermann wie ihresgleichen und einen alten Bekannten behandelte, diene folgendes: Ihre Köchin hatte sich bei einem in großem Rufe stehenden Arzt Rat geholt und war infolge des von ihm verordneten Mittels genesen. Als Hanne mit diesem Heilkünstler, den sie niemals gesehen, am dritten Orte zusammentraf, ging sie ohne weiteres auf denselben zu und sagte: »Herr Geheimrat, ich danke Ihnen auch recht schön, dass Sie meiner Julie den Bandwurm abgetrieben haben. Ist aber auch der Kopf mit abgegangen?« – Sie würde Alexander von Humboldt ganz ebenso angeredet haben. Sie wohnte lange Zeit im Tiergarten, wo ihr ein kleines, an der Straße gelegenes Gärtchen mit einer Art von erhöhter Estrade zur Verfügung stand. Hier machte es ihr das größte Vergnügen, die dichten Scharen der eleganten Welt vorüberziehen zu sehen, ein Schauspiel, zu welchem sie nicht für nötig hielt, besondere Toilette zu machen. In einer weißen Nachtjacke mit ihrer Schlafhaube setzte sie sich ins Freie, vollkommen gleichgültig gegen die verwunderten Blicke, welche ihre Ungeniertheit auf sich zog.

Der kleine Doktor

Er[276] stammte aus Hannover, hatte in Göttingen Philosophie stu-

276 Dieses Kapitel folgt in der Ausgabe von 1878 auf das über Jakob Steiner. Eberty leitet es so ein: »Der dritte Mathematiker, von dem ich nunmehr reden will, war vor vierzig bis fünfzig Jahren in vielen Kreisen Berlins unter dem Namen *Der kleine Doktor* bekannt.« Mit dem zweiten Mathematiker ist Wilhelm Lehmann gemeint.

diert und durch eine Abhandlung *Über geometrische Grenzen*, mittels deren er seine akademische Würde erlangte, sich viel Anerkennung bei den Fachgenossen erworben. Seit dieser Zeit lernte und arbeitete er im Stillen emsig weiter bis an seinen Tod, der ihn vor etwa vierzig Jahren hochbetagt von der Erde abrief. Eine weitere Frucht seiner Studien bekam aber die Welt nicht zu sehen. Von der Mathematik hatte er sich abgewandt und sich in die Erforschung der orientalischen Sprachen versenkt, so dass er ein gründlicher Kenner des Sanskrit und des Arabischen und Türkischen wurde. Er lebte als stiller Junggesell, doch schuf er sich einen segensreichen Beruf, dem er jahrelang seine Zeit widmete, und innerhalb dessen er Raum und Muße genug behielt, um die tausenderlei Sonderbarkeiten zu pflegen und von Tag zu Tag zu steigern, durch welche er Anspruch darauf erhielt, ein Uroriginal genannt zu werden.

Der Doktor war von Statur auffallend klein, fast zwerghaft, aber dabei wohlproportoniert und zierlich gebaut, sein Gesicht angenehm und voll Geist und Leben, und aus einem Paar scharfer Brillengläser guckte er gar klug in die Welt hinein. Durch die Zinsen seines kleinen Vermögens hatte er ein mäßiges Einkommen, welches ihn in den Stand setzte, ein unabhängiges Dasein zu führen.

Ein Knabe, der bereits erwähnte Maler Gustav Hertz[277], weitläufig mit ihm verwandt, hatte in früher Jugend durch unheilbare Lähmung fast vollständig den Gebrauch der Glieder verloren, und, dieses traurige Schicksal noch trauriger zu machen, starben ihm rasch hintereinander beide Eltern, so dass er vollständig verwaist und hilflos zurückblieb. Der kleine Doktor übernahm es, die Erziehung des Unglücklichen zu leiten, und tat das in der allervortrefflichsten Weise, so dass der vom Schicksal so schwer geprüfte Pflegling unter seiner Obhut zu einem braven, tüchtigen jungen Mann heranwuchs. Da derselbe vollständig an seinen Stuhl gefesselt war, so kam es darauf an, ihn fortwährend zugleich zu bilden und zu unterhalten, und das gelang ihm über alles Erwarten. Durch die besten Lehrer

277 Gustav Hertz (1805–1875), Sohn des Juweliers Heiman Ruben Hertz, der 1815 starb (siehe: *Die Judenbürgerbücher der Stadt Berlin* 1809–1851, herausgegeben von Jacob Jacobson). In der Ausgabe von 1878 wird der Name des Knaben nicht genannt.

wurde er in sämtlichen Schulwissenschaften und in sehr vielen alten und neuen Sprachen unterrichtet; er erhielt volle Gelegenheit, die ihm angeborenen mechanischen Talente auszubilden, und mit ganz besonderer Sorgfalt wurde seine Anlage zum Zeichnen und Malen gepflegt, so dass er es in der Tat später dahin gebracht hat, unter die besten Porträtmaler gezählt zu werden. Daneben durfte er seiner Lust an der Ausübung der verschiedenartigsten Handwerke freien Lauf lassen und erlernte die Uhrmacherkunst und einige damit verwandte Künste bis zur vollendeten Meisterschaft. Dankbar erkannten der Vormund und die Familie des Knaben die über alles Erwarten erfolgreichen Bemühungen des kleinen Doktors an, und sehr gern ließ man ihn in den Absonderlichkeiten gewähren, denen der alternde Junggesell sich in stets wachsendem Maße hingab.

Bald nachdem er sein Erziehungsamt angetreten, verlor er ganz ohne seine Schuld weit über die Hälfte seines Vermögens, so dass ihm kaum zwei- bis dreihundert Taler jährlich zu seinem Lebensunterhalte übrigblieben. Er trug dieses Missgeschick mit vollkommen philosophischem Gleichmute, was ihm allerdings dadurch erleichtert wurde, dass er im Hause seines Zöglings, auch nachdem derselbe vollständig herangewachsen war, nach wie vor weiterlebte und sich keine Nahrungssorgen zu machen brauchte. Dennoch veranlasste ihn jener Geldverlust, zu seinen sonstigen Schrullen nun noch die einer übertriebenen Sparsamkeit hinzuzufügen, welche er an allerlei kleinen Dingen übte, auf die sonst nicht leicht jemand verfällt. Neue Kleider schaffte er nur im alleräußersten Notfalle an. Zur Schonung der Stiefel trug er im Hause stets ein Paar heruntergetretene Pantoffel und statt des Rocks im Sommer eine Art von leinenem Staubhemde und im Winter ein wunderbares Habit von dunklem, grauem Fries, bestehend in einer weiten Schifferjacke und einem Paar ebenso weiten Beinkleidern; um den Hals ein altes, buntes, ausgedientes seidenes Schnupftuch. Allerdings besaß er auch einen Staats- und Gesellschaftsanzug, der, solange ich ihn gekannt habe, und das war während mehr als zwanzig Jahren, stets derselbe blieb. Er bestand aus einem kaffeebraunen Frack, einer gestreiften türkischen Weste nebst grauen Beinkleidern; und in diesem Aufzuge erschien er ebensowohl bei Geburtstagen und Hochzeiten, als bei

Begräbnissen und Trauerfeierlichkeiten. Einen merkwürdigen Anblick boten seine Stiefel; denn weil er an den Füßen sehr empfindlich war und verschiedene Protuberanzen[278] an denselben aufzuweisen hatte, so musste der Schuhmacher die Futterale der Füße ebenfalls mit den entsprechenden Auswüchsen versehen, wodurch das Piedestal des kleinen Doktors eine Form erhielt, welche jedem Kenner des menschlichen Organismus höchst befremdlich erschien.

Auch der braune Frack war eine sehenswerte Merkwürdigkeit, oder wurde es doch dadurch, dass sein Besitzer die Knopflöcher, so oft es nötig wurde, eigenhändig mit schwarzem Zwirn ausbesserte, bis die Ränder derselben so dick geworden, dass sie weit über die Fläche des Tuches hervorragten.

In Bezug auf Speise und Trank war er nicht sehr wählerisch, doch hielt er strenge darauf, dass die einfachen Gerichte, die er genoss, seinem Geschmacke gemäß zubereitet wurden. Über jedes derselben hielt er während der Mahlzeit eine kritische Vorlesung, die sich weitläufig über die Vorzüge und Mängel der Suppe und des Fleisches verbreitete, und er hatte die Gewohnheit, ganz lästerlich zu fluchen, wenn irgendetwas nicht nach seinem Geschmack war. Er rauchte viel Zigarren – aber welche! Etwas zusammengedrehtes Seegras würde mit demselben Wohlgeruch verglommen sein, wie die in ihrer Art einzigen Tabakstengel, deren er sich bediente, und es ist kaum zu glauben, dass sich ein zweiter Konsument für diese Ware gefunden haben sollte. Merkwürdigerweise gestattete sich der Doktor bei all seinem Geize doch gewisse Luxusausgaben, die mit seinen geringen Einkünften in keinem Verhältnisse standen. So behauptete er, nur beim Scheine von Wachskerzen schreiben zu können, und hielt deshalb stets einen Vorrat derselben in Bereitschaft; doch ließ er das angezündete Licht keinen Augenblick länger brennen, als er desselben unmittelbar bedurfte. Verließ er, wenn auch für noch so kurze Zeit, seinen Schreibtisch, dann wurden die Kerzen ausgelöscht, bis er wieder zurückkehrte. Außer auf die Beleuchtung verwendete er auch verhältnismäßig viel Geld auf Bücher, und hatte sich unter anderen für mehr als siebzig Taler ein Wörterbuch des Sanskrit angeschafft, in welches er fortwährend Bemerkungen und

278 wulstige Verdickungen

Zusätze einschrieb. Diese Ursprache studierte er nicht nur mit besonderem Eifer selbst, sondern erteilte darin einem jungen, talentvollen, sehr armen Studenten Unterricht. Diesem, sagte er oftmals, sei nach seinem Tode das kostbare Wörterbuch bestimmt.

Mit großer Beharrlichkeit studierte er auch den Koran. Als ich eines Tages den kleinen Mann besuchte, fand ich ihn in heftiger Aufregung. Mit zorniger Miene rief er mir entgegen: »Fünf Jahre habe ich nun den Koran studiert und ihn nie verstanden – jetzt verstehe ich ihn: Es ist lauter dummes Zeug!«

Alle diese Arbeiten kamen nur ihm selbst und zu einem kleinen Teil jenem armen Studenten zugute – die Welt erfuhr von den gewonnenen Resultaten nicht das Geringste. Er empfand dieses Zurückziehen in sich selbst als ein Unglück und beklagte tief, dass er sich niemals habe entschließen können, eine praktische Laufbahn einzuschlagen; weshalb er auch alle jungen Leute, mit denen er in Berührung kam, eindringlich verwarnte, sich ja nicht rein theoretischen Studien hinzugeben. Allein die Jahre, in denen man sich noch entschließen kann, ein neues Leben zu beginnen, waren für ihn vorüber! Nach und nach wurde die Zeit, welche er täglich der Arbeit widmete, immer geringer, und weil er Hypochonder war und sich einbildete, allerlei verborgene Krankheiten zu haben, so beschäftigte er sich späterhin fast nur mit der Pflege seines Körpers und mit einigen ihm liebgewordenen Zerstreuungen. Sorgfältig achtete er darauf, welche Nahrungsmittel ihm seiner Meinung nach zuträglich oder schädlich waren, und weil er zum Beispiel sich einbildete, frische Semmel nicht vertragen zu können, so ging er jeden Vormittag in einen bestimmten Bäckerladen und holte ein Weißbrot, welches er für den nächsten Morgen zum Frühstück aufbewahrte.

Der kleine Doktor war sehr mitteilsam und liebte es, seine Freunde und Bekannten mit den seltsamsten Paradoxen zu unterhalten, die ihm in unerschöpflicher Fülle zu Gebote standen, und die er mit dem größten Ernste umso hartnäckiger verfocht, je widersinniger sie waren. Einen Teil seiner Zeit widmete er auch der Beschäftigung mit einem zierlichen Windspiel oder einem anderen Hündchen, welches er sich hielt, und dessen Eigentümlichkeiten ihm zu scharfsinnigen, meist seltsamen Betrachtungen Anlass gaben.

So wollte er zum Beispiel einst bemerkt haben, dass sein Hund sich bemühte, den Sonnenschein von einer bestimmten Stelle des Fußbodens fortzukratzen und an eine andere Stelle zu bringen, wo er sich niederlegen wollte, und was dergleichen mehr war. Zu seinen förmlichen Lebensbedürfnissen gehörte außerdem eine abendliche Kartenpartie, Whist oder Boston, die er sehr ernsthaft behandelte. Oft bewies er noch einige Tage nachher, welche Fehler gemacht worden, und wie dieser oder jener ihn beim Boston habe sitzenlassen, der seinen Karten nach hätte mitgehen sollen, wie der Spielausdruck lautet.

Zu den Eigentümlichkeiten des Doktors gehörte es auch, dass er sich überaus gern mit Kindern zu schaffen machte, doch fand er bei den kleinen Geschöpfen nicht viel Gegenliebe, weil er es nicht lassen konnte, sie beständig zu necken, zu zerren und zum besten zu haben. Er versprach ihnen wochenlang seltsame Dinge, die er ihnen nachher nicht gab; er ließ sie ans Fenster treten, um irgendein abenteuerliches Schauspiel zu beobachten, zum Beispiel die Prinzessin, die auf einem Wagen, von Tauben gezogen, durch die Luft fahren sollte, worauf die armen Dinger oft stundenlang vergebens warteten; er versprach, sie zu irgendeiner Kinderfestivität abzuholen, und kam dann nicht, und was dergleichen Possen mehr waren. Dadurch wurde er zu seinem Leidwesen gerade von den Kindern, die er am meisten liebte, gefürchtet, oft geradezu gehasst. Ein kleines Mädchen, mit dem er eine förmliche Vergötterung trieb, und sie deshalb nach seiner Art am unbarmherzigsten neckte, wurde einst mit gefalteten Händen und andächtigem Blick stillstehend im Zimmer angetroffen. Auf die Frage, was sie so eifrig bete, gab das Kind ganz ernsthaft zur Antwort: »Ich bitte den lieben Gott, dass er den kleinen Doktor zu sich nimmt!« Das war allerdings sehr niederschlagend für den kleinen Gelehrten.

Einen ihm bis an sein Ende unvergesslichen Abschnitt in dem Leben des alten Herrn bildete eine Reise ins schlesische Riesengebirge, zu der ein paar Freunde ihn beredet hatten. Von Eisenbahnen wusste man damals in Deutschland noch nichts. Es wurde also gemeinschaftlich ein Wagen gemietet und in kleinen Tagereisen die Fahrt über Dresden angetreten. Unterwegs vergnügte man sich aufs beste. Der kleine Doktor, der vielleicht seit dreißig Jahren nicht aus der nächsten Umgebung Berlins herausgekommen war, genoss in vollen Zügen die Reize der freien Natur und zeigte sich unerschöpflich in barocken Redensarten und tollen Paradoxen, mit denen er seine Reisegesellschaft und sich selbst zum besten hatte. Anders wurde es, als wir die eigentliche Gebirgsfahrt von Warmbrunn aus antraten. Sich jedes Mal auf die Berge hinauftragen zu lassen, erlaubte ihm seine Sparsamkeit nicht, das Gehen aber wurde seinen kurzen Beinchen natürlich doppelt so schwer wie einem hochgewachsenen Manne. Stieg man nun gar bergan, so vergrößerte sich unter seinen Schritten ein kleiner Stein zu einem Felsblock, und es blieb zuletzt doch nichts übrig, als die Gebirgsträger zu Hilfe zu rufen.

Das war indessen nur die geringste der Widerwärtigkeiten, die der kleine Doktor auf dieser Reise zu ertragen hatte. Als echtes Berliner oder doch vollständig berlinisiertes Kind schien ihm jede Abweichung von seinen gewohnten Sitten und Gebräuchen verwerflich. Da kann man sich vorstellen, welchen Eindruck die sogenannten Gebirgsbauden auf ihn machten, in denen es vor vierzig Jahren allerdings noch fast urweltlich herging, und die doch allein ihm Erquickung bei Tage und Ruhe während der Nacht gewähren sollten. Es war ihm nicht zu verdenken, wenn er sich unter die Wilden eines fernen Erdteils versetzt glaubte. Als sich nun gar eines Abends zeigte, dass sämtliche Ankömmlinge in einer solchen Baude auf Heu gebettet werden mussten, weil keine anderen Lagerstätten vorhanden waren, da erklärte der kleine Mann mit einer Bestimmtheit und Festigkeit, die einem größeren Ehre gemacht hätte, dass es ihm gar nicht in den Sinn komme, sich wie eine Kuh oder ein Pferd auf Heu und Stroh legen zu lassen. Er sei jetzt fast siebzig Jahre alt, habe sein Leben lang stets in einem Bette geschlafen, und man könne ihm nicht zumuten, jetzt noch diesem gerechten und billigen Anspruch auf menschenwürdige Behandlung zu entsagen.

Das Ende der sehr ernsthaft geführten Verhandlung hierüber war, dass der Wirt dem alten Herrn für diese Nacht sein eigenes Bett abtrat und dasselbe auf den Vorplatz vor dem Heuboden stellen ließ, auf welchem die obige Gesellschaft die Nacht zubrachte. Aber es sollte dem kleinen Doktor nicht zum Heile gereichen, dass er seinen

Willen durchgesetzt hatte. Zwar konnte er sich auf seinem Lager bequem genug ausstrecken und einhüllen; allein, da der Verkehr in den schlesischen Bauden während des Sommers die ganze Nacht hindurch ein äußerst lebhafter ist, weil die Schmuggler aus dem benachbarten Böhmen mit ihren eingeschleppten Waren über das Gebirge kommen, und die schlesischen Schleichhändler gleichfalls im Finstern nach Böhmen ziehen, weshalb die wachthabenden Steuerbeamten genötigt sind, vom Abend bis zum Morgen aus einer Baude in die andere sich zu begeben – so war an Ruhe nicht zu denken. Allein das war bei weitem noch nicht das Schlimmste! Der finstere Vorraum, in welchen der arme kleine Doktor gebettet war, erhielt während der kurzen Sommernacht durch die scheidende und bald wieder anbrechende Dämmerung notdürftig so viel Licht, dass die Ankommenden zu erkennen vermochten, es stehe hier ein Bett. Jeder derselben wollte sich nun überzeugen, ob dasselbe noch leer sei, und schlug deshalb die Decke zurück, um sie alsbald wieder auf den unwillkommenen Inhaber der Schlafstätte hinabfallen zu lassen. Der Doktor geriet darüber in vollständige Verzweiflung. Seine Wut kannte keine Grenzen, und als er endlich nach dieser qualvollen Nacht sein Lager verließ, da fluchte er aus allen Tonarten auf die Reise, auf das Gebirge, auf die wilden Bewohner desselben – am meisten aber auf sich selbst, weil er töricht genug gewesen, sich zum Bestehen von solchen Abenteuern verleiten zu lassen.

Bis an sein Ende hat er niemals diese Nacht in der schlesischen Baude verschmerzt, und jedem, der es hören wollte, versicherte er mit tausend Schwüren, dass, wenn ihm verheißen würde, noch zwanzig Jahre lang gesund und glücklich zu leben, unter der Bedingung, eine zweite solche Nacht auf dem schlesischen Gebirge zu verbringen, er lieber allen Wohltaten des Schicksals entsagen wollte.

Wir waren froh, als wir den kleinen Mann zuletzt noch glücklich in das Tal zu den Wohnstätten besser gesitteter Menschen gebracht hatten und die Heimfahrt antreten konnten, an deren Ende er denn auch sein geliebtes Berlin wohlbehalten wieder erreichte.

Er hat die Mühen und Plagen dieser Reise noch um manches Jahr überlebt, aber vergessen hat er niemals, was er während derselben ausgestanden. Sein Ende war sanft. Er entschlief eines Tages plötzlich, als er sich zur Nachmittagsruhe auf das Sofa ausgestreckt hatte. Seinen Freunden und Bekannten waren aber auch nach seinem Tode noch große Überraschungen vorbereitet. Er hinterließ ein Testament ebenso seltsam wie der kleine Mann, der es abgefasst hatte. Durch dasselbe erklärte er ein Mädchen, welches niemand kannte, und dessen auch er niemals mit einem Worte Erwähnung getan, für seine natürliche Tochter, und setzte sie zur Erbin des größten Teils seines Vermögens ein. Man machte ihr das Vermächtnis nicht streitig, ohne dass die näheren Umstände des Verwandtschaftsverhältnisses jemals aufgeklärt worden wären. Jenem armen Studenten, den er unterrichtet hatte, vermachte er das kostbare Wörterbuch der Sanskritsprache, wobei sich herausstellte, dass er heimlich ein zweites Exemplar desselben teuren Buches durch monatliche Abzahlungen erworben, weil, wie das Testament erklärte, sein Legatar[279] unmöglich das vielfach beschriebene und verunstaltete, von dem Erblasser täglich benutzte, gebrauchen könnte.

Von selbständigen Arbeiten fand sich in seinem Nachlasse nicht das Geringste vor – er hatte sein ganzes Leben lang gleichsam nur in sich hineinstudiert.

Auch über sein Begräbnis waren wunderliche Bestimmungen getroffen. Er wollte dasselbe so großartig und prächtig veranstaltet wissen, dass durch genaue Befolgung dieser ausschweifenden Anordnungen fast sein gesamtes kleines Vermögen verschlungen worden wäre. Am Schlusse der hierauf bezüglichen Stelle des Testamentes hieß es: »Die Leute sollen sagen, es war doch ein so kleiner Mann, und nun hat er ein so großes Begräbnis.« Die Hinterbliebenen beschränkten vernünftigerweise die Ausführung seiner törichten Befehle auf ein verständiges, bescheidenes Maß, und immer noch feierlich genug wurde das kleine Original zur Erde bestattet.

In der anderen Welt wird ihm hoffentlich die Sorgfalt und Mühe, die er seinem Zögling gewidmet, und der treffliche Erfolg derselben als hinreichende Ausgleichung für seine vielen Torheiten voll angerechnet werden.

---

279 Vermächtnisnehmer

Universitätsjahre (1831—1834)

Bonn

Der Übergang von der Schule zur Universität bildet im Leben eines Jünglings den gewaltigsten Sprung, den man sich vorstellen kann, zumal wenn ihm bisher so wenig Freiheit gestattet war wie mir. Die Vorstellung von einer solchen unbegrenzten Selbständigkeit erfüllte mich denn auch dermaßen, dass ich über das juristische Studium, dem ich mich widmen sollte, wenig oder gar nicht nachdachte. Was weiß auch ein Abiturient von dem Studium beider Rechte, und welchen Begriff kann er sich davon machen?

Die Vorbereitungen zu der akademischen Laufbahn des Sohnes wurden von meinem Vater mit der größten Gewissenhaftigkeit betrieben, und er wollte natürlich die allerbeste Universität für mich durch die erprobtesten Sachverständigen ausgesucht wissen. Da ich indessen erklärte, das erste Jahr unter allen Umständen in einer schönen Gegend verleben zu wollen, so hatte die Wahl nur zwischen Heidelberg und Bonn geschwankt. Nach dem Rat der beiden Dirigenten im Kultusministerium, Nicolovius und Johannes Schulze[280], entschied man sich für Bonn.

◊ Das Budget wurde entworfen, und die recht knapp gemessene Summe desselben von mir, mit der *reservatio mentalis*[281], dass ich sie beträchtlich überschreiten würde, gern genehmigt.[282]

Demnächst wurde das Einnahme- und Ausgabebudget in reifliche Erwägung gezogen. Vierhundert Taler wurden dem angehenden Studenten ausgezahlt.[283] Kamen in Abzug, was für Vorlesungen, Bücher, Aufnahmegebühren und dergleichen gezahlt werden muss, so blieben kaum mehr als dreihundert für das Semester. Für einen in vieler Beziehung verwöhnten jungen Menschen, der nicht gewöhnt war, sich die Befriedigung seiner Launen und Wünsche zu versagen,

280 Johannes Schulze war ab 1818 im preußischen Kultusministerium für Gymnasien und das Universitätswesen zuständig.

281 geheimer Vorbehalt

282 Ausgabe 1878, S. 222

283 Dieser Absatz ersetzt in der Ausgabe von 1925 den vorangegangenen der Ausgabe 1878.

eine offenbar, selbst nach damaligen niedrigen Preisen, ganz unzureichende Summe. Da ich von Kind auf eine Abscheu gegen Schuldenmachen hatte, so war ich bald genötigt, um Zuschüsse zu bitten.

Meine Abreise wird in der Mitte des Aprilmonats 1831 erfolgt sein. Es war ein ungewöhnlich warmer Frühlingstag, als ich, leicht gekleidet, den Wagen der Schnellpost bestieg, die mich nach meinem Bestimmungsort bringen sollte. Die Fahrt dauerte ununterbrochen drei Tage und vier Nächte, wobei nur eine halbe Stunde behufs des jedesmaligen Mittagessens Rast gemacht wurde. Da das Wetter sich unterwegs bald abkühlte, so fror ich entsetzlich und kam halb erstarrt und ganz erschöpft zur rechten Zeit nach Köln, von wo aus ich dann am folgenden Morgen in Bonn anlangte.

◊ Zwar hatte ich bereits als siebenjähriger Knabe mit meinen Eltern eine Rheinreise gemacht, doch war mir von den landschaftlichen Schönheiten der Gegend kaum eine Erinnerung geblieben. Die Ufer des herrlichen Stromes bezauberten mich denn auch wie etwas ganz Neues, und das Entzücken über den Anblick des Siebengebirges steigerte sich mit jedem Tage. Natürlich war es mein dringendster Wunsch, eine Wohnung zu finden, welche die Aussicht auf den Rhein und die malerischen Linien des Drachenfels und seiner sechs schön geformten Genossen darbot; und durch ein günstiges Zusammentreffen wurde das ermöglicht, obgleich damals nur sehr wenige Häuser an der Koblenzer Straße gebaut waren, welche die von mir begehrte Aussicht in ihrer vollen Schönheit darboten. In diesen Häusern aber wurden keine Zimmer an Studenten abgegeben, weil die Besitzer eben nur für ihr eigenes Bedürfnis gebaut hatten.

◊ Nun besaß ein altes Fräulein Eversmann in Charlottenburg, bei der meine Tante Johanna seit vielen Jahren wohnte, einen gleichnamigen Neffen, der Staatsprokurator in Bonn war. Dieser hatte sich mit der Tochter eines reichen Notars daselbst verheiratet und bewohnte dessen herrliche, nur durch einen Garten von der Koblenzer Straße getrennte Villa ganz nahe am Tor. Hinter dem Hause zogen sich ausgedehnte Blumen und Baumanlagen fast bis an das Ufer des Rheins, und vor demselben befanden sich zwei kleine Nebengebäude, deren eines Stallungen, das andere zwei, durch einen

Flur getrennte Wohnzimmerchen enthielt, welche ursprünglich für die Dienerschaft bestimmt sein mochten. Da ich eine Empfehlung des Fräulein Eversmann mitgenommen hatte, so wurde ich von ihrem Neffen und von seiner jungen, muntren Frau aufs freundlichste empfangen, und ließen sich dieselben durch mein Bitten bald bewegen, mir das kleine Vorgebäude zu überlassen, dessen Fenster zwar nicht auf den Rhein gingen, aus dem ich aber unmittelbar in den Garten treten, und daselbst in jedem Augenblick die herrliche Aussicht genießen konnte. Hier richtete ich mich nun ein so gut es ging, denn die Zimmer waren äußerst dürftig ausgestattet und erforderten verschiedene Anschaffungen, durch welche ich sogleich meinen Etat bedeutend überschreiten musste.[284]

Mit einer Anzahl neu angekommener Studenten wurde ich umso leichter bekannt, als sich unter denselben mehrere meiner Berliner Mitschüler befanden. Wenn ich mir heut, nach 47 Jahren, die Namen derselben zurückrufe, so sehe ich, dass nicht nur sie, sondern fast alle meine näheren Universitätsfreunde mir, was äußere Lebensstellung betrifft, bei weitem den Rang abgelaufen haben. Sie sind Unterstaatssekretäre, Oberpräsidenten, Präsidenten und wirkliche und unwirkliche Geheimräte geworden. Ich aber blieb von jeher dem Ausspruch meines Lehrers in jener Gorgiasstunde getreu, dass es für den freien Mann darauf ankomme, immer Zeit zu haben, um die ihm verliehenen geistigen und leiblichen Anlagen, ohne Rücksicht auf einen äußerlich zu erreichenden Zweck, nach jeder Richtung hin auszubilden. Da hat sich denn auch bei mir, Gott sei Dank, der alte Spruch bewährt: »Was man in der Jugend wünscht, das hat man im Alter in Fülle!«

Zu meiner großen Freude war auch Achill aus der Cauerschen Anstalt nach Bonn gekommen. Wir nahmen unsere alten innigen Beziehungen wieder auf, und noch jetzt, obwohl wir uns seit Bonn nicht wieder trafen, wünschen wir einander alljährlich zu unserem Geburtstage Glück.

An verschiedene meiner alten, und einige der neuen Bekannten schloss ich mich enger an, und wir bildeten eine kleine Gesellschaft, die treu zusammenhielt und von dem eigentlichen Studentenleben

284 Ausgabe 1878, S. 222-224

und den sogenannten Verbindungen ziemlich fernblieb. Nur mit einigen Freunden, noch mehr aber im Verkehr mit gebildeten Familien, fühlte ich mich wohl und behaglich. Bis ich in den Häusern einiger Professoren, an die ich Empfehlungen mitgebracht hatte, freundlichen Zutritt erlangte, kam ich mir recht verlassen vor; doch dauerte das nicht lange. Bald wurde ich mit liebenswürdigen älteren Herren und Frauen bekannt, und auch an jungen Mädchen fehlte es nicht, die mein Interesse in Anspruch nahmen. Eine zarte Neigung zu einer allerliebsten Freundin meiner Wirtin kam denn noch dazu – und alle trüben Gedanken waren von mir gewichen.

Die Verbindungen der Landsmannschaften und ganz besonders der Burschenschaft standen noch unter strafrechtlichem Verbote, doch wurde stillschweigend geduldet, dass man sich desto ungestörter nach den Regeln der alten Universitätsgenossenschaften vereinigte und Kommerse abhielt, wenn nur das öffentliche Tragen der staatsgefährlichen Farben vermieden wurde. Wir hielten uns zu den Borussen, denen die Söhne der besten Familien angehörten, ohne eigentlich in ihre Verbindung zu treten. Meine Unfähigkeit, Wein in größeren Mengen zu vertilgen, machte mir es fast überhaupt unmöglich, an den Gelagen der Studenten teilzunehmen. Dafür entschädigten mich mannigfache Ausflüge in die Umgegend, namentlich in das herrliche Ahrtal, die der nähere Kreis meiner Bekannten, so oft es anging, unternahm.[285]

Die junge Universität Bonn hatte gerade damals das Unglück gehabt, drei ihrer ausgezeichnetsten Lehrer durch den Tod und durch Abberufung zu verlieren.

Niebuhr, dessen epochemachende römische Geschichte ihm nicht nur in ganz Europa, sondern auch jenseits des Ozeans einen großen Namen verschafft, war im Januar 1831 gestorben. Ohne als Professor angestellt zu sein, hatte er bis an sein Ende Vorträge gehalten, welche für die Erweckung wahren wissenschaftlichen Geistes auf einen weiten Kreis von Zuhörern nachhaltigste Wirkung übten. Wenige Tage vor meinem Eintreffen war auch Hermes[286] von der

285 Dieser Absatz ist in der Ausgabe von 1878 nicht enthalten.

286 Georg Hermes (1775–1831), Theologe und Philosoph. Nach ihm ist der sogenannte Hermesianismus, eine rationale Begründung des katholi-

Erde geschieden. Ich sah noch sein Leichenbegängnis mit an. Dieser vielgepriesene und viel verketzerte Mann hatte in der katholischen Gelehrtenwelt das größte Aufsehen erregt, indem er es unternahm, die Kantische Philosophie in das Studium der Theologie seines Bekenntnisses einzuführen. Er versammelte eine große Zahl gläubiger Schüler um seinen Lehrstuhl und hätte bei längerem Leben wahrscheinlich eine weitverbreitete Sekte gestiftet.

Außer diesen beiden Verstorbenen mussten die Bonner auch den berühmten Arzt Geheimrat von Walther[287] verlieren, welcher einem Rufe nach München Folge leistete.

Nicht minder groß wurde allgemein die Lücke empfunden, welche entstanden war, als man dem würdigen Ernst Moritz Arndt[288], infolge nichtswürdiger Verleumdungen, das Recht entzog, Vorlesungen zu halten. Seine Besoldung hatte man ihm lassen müssen, und der Dichter des Liedes vom deutschen Vaterlande bewohnte seitdem in stiller Zurückgezogenheit das schöne Haus, welches er sich am Rhein erbaut hatte. Auch diesen unvergleichlichen Besitz sollte ihm das Schicksal grausamerweise in ein Denkmal des Schmerzes und der Trauer verwandeln. Auf seinem Balkon stehend, musste er mit ansehen, wie unten im Rheine einer seiner blühenden Söhne beim Baden ertrank. Als der unglückliche Vater zur Hilfe herbeigekommen war, fand er nur noch die Leiche seines Kindes!

Nicht lange nach meiner Ankunft in Bonn begann ich die verschiedenen Professoren, denen ich durch Johannes Schulze empfohlen war, nacheinander aufzusuchen. Ich glaube, dass ich bei Mackeldey[289] den Anfang machte. Dieser alte Herr, dessen Lehrbuch des römischen Rechtes die weiteste Verbreitung gefunden, galt nicht gerade für einen großen Gelehrten, doch wusste er sehr ge-

---

schen Glaubens, benannt, der vom preußischen Staat unterstützt, aber 1835 durch Papst Gregor XVI. verboten wurde. Der Konflikt führte letztlich dazu, dass der Kölner Erzbischof Droste Vischering 1837 in preußische Festungshaft genommen wurde.

287 Philipp Franz von Walther (1782–1849), Chirurg und Augenarzt

288 Ernst Moritz Arndt (1769–1860), Historiker und Dichter in der Zeit des Kampfes gegen die französische Besatzung und Abgeordneter der Frankfurter Nationalversammlung

289 Ferdinand Mackeldey (1784–1834), Jurist

schickt diejenigen Kenntnisse mitzuteilen, welche für das praktische Leben oder, geradeheraus gesagt, für das Examen besonders zu erwerben waren. Da nun unter den Jura-Studierenden die größte Mehrzahl sich für den Staatsdienst vorbereitet, und nur ein kleiner Teil höhere wissenschaftliche Interessen verfolgt, so blieb Mackeldeys Auditorium, und darum auch sein Beutel, immer voll. Das offenbarte sich sogleich, wenn man zu der schönen Villa gelangte, die er sich in einem großen Garten erbaut hatte und mit seiner Familie allein bewohnte.

Dass Mackeldey taub sei, war kein Geheimnis; deshalb überraschte es mich auch nicht, als der Diener, der mich anmelden sollte, mir sagte, ich möge ohne anzuklopfen in das Zimmer des Herrn Professors eintreten. Dies tat ich denn auch und sah ihn schreibend, über seine Papiere gebückt, am Tische sitzen. Alle Versuche, meine Anwesenheit bemerklich zu machen, blieben ohne Erfolg. Ich musste zuletzt ganz nahe treten und mich in seinen Gesichtskreis bringen. Er empfing mich sehr freundlich, und sobald er meinen Empfehlungsbrief durchflogen, überreichte er mir ein Blatt Papier und einen Bleistift, um aufzuschreiben, was ich von ihm verlangte; denn Mackeldeys Taubheit war eine so vollständige in des Wortes verwegenster Bedeutung, dass er des Gehörsinns absolut entbehrte und auch nicht gewahr geworden wäre, wenn man neben ihm eine Kanone abgeschossen hätte. Darin lag vielleicht auch die Ursache, weshalb er nicht, wie Taube sonst in der Regel, verdrießlich und misstrauisch war, sondern sich immer in guter Laune und zu Scherzen aufgelegt fühlte; während derjenige, welcher nur schwer hört, in steter Aufregung bleibt, weil er immer fürchtet, falsch verstanden zu haben oder nicht zu merken, wenn etwas Nachteiliges über ihn gesagt wird. Das fiel hier fort. Übrigens war der Ersatz für das Gespräch durch die schriftliche Mitteilung ein höchst unvollkommener. Man hatte kaum zwei Worte zu Papier gebracht, so glaubte er schon zu wissen, was man sagen wollte, wodurch oft die seltsamsten Missverständnisse sich ergaben, welche aufzuklären langweilig, oft kränkend gewesen wäre, weshalb man die Sache dann auf sich beruhen ließ.

In seinen Vorlesungen wusste Mackeldey niemals, ob er laut oder leise spräche. Merkte er an den unruhigen Bewegungen der Zuhörer, dass er nicht verstanden worden sei, so wiederholte er, den Mund weit auftuend, den letzten Satz mit sichtbarer Anstrengung noch einmal, aber während er zu schreien glaubte, so leise, dass nun gar kein Ton herauskam. im Ganzen war dabei wenig verloren, da er zu den Professoren gehörte, die nicht viel mehr sagen, als was im Buche steht. An einen Verkehr mit dem unglücklichen Manne war nicht zu denken, deshalb blieb mein erster Besuch bei ihm auch der letzte.

Die angesehensten juristischen Lehrer in Bonn waren Bethmann-Hollweg[290] und Puggé[291] für das römische, Walter[292] für das deutsche und kanonische Recht. Den geistreichen Böcking[293] habe ich nicht gehört.

Als ich oben den großen Verlust erwähnte, welcher das Lehrpersonal der Universität betroffen, hätte ich Hasse[294] nicht vergessen sollen, dessen berühmtes Buch über die *Culpa* als würdiges Seitenstück zu Savignys Lehre vom Besitz gelten kann. Der Name Hasses wurde mir bald sehr geläufig, weil Puggé, an den ich mich ganz besonders anschloss, die älteste Tochter desselben zur Frau hatte. Er lebte mit ihr in sehr beschränkten Verhältnissen, wie man sogleich bemerkte, wenn man seine enge und unbequeme Wohnung betrat, deren Mängel er dadurch gleichsam zu entschuldigen suchte, dass er seinen Gast an ein Fenster führte, von wo aus man den Rhein erblickte.

Von den vielen Kindern, die sein Schwiegervater hinterlassen hatte, nahm Puggé eine Tochter von etwa sechzehn Jahren zu sich, welche Lottchen hieß. Dieses zierliche, hübsche Mädchen war munter und aufgeweckt, während ihre Schwester, die Frau Professorin, eine gute und brave, aber keineswegs eine unterhaltende Frau genannt werden konnte. Ihr Geist war von beständigen Wirtschaftssorgen umdüstert, und sie vermochte nicht, den gelehrten Mann auf

290 August von Bethmann Hollweg (1795–1877), Jurist und preußischer Politiker

291 Eduard Puggé (1802–1836), Jurist

292 Ferdinand Walter (1794–1879), Jurist, 1848 wurde er Mitglied der preußischen Nationalversammlung in Berlin.

293 Eduard Böcking (1802-1870), Jurist und Historiker

294 Johann Christian Hasse (1779–1830), Jurist

die Dauer zu fesseln. Als ich zum ersten Mal in diesen Kreis trat, konnte ich nicht ahnen, welche entsetzliche Tragödie sich einige Jahre später aus dem Zusammenleben der drei Personen entwickeln sollte![295]

Da Puggé gerade Institutionen las, so waren seine Vorträge die ersten juristischen, denen ich beiwohnte. Natürlich erschien mir alles, was ich da hörte, ganz neu; das Neue aber ist immer anziehend, und ich eignete mir denn auch mit großem Vergnügen eine Menge von Vorstellungen und Begriffen an, von denen allerdings fürs erste kaum abzusehen war, welchen Nutzen dieselben für das Leben haben sollten. Die Grundlagen, auf welchen das römische Recht beruht, die verschiedenen Abstufungen von Freiheit bei den Rechtssubjekten, bis herab zur Sklaverei, die wunderbaren Formen der Eigentumserwerbung, die beiden Arten von Eheschließung – das alles waren längst untergegangene Erscheinungen, aber sie wurden mit einer Gewissenhaftigkeit und Ausführlichkeit vorgetragen, als sollten sie sich später auch für unsere gegenwärtigen Rechtsverhältnisse hochwichtig erweisen. Da ich natürlich beim ersten Anhören manches nicht ganz begreifen konnte, so pflegte ich mich nach der Stunde umso lieber mit der Bitte um Aufklärung an den Lehrer zu wenden, als derselbe sich gleich bei meinem ersten Besuche aufs freundlichste erboten hatte, mir jederzeit mit gutem Rate zur Seite zu stehen.

Während der fünfzehn bis zwanzig Minuten, welche nach jeder Vorlesung frei blieben, pflegte Puggé in den herrlichen Kastanienalleen, die gleichsam den Garten des Universitätsgebäudes bildeten, auf und ab zu gehen. Bald wurde es zur täglichen Gewohnheit, dass ich ihn auf diesem Gange begleitete, wo er mir dann nicht nur manches Juristische erläuterte, sondern auch auf allgemeinere Gespräche einging. Es fiel ihm auf, dass mir gewisse lateinische Rechtsausdrücke fremd waren, die sich doch im Cicero finden, zum Beispiel *familiae erciscundae actio*[296]. Ich erzählte ihm deshalb, wie

---

295 Seine Ehefrau Julie starb 1834. Am 5. August 1836 nahm er sich in der Studierstube seines Hauses das Leben. Er hinterließ zwei Kinder. Gründe für seinen Freitod sind nicht bekannt.

296 lat. Erbteilungsklage

in der Cauerschen Anstalt das Lateinische gegen das Griechische zurückgesetzt worden, und das veranlasste meinen Lehrer, dem ich mich täglich mit größerer Liebe und Verehrung anschloss, von meinem ganzen Bildungsgange Kenntnis zu nehmen. Es kam infolgedessen zu philosophischen Gesprächen, und er machte mich mit den Resultaten bekannt, zu denen die damals neueste Wendung der Schellingschen[297] Weltweisheit gelangt war. Puggé bekannte sich zur katholischen Religion, hatte aber, wie schon aus diesen philosophischen Liebhabereien folgt, eine ziemlich freie Gesinnung. Tief prägte sich mir aus seinen damaligen Belehrungen der Schellingsche Beweis für das Dasein Gottes ein, welcher darauf hinauslief, dass das Individuum immer der Ausfluss eines Gattungsbegriffs sein müsse und ohne denselben nicht gedacht werden könne. Deshalb sei auch das einzelne menschliche »Ich« nicht denkbar ohne ein allgemeines höchstes »Ich«, von welchem das individuelle erst abgeleitet werden müsse. Dies höchste »Ich« ist Gott. Diese Beweisführung staunte ich als etwas ganz Wunderbares an, bis mir später die Mängel derselben klar wurden. Dergleichen Mitteilungen machten mir meinen Lehrer immer werter, ich besuchte ihn oft, und wenigstens einmal in jeder Woche brachte ich den Abend in seiner Familie zu.

Nächst Puggés Vorlesungen waren für mich die über Gajus von Bethmann-Hollweg besonders interessant. Dieser Gelehrte hatte sich durch Savignys Einfluss bewegen lassen, sein ganzes Leben der Erforschung des römischen Rechtes zu widmen. Das Ansehen und die Wirksamkeit Savignys standen damals auf ihrer Höhe. Durch die Angriffe, die er von Gans und der ihm verwandten philosophischen Rechtsschule erfahren, wurden die Anhänger des großen Romanisten nur noch dichter um ihren Meister zu dessen Verteidigung zusammengeschart. Wie man Savigny nachsagte, dass er sich selbst für eine Art von juristischem Heiland ansehe und deshalb sein Haar, gleich einem Christuskopfe, gescheitelt trage, so nahm auch die Verehrung seiner Schüler eine gewissermaßen heilige Farbe an. Bethmann-Hollweg namentlich, der ohnehin zu den ganz Frommen im Lande gehörte, gab ebenfalls durch seine äußere Erscheinung zu

297 Friedrich Wilhelm Schelling (1775–1854), Philosoph und Vertreter des deutschen Idealismus

erkennen, dass er ein Jünger der heiligen Rechtsschule sei. Auch er ging glattgescheitelten Hauptthaares einher und erblickte in dem Professor Gans[298] den fleischgewordenen Teufel, der durch seine Rezension der Geschichte des römischen Rechtes verdiente, in den untersten Räumen der Hölle zu brennen.

Für Bethmann-Hollweg, einen in der Tat nicht gering begabten Mann, war die Erforschung der kleinsten, auch der äußerlichsten Eigentümlichkeiten des alten römischen Rechts eine förmliche Gewissensaufgabe geworden, durch welche er zugleich der Wissenschaft und dem großen Meister derselben seine Huldigung darbrachte.

◊ Als Niebuhr die Handschrift des Gajus entdeckt hatte[299], reiste der damals noch sehr junge Hollweg auf Savignys Rat nach Italien, um mit unsäglicher Mühe eine Abschrift der schwer leserlichen Überreste des Palimpsests zu fertigen, die denn auch in bewunderungswürdige Weise gelang. Die Arbeit fand reichen Lohn, denn die aufgefundene Schrift löste plötzlich eine Menge von Rätseln, an welchen sich seit Jahrhunderten die größten Gelehrten ihre Köpfe zerbrochen hatten; und mir machte es das größte Vergnügen in der Vorlesung über Gajus zu vernehmen, wie viele tiefsinnige Untersuchungen nun plötzlich gradezu lächerlich geworden waren. Ganz besonders ergötzte mich der Aufschluss, den Gajus über das zweite Kapitel der *lex Aquilia* gibt, dessen Inhalt man bisher aus dem erhaltenen ersten und dritten Kapitel auf logischem Wege hatte erraten wollen, während sich jetzt zeigte, dass er weder mit dem ersten noch mit dem dritten Kapitel in irgend welchem innerlichen Zusammenhang stand. – Ein neuer Beweis dafür, wie gänzlich den sehr praktischen alten Römern der Sinn für systematische Anordnung fehlte.

◊ Hollwegs Vorträge waren klar und verständig, und durchweg interessant. Ich werde kaum eine Stunde versäumt haben, und doch ist jetzt, nach so langer Zeit, wenig mehr als das hier gesagte, mir davon im Gedächtnis geblieben.

---

298 Eduard Gans (1797–1839), Jurist, Rechtsphilosoph und Historiker

299 Niebuhr hatte 1816 in Verona die Institutionen des Gajus in Form eines Palimpsestes entdeckt. Das Werk ist ein juristisches Lehrbuch aus der Mitte des 2. Jahrhunderts n. Chr.

◊ Hollweg, dessen Einkünfte man schon damals auf 70 000 Taler jährlich anschlug, hatte sich ein schönes Haus in der Stadt erbaut, wohlversehen mit allem, was ein hochgebildeter Mann zu seiner Bequemlichkeit und Erheiterung wünschen kann, während alles fehlte, was einem eitlen und nichtigen Luxus zu dienen bestimmt ist.

◊ Irre ich nicht, so war in diesem Hause der Donnerstagabend für die dorthin empfohlenen Studenten bestimmt, von denen Einzelne auch hin und wieder zum Mittagstische eingeladen wurden. Die Unterhaltung bewegte sich bei Hollweg durchaus um ernste und würdige Dinge, doch wehte es wie ein kalter Wind durch die Räume, und ließ keine rechte Behaglichkeit aufkommen. Er selbst war ein durchaus braver wohlwollender Mann, der sich in jedem Augenblick bemühte, das Rechte, und nur das Rechte zu tun; allein eine gewisse ihm angeborene Steifigkeit, und das Gefühl von der Stellung, welche seine Gelehrsamkeit, sein großer Reichtum und seine Verbindung mit den berühmtesten und gefeiertsten Personen aus allen Ständen ihm in der Gesellschaft anwies, war in jedem Augenblick durchzufühlen.

◊ Die große Frömmigkeit, die ihn erfüllte, und die auch, mit mehr oder weniger Aufrichtigkeit, von seiner ganzen Umgebung zur Schau getragen wurde, vermehrte noch das Gefühl der Beklemmung, welches man in diesem Hause empfand.[300]

Hollweg glaubte alles, was die Kirche und der Katechismus vorschreiben. Als einst die Rede auf Jung-Stillings *Jugendjahre*[301] kam und ich es etwas sonderbar fand, dass dem armen Schneiderssohne fünf Taler, die er gerade für eine Vorlesung brauchte, infolge eines innigen Gebetes von einem fremden Manne durch Gottes unmittelbare Fügung ins Haus gebracht wurden – so zog mir das einen zwar sanft ausgedrückten, aber doch ernsten Verweis zu. Natürlich fühlte ich mich in einem solchen Kreise bald unbehaglich und blieb fort.

---

300 Ausgabe 1878, S. 234-236

301 Johann Heinrich Jung, genannt Jung-Stilling (1740–1817), Augenarzt und Schriftsteller. Bekannt wurde er durch den ersten Band seiner Lebenserinnerungen *Henrich Stillings Jugend – Eine wahrhafte Geschichte*, die sein Freund Johann Wolfgang von Goethe veröffentlichen ließ.

◊ Bethmann-Hollweg hatte schon damals den Berg gekauft, auf welchem die Ruine Rheineck stand, wohl die am schönsten gelegene unter allen rheinischen Burgen. Er ließ dieselbe mit großem Geschmack nach den besten gotischen Vorbildern ausbauen, und indem er dabei Künstler und Handwerker würdig beschäftigte, machte er, wie überhaupt in jeder Weise, so auch hier den edelsten Gebrauch von seinem Reichtum. Dass er alljährlich den zehnten Teil seiner Einkünfte für wohltätige Zwecke verwendete, wurde allgemein geglaubt, obgleich er selbst niemals des vielen Guten erwähnte, welches er im Stillen zu tun nicht müde ward.

◊ Von allen Herrlichkeiten, die ich in seinem Hause wahrnahm, erschien mir besonders beneidenswert, dass über dem Ruhesitz im Wohnzimmer ein kostbarer Abdruck der Müllerschen Sixtinischen Madonna und darunter das Abendmahl nach Leonardo da Vinci von Raphael Morghen[302] aufgehängt war. Auch ein Exemplar von Dürers verlorenem Sohne, welches er eines Abends vorzeigte und mit Kunstverständnis erklärte, machte den größten Eindruck auf mich. Solche Schätze schienen mir unerreichbar. Besaß doch sogar Puggé in seiner ärmlichen Wohnung ein Kunstwerk, um das ich ihn wirklich beneidete. Es war ein ganz kleines Täfelchen, zu den Pariser Nachbildungen der Phidiasschen Reliefs gehörig. Ich konnte nicht müde werden, die schönen Menschen und Rosse zu betrachten.

◊ Nun auch hier hat sich das alte Sprichwort von der Erfüllung jugendlicher Wünsche im Alter bewährt. Ich bin längst im Besitz dieser Sachen und habe sogar Gelegenheit gehabt, die ganze Folge der attischen Skulpturen in jener verkleinerten Kopie zu erwerben.[303]

Rektor der Universität war, als ich dort eintraf, der Professor von Droste-Hülshoff[304]. Dieser stattliche Herr empfing mich mit der größten Liebenswürdigkeit in seinem Hause. Er gehörte der bekannten westfälischen Familie an und war ein Vetter des Erzbischofs von Droste-Vischering, dessen ultramontane Ansichten er übrigens so

302 Raffaello Sanzio Morghen (1758 – 1833), italienischer Kupferstecher

303 Ausgabe 1878, S. 237 f.

304 Clemens-August von Droste zu Hülshoff (1793–1832), Rechtsphilosoph und Kriminalrechtler

wenig teilte, dass er zu den eifrigsten Schülern und Verehrern des verstorbenen Hermes gehörte. Ich fand ihn und seine Familie in einer nicht sehr eleganten Wohnung, welche aber nur als vorübergehender Aufenthalt diente, bis das schöne Haus, welches er erbauen ließ, vollendet wäre. Frau von Droste zeigte sich als eine feine, stille Dame, äußerst fromm katholisch und stets von Geistlichen umgeben, unter welchen die Professoren Braune und Vogelsang zu den nächsten Freunden des Hauses gehörten. Dass auch sie Hermesianer waren, erregte bei Frau von Droste keinen Anstoß, weil für sie ein Priester unter allen Umständen eine so heilige Person war, dass sie kaum zu glauben schien, ein solcher Mann könne sich im Irrtum befinden. Einen katholischen Geistlichen hatte ich noch niemals gesehen, und erzählte es ganz unbefangen bei Drostes, worüber die Herrschaften herzlich lachten. Für einen der nächsten Tage erhielt ich von ihnen eine Einladung zum Mittagessen. Es waren außer mir nur drei Herren anwesend. Man speiste und trank vortrefflich, und wir unterhielten uns aufs heiterste. Nach Tische nahm Droste mich beiseite und fragte, wie mir seine Gäste gefallen hätten. Als ich mich aufs wärmste zu ihrem Lobe äußerte, sagte er: »Nun, sehen Sie, das sind alle drei katholische Geistliche, also keine Bären, wie Sie sich vorgestellt haben.«

◊ Waren es bei Hollweg und Puggé kostbare Kunstwerke gewesen, welche mich entzückten, so erblickte ich in diesem Hause ein kleines natürliches Wunderwerk, an dem ich noch größere und reinere Freude haben sollte. Ich glaube niemals in meinem Leben ein schöneres Kind gesehen zu haben, als die, damals vier- oder fünfjährige Betti Droste, das einzige Töchterchen des Hauses. Dies holde Wesen zu beschreiben bin ich außer Stande. Wenn man in ihre Augen sah, glaubte man in den reinen Himmel zu blicken. Ich wurde bald mit dem lieben kleinen Mädchen befreundet, und jedes Mal von ihr herzlich begrüßt, wenn ich kam. Leider verlor das Kind schon zwei Jahre später seinen Vater, den der Tod im kräftigsten Mannesalter hinwegraffte. Unter Leitung ihrer Mutter wurde die kleine Betti dann mit schwärmerischen religiösen Ideen erfüllt, und ging zwar nicht in ein Kloster, allein sie ergab sich einem vollständig einsamen Leben im Hause, sah nur Geistliche um sich, und verharrte in freiwilliger Absperrung von der Welt. Wer hätte das 1831 voraussehen können![305]

In den Häusern der bisher erwähnten Professoren, wie gern ich dieselben auch ab und zu besuchte, blieb ich doch immer nur ein gut empfohlener Student; dagegen nahmen zwei andere Familien mich mit so großer Herzlichkeit auf, als wäre ich von jeher bei ihnen aus und ein gegangen.

Der gelehrte Arzt, Professor Naumann[306], Sohn des einst weit berühmten Dresdner Kapellmeisters Naumann[307], an den mir ein gemeinschaftlicher Freund einen Brief mitgegeben hatte, begegnete mir gleich von Anfang an so väterlich liebevoll und lud mich so dringend ein, ihn oft zu besuchen, dass sehr bald kaum ein Tag verging, wo ich nicht wenigstens auf ein paar Minuten dort vorgesprochen hätte. Beinahe jeden Sonntag speiste ich bei Naumanns zu Mittag, und so oft sie größere Gesellschaften gaben, musste ich dabei sein.

Frau Naumann war in hohem Grade musikalisch und besaß eine von jenen großen, vollen und reinen Sopranstimmmen, die heutzutage immer seltener werden. Die Gluckschen Arien sang sie mit einer Meisterschaft, die nicht leicht übertroffen werden konnte. Mit großer Liebenswürdigkeit war sie auf meine Bitten fast immer bereit, etwas vorzutragen, und ich hörte ebenso gern zu, wie sie sich gern hören ließ. Mit großer Dankbarkeit bewahre ich die Erinnerung an das Naumannsche Haus, und besonders auch an die Frau Professorin, die keine Gelegenheit vorübergehen ließ, wo sie mir eine Freude bereiten konnte.

◊ Wunderlicherweise verlangte sie, dass ich sie im Griechischen unterrichten sollte. Wir kamen aber darin nicht weit. Konjugieren und Deklinieren zu lernen fand sie langweilig, und als ich es dahin gebracht hatte, dass sie ein Paar Verse aus dem Homer auswendig behielt, schliefen diese Studien ein.

---

305 Ausgabe 1878, S. 239 f.

306 Moritz Ernst Adolph Naumann (1798–1871), Mediziner und Hochschulprofessor

307 Johann Gottlieb Naumann (1741–1801), Komponist, Dirigent und Kapellmeister der Klassik

◊ Der berühmte Archäologe Welcker[308] war beständiger Hausfreund bei Naumanns, und fühlte sich, als einsamer alter Junggeselle sehr glücklich, in eine Familie aufgenommen zu sein, die für alles was ihn betraf die wärmste Teilnahme hatte. Er war eine von den Gelehrtennaturen, die so vollständig in ihrer Wissenschaft aufgehen, dass sie in allen Dingen, die außerhalb derselben stehen, keinen Bescheid wissen, und fremden Beistands bedürfen, um nicht bei jeder Gelegenheit getäuscht und betrogen zu werden. Er besaß mehr Geld als er brauchte, und bekümmerte sich niemals um den Preis eines Gegenstandes, sondern bezahlte,was man von ihm verlangte. Es lässt sich denken, wie das gemissbraucht wurde. Naumanns mussten ihn in solcher Beziehung förmlich bevormunden.

◊ War er aber nach dieser Richtung hin wie ein Kind, so zeigte er sich dennoch in allen ernsthaften Lebensfragen als wahrer Weltweiser.

◊ Die beiden kleinen Söhne seiner Freunde liebte er wie seine eigenen, und sie waren bei Onkel Welcker, wie sie ihn nannten, grade so zu Hause wie bei ihren Eltern. Welcker tat ihnen alles zu Liebe, und beschenkte sie bei jeder Gelegenheit. Eines Tages als ich bei Naumanns war, kam der älteste Knabe ins Zimmer, hielt ein kleines altes gesticktes Taschenbuch in der Hand, und sagte: »Sieh mal, was mir Onkel Welcker geschenkt hat.« Man freute sich mit ihm, worauf er bemerkte: »Es sind auch Bilder darin!« Er öffnete das Buch, und zog aus einem Seitentäschchen desselben ein kleines Paket Fünftalerscheine heraus. Welcker hatte keine Ahnung davon gehabt, dass sich Geld darin befunden.[309]

Aus der Zeit, wo ich bei Naumanns verkehrte, ist mir eine Abendunterhaltung, der ich beiwohnte, ganz besonders im Gedächtnis geblieben. »Kommen Sie doch heut um sieben Uhr!«, hatte man mir des Morgens gesagt. »Professor Lassen[310] wird uns ein Märchen vorlesen!« Gehorsam erschien ich zur bestimmten Stunde. Um einen runden Tisch saßen beide Naumanns, Welcker und Lassen. Ich selbst erhielt meinen Platz auf einem Polsterstuhle

308 Friedrich Gottlieb Welcker (1784–1868), Altphilologe und Archäologe
309 Ausgabe 1878, S. 241 ff.
310 Christian Lassen (1800–1876), Altertumsforscher und Indologe

neben dem Letztgenannten. Die Lampe auf dem Tische war, weil Welcker an den Augen litt, durch einen grünen Schirm gedämpft. Das Ganze machte einen etwas trübselig-feierlichen Eindruck.

Nachdem der Tee getrunken war, begann die Vorlesung. Lassen holte aus seiner Brusttasche ein eng beschriebenes Oktavblatt und begann eine märchenhafte Erzählung vorzutragen, von der ich nur noch weiß, dass sie von Gnomen handelte und tödlich langweilig war. Dem ersten Blatte folgte ein zweites, dem zweiten ein drittes, und da er tückischerweise nicht das ganze Manuskript zum Vorschein brachte, so ließ das Ende des Elends sich gar nicht absehen. Lassen hatte noch nicht lange gelesen, da waren Welcker und das Naumannsche Ehepaar hinter dem schützenden Lichtschirm sanft hinübergeschlummert. Ich Unseliger aber, auf den der Schein der Lampe fiel, die des Vorlesers Blatt beleuchtete, musste wach bleiben, und aus Respekt vor dem gelehrten Kenner der indischen Sprachen (denn das war Lassen in der Tat) noch dazu ein andächtiges Gesicht machen. Das war umso schwieriger mit Anstand durchzuführen, weil ich bald nach dem Niedersetzen wahrgenommen hatte, wie in meinem Polsterstuhl eine schadhafte dicke Sprungfeder durch den Überzug durchspießte und mich, sobald ich mich im Geringsten rührte, empfindlich stach. Auch dieses zu offenbaren hinderte mich die Ehrfurcht vor den gelehrten Anwesenden, und ich verbrachte ein paar Stunden voll leiblicher und geistiger Qual, die nicht ärger gedacht werden konnten. Wie aber Shakespeare schon sehr richtig bemerkt: »Die Stunde läuft auch durch den schlimmsten Tag«, so lief sie diesmal auch durch den schlimmsten Abend. Das Märchen kam zum Schluss, und ich durfte von meinem Marterstuhl aufstehen.

Viel Freude hatte Lassen übrigens von seiner Autorschaft nicht; denn der alte Welcker sagte, aus seinem Halbschlummer erwachend: »Sind denn Märchen in der Regel so lang?« Die Frage war durchaus am Platze. Mir wenigstens ist niemals wieder ein Märchen noch sonst etwas so lang vorgekommen, wie diese Lassensche Dichtung.

Frau Naumann hat ihr musikalisches Talent in glänzender Weise auch auf ihre Kinder übertragen. Der älteste Sohn wurde Dirigent des Berliner Domchors und hat schöne geistliche Sachen komponiert. Eine viel später geborene Tochter lernte ich kennen, als ich fünfundzwanzig Jahre nach jenem ersten Bonner Aufenthalt mit Frau und Kinder bei Gelegenheit einer Rheinreise Naumanns besuchte. Die damals achtzehnjährige Dame sang mit entzückender Einfachheit Schubertsche und Beethovensche Lieder so vortrefflich, wie man es selten von Dilettanten zu hören bekommt. Die angenehme Erinnerung an das gastfreie Haus wurde so nach langem Zwischenraum in der schönsten Weise erneuert.

Seitdem hat den gelehrten Arzt ein plötzlicher Tod hinweggerafft. Die Witwe lebte noch lange Jahre in dem schönen Hause an der Poppelsdorfer Allee, welches der alte Welcker, der auch längst nicht mehr auf Erden wandelt, für sich und seinen Freund erbaut hatte.

Fast ebenso oft wie zu Naumanns kam ich, aber immer nur in den Abendstunden, zu Professor Wilhelm Löbell[311], dem Historiker, der sich in der Gelehrtenwelt durch seine Schriften, und bei dem größeren Publikum durch die Bearbeitung von Beckers Weltgeschichte[312] einen angesehenen Namen erworben hat.

Man musste sich in dem wunderlichen Kreise seiner Familie sehr schnell heimisch fühlen, weil der Grundzug im Charakter aller Mitglieder derselben ein wohlwollender und freundlicher war. Der Hausherr galt mit Recht für einen interessanten Mann; wie denn auch seine Vorlesungen, obgleich etwas bilderreich, von den Studenten gern besucht und anziehend und belehrend gefunden wurden. An den Anblick seines Gesichts musste man sich aber erst allmählich gewöhnen, denn dasselbe trug in höherem Grade, als ich sonst bei irgendeinem Menschen gesehen habe, den förmlichen Affentypus. Der vortretende Unterkiefer mit den langen weißen Zähnen, die er beim Sprechen gewaltsam hin und her zu schieben schien, machte einen teils abschreckenden, teils lächerlichen Eindruck; Stirn, Augen und Nase waren nicht danach beschaffen, denselben zu mildern.

---

311 Johann Wilhelm Löbell (1786–1863), Historiker

312 Karl Friedrich Becker (1777–1806), Pädagoge und Historiker. Seine *Weltgeschichte für Kinder und Kinderlehrer* (Berlin 1801–1805, 9 Bde.), wurde u. a. von Löbell überarbeitet und fortgesetzt und war noch Jahrzehnte nach Beckers Tod im Druck.

Seine Frau, eine Berlinerin (auch Löbell selbst war in Berlin geboren), war fast ebenso hässlich wie der Mann, aber in entgegengesetzter Weise, da bei ihr die Oberzähne weit über die Unterlippe hinausgriffen, was dem Gesichte etwas Walrossartiges gab. Einer von uns bemerkte deshalb, dass, wenn die Eheleute sich einmal küssen sollten, so müssten sie sich unfehlbar mit den Zähnen ineinander verhaken.

Frau Löbell hatte ihre Mutter und eine schon recht hochbetagte unverheiratete Schwester bei sich. Die Mutter, nahe an achtzig Jahre alt, gehörte zu den sauberen, appetitlichen Greisinnen, die man immer mit Vergnügen ansieht. Mit ihren Töchtern und ihrem Schwiegersohne lebte sie in vollkommener Eintracht, und alle diese vier Personen hatten voneinander die höchste Meinung. Außer ihnen gehörte noch ein überaus reizendes junges Mädchen zur Familie, ohne mit derselben leiblich verwandt zu sein. Sie hatte ihre beiden Eltern sehr früh verloren und war von Frau Löbell erzogen worden, bei der sie auch nach ihrer Verheiratung blieb. Ich fühlte für diese junge Dame sogleich große Zuneigung, die aber rein freundschaftlicher Natur war, und gute Freunde sind wir auch geblieben bis an ihren Tod. Sie wurde in noch jugendlichem Alter von einem Brustleiden befallen, dem sie einige Jahre später erlag.

Frau Löbell passte insofern trefflich zur Gattin eines Geschichtsforschers, als sie große Vorliebe für genealogische Studien hatte und auch sehr gute Kenntnisse in diesem, dem weiblichen Geschlecht zusagenden Fache besaß. Eine Folge davon war, dass sie sich überhaupt für Familienangelegenheiten interessierte, und da sie recht fragselig war, so brachte sie bald von jedem, der ihr nahe kam, alles heraus, was er über sich und seine Angehörigen mitteilen konnte. War der Professor anwesend, so kamen dagegen nur auf Wissenschaft und Kunst bezügliche Gegenstände zur Sprache, denn er hatte eine große Liebhaberei für Musik und für Gemälde, war viel und mit Nutzen gereist und verstand darüber zu reden. Trotz alledem klebte dem ganzen Löbellschen Hause etwas unwiderstehlich Lächerliches an, weil sämtliche Mitglieder der Familie eine auffallende Neigung zu allerlei Kleinlichkeiten hatten und überdies alle im höchsten Maße geizig waren. Zu welchen Sonderbarkeiten das führte, mögen ein paar Beispiele beweisen. Löbell hielt pedantische Ordnung mit seinen Sachen, besonders mit seinen Büchern und Papieren. Eines Abends saßen wir Studenten bei den Damen, als der Professor mit ganz verstörter Miene in das Zimmer stürzte und voll Entsetzen seiner Frau zurief: »Nein, Lenchen, was mir da passiert ist! Es ist unerhört! Das hat mir einer im geheimen zum Schabernack getan!« Man musste auf etwas Schreckliches gefasst sein, bis sich zuletzt herausstellte, dass auf dem Bücherbrett der achte Band des Konversationslexikons *vor* den siebenten gestellt worden war.

Die Hausgenossen tranken, wie alle Welt am Rhein, mittags und abends zu den Mahlzeiten Wein, aber in so mäßigen Portionen, dass jeder einzelne an einer Flasche fast die ganze Woche sich erlabte. Löbell und seine Frau genossen roten, die alte Mama und Tante Minchen weißen, und das junge Mädchen wieder roten Wein. Jeder hatte seine Flasche, und um Verwechslungen zu vermeiden, war der Pfropfen auf dem roten Weine des Ehepaars durch eine, der auf Fräuleins Flasche durch zwei Stecknadeln kenntlich gemacht, der weiße Wein der Großmutter zeigte ebenfalls eine Stecknadel, und der nicht durchstochene Pfropfen gehörte somit zu Tante Minchens Wein.

Der jetzt allgemein bekannte Maitrank war damals noch eine besondere rheinische Eigentümlichkeit. Als Löbell nach Bonn berufen wurde, erzählten ihm seine Freunde, dass man daselbst aus Kräutern eine herrliche Bowle zu brauen wisse. Bald nach seiner Ankunft erkundigte er sich näher nach der Fabrikation des Maitranks. Man sagte ihm: »Du suchst dir frischen Waldmeister, der hier überall wächst, einige Blätter der schwarzen Johannisbeere und nimmst etwas Apfelsinenschale, tust Zucker daran, dann gießt du guten, leichten Rhein- oder Moselwein darauf.« – »Ach«, unterbrach Löbell sehr enttäuscht seinen Freund, »Wein braucht ihr auch dazu?« Er hatte geglaubt, in ein Paradies gekommen zu sein, wo man Bowlen aus Kräutern und Wasser bereitete.

Seltsam war auch jedes Mal die Anordnung des Abendessens, welches aus einer Suppe und den allerwinzigsten Resten vom Mittagsmahl, kleinen Gliedmaßen von gekochten Tauben und Hühnern und dergleichen bestand. Dabei aber fühlte man sich im

Kreise dieser Familie dennoch behaglich. Die Seltsamkeiten trugen alle ein so harmloses Gepräge, dass man darüber nur lächeln und nie ärgerlich werden konnte. Den wunderlichen Haushalt vollendete noch ein zwerghaft kleines Dienstmädchen, die Tochter einer ehemaligen Köchin. Wir glaubten, man hielt diese kleine »Juste«, wie sie berlinisch genannt wurde, deshalb besonders wert, weil sie einen ihrer Statur entsprechenden sehr kleinen Magen hatte.

◊ Bei der Rückerinnerung an dieses in seiner eigentümlichen Weise gastfreie Haus, wo ich so viele vergnügte Stunden erlebt, so oft herzlich gelacht habe, beschleicht mich eine eigentümliche Wehmut! Das alte Ehepaar, die Großmutter, die Tante Minchen, die schöne Louise und die kleine Juste, sie sind alle heimgegangen! Die Frau Professorin habe ich als 83-jährige Greisin noch im Jahre 1869 aufgesucht. Sie wohnte mit einer Gesellschafterin ganz allein in einer kleinen puppenhausartigen Villa. Sie erkannte mich wieder, und manche frohe und manche wehmütige Erinnerung wurde wach gerufen. Nun ist auch sie, wie gesagt, den Ihrigen ins Jenseits gefolgt.[313]

Den Professor Naeke[314], einen fidelen alten Junggesellen, dessen Familie in so ergötzlicher Weise von Kügelgen geschildert wird[315], darf ich nicht mit Stillschweigen übergehen, weil ich seiner noch jetzt recht oft, teils mit Dank, teils mit Ärger, gedenke. Mit Dank dafür, dass er mich in das Haus des Marchese Arconati-Visconti[316] einführte, der wegen politischer Verfolgungen in Bonn eine Zufluchtsstätte gesucht hatte. Dieser liebenswürdige Herr und seine edle Gattin sind mir stets als Ideale des feinsten geselligen Tones und der heitersten Gastfreundschaft erschienen.

Mit Ärger aber denke ich an Naeke, weil er sich mein vollständiges Exemplar des Wolfschen Homer von 1807 schenken ließ und entführte, wofür er mir einen Antiquar nachwies, bei welchem ich in der Tat eine Wolfsche *Odyssee* mit dem allerschönsten Druck

313 Ausgabe 1870, S. 250 f.

314 August Ferdinand Naeke (1788–1838), deutscher klassischer Philologe

315 Wilhelm von Kügelgen (1802-1867): *Jugenderinnerungen eines alten Mannes.* Max Hesses Verlag, Leipzig o. J. Seite 49 ff.

316 Giuseppe Arconati Visconti (1797–1873), verfolgt von den Österreichern in Norditalien

auf starkem Velinpapier[317] kaufte. Aber seit fast fünfzig Jahren habe ich mich vergebens bemüht, eine passende *Ilias* dazu zu bekommen. Es war nicht möglich, obgleich zuletzt noch mein hochverehrter, leider zu früh verstorbener Freund, Herr Salomon Hirzel[318], die äußerste Anstrengung machte, um eine solche aufzufinden.[319]

Naeke ist mir noch durch eine seiner Äußerungen unvergesslich geblieben. Er traf mich einst im Begriff, eine weite Fußtour zu unternehmen: »Was wollen Sie da draußen?«, sagte er in seinem schönen Sächsisch, »der gepildete Mensch gehärt in die Stupe!«

Eine der größten Zelebritäten in Bonn, wohl die größte, war August Wilhelm Schlegel[320]. Freilich nur noch eine Ruine seiner selbst und allgemein wegen der maßlosen Eitelkeit verlacht, die er nicht verbergen konnte. Mit Naeke hat er das gemein, dass auch er mir einige seltene Bücher abnahm, unter anderen mehrere Jahrgänge der alten Bremischen Beiträge, in welchen der Anfang des Klopstockschen Messias zum ersten Mal abgedruckt war.

Von den lächerlichen Geschichten, die über Schlegel erzählt wurden und die ich zum Teil selbst miterlebte, mögen die folgenden Beispiele als Proben dienen.

Um jung zu erscheinen, schminkte er nicht nur seine eingefallenen Wangen, sondern hatte sich, wie man sagte, zehn verschiedene Perücken machen lassen, eine immer etwas länger als die andere, die er der Reihe nach aufsetzte, bis er, bei der letzten angelangt, sich durch seine Locken fuhr (sie gehörten ihm, weil er sie bezahlt hatte) und bemerkte: »Ich muss mir einmal wieder die Haare schneiden lassen!«, worauf er dann nächsten Tages mit der kürzesten Perücke Nr. 1 zum Vorschein kam.

Ich hörte bei ihm eine Vorlesung über deutsche Literatur. Als er von dem alten Elias Schlegel sprach, sagte er: »Meine Herren, bei dieser Familie ist es notwendig, auf die Vornamen zu achten, denn es

---

317 glattes, hochwertiges, dem Pergament optisch ähnliches Papier

318 Salomon Hirzel (1804–1877), ein aus der Schweiz stammender und in Leipzig wirkender Verleger

319 (Originalfußnote in der Ausgabe von 1925:) Durch einen eigenartigen Zufall gelang es dem Herausgeber, diese Iliasausgabe im Jahre 1898 in Straßburg zu erwerben.

320 August Wilhelm von Schlegel (1767–1845)

haben sich viele Mitglieder derselben in der deutschen Literatur ausgezeichnet!« Nach diesen Worten stieg er vom Katheder herab, öffnete ein Fenster, als sei ihm zu heiß geworden, und kehrte dann auf seinen Platz zurück, nachdem er den Zuhörern Zeit gelassen, darüber nachzudenken, wer wohl der größte aller Schlegel gewesen sei!

Bekanntlich affektierte er souveräne Verachtung gegen Schiller und machte eine Reihe von Spottgedichten auf den großen Toten, die uns freilich heutzutage etwa so klingen, als ob der Mops den Mond anbellt! Zum Beispiel:

So lang' es Schwaben gibt in Schwaben
Wird Schiller auch Bewundrer haben.

Und:

Trost bei einem schwierigen Unternehmen.

Nur wenig Englisch weiß ich zwar
Und Shakespeare ist mir gar nicht klar,
Doch hilft der treue Eschenburg
Wohl bei dem Macbeth mir hindurch.
Ohn' alles Griechisch hab' ich ja
Verdeutscht die Iphigenia,
Lateinisch konnt' ich auch nicht viel,
Und zwängt' in Stanzen den Virgil.

Ferner den Brief eines Küsters an Schiller, worin der Dichter darauf aufmerksam gemacht wird, dass er in dem Liede von der Glocke vergessen habe, den Klöpfel einhängen zu lassen und was dergleichen Albernheiten mehr waren. In demselben Hefte griff er auch auf äußerst plumpe Art den würdigen alten Arndt an, welcher sich leider verleiten ließ, in noch plumperer Weise zu antworten, so dass in diesem Streite Schlegel zuletzt die Lacher auf seiner Seite hatte. Wahrhaft empört wurde die ganze Universität aber durch seine Angriffe auf den eben verstorbenen berühmten Niebuhr. Derselbe hatte bekanntlich in seiner Römischen Geschichte die Quiriten, als

Einwohner von Quirium, für das italische Urvolk erklärt. Das wurde in einem possenhaften Gedichte verspottet mit dem wiederholten Refrain:

Nach Quirium, nach Quirium, Tralirumlarumlirium.

Schlegel erklärte ganz offen jedem, der es hören wollte, dass es unverantwortlich sei, bei Erwähnung großer deutscher Dichter immer nur zu sagen: Schiller und Goethe; man sollte doch wenigstens Schiller, Goethe und Schlegel sagen! Durch ein solches Benehmen hatte er es sich selbst zuzuschreiben, wenn man seiner wahrhaft großen Verdienste nicht gedachte, sondern ihn als einen alten, eitlen Gecken verspottete. Es ergibt sich hieraus von neuem, dass es allezeit bedenklich ist, die persönliche Bekanntschaft eines Mannes zu machen, der uns durch seine Werke oder Taten entzückt hat. Gewöhnlich folgt darauf nur Enttäuschung. Wenn Fürst de Ligne[321] sagt: »Für den Kammerdiener gibt es keinen Helden«, so ist das nur die Anwendung auf einen einzelnen Fall von der allgemeinen Regel, dass auch bei den größten Menschen eine nähere Bekanntschaft Fehler und Mängel bemerken lässt, die nun einmal von unserer Natur unzertrennlich sind.

Bei Schlegel berührten mich diese Lächerlichkeiten umso unangenehmer, als ich von der Schule her mit einem Teil seiner Werke bekannt war und für den unvergleichlichen Übersetzer des Shakespeare eine große Verehrung gefasst hatte. Konnte mir auch sein berühmter geputzter Arion nie gefallen, so hatten mich dafür die poetischen Schilderungen der griechischen Versmaße, die Parodie auf Matthisson, Voß und Schmidt von Werneuchen und die kritischen Aufsätze im Athenäum desto mehr entzückt. Viele Aussprüche der Brüder Schlegel schienen mir zu dem Geistreichsten zu gehören, was unsere Literatur aufzuweisen hat. Worte wie zum Beispiel die folgenden: »Die Baukunst ist eine gefrorene Musik«, »Alte Gebäude weißen ist noch schlimmer als neue schwärzen«,

---

321 Charles Joseph Fürst de Ligne (1735–1814), Offizier und Diplomat in österreichischen Diensten und Schriftsteller, berühmt für spöttische Aphorismen

staunte ich mit Bewunderung an. Wie gerne hätte man die Erscheinung eines Dichters, der solche Dinge ersonnen, dem Geiste, der sich in denselben offenbart, entsprechend gefunden!

In welchem Grade wir jungen Leute für die Schönheiten des Rheins schwärmten, ist kaum mit Worten auszudrücken; und in der Tat, wer die Schweiz und Tirol nicht gesehen hatte, was 1831 noch bei den wenigsten Norddeutschen der Fall war, der musste durch den Anblick des breiten, vollen Stromes entzückt werden, dessen Wellen zwischen malerischen Burgruinen, freundlichen Städten und Dörfern in stets wechselnden Windungen, auf der einen Seite von Rebenhügeln, auf der anderen von bewaldeten schattigen Höhen eingeschlossen, in jugendlich raschem Laufe dahinfließen. Bonn mit seinen Umgebungen bildet jedenfalls einen der Glanzpunkte dieser Rheinansichten.

Malerischere Linien als die des Siebengebirges findet man überhaupt nirgends, und weil diese sieben Berge nicht in einer fortlaufenden Reihe stehen, sondern eine fast quadratische Grundfläche bedecken, so verschiebt sich bei jedem Schritte die Ansicht und gewährt stets neuen und wechselnden Reiz.

Der Drachenfels, auf dem gegenüberliegenden Ufer Rolandseck und vor allem die Insel Nonnenwerth machen durchaus den Eindruck, als habe die Natur hier das zierlichste kleine Meisterwerk hinstellen wollen. Leider hat die zu jener Zeit noch ringsum von herrlichen alten Bäumen eingefasste Insel jetzt durch das beständige Anspülen der Wellen infolge des Dampfschifffahrtsverkehrs sehr gelitten! Für die Bewohner Bonns war es außerdem von dem größten Reiz, dass die bequemste, ebenste Straße (jetzt leider auch eine Eisenbahn) bis zu diesen Herrlichkeiten führt. Wir wurden denn auch nicht müde, dieselben aufzusuchen. Die Godesberger Ruine bestiegen wir in jeder Woche mehr als einmal und freuten uns unterwegs an dem kunstvollen sogenannten Hochkreuz, welches zum Andenken an eine längst vergessene gute oder böse Tat vor vierhundert Jahren dort aufgestellt worden. Dieses Hochkreuz, neuerlich ergänzt und ausgebessert, machte in seiner alten verfallenen Gestalt noch größeren Eindruck als gegenwärtig. Schienen uns nun solche Wanderungen schon an sich fast paradiesisch, so sollten wir bald Gelegenheit haben, die ganze Umgebung derselben in einer ungeahnten Verklärung zu erblicken.

Als nämlich der damalige Kronprinz, nachmalige König Friedrich Wilhelm IV. 1831 die Rheinlande besuchte, veranstaltete man eine Beleuchtung der Höhen und Burgen längs beider Rheinufer, während die Insel Nonnenwerth durch tausende, im Grase angebrachte Lampen von unten aus illuminiert war. Der Kronprinz fuhr auf einem Dampfschiffe, welches des Gegensatzes wegen dunkel gelassen war und von dem nur in kurzen Zwischenpausen bunte Raketen aufstiegen. Dazu stand der Vollmond am Himmel und schadete keineswegs, wie man glauben sollte, sondern verklärte doppelt die irdische Beleuchtung. Wir folgten auf einem zweiten Dampfschiff, umschwirrt von unzähligen kleinen Nachen, dem Fahrzeuge des Prinzen und genossen während der klaren warmen Sommernacht eines Schauspiels, welches allen unvergesslich bleiben wird, die daran teilnehmen durften.

Für den nächsten Tag hatten einige Studenten den glücklichen Einfall, eine Zusammenkunft in Nonnenwerth zu veranstalten, dessen Klostergebäude damals noch zu einer Gastwirtschaft eingerichtet waren. Wir fanden die Säle in dem ungestörten Schmuck der Kränze und Efeugewinde, welche man für den Empfang des Königssohnes angebracht hatte, und auch von den Lampen im Grase waren genug übrig, um eine Wiederholung der gestrigen Beleuchtung im kleinen zu veranstalten. Unbeschreiblich reizend zeigte sich die Insel, die in einen schwimmenden Smaragdpalast verwandelt schien.

Da sich außer uns eine große Anzahl Herren und Damen aus der Umgegend eingefunden hatten, um die geschmückten Räume zu beschauen, die gestern nur den vornehmsten Herrschaften zugänglich gewesen, so machte es sich von selbst, dass nach einem einfachen Abendessen ein fröhlicher Tanz folgte, der erst in später Nacht endete, worauf wir dann in kleinen, offenen Kähnen, singend und jubelnd den Strom hinab schwammen und die Erinnerung an ein unvergleichliches Fest mit heimnahmen.

Dergleichen Ausflüge wurden unzählige gemacht. Mit einem Freunde, dessen Oheim Bürgermeister in einer kleinen Stadt an der Ahr war, wanderte ich mehr als einmal über den Kreuzberg zu Fuß an diesen malerischen Fluss, dessen Ufer mit den senkrecht abfallenden Schieferwänden ein anmutiges Bild von einer wildromantischen Landschaft im kleinen gaben, wie man es sich herrlicher nicht vorstellen kann. Damals war diese Gegend noch sehr wenig von Fremden besucht. Nur Fußwege oder bäuerliche Landstraßen fanden sich vor. In den anspruchslosen, aber sauber gehaltenen kleinen Wirtshäusern genoss man den köstlichsten unverfälschten Ahrwein. Wir kletterten auf die Ahrburg, von wo aus man den Fluss, dreizehnmal durch Felswände unterbrochen, in immer neuen Windungen erblickt; auch versäumten wir niemals, den von Altenahr aus sanft ansteigenden Weg zu gehen, wo allmählich vor dem Auge des Wanderers das zierliche Schlösschen Kreuzburg mit seinem Turme aus dem Boden aufzusteigen und dann, wie auf dem Theater, wieder zu versinken scheint.

In Bonn selbst fehlte es ebenfalls nicht an malerischen Punkten. Vor fünfzig Jahren lag die Umgebung der Stadt noch frei. Zwischen der Stadt und Poppelsdorf befand sich ein einziges kleines Häuschen, nach seinem Besitzer und seiner wunderlichen Form wegen »Harleß's Kaffeemühle« genannt. Dasselbe gehörte dem bekannten Arzt Professor Harleß[322], der besonders wegen seiner großen Zerstreutheit berühmt war. Alle Erzählungen von Zerstreuten, die sich in Lustspielen und Anekdotenbüchern finden, wurden auf ihn übertragen. Eigentümlich scheint ihm aber gewesen zu sein, dass er einst, nach Köln fahrend, in der Postkutsche Druckbogen korrigiert und, sich an seinem Schreibtische wähnend, die fertigen Bogen jedes Mal aus dem offenen Fenster auf die Landstraße fallen ließ, in dem Glauben, er lege sie auf seinen Tisch beiseite. Dieses Mannes Sommerhäuschen war also das einzige Bauwerk, welches damals die großartige Masse der Kastanienalleen unterbrach, die von dem kurfürstlichen Schlosse, dem jetzigen Universitätsgebäude aus, nach den verschiedensten Richtungen hin herrliche Spaziergänge einrahmten.

◊ Das Schloss selbst bietet im Innern und Äußern viel Schönes. Die wahrhaft fürstliche Fassade lässt erkennen, dass hier einst geistliche Herren in recht weltlicher Weise üppigen Hof hielten. In den zu Hörsälen umgewandelten Prunkgemächern sah man noch die

322 Christian Friedrich Harleß (1773–1853)

reich vergoldeten Deckenverzierungen. Die Türen mit ihren geschnörkelten Schlössern und Beschlägen hätten jeden Rokokosammler gereizt, wenn der Geschmack dafür damals schon vorhanden gewesen wäre. Ich erinnere mich, eine Vorlesung in einem kleinen tonnenförmig gewölbten Zimmer gehört zu haben, welches einst die kurfürstliche Trinkstube gewesen. Reiche Stuckaturen, Weinlaub und Bacchanten vorstellend, wiesen auf diese Bestimmung hin.

◊ Der unmittelbar an das Schloss, dicht bei dem Koblenzer Tor belegene sogenannte alte Zoll, ursprünglich wohl eine kleine Festungsbastion, war damals noch ein offener schattiger Platz, ohne jede künstliche Anlage. Heut befindet sich das hübsche Standbild Ernst Moritz Arndts daselbst, aber man genießt nicht mehr mit der alten Ruhe wie sonst den Blick auf das Siebengebirge. Allerlei Leute stören den Wandrer, indem sie Photographien, Ferngläser usw. anbieten, sich zu Erklärern aufwerfen, und sich so unbequem machen, wie es an den Orten, die von Touristen besucht werden, Unsitte ist.[323]

Engländer, welche das hauptsächlich auf dem Kontinent verschuldet haben, wohnten auch schon damals in Bonn, aber die Stadt war noch nicht, wie jetzt, zu einer Art von englischen Kolonie geworden, in welche Albion[324] nicht gerad die herrlichsten und edelsten seiner Söhne zu senden pflegt. Mit uns studierte ein Mediziner aus London, der einst von einer langen Fußtour ganz erschöpft zurückkehrte und erzählte: »Ik habe verloren mein selbst vor drei Tage, weil ik habe verloren mein *dictionary* woraus ik sprak.«

Statt der englischen zeigten sich aber damals französische Neigungen und Erinnerungen noch sehr lebendig; war doch das linke Rheinufer erst seit sechzehn Jahren wieder deutsch geworden. Gleich als ich in Bonn ankam, sagte man mir, ich müsste mich, um eine Wohnung nach meinen Wünschen besorgen zu lassen, an den Bürger Großgarten wenden; und auf meine Frage, wie dies alte Faktotum der Studenten zu dem absonderlichen Titel käme, wurde

323 Ausgabe 1878, S. 261 f.

324 antiker Name für die Britischen Inseln, heute meist dichterischer Ausdruck für England

ich belehrt, dass der Mann seit den Jahren, wo er *citoyen* Großgarten genannt worden, diese Bezeichnung beibehalten und nur ins Deutsche übertragen habe.

Auch eine alte Frau wurde mir gezeigt, die in ihrer Jugend als Göttin der Vernunft auf einem Triumphwagen durch die Straßen stolziert war. Auf die ehemalige Verbindung mit Frankreich deutete es ferner hin, dass ein kleines Tempelchen in dem Evermannschen Garten inwendig durchweg mit den berüchtigten Assignaten[325] tapeziert war, deren Zwangskurs einst so viele französische Familien an den Bettelstab gebracht hat.

Die Leute dachten im Allgemeinen gern an die Zeit, wo sie Franzosen gewesen, sie wollten damals weniger Abgaben gezahlt und sich überhaupt besser befunden haben als unter preußischer Herrschaft. Seitdem sind solche Gesinnungen längst spurlos verschwunden. Gebe Gott, dass unsere Kinder einst in gleicher Weise über die Neigungen und Wünsche der Elsass-Lothringer berichten können!

Von allerlei weiteren und näheren Ausflügen, die wir in kleinerer oder zahlreicher Gesellschaft, einmal sogar bis nach Straßburg, machten, wo ich zum ersten Mal die Trikolore wehen sah, will ich weiter nicht berichten. Nur einer unserer häufigen Besuche in Köln soll erwähnt werden, weil ich dabei Gelegenheit hatte, etwas von dem berühmten Karneval zu sehen. Den närrischen Umzügen, denen wir auf den Straßen begegneten, fehlte doch der rechte Humor. Das Werfen mit Erbsen und Zuckerkügelchen wurde nicht mehr gestattet. Sehr hübsch aber war abends der Ball in dem gewaltigen alten Saale des Gürzenich[326]. Masken erschienen daselbst sehr wenige, kaum drei oder vier, und noch dazu recht alberne; desto reizender nahmen sich die Kontertänze aus. Ich erinnere mich noch genau, dass gleichzeitig acht Quadrillen, jede von acht Paaren, in dem großen Saale getanzt wurden, wozu vollkommen Raum war. Man bewegte sich mit französischer Anmut und alle Schritte und Touren wurden mit gewissenhafter Pünktlichkeit ausgeführt.

---

325 Assignaten (frz. assignation: Anweisung) waren die während der Französischen Revolution verwendeten Geldscheine.

326 Festsaalbau aus dem 15. Jahrhundert in der Kölner Altstadt

Sämtliche Damen waren weiß gekleidet und trugen in jeder Gruppe immer hellrote oder blaue Schärpen. Wir sahen von einer Galerie aus dem Tanze zu. Wenn nun an der bestimmten Stelle die Paare das Kompliment machten, so konnte man im schönsten Ballett nichts Hübscheres sehen, als diese vierundsechzig regelmäßig aufgestellten, sich gegen ihre Kavaliere verneigenden Damen.

Wir waren sehr vergnügt und trieben allerlei harmlosen Scherz und Schwank. Einer unserer Kameraden, ich glaube, er hieß Schwarz, wurde dabei in der Regel gehänselt. Es war derselbe, der, als er bereits sechs Monate in Bonn war und das neue Semester begann, eines Tages ganz unbefangen sagte: »Nun muss ich mir auch einmal Tinte kaufen!« Dieser Schwarz wollte uns damals in Köln durchaus bereden, über die Rheinbrücke nach Deutz zu gehen. Wir hatten keine Lust dazu, und als jener sich nicht beruhigen ließ, sagte ich: »Ach was! Das kostet hier für jede Person acht Groschen, soviel Geld wenden wir nicht daran, dafür können wir uns besser amüsieren.« Schwarz nahm das ganz ernsthaft und sagte entrüstet: »Wie kann man nur in einem wohleingerichteten Staate so hohes Brückengeld erheben!«

Waren wir nicht unterwegs, so ließen wir daheim in Bonn nicht leicht eine Gelegenheit vorübergehen, wo man sich um eine gemeinschaftliche Bowle versammeln konnte. Einer meiner Freunde, namens Bertrand, für den leider jetzt auch der irdische Rebensaft nicht mehr quillt und dessen ich später noch ausführlicher gedenken will, war besonders erfinderisch im Ersinnen von Vorwänden zu solchen kleinen Gastereien. Öfter schon hatte er sich den Scherz gemacht, uns zu verkünden, dass heute der Geburtstag dieses oder jenes großen Mannes sei, den man notwendig durch eine Bowle feiern müsse. Er fand allezeit willige Teilnehmer, sparte sich aber bald die Mühe, jedes Mal eine historische Notiz zu sammeln, indem er immer den Tag, wo er Lust hatte, zu zechen, für Luthers Geburtstag erklärte. Auf diese Art pflegten wir ein- oder zweimal in der Woche das Wiegenfest des großen Reformators zu feiern. Wir unterhielten uns dabei vortrefflich von den verschiedensten Dingen. Eine Zeitlang gab eine kleine Sammlung von Epigrammen, auf welche Professor von Droste mich aufmerksam gemacht hatte, Stoff zum Gespräch und Lachen. Verfasser war ein hochbejahrter Geheimrat Jacobi, zur Familie des berühmten Pempelforter Philosophen[327] gehörig. Der würdige Herr mochte schon ein wenig kindisch geworden sein, denn die Verse strotzten von dem blühendsten Unsinn. Leider sind mir nur noch zwei davon in Erinnerung, die ich hiermit nach Kräften vor der Vergessenheit schützen will, wobei ich zur Erläuterung vorausschicken muss, dass »Pitter« im kölnischen Dialekt soviel bedeutet wie »Beter«, d. h. einen frommen, sanften Menschen.

Die Verse lauteten folgendermaßen:

Rätin Windstill und ihr Brutal
Tanzen Menuett in ihrem Saal;
Während Muhme Ungewitter
Schlägt mit Fäusten ihren Pitter.

Der Dichter will sagen, dass der Friede in der Ehe stets von dem Charakter der Gattin abhängig ist. Das zweite Poem ist hauptsächlich zum Nutzen des weiblichen Geschlechts verfasst und lautet:

Vieles will werden leise begangen,
Als zum Beispiel Flöhe fangen.

Herr von Droste hatte über diese Epigrammensammlung eine ganz ernsthaft gehaltene Rezension drucken lassen, die uns ungemein amüsierte. Man wird zugestehen, dass die Unterhaltung mit dergleichen Dingen wenigstens eine sehr harmlose heißen konnte.

◊ Das kleine Häuschen, welches ich in dem Eversmannschen Garten bewohnte, war für den Sommer entzückend schön. Da die Zimmer aber keine Heizung hatten, musste ich zum Winter eine Wohnung in der Stadt suchen. Ich fand eine solche am Markte, im Hause eines Sattlers, und wanderte nun ebenso fleißig und

327 Friedrich Heinrich Jacobi, auch Fritz Jacobi, (1743–1819). Im Jacobihaus in Pempelfort, heute ein Stadtteil von Düsseldorf, waren Goethe, Herder, Wieland, Klopstock sowie Wilhelm und Alexander von Humboldt zu Besuch.

andächtig in Puggés Pandekten-Vorlesung wie bisher in seine Institutionen.[328]

Mit mir auf derselben Flur wohnte eine alte, mehr als achtzigjährige Nonne, welche, von den Franzosen aus ihrem Kloster vertrieben, sich hier ihr Hinterstübchen in eine Zelle umgewandelt hatte. Von dem Dasein der würdigen alten Dame erhielt ich die erste Kunde an dem Tage, wo sie aus ihrer letzten kleinen Zelle in die allerletzte noch kleinere unter der Erde gebracht werden sollte, um dort den Tag der Auferstehung zu erwarten. Ich sah nämlich eines Morgens ein wunderliches, schmales Brett, mit allen Symbolen der Vergänglichkeit bemalt, an unserer Haustür angelehnt und erfuhr, es sei das ein Zeichen dafür, dass hier eine Leiche sich befinde. Die alte Nonne war in der Nacht entschlafen.

Wieder in Berlin

Ohne besondere Zwischenfälle ging das zweite Semester zu Ende. Wie gut es mir auch in Bonn behagt hatte, so könnte ich doch nicht sagen, dass mir der Abschied von der schönen Universitätsstadt sehr schwer gefallen wäre. Veränderung ist für einen jungen Menschen immer etwas Angenehmes, und ich kehrte mit leichtem Mute nach Berlin zurück, wo ich zunächst meine Studien fortsetzen sollte. Ich blieb daselbst achtzehn Monate, doch gehört dieser Zeitabschnitt zu denjenigen meines Lebens, die mir am wenigsten lebhafte Erinnerungen zurückgelassen haben, so dass ich demgemäß nur wenig darüber zu berichten weiß. Auch in Berlin besuchte ich die Vorlesungen, die mich ansprachen, sehr regelmäßig; dabei las ich viel und vielerlei und übte mich fleißig im Zeichnen und Klavierspielen.

Beim Abschied, den ich in herzlichster Weise von Puggé genommen, hatte er mich aufgefordert, ihm künftig von meinem Tun und Treiben Nachricht zu geben, was ich auch hin und wieder tat; vor allem aber machte er mir zur Pflicht, die Pandekten[329], die ich soeben bei ihm gehört, unter allen Umständen noch zum zweiten

---

328 Ausgabe 1878, S. 267

329 spätantike Zusammenstellung von Werken römischer Rechtsgelehrter, bedeutender Teil der Überlieferung des römischen Rechts

Mal bei Savigny zu hören, und es ist mir noch heute eine Freude, dass ich diesen Rat befolgt habe.

Es wäre sehr überflüssig, hier etwas über Savignys Bedeutung als Rechtslehrer zu sagen. Sein Name wird für alle Zeiten unter den größten Romanisten genannt werden; aber welchen Eindruck seine mündlichen Vorträge machten, können nur die beurteilen, die so glücklich waren, ihn zu hören. Er verstand es in wunderbarer Weise, die schwierigsten und trockensten Fragen des römischen Rechts klar und anziehend zu machen; und ganz unvergleichlich war die Art, wie er die Rechtssprüche der alten Juristen auslegte. Er wusste die Sätze so elegant zu zerteilen und zusammenfügen, dass man dabei oft an Lessings klassische Methode erinnert wurde. In seiner äußeren Erscheinung drückte Savigny das große Selbstbewusstsein aus, von dem er nicht mit Unrecht erfüllt war. Groß von Gestalt, feierlich, vielleicht ein wenig steif in jeder Bewegung, mit stolzem Ausdruck in seinen vollen, ernsten und edlen Gesichtszügen, deutete er durch das lange, gescheitelte Haar zugleich seine Frömmigkeit an und das Heilige, welches er in seiner Wissenschaft erblickte.

In dem überfüllten Hörsaale trat Totenstille ein, sobald er die Schwelle überschritt und langsam dann das Katheder bestieg. Bevor er zu sprechen begann, legte er seine Uhr, seine Lorgnette[330], sein Heft und ein etwa mitgebrachtes Buch feierlich und bedächtig neben sich hin. Dann hub der niemals stockende Fluss seines Vortrages an und strömte fort bis zum Schlusse, wo die erwähnten Requisiten wieder ebenso methodisch eingesteckt wurden, wie er sie hervorgeholt hatte. Dann bewegte sich die große, majestätische Gestalt langsam die Stufen herab und verließ unter ehrfurchtsvollem Schweigen der Versammlung den Saal.

Kam es vor, dass er einmal etwas zu schnell diktierte oder nicht deutlich genug sprach, so nahm er von etwa laut werdenden Zeichen der Zuhörer, die eine Wiederholung zu verlangen sich erdreisteten, anfangs gar keine Notiz. Beruhigten sich die Studenten nicht, so steckte er zuerst langsam seine Uhr wieder in die Westentasche, griff dann zur Lorgnette und machte Miene, sich zum Verlassen des Katheders (oder wie man eigentlich sagen sollte; der Katheder)

330 mit einem Griff versehene Lesebrille

anzuschicken. Das verfehlte seine Wirkung niemals und ich glaube nicht, dass es in irgendeinem Falle weiter als bis zu diesen symbolischen Äußerungen des Missfallens gekommen ist. Was sonst noch, Lobendes oder Tadelndes, über Savigny zu sagen wäre, ist so häufig schon gesagt und auch gedruckt worden, dass ich mir die Wiederholung ersparen kann.

Kein größerer Gegensatz lässt sich denken als der zwischen Savigny und seinem damals berühmten Widersacher, Professor Gans. Das waren nicht sowohl zwei gelehrte Juristen mit verschiedenen Meinungen und Ansichten als vielmehr zwei verschiedene Völkerrassen, die, vertreten durch ihre charakteristischen Repräsentanten, einander gegenüberstanden. Der christliche Germane dem jüdischen Orientalen. Schon im äußerlichen hätten sie, nebeneinanderstehend (was ihnen übrigens sicher niemals begegnet ist), das wunderlichste Paar gebildet. Denke man sich zur Seite von Savigny, wie wir ihn soeben beschrieben haben, den wohlbeleibten, immer aufgeregten, bis zum Übermaß beweglichen, in seinen Gewohnheiten formlosen Gans, dessen große dunkle Augen unter einer Fülle von krausem, schwarzem Haar aus dem Kopfe hervorquollen, der keinen Augenblick still stehen konnte, alle Gegenstände in seiner Nähe angriff, betastete und im Eifer des Gesprächs oft verdarb und zerbrach. So spiegelte die Erscheinung beider Gegner die ganze Tiefe der Kluft wieder, die sie für immer voneinander trennen musste.

Das Wesen der historischen und der philosophischen Rechtsschule zu erklären, die hier in zwei Persönlichkeiten verkörpert einander gegenüberstand, würde uns zu weit führen. Es genügt, darauf hinzuweisen, dass Savigny in dem Römischen Rechte die einzige und reinste Quelle erblickte, aus der die Menschheit zu schöpfen hätte, und dass das Studium des *Corpus juris* der Anfang und das Ende der juristischen Weisheit sein und bleiben müsse. Gans dagegen, ein Schüler Hegels, und zwar einer von denen, welche des Meisters Gedanken am besten zu verwerten wussten, hielt es für die höchste Aufgabe des Juristen, die allgemeine Idee des Rechts aus der Geschichte und Gesetzgebung aller Völker der Erde zu abstrahieren und dasselbe nach der so gefundenen Idee neu und zeitgemäß zu gestalten. Aus diesem Gesichtspunkt schrieb er sein bekanntes und von vielen Seiten hochgehaltenes Werk über das Erbrecht. Der Plan, nach welchem dasselbe angelegt ist, beruht auf der Voraussetzung einer unendlich vielseitigen Gelehrsamkeit des Verfassers, der eigentlich fast alle Sprachen der Erde hätte verstehen müssen, um vollständig zu leisten, was er sich vorgenommen.

Die Gegner von Gans behaupteten, er sei in dieser Beziehung keineswegs so gut vorbereitet gewesen, wie er sich den Anschein gegeben. Höhnisch erzählten sie, er habe sich auf der Pariser Bibliothek arabische Handschriften vorlegen lassen, bei denen er eifrig studierend gesehen worden. Da sei zufällig einer der Bibliothekare herangetreten, habe mit großer Höflichkeit das Manuskript umgekehrt, so dass das Oberste zu unterst gewendet wurde, und dabei dem Professor gesagt: »Sie haben es so bequemer, mein Herr!« Gans hätte hiernach sich bloß den Anschein gegeben, eine Handschrift zu lesen, deren Schriftzüge ihm ganz fremd gewesen. Das war sicherlich Verleumdung; aber etwas Renommage[331] lief bei seinen Arbeiten mit unter, die dessen ungeachtet im Wesentlichen geistreich, anregend und in vieler Hinsicht auch neu und belehrend waren.

Gans sprach viel und gut, er sprach eigentlich immerfort, so dass in seiner Gegenwart nicht leicht ein anderer zu Worte kam, und zum Dozieren schien er ganz besonders berufen und befähigt. Er hatte schon einen bedeutenden Namen als Gelehrter, konnte aber damals in Preußen, seines Glaubensbekenntnisses wegen, niemals eine Professur erlangen. Der Minister Altenstein hätte ihn sehr gern für die Universität gewonnen und ließ ihm von allen Seiten zureden, zum Christentum überzutreten. Da er das nicht mit Überzeugung tun konnte, so widerstand er umso leichter und länger, weil er als wohlhabender Mann auch ohne Staatsstellung leben konnte. Als man gar nicht abließ, in ihn zu dringen, sagte er zuletzt: »Nun gut, wenn der Staat so borniert ist, dass er mir nicht gestattet, ihm in der Art zu nützen, wie es meinen Fähigkeiten angemessen ist, es sei denn, dass ich ein Bekenntnis ausspreche, an das ich nicht glaube und von dem auch der Minister sehr gut weiß, dass ich es nicht glaube, so soll er seinen Willen haben!« Er tat nun den geforderten

331 Prahlerei

Schritt, wurde sogleich ordentlicher Professor in Berlin und versammelte alsbald in seinen juristischen und geschichtlichen Vorträgen viele Hunderte von Zuhörern um seinen Lehrstuhl.[332]

Von Savigny wurde er aufs grimmigste gehasst, weil er dessen *Römische Rechtsgeschichte* ein langweiliges Buch genannt hatte – wahrlich, nicht ganz mit Unrecht, was jeder bezeugen wird, der, wie der Verfasser dieser Zeilen, genötigt gewesen ist, dasselbe zu lesen.

Gans ist im frühen Mannesalter gestorben und hat es nicht mehr erlebt, seinen Feind als Minister zu sehen, in welcher Rolle demselben keineswegs gelungen ist, seinem Ruhme als Gelehrten auch den des Staatsmannes hinzuzufügen!

Da Hegel selbst tot war, wollte ich wenigstens bei einem seiner Schüler den Versuch machen, in die Philosophie mich einführen zu lassen. Ich nahm die Logik bei von Hennigs an. Als aber der Spruch ertönte: Die Logik ist Gott der Vater, da ging es mir wie in Goethes Gedicht: »Drob ärgert sich der andre sehr und wollte gar nichts hören mehr.« Später habe ich allerdings durch eifriges Studium der Hegelschen Logik u. a. auch begriffen, was mit jener anscheinenden Gotteslästerung gemeint war. Ich habe mich lange mit Philosophie herumgequält, bin aber zuletzt doch auf die Seite derer übergetreten, die von den großen philosophischen Systemen, durch welche Gott und Welt begreifbar werden sollen, nichts mehr wissen wollen. Es gibt eben Fragen, zu deren Lösung die menschliche Vernunft nicht ausreicht. Sehr richtig bemerkte einmal Macaulay[333], dass trotz allen Fortschritten im Bereiche der Wissenschaften und Entdeckungen die Leute heutzutage über Tod und Unsterblichkeit, über den Widerspruch zwischen der Freiheit unseres Willens und der Allwis-

---

332 In Preußen lebende Juden erhielten 1812 in beschränktem Umfang Bürgerrechte, ihnen blieb aber die Beamtenlaufbahn verwehrt. Nur für besonders fähige Akademiker waren Ausnahmen vorgesehen. Diese Regelung wurde allerdings 1822 wieder rückgängig gemacht, als sich Eduard Gans um eine Hochschulprofessur bewarb – die sogenannte Lex Gans. 1825 ließ sich Gans taufen und wurde 1826 zum Professor an der Universität von Berlin ernannt, an der sein Widersacher Savigny seit deren Gründung 1810 lehrte.

333 Thomas Babington Macaulay (1800–1859), britischer Historiker und Politiker, dessen Werke in Deutschland große Beachtung fanden

senheit unseres Gottes und ähnliche Dinge noch gerade ebenso viel und ebenso wenig wissen wie Thales von Milet vor Jahrtausenden.[334] Soviel von der Berliner Universität.

◊ Es würde des Guten zu viel werden, wenn wir die bereits aufgestellte Galerie von Professorenporträts noch erweitern wollten, zumal außer Savigny keiner der Herren, bei denen ich damals Vorlesungen gehört, mir besonderes Interesse einzuflößen vermocht hat. Auch behaupteten die juristischen Studien in meinen Zukunftsplänen bei weitem nicht den ersten Platz.

◊ Ich lebte, ohne viel nachzudenken, in den Tag hinein, war oft verliebt und machte unzählige Verse an die Damen meines Herzens und hatte viel Verkehr in trefflichen Familien, die ich nicht näher bezeichne, weil zu meiner Freude viele Mitglieder derselben noch am Leben sind, denen es vielleicht nicht angenehm wäre, ihre Namen in einer Druckschrift veröffentlicht zu sehen.

◊ An Zerstreuungen aller Art fehlte es nicht, und daneben tauchten auch die alten mathematischen Neigungen wieder auf, und zwar zuweilen so lebhaft, dass der Gedanke, mich denselben ganz zu widmen mir mehr als einmal in den Sinn kam.

◊ Jedenfalls beschloss ich, diese Studien nicht ganz einschlafen zu lassen, und sah mich nach einem passenden Lehrer um. Ob das während meines damaligen Berliner Aufenthaltes geschah, oder erst nach Beendigung der Universitätsstudien, ist mir nicht recht klar.

◊ Den gewünschten Lehrer nach meinem Sinne zu finden, war nicht ganz leicht.

◊ Nach vielfachem Hin- und Herfragen wurde mir endlich der richtige Mann nachgewiesen. Er ging auf meine Wünsche ein, und ich hatte dadurch Gelegenheit, einen der merkwürdigsten Menschen kennen zu lernen, die mir jemals im Leben begegnet sind. – Mit ihm soll der folgende Abschnitt dieses Kapitels beginnen. Er hieß:

Wilhelm Lehmann

◊ Es ist nicht geraten, mit Superlativen um sich zu werfen; dennoch

334 Dieser Absatz ist in der Ausgabe von 1878 nicht enthalten.

spreche ich dreist aus, dass ein besserer und zugleich vielwissenderer Mann nicht gedacht werden kann, als der Prediger und Astronom Wilhelm Lehmann[335].

◊ Von seinen äußeren Lebensverhältnissen weiß ich nur wenig zu berichten, dagegen habe ich seinen inneren Menschen vollkommen durchschauen können, was bei einer so klaren und durchsichtigen Seele auch keine schwere Aufgabe war.

◊ Wilhelm Lehmann gehörte einer nicht unbemittelten Berliner Familie an. Der lange Jahre hindurch im Publikum unter dem Namen Theater-Lehmann bekannte Kassierer der königlichen Schauspiele war sein naher Verwandter. Von Jugend auf ein gesitteter fleißiger Musterknabe, hatte Wilhelm Lehmann sich den Lehrerberuf erwählt, und war auch nach vollendeten Studien an einem Gymnasium angestellt worden. Allein seine überaus milde und schüchterne Natur, und sein steifes, ungelenkes und pedantisches Wesen war nicht dazu angetan, ihn bei einer Schar wilder Knaben in Respekt zu setzen. Einige rohe Primaner trieben mit ihm solchen Unfug, dass er seinen Abschied nehmen musste, und sich dem geistlichen Stande zuwendete. Ein kleiner Zug aus jenen Schultagen genügt, um den Mann zu kennzeichnen. Als die zur Abiturientenprüfung reifen Schüler zu ihm kamen, um sich zu melden, empfing er dieselben mit den Worten: »Sie können sich auf das Sofa und die umstehenden Stühle setzen!«, was den Ausbruch eines homerischen Gelächters zur Folge hatte. Aber auch schon seine bloße Erscheinung entlockte ein Lächeln, ohne dass er etwas zu sagen brauchte. In stets sauberem, schwarzem Anzuge, mit glatt gescheitelten blonden Haaren blickte er aus einem Paar freundlichen blauen Augen fast immer ins Leere, und sah dabei so stillvergnügt aus, als wenn er sich mit angenehmen Gedanken beschäftigte. Seine Redeweise war von unerhörter Eintönigkeit, fast wie bei einer Sprechmaschine, und was

335 Jacob Heinrich Wilhelm Lehmann (1800–1863), deutscher Astronom. Nach ihm ist der Mondkrater Lehmann benannt. 1842 veröffentlichte er eine Arbeit über Sonnenfinsternisse und speziell die bevorstehende Sonnenfinsternis vom 8. Juli 1842. Die gesamte bereits gedruckte Auflage dieser Schrift verbrannte jedoch beim Hamburger Stadtbrand vom Mai 1842, sodass eine zweite Auflage erst nach dem Ereignis erscheinen konnte.

er sagte, kam so glatt hintereinander und ohne Anstoß hervor, als hätte er alles wörtlich auswendig gelernt. Saß man mit ihm an einem Tische, so erhob er sich, sobald er reden wollte, mit vollkommen steifem Rücken wie ein Automat, und setzte sich auch eben so rasch und steif wieder nieder, als wäre die Feder, die ihn emporgeschnellt, plötzlich wieder heruntergedrückt worden. Auf keine Frage, selbst aus den entlegensten Gebieten menschlichen Wissens, blieb er die Antwort schuldig, sondern gab aus der unendlichen Fülle seiner Gelehrsamkeit, die ihm in Folge eines unglaublich treuen Gedächtnisses allezeit zu Gebote stand, stets den richtigen Bescheid. Die Geschichte aller Völker und Zeiten war ihm geläufig, und ich bin fest überzeugt, dass, wenn man zu wissen verlangt hätte, wer die zweite Frau des fünften Kalifen von Bagdad gewesen, er sofort, ohne sich zu besinnen, den richtigen Namen genannt hätte. Zum Geistlichen war er durch unbedingten und unerschütterlichen Bibelglauben berufen wie wenige. Jedes Wort der heiligen Schrift galt ihm für unbestreitbare göttliche Wahrheit, und er hielt es für seinen Beruf, die Widersprüche, welche Naturwissenschaft und Astronomie gegen das Buch der Bücher erheben könnten, zu beseitigen, und nach seiner Weise aufzuklären.[336]

◊ Obgleich er nun alles Mögliche und noch etwas gelernt und gründlich studiert hatte, so waren doch Mathematik und Sternkunde seine Hauptfächer, und wie Außerordentliches er aus diesen Gebieten geleistet hat, beweist zur Genüge der Umstand, dass die Pariser Akademie der Wissenschaften seine Abhandlung über eine kürzere Art, die Bahnen neuer Kometen zu bestimmen, mit dem Preise gekrönt hat.

◊ Alle diese Kenntnisse und Fähigkeiten nahm er mit sich in eine Dorfpfarre, die er in der Nähe von Potsdam erhielt. Das Einkommen dieser Stelle war ein sehr geringes, und musste er dasselbe noch mit dem alten, schwach gewordenen Pastor teilen, zu dessen Nachfolger er bestimmt war. Dieser halb kindische Greis besaß eine resolute

336 Eberty bezieht sich hier offensichtlich auf Wilhelm Lehmanns Aufsatz: *Stehen die alttestamentlichen Offenbarungen über Himmel und Erde in Widerspruch mit den neueren Resultaten der Astronomie und Geognosie, oder stehen sie damit nicht in Widerspruch?* In: Schulblatt für die Provinz Brandenburg 24 (1859) 9/10, S. 526–549

Tochter, die sich natürlich alsbald mit dem widerstandslosen Substituten meuchlings[337] verlobte, und denselben an den Traualtar führte. So war Wilhelm Lehmann, ohne dass er recht wusste wie und warum, ein Ehemann geworden; ein ungleicheres Paar konnte kaum gedacht werden. Der Mann stets in den höchsten Regionen seiner Gedankenwelt verloren, die Frau ein wahres Prachtstück von *matter of fact*[338], die sich sogleich der unumschränkten Herrschaft über den armen Idealisten bemeisterte, dessen unpraktische Schwärmereien mitleidig belächelte und ihm über den Mund fuhr, sobald er etwas zu äußern wagte.

◊ Inzwischen hatten Lehmanns gelehrte Arbeiten die Aufmerksamkeit des berühmten Mathematikers Jacobi[339] erregt, und dieser bei Friedrich Wilhelm IV. in besonderer Gunst stehende Mann erbat sich, dass ihm Lehmann als Gehilfe bei seinen Berechnungen zugeordnet würde, was der neue Pfarrer auch mit beiden Händen freudig ergriff. Der König entband ihn von seinem Predigeramte und setzte ihm tausend Taler Gehalt aus. Da Jacobi bald erkrankte, und auf ärztlichen Rat für längere Zeit nach Italien ging, so musste Lehmann alle Arbeiten fortführen, welche jener, besonders auch zur Berechnung der elliptischen Funktionen, begonnen hatte. Dies Verhältnis; währte zu beiderseitiger Befriedigung bis an Jacobis Lebensende.

◊ Inzwischen waren die Unruhen von 1848 ausgebrochen. Lehmann ergriff mit größtem Eifer die Partei der Demokratie und erhitzte sich für dieselbe dermaßen, dass er an den König schrieb, seine Überzeugung erlaube ihm nicht, fernerhin von einem Monarchen eine Unterstützung anzunehmen, und verzichte er deshalb auf das ihm bewilligte Gehalt. In der Tat lebte er seitdem von den geringen Zinsen seines Vermögens, und richtete sich mit seiner Frau in einer kleinen Wohnung in Potsdam häuslich ein. Hier beschäftigte er sich unter andern auch viel mit Musik und komponierte nach Regeln der Zahlentheorie eine Oper, zu der er selbst den Text geschrieben hatte. Er ist dann nicht lange nachher, etwa 1850, gestorben. Das wäre so ziemlich alles, was mir von den

337 hinterrücks, in böser Absicht
338 sachlich, bodenständig
339 Carl Gustav Jacob Jacobi (1804–1851), Mathematiker

Lebensschicksalen des seltsamen Mannes bekannt geworden. Viel gründlicher aber konnte ich in das Getriebe seines inneren Wesens eindringen, weil ich längere Zeit mehrmals in jeder Woche seines Unterrichts genossen habe.

◊ Es war eigentlich ein ästhetisches Interesse, welches das gewöhnlich als trocken verrufene Studium der Mathematik mir einflößte. Die Fülle von Geist und Genie, welche dazu gehört hatte, um alle die Folgerungen und Schlüsse zu ziehen, auf denen die euklidischen, archimedischen und pythagoräischen Sätze beruhen, sodann ganz besonders die Décartessche Lehre von den Kegelschnitten und den Gleichungen derselben erschienen mir wie herrlich vollendete Kunstwerke. Wenn nun gar die Gestirne des Himmels ihre Bahnen nach den mathematisch berechneten Formeln mit solcher Genauigkeit durchlaufen mussten, dass jede Abweichung nicht dem Beobachter, sondern dem Planeten selbst zur Last fiel, der sich auf seiner vorgeschriebenen Bahn durch die Einflüsse fremder noch unentdeckter Weltkörper gleichsam irre machen ließ, so erregte eine solche Unfehlbarkeit ehrfürchtige Bewunderung vor den großen Heroen im Reiche der mathematisch-astronomischen Wissenschaften. Namentlich flößten mir Keplers Sätze und Newtons weltbeherrschende Entdeckung das andachtsvollste Staunen ein, und ich hegte den brennendsten Wunsch, die Beweise für diese großen Gesetze kennen zu lernen. Dazu aber war die Kenntnis jener höheren mathematischen Gebiete erforderlich, welche mir abging. Nun hörte ich einst von einem Fachgelehrten, dass man im Stande sei, die keplerschen Gesetze auch auf rein geometrischem Wege zu beweisen. Und seitdem hatte ich keinen anderen Gedanken, als einen Lehrer zu finden, der mich in diese Geheimnisse einweihen könnte. Da wurde ich (durch wen, weiß ich nicht mehr) an Wilhelm Lehmann gewiesen. Ich vermute, dass das in die Zeit fiel, wo er sich von der Gymnasialtätigkeit zurückgezogen, und sein Pfarramt noch nicht angetreten hatte, denn ich erinnere mich bestimmt, dass er damals noch nicht verheiratet war. Ich suchte ihn auf, trug ihm mein Anliegen vor, und mit großer Liebenswürdigkeit erklärte er sich bereit, mir zwei Stunden wöchentlich zu geben, um mich an das ersehnte Ziel zu führen.

◊ Der Unterricht sollte in meiner Wohnung stattfinden, und wenige Tage darauf stellte Lehmann sich pünktlich ein. – Nun begannen die wunderlichsten Lektionen, die man sich denken kann. Ich entdeckte gar bald die weit umfassende Gelehrsamkeit des schüchternen Mannes, und missbrauchte seine Güte, um mich auf den verschiedensten Gebieten menschlichen Wissens von ihm unterrichten zu lassen. Besonders viel disputierten wir auch über theologische Gegenstände, wobei denn der eigentliche Zweck der Lehrstunden, der Beweis für die keplerschen Gesetze, bald in den Hintergrund trat. Lehmanns Eifer und Lust zur Mitteilung war eben so groß, wie meine Begierde, von ihm zu lernen, und aus der jedesmaligen Unterrichtsstunde wurden zwei oder drei. Mit welcher Gefälligkeit und Gewissenhaftigkeit er auf meine hin- und herspringenden Fragen einging, ist gar nicht zu beschreiben. Ein Beispiel statt vieler möge an dieser Stelle genügen.

◊ Ich hatte in meinem Zimmer ein tafelförmiges Fortepiano, welches noch in der früher allgemein üblichen Weise so eingerichtet war, dass die eine Hälfte des aufgeschlagenen Deckels als Notenpult diente, und durch einen, um einen Stift sich drehenden Wirbel in aufrechter Stellung erhalten wurde. Klappte man das Klavier zu, ohne den Wirbel vorher gehörig zurückgedreht zu haben, so drückte sich die Spitze des letzteren ein wenig in die untere Fläche des Deckels ein, und zwar, gemäß der Stellung, die der Wirbel gerade hatte, an verschiedenen Punkten, die mit der Länge der Zeit in einander gelaufen waren, und eine rundliche Vertiefung in dem Holze gebildet hatten. Diese Vertiefung hatte eine apfelförmige Gestalt, und es kam mir vor, als ob die Kurve oben eingebogen wäre, ähnlich wie bei dem Teile des Apfels, wo der Stil angewachsen ist. Auf diese Figur machte ich meinen Lehrer aufmerksam, und fragte ihn, ob er glaube, dass die scheinbare Einbiegung in der Tat vorhanden sei? Er sann einen Augenblick nach, und versprach alsdann, mir in der nächsten Stunde Aufklärung zu geben. Wirklich brachte er einige Tage später drei bis vier Bogen voll Zahlen und Formeln, mittelst deren er ausgerechnet hatte, dass die Linie eine Kurve des siebenten Grades darstelle, und oben nicht eingebogen sei.

◊ Höchst sonderbare Resultate ergaben auch die theologischen

Gespräche, die ich mit Lehmann führte. So erklärte er es mit großer Ruhe und Bestimmtheit für die Hauptaufgabe der Astronomie, dafür zu sorgen, dass die christlichen Festtage richtig berechnet würden; denn weil es sehr möglich wäre, dass in Zukunft einmal wieder Barbarei unter den Menschen einbräche, und diese dann nicht mehr im Stande wären, Ostern gehörig zu bestimmen, so habe er selbst (unglaublich aber wahr!) diese Berechnung bis zum Jahre 22 000 nach Christi Geburt ausgeführt, wo alsdann die verkommenen Völker doch wohl in der Bildung wiederum so weit vorgeschritten sein würden, um die Rechnung weiter fortzusetzen.

◊ Große Sorge und Gewissensunruhe bereitete ihm auch der Umstand, dass in der Bibel die Erde als stillstehender Weltmittelpunkt betrachtet wird, um welchen Sonne, Mond und Gestirne sich drehend bewegen. Er, der die Gesetze des Laufes der Himmelskörper so gut kannte, dass er eine gekrönte Preisschrift über Kometenbahnen zu liefern im Stande gewesen, verfasste deshalb aus Glaubensdrang eine kleine Abhandlung, in welcher er nachwies, dass es den Gesetzen des Denkens nicht widerspreche, wenn man die Erde als Weltmittelpunkt betrachte, und dass Josua also mit vollem Rechte und mit Erfolg der Sonne habe Stillstand gebieten können. Ein drittes Bedenken, noch seltsamerer Art, machte ihm nicht minder schwere Sorgen. Bekanntlich sind die Volumina der kleinen Planeten zwischen Mars und Jupiter, die sich, wie die unverwundeten Kriegsgefangenen in der berühmten Siegesdepesche von 1871, fast stündlich vermehren, noch nicht genau zu bestimmen gewesen. Wenn nun auch die Gewichtssumme aller dieser Himmelskörperchen im Vergleich zu den Volumen der Sonne und der größeren Planeten nur geringfügig ist, so muss sie doch einen, wenn auch noch so kleinen, Einfluss auf die Bahn der Erde üben, und in Folge dessen auch auf die Länge des Erdenjahres.

◊ Nun wird bekanntlich die Umlaufszeit der Erde um die Sonne mittelst der Schalttage in Einklang mit dem 24 Stunden dauernden Erdentage erhalten, jedoch nur unvollkommen, so dass der Schalttag alle hundert Jahre einmal ausfallen, und dann wiederum alle tausend Jahre einmal nicht ausfallen muss. Jetzt wollte Lehmann berechnet haben, dass die Störung durch die Massen der kleinen Planeten von der Art sein werde, dass, wenn der Schalttag, welcher im Jahre 2000 nach Christi Geburt eigentlich eintreten soll, alsdann nicht ausgemerzt wird, eine so große Konfusion im Kalender entstehen könnte, dass man auf einem Teile der Erde Montag hätte, während der andere Teil Dienstag zu haben glaubte. Solchem Unheil müsste bei Zeiten vorgebeugt werden, damit nicht allein im Kalender, sondern auch im bürgerlichen Leben, beim Ablauf von Fristen, bei der Fälligkeit von Wechselbriefen, beim Eintritt der Großjährigkeit eines Menschen usw. entsetzliche Nachteile vermieden würden. Es dürfte sich nämlich diese zu befürchtende babylonische Verwirrung dadurch noch mehr steigern, dass die abendländische Christenheit den gregorianischen verbesserten Kalender angenommen hat, während die orientalische sich noch nach dem julianischen Kalender richtet, und in Folge dessen bereits um dreizehn Tage zurückgeblieben ist. Was soll nun geschehen, um die drohende unheilbare Konfusion zu verhüten? Einziges Mittel dazu ist ein allgemeiner Völkerkongress, welcher anordnet, dass der Schalttag im Jahre 2000 beseitigt, und allgemein der gregorianische Kalender eingeführt wird.

◊ Damit nun die Überzeugung von dieser Notwendigkeit bei allen Menschen Eingang finde, verfasste Lehmann ein dickes Buch, in welchem er seine Anschauungen mit großer Weitläufigkeit in allgemein verständlicher Sprache auseinandersetzte und klar machte. Weil nun aber die meisten Menschen auf Erden, und namentlich auch die russischen Popen, und die griechischen Archimandriten nicht deutsch verstehen, so machte er einen ausführlichen Auszug aus seinem Werke in lateinischer Sprache, und wenn ich mich recht erinnere, hat er beide Bücher auf seine Kosten drucken lassen, und war nun des besten Erfolges seiner Bemühungen sicher.

◊ Alles dies, und mehr dergleichen, gab, wie man sich denken kann, reichlichen Unterhaltungsstoff während der Stunden, die ursprünglich zur Erklärung der keplerschen Gesetze bestimmt gewesen. Ich ging dann bald auf Reisen, Lehmann trat sein Pfarramt an, und während einer Reihe von Jahren hörte ich nichts über den seltsamen Mann; bis ich 1844 mit meiner Familie im Seebad Swinemünde verweilte, und dort unter den Anwesenden zu meiner Freude auch den Astronomen Lehmann traf, welcher von seiner Gattin begleitet wurde. Bald genug kamen unsere universellen wissenschaftlichen Gespräche wieder in Gang. Er teilte mir unter andern mit, dass er so eben sechs Wochen lang von Morgen bis Abend mit einer ihm von Jacobi zugeschickten Aufgabe beschäftigt gewesen, ohne zu dem gewünschten Resultate zu kommen, bis er endlich entdeckt habe, dass Jacobi in einer der Formeln aus Versehen ein griechisches statt eines lateinischen *k* gesetzt, wodurch er dann genötigt worden, die ganze Rechnung wieder von vorn anzufangen. In dem Briefe, durch welchen er seinem Auftraggeber von diesem verhängnisvollen Irrtum nach Italien Meldung getan, habe er demselben zugleich den Rat erteilt, die gellertsche Schrift »Trost bei einem siechen Leben« zu lesen, worauf der große Gelehrte aber erwiderte: Er würde sich lieber eine erheiternde Lektüre wählen! Man muss die eintönige Art, in welcher Lehmann mit freundlichster Miene dergleichen vorbrachte, selbst kennen gelernt haben, um die unbeschreiblich komische Wirkung solcher Mitteilungen zu begreifen.

◊ Neben seinen ihm obliegenden Arbeiten war er damals gerade von einer neuen, ganz absonderlichen Marotte erfüllt. Er ging davon aus, dass man überzeugt sein dürfe, dass das Wachstum des menschlichen Körpers sich nach festen Naturgesetzen vollziehe. Da dasselbe nun aber sowohl im allgemeinen, als auch bei einzelnen Persönlichkeiten anscheinend sehr unregelmäßig vor sich gehe, da ja viele Menschen klein bleiben, andere sehr groß werden, und ferner das Kind in den ersten Lebensjahren sehr schnell wachse, dann langsam an Körperlänge zunehme, bis bei Knaben und Mädchen in der Zeit der eintretenden Pubertät ein plötzliches Emporschießen oft während weniger Monate wahrzunehmen sei, so suchte er nach einem allgemeinen Gesetze für diese Erscheinungen, und nach einer mathematischen Formel, durch welche dasselbe sich ausdrücken lasse. Bekanntlich bedient man sich, um Veränderungen in der Erscheinung, zum Beispiel der Temperatur, des Barometerstandes oder wohl auch der Krankheitserscheinungen während eines Fiebers anschaulich zu machen, des kariert linierten Papiers, auf dem man stunden- oder tageweise die Grade des Thermometers, die Fieberhitze usw. durch Punkte andeutet. Diese Punkte bringen alsdann, durch Linien verbunden, eigentümliche Figuren hervor. Auf ähnliche Art wollte nun Lehmann gefunden haben, dass das Wachstum eines Menschen, genau verzeichnet, sich als eine Hyperbel darstelle, oder eigentlich als zwei Hyperbeln, welche an der Stelle, die den Eintritt der Pubertät andeutet, in einem scharfen Winkel aneinanderstoßen. Die Richtung dieser Linien werde durch Messungen bestimmt, welche in gewissen Zeitzwischenräumen an einem heranwachsenden Menschen vorgenommen werden müssen. Der Umfang des Kopfes, der Handgelenke, und noch sonstige Maße bilden die veränderlichen Größen, nach denen die Bogen der beiden Hyperbeln bestimmt werden.

◊ Die Darstellung dieser Theorie hat ihr Erfinder, wie ich glaube, in den »schumacherschen astronomischen Jahrbüchern« ausführlich abdrucken lassen, und dem Publikum zugänglich gemacht, indem er zugleich alle Freunde und Bekannte, und überhaupt alle Menschen aufforderte, die einschlagenden Messungen fleißig anzustellen, und dadurch seine Lehre zu bestätigen und weiter zu verbreiten.

◊ Wir saßen eines Tages, keines Überfalls gewärtig, in Swinemünde in unserem Zimmer, als Lehmann die Tür öffnete, und drei lang aufgeschossene Jungen von 13 bis 16 Jahren vor sich herschob, welche die kleine Badewohnung noch enger machten, als sie schon war. An diesen Knaben nahm er nun seine Messungen vor, zeigte uns die für ihr Wachstum seit einigen Jahren projizierten Hyperbeln, und forderte mich zugleich dringend auf, ihm künftig ähnliches Material für seine Untersuchungen zu liefern. Auch hat er später, als ich schon in Breslau war, mir den Auftrag gegeben, den Lehrburschen in einer Spezereihandlung zu vermessen. Ich tat dies auch; allein die Resultate stimmten in diesem Falle nur wenig mit den von ihm im Voraus berechneten überein. Als ich ihm dies meldete, schob er die Schuld darauf, dass bei Ladenburschen, in Folge ihrer Beschäftigung, die Hände und Armgelenke übermäßig anzuschwellen pflegten. Nicht lange vor jener Begegnung in Swinemünde war in Graz in Steiermark ein Naturforscherfest gefeiert worden, zu welchem auch Lehmann sich eingefunden hatte. Den Vorsitz bei den

Versammlungen führte Erzherzog Johann, der nachmalige Reichsverweser. Dieser fand an dem seltsamen Gelehrten großes Wohlgefallen, und ließ sich alle seine wunderlichen Theorien und Anschauungen von ihm auseinandersetzen. Ganz besonders ergötzte ihn die Berechnung des Osterfestes bis zum Jahre 22 000, und bei einer feierlichen Mahlzeit, wo Lehmann sich dem Erzherzog hatte gegenübersetzen müssen, schlug dieser an sein Glas, und brachte die Gesundheit des Astronomen mit den Worten aus: »Der Doktor Lehmann soll noch 22 000 Jahre leben!«, was selbstverständlich allgemeinen Jubel erregte.

◊ Wie verwunderlich auch alles bisher von diesem Manne erzählte klingt, so bleibt doch noch das Allerseltsamste zu berichten:

◊ Sein Schwiegervater und einstiger Amtsvorgänger in jener Dorfpfarre war in seiner Art kein minder großes Original gewesen als Lehmann selbst. Wie sein Schwiegersohn die Naturwissenschaft, so hatte dieser alte Herr die Weltgeschichte mit der Bibel, und namentlich mit den Büchern Moses in Einklang bringen wollen, und war, bei der Unmöglichkeit, das zu bewerkstelligen, auf den Einfall geraten, Gott habe vermöge seiner Allmacht in einem bestimmten Jahre (wann, weiß ich nicht mehr) plötzlich den Lauf des Mondes geändert, und jene Widersprüche seien nur dadurch entstanden, dass die Welt ein solches Wunder außer Acht gelassen. Über diese Hypothese hatte er so vieles, und mit so großer Ausführlichkeit geschrieben, dass Lehmann, wie er mir erzählte, nach dem Tode seines Schwiegervaters eine ganze Kammer mit den hierauf bezüglichen Papieren angefüllt fand. Alle diese Schriften las er durch und ordnete sie sorgfältig, und als ich mir zu bemerken erlaubte, es seien jene Grübeleien des alten Herrn Pfarrers doch lediglich eine tolle Schwärmerei gewesen, erwiderte er in seiner einförmigen Sprechweise: »Sofern es nicht bewiesen ist, kann man es allerdings eine Schwärmerei nennen, insofern es aber der Versuch ist, einen unlösbaren Widerspruch aufzuklären, ist es keine Schwärmerei!« Nach beendeter Badekur schieden wir von einander, und ich habe meinen guten alten Freund und Lehrer nicht wieder gesehen. Zweiundzwanzigtausend Jahr ist er nicht alt geworden, sondern, wie erwähnt, vor etwa fünfundzwanzig Jahren gestorben. Sein äußeres

Leben war still und einfach, desto bewegter und eigentümlicher aber die unaufhörliche Arbeit in seinem Innern. Hätte er seine Gedanken nicht fast immer auf phantastische und unfruchtbare Dinge gerichtet, so würden bei ruhiger und vernünftiger Anwendung, seine großen Gaben der Wissenschaft und seinen Mitmenschen sicher zum Heile gereicht haben! Friede sei seiner Asche.[340]

Studentenleben[341]

Trotz allem Nachsinnen kann ich eigentlich darüber nicht klar werden, was ich sonst während meines anderthalbjährigen Verweilens auf der Universität zu Berlin getrieben. Fleißig war ich nicht, besonders nicht in juristischen Dingen, die ich durchaus nicht anders als die notwendige Vorbedingung für meine künftige sogenannte Karriere betrachtete. Desto mehr las ich Romane, machte zahlreiche Verse an Damen, die nie etwas davon erfuhren, zeichnete, malte, so gut es gehen wollte, und hatte dabei doch immer die stille Hoffnung, ich würde mich ohne sonderliche Mühe durch irgendetwas in der Welt hervortun, durch eine wichtige Entdeckung, durch Auffindung der Dreiteilung des Winkels, durch Lösung eines philosophischen Problems und was solcher Träumereien mehr waren. Etwas Seltsames, nie Dagewesenes musste es sein, was ich zu vollbringen hoffte. Gewöhnliche Arbeiten, die andere Sterbliche ebenso gut vollbringen können, lagen tief unter dem Gesichtskreis meiner Würde. Wohl kannte ich den Goetheschen Spruch: »In jungen Jahren dachten wir hochzufahren, alle oben hinaus in Saus und Braus, jetzt bitten wir demütig, achmütig und flehmütig, lasst uns im Haufen nur auch mitlaufen.« Aber wie so vieles andere lernte ich die volle Wahrheit und Weisheit desselben erst spät verstehen, und

340 Ausgabe 1878, S. 275-293. Nach der Schilderung von Wilhelm Lehmann leitet Felix Eberty zu Jakob Steiner und den »kleinen Doktor« über: »Außer mit Wilhelm Lehmann bin ich noch mit zwei andern sehr originellen Mathematikern in Berührung gekommen, die ich nicht unerwähnt lassen darf.« Die Beschreibungen der beiden finden sich in der Ausgabe von 1925 und dieser Ausgabe in den Kapiteln Cauersche Anstalt (Steiner) bzw. Berliner Originale

341 Dieses Kapitel ist in der Ausgabe von 1878 nicht enthalten.

jetzt, wo ich dies schreibe und bereits *on the wrong side of sixty* stehe, bin ich ganz froh und vergnügt, im Haufen mitlaufen zu dürfen.

Tanzen hatte ich, wie erwähnt, in der Cauerschen Anstalt nicht gelernt, auch in Wittenberg hatte sich keine Gelegenheit geboten. Dem Turnen gegenüber, als einer echt deutschen, eines Jünglings würdigen Beschäftigung, nannte man Tanzen eine französische leichtfertige Belustigung, und bewirkte dadurch leicht, dass in damaliger Zeit, wo als Nachwehen der Befreiungskriege alles Französische als verhasst, ja als verächtlich betrachtet wurde, wir auch gar kein Bedürfnis fühlten, eine solche Kunst uns anzueignen. In Bonn empfand ich diesen Mangel meiner Ausbildung nicht. In den Familien, wo ich Zutritt hatte, wurde nicht getanzt, und ein paar öffentliche Bälle besuchte ich als Zuschauer, mich an dem Tanz der anderen ergötzend, ohne gerade Lust zu empfinden, selbst tätig zu sein. Wenn wir im Sommer, was öfter geschah, die Kirchweihfeste der Umgegend besuchten, so schwang ich wohl mal mit einem Bauernmädchen, so gut es gehen wollte, nach dem Takte herum, womit die ländlich Schönen dann auch ganz zufrieden waren. Nun aber war die Zeit erfüllt, dass ich mein Versäumnis aufs bitterste bereuen sollte.

Ich erfuhr, dass in einigen Wochen der Geburtstag von Julie Beer[342] durch einen großen Ball gefeiert werden sollte. Es war, glaube ich, schon gegen das Ende des Frühlings oder gar zu Anfang des Sommers, so dass gewissermaßen ein *bal champêtre*[343] in Aussicht stand, wozu die in einem schönen Garten gelegene Beersche Besitzung sich vortrefflich eignete. Ein schneller Entschluss wurde gefasst. Ich wollte bis dahin tanzen lernen. Die Jahreszeit begünstigte mich, denn der Tanzmeister, ein königlicher Balletttänzer, war jetzt nicht so beschäftigt wie im Winter. Er ließ sich bewegen, mir wöchentlich drei bis vier Privatstunden zu geben, wobei er sich verpflichtete, mich in drei Wochen unfehlbar zu einem ballfähigen Tänzer zu machen.

Mit dem vollen Ernste, den eine solche Sache erforderte, ging ich

342 Enkelin von Amalie Beer und Cousine von Giacomo Meyerbeer
343 ländlicher Ball

an diese Studien. Ich lernte die Pas und was sonst dazu gehört, fühlte aber wohl, dass die Tanzkunst niemals das Feld sein würde, auf dem ich Lorbeeren ernten sollte. Als man nun ans Walzen ging, häuften sich die Schwierigkeiten. Zuerst musste ich den Dreischritt dabei lernen. Ich übte auch zu Hause stundenlang mit größter Beharrlichkeit, ja eines Morgens ganz früh, als noch kein Mensch unterwegs war, ging ich bis zum Brandenburger Tor hinaus und walzte auf dem Fußwege neben der Chaussee fast die ganze halbe Meile bis Charlottenburg. Nach solchen Vorstudien brachte mein Tanzlehrer nunmehr seine Tochter herbei, um mich praktisch einzutanzen. Sie verstand das natürlich vortrefflich, und bald konnte ich mich auch mit ihr in gewünschter Weise herumdrehen. Es war ein allerliebstes blondes Mädel von etwa 15 Jahren, so dass die Übungen reizend genug gewesen wären, wenn nicht die junge Schönheit, deren Kopf gerade bis unter meine Nase reichte, die Angewohnheit gehabt hätte, ihr goldenes Haupthaar öfter mit Vanillepomade zu schmieren, was mir äußerst zuwider war. Gewissenhaft hielt ich meine drei Wochen aus, was mir Schweiß und Geld kostete, wofür ich aber dann auch mit der Versicherung entlassen wurde, dass ich bei jedem Walzer dreist zum Tanzen antreten könnte. Ich war einer der ersten, der sich auf dem Beerschen Ball einfand, der in Berlin bei der damals noch herrschenden größten Einfachheit der bürgerlichen Lebensgewohnheiten für ein Wunder von Pracht und Luxus galt. Herren und Damen erschienen in großer Zahl, aber die sehnlichst Erwartete war nicht unter ihnen. Schon hatte der erste Walzer begonnen. Ich stand erwartungsvoll dicht an der Eingangstür, da endlich – o Wonne – erschien meine damalige Angebetete Pauline von Schätzel. Hocherrötend nahte ich und bat, mich in Ermangelung anderweitigen Engagements als Tänzer anzunehmen. Sie war noch nicht versorgt, und wir hoben an – aber mein Glück und meine Freude war von kurzer Dauer. Nach drei oder vier Takten war mir klar, dass ich allenfalls mit meinem kleinen pomadisierten Mädchen, nicht aber mit einer Dame walzen konnte, die an meine berechtigte Tanzeigentümlichkeit nicht gewöhnt war. Es blieb nichts übrig, als nach heraus gestotterter Entschuldigung mich stumm zurückzuziehen und fern vom Gewühl der Tanzenden über meine gescheiterte Hoffnung nachzudenken. Seitdem vermied ich es natürlich, der gefeierten Dame meines Herzens mich in Gesellschaft bemerkbar zu machen.

Als sie aber bald nachher das Theater betrat und schnell die beliebteste Sängerin der königlichen Bühne war, da versäumte ich keine Vorstellung, wo sie zu hören war, und noch erinnere ich mich mit Entzücken der verschiedenen Rollen, in denen ich sie bewunderte. Sie stieg rasch von den kleinen Partien bis zu den größten auf, wurde aber bald durch ihre Vermählung mit dem Hofbuchdrucker Decker[344] ihrer Künstlerlaufbahn entzogen. Vor ihrer Vermählung hatte sie sich ausbedungen, noch einmal in jeder ihrer besten Rollen aufzutreten. Ich hatte Gelegenheit, sie bei diesem ganzen Zyklus zu bewundern, von denen mir besonders noch der *Don Juan* und *Fidelio* im Gedächtnis geblieben sind.

Durch meines Vaters Vermittlung war mir damals einige Male gestattet, den Morgenkonzerten beizuwohnen, welche sonntags im Hause des alten Mendelssohn abgehalten wurden, wo Felix Mendelssohn teils als Dirigent, teils als Klavierspieler mitwirkte. Nächst diesen Genüssen auf dem Gebiete der Künste war es für mich in jener Zeit von größtem Werte, dass ich durch meine Universitätsfreunde zum ersten Male Zutritt zu einer Reihe von Familien höherer Beamten in Berlin erhielt, wo ich eine ganz neue, mir äußerst wohlgefallende Art von Geselligkeit kennenlernte. Es war dort alles viel weniger glanzvoll und prächtig als bei den reichen Kaufmannsfamilien, mit denen wir sonst ausschließlich verkehrten, und doch schienen mir diese Kreise weit mehr inneren Gehalt und Würde zu besitzen, als dort bei jenen anderen zu finden war. Vor allem muss ich hier das Haus des Geheimrat Eichhorn[345] nennen, des späteren Kultusministers, damaligen Direktors im Auswärtigen Ministerium. Der Mann hatte in seiner Stellung an der Spitze der kirchlichen und Unterrichtsangelegenheiten mit Recht viele Feinde

---

344 Rudolf Ludwig Decker (1804–1877), Buchdrucker und Verleger. Neben amtlichen Schriften gab er auch Werke von Theodor Fontane, Militärliteratur und das *Berliner Fremden- und Anzeigenblatt* mit einer Auflage von 40 000 Exemplaren heraus.

345 Friedrich Eichhorn (1779–1856), preußischer Politiker, von 1840 bis 1848 preußischer Kultusminister

und Widersacher gefunden, und ich selbst gehörte später zu denen, welche seine Wirksamkeit am eifrigsten verdammten. 1832 aber stand er mitten in der segensreichsten Tätigkeit, da er es war, der an dem Zustandekommen des Zollvereins in Deutschland den größten Anteil hatte. Seine amtliche Tätigkeit kümmerte mich damals sehr wenig. Desto erfreulicher war der Einblick in sein Familienleben, wie ich es schöner und edler niemals gesehen. Die beiden Eltern meines Freundes Eichhorn walteten in ihrem Hause mit reinster Liebe und immer gleichem Wohlwollen und genossen bei ihren Kindern ein wahrhaft patriarchalisches Ansehen. Die Mutter, eine große, stattliche Frau, aus der alten theologischen Familie der Sack, hatte etwas Ernstes in ihrem Gesichtsausdruck, als Folge der strengen Frömmigkeit, welche den Grundzug ihres Wesens bildete. Aber wenn ihr Auge auf den Gatten oder auf die Kinder fiel, so verklärten sich ihre Züge gar anmutig. Der alte Eichhorn hatte früher als ein gar freisinniger Deutscher gegolten. Unter den jungen Männern, welche zur Zeit der großen Volkserhebung 1813 das Feuer der Begeisterung im Herzen nährten und in immer weitere Kreise trugen, wurde sein Name ehrenvoll genannt. Mit dem Kreise der Reimer, Schleiermacher, Humboldt stand er in engsten freundschaftlichen Beziehungen. Die Kinder dieses Paars waren durchaus wie man es bei so trefflichen Eltern erwarten musste. Hermann Eichhorn[346] war der beste wohlwollendste Mensch, dem später wohl nur die Einwirkung seiner schönen Frau, Schellings Tochter, geschadet hat. Seine beiden Schwestern waren deutsche Mädchen im schönsten Sinne des Wortes. Einfach, anspruchslos und dabei hochgebildet. Beide trugen das Gepräge reiner und edler Gesinnung in ihren Zügen. Die ältere, dem Professor Göschen verheiratet, ist bald nach ihrer Vermählung gestorben, die jüngere Marie, schlank wie eine Lilie, von lieblichster Schönheit, ist ebenfalls jung gestorben. Sie war die Gattin eines jungen Herrn von Schele geworden, eines Enkels des berühmten Arztes Reil. Der Tod hat in dieser trefflichen Familie grausam gehaust. Ein Bruder meines Freundes Hermann starb 13- oder 14-jährig. Hermann Eichhorn hat aus seiner Ehe drei schöne, aufs beste erzogene Söhne gehabt. Der jüngste von ihnen ist 1870 in

346 Hermann von Eichhorn (1813–1892), preußischer Beamter

Frankreich auf dem Schlachtfelde gefallen. In der Zeit, von der wir reden, waren die vier Eichhornschen Kinder noch in voller Lebenskraft und verschönten den häuslichen Kreis ihrer Eltern. Die Stunden, die ich dort verlebte, werden mir stets unvergesslich sein. Bei Eichhorns sah ich auch den gefeierten Juristen Geheimrat Simon, einen der gelehrtesten Kenner unseres Landrechts. Sein Anblick bewies mir, dass es noch hässlichere Männer gab als Professor Löbell in Bonn.

Nicht weniger interessant als das Eichhornsche Haus war für mich der Kreis, der sich um Friedrich von Raumer[347], den berühmten Geschichtsschreiber der Hohenstaufen sammelte. Auch hier erhielt ich durch den Sohn, meinen treuesten Jugendfreund Hermann Raumer[348], Zutritt. Ein größerer Gegensatz, konnte kaum gedacht werden als zwischen dem Hause seines Vaters und dem Eichhornschen. Die beiden, in jenen Tagen miteinander kämpfenden Parteien der Rationalisten und Supernaturalisten schienen ihre Herberge in je einem der beiden aufgeschlagen zu haben. Raumer von sprühender Lebhaftigkeit, die ihn aber keineswegs verzehrte, sondern wie ein nährendes Feuer noch den 92-jährigen Greis bei Kraft und Leben erhielt, hatte alle Eigenschaften, um eine reiche Geselligkeit zu pflegen. Auch seine stattliche Frau war gleich munteren Geistes wie ihr Gatte. Eine treffliche Malerin, hatte sie die Wände ihrer schönen, geräumigen Zimmer mit wohlgelungenen Kopien nach italienischen Meistern gefüllt. Bei beiden Eheleuten herrschte durchaus der Verstand vor und zwar ein recht scharfer und oft beißender. Die Tochter Agnes[349] hatte den Geist der Eltern geerbt, während mein Freund Hermann durchaus sanften, wohlwollenden Sinnes war und dem Vater stets zu wenig lebhaft erschien. Raumers lebten in sehr guten Verhältnissen und bewohnten fast allein in der Kochstraße eines jener alten, niedrigen, behaglichen Berliner Wohnhäuser. Eine niedrige, breite Treppe mit schön verziertem, schmiedeeisernem Geländer führte in die Wohnung des Gelehrten. Während ich mich

347 Friedrich von Raumer (1781–1873), Verwaltungsjurist, Historiker und Politiker

348 Hermann von Raumer (1812–1891), Geheimer Regierungsrat

349 Agnes von Raumer (1814–1897)

bei Eichhorns noch etwas beklommen fühlte und das Bewusstsein nicht loswerden konnte, man würde mich daselbst gar nicht dulden, wenn man wüsste, wie grundverschieden meine Lebensansichten von denen im Hause herrschenden waren, so fühlte ich mich bei Raumers bald heimisch und wurde sehr häufig eingeladen. Dort lernte ich eine Reihe der bedeutendsten Männer kennen. Willibald Alexis, der große Nibelungen-Hagen; der Direktor der Museen, Wagen, und seine schöne Frau gehörten zu den nächsten Freunden des Hauses. Da man daselbst allen freien Künsten huldigte, so ließen sich auch oft Virtuosen bei Raumers sehen und fremde Gelehrte aus allen Ländern versäumten nicht, wenn sie nach Berlin kamen, Raumers gastfreundliches Haus zu besuchen. Mit Agnes von Raumer kam ich sehr bald in ein freundschaftliches, fast brüderliches Verhältnis. Ihr geistreiches, munteres Wesen, ihre großen und gründlichen Kenntnisse und ihr lebhaftes Interesse für alles Schöne und Bedeutende machten die Unterhaltung mit ihr äußerst angenehm. Es wurde bald zur Gewohnheit, dass ich regelmäßig jeden Sonntagvormittag das Raumersche Haus besuchte, was ich viele Jahre lang fortsetzte, bis ich 1840 für immer von Berlin fortging. Ebenso regelmäßig wie ich kam zur selben Zeit der Sohn des alten Heim[350] dorthin, der jüngere Geheimrat Heim. In der mit großer Eleganz und vielem Geschmack eingerichteten Raumerschen Wohnung befand sich als seltsame Verzierung auf dem großen, runden Tisch des Gesellschaftssalons ein hässliches Glas, in dem viele Blutegel sich munter herumtummelten. Diese Tiere wurden nach gemachtem Gebrauch für kommende Fälle am Leben erhalten. Mich störte der Anblick bei jedem Besuch, und ich war sehr froh, als man mir gestattete, das widerwärtige Glas und seine blutigen Bewohner durch eine Schale mit Goldfischchen zu ersetzen.

Zweiter Aufenthalt in Bonn

Nachdem ich zwei Semester in Bonn und drei in Berlin studiert hatte, wünschte mein Vater, dass ich das sechste dazu benutzen sollte, um mich auf die Erlangung der Doktorwürde vorzubereiten. Mir

350 Ernst Ludwig Heim (1747–1834), populärer Berliner Arzt, der arme und adlige Patienten gleichermaßen behandelte

war das ganz recht. Ein Doktor beider Rechte galt in jenen Jahren noch für etwas ganz Reputables; denn der schmachvoll schamlose Handel, der jetzt mit diesem Titel getrieben wird, existierte damals noch nicht, wenigstens nicht in solchem Umfange, und durfte sich nicht in den Beilagen aller Zeitungen breitmachen.

Ich erklärte mich also bereit, zu promovieren, wünschte aber, das nicht in Berlin zu tun, wo ich bei den Professoren, die daselbst die einflussreichsten Examinatoren waren, kein Kollegium gehört hatte, sondern lieber in Bonn, weil ich dort mit Puggé, Mackeldey und Bethmann-Hollweg gut bekannt und auch bei dem Germanisten Walter nicht schlecht angeschrieben war. Ich wandte mich deshalb an Puggé, der mich in der liebenswürdigsten Art bei meinem Vorhaben zu unterstützen versprach.

Mein Vater willigte ein, das Budget wurde reichlicher bemessen als das erste Mal, und zu Michaelis[351] 1833 machte ich mich auf die Reise, um noch ein Jahr in Bonn zu studieren, meine Dissertation auszuarbeiten und dann als Doktor zurückzukommen.

In Bonn hoffte ich diesmal, bei meinen Gönnern mich noch besonders interessant zu machen, wenn ich denselben zwei Berliner Novitäten sehr verschiedener Art mitbrächte, welche damals in Spreeathen das größte Aufsehen erregten.

Rahel Varnhagen war im März 1833 gestorben. Man hatte sie als geistreiche Frau seit langer Zeit anerkannt und gefeiert, ohne dass jedoch bis zu ihrem Tode etwas Genaueres über sie in die Öffentlichkeit gelangt wäre. Als nun Varnhagen zum Andenken an die Verstorbene einen Band ihrer Briefe als Manuskript drucken ließ und an seine Freunde und Bekannten verteilte, da brachte die originelle, von allem Bisherigen verschiedene Auffassung der Dinge, die sich hier kundgab, ein so gewaltiges Aufsehen hervor, dass die leicht erregbaren Berliner der Verfasserin sofort einen Platz neben den bedeutendsten und berühmtesten Schriftstellern Deutschlands einräumen wollten.

Auch auf mich selbst machten die Briefe einen sehr großen Eindruck. Dies gewaltige Ringen nach Wahrheit, dies Verschmähen aller gewöhnlichen Mittel, deren man sich sonst bedient, um zu gefallen,

351 Michaelistag ist der 29. September.

die ganz neuen Wendungen und Ausdrücke und ebenso die neidlose Bewunderung, mit welcher Rahel sich an jeder bedeutenden Erscheinung auf den allerverschiedensten Gebieten menschlichen Schaffens und menschlichen Denkens erfreute, ihre glühende Vaterlandsliebe, ihre Duldsamkeit gegen die Schwächen derer, welche in irgendeiner Beziehung sich ausgezeichnet hatten, und auf der anderen Seite ihre tiefe Verachtung für alles Kleinliche und sittlich Gemeine – das alles musste von außerordentlicher Wirkung sein, und ist es gewesen, bis nachher Varnhagen und noch mehr die druckselige Ludmilla Assing[352] nicht aufhörten, das Publikum mit Rahelianis so lange zu überschritten, dass sie es wirklich so weit gebracht haben, die Lesewelt mit Ekel vor allem zu erfüllen, was an das Varnhagensche Ehepaar erinnert. Damals aber, 1833, war noch alles im Rausche der ersten Begeisterung. Ich beneidete die wenigen Glücklichen, die ein Exemplar der Briefe erhalten hatten, und war endlich so dreist, Varnhagen selbst um ein solches zu bitten, der es mir auch in liebenswürdiger Weise zum Geschenk machte.

Das zweite Buch, welches ich nach Bonn mitzunehmen beschloss, waren die bis dahin erschienenen Hefte von Glaßbrenners buntem Berlin.[353] Diese schilderten das heimische Leben in so treuen und ergötzlichen Bildern, dass sie für uns eine unerschöpfliche Quelle der Heiterkeit bildeten, und ich hoffte, meine Bonner Freunde würden sich in gleichem Maße daran erfreuen.

Mit diesen Schätzen ausgerüstet, begab ich mich auf die Reise; aber eingedenk der großen Strapazen meiner ersten Fahrt dorthin, wählte ich diesmal den Weg über Frankfurt nach Mainz, um von da mit dem Dampfer bis zur Musenstadt rheinabwärts zu gleiten.

◊ Als ich am bestimmten Tage früh das Schiff bestieg, sah ich zu meiner großen Freude den Maler Bendemann auf dem Verdeck stehen, und hatte nun die lang erwünschte Gelegenheit, einen Künstler persönlich kennen zu lernen, von dessen berühmtem Bilde ich so begeistert gewesen. Seiner Einladung, ihn einmal in Düsseldorf zu besuchen, beschloss ich wo möglich Folge zu leisten. Auf

352 Ludmilla Assing (1821–1880), Schriftstellerin, Nichte und Alleinerbin von Karl August Varnhagen von Ense

353 *Berlin wie es ist und – trinkt*. 30 Hefte, 1832–1850

dem Schiffe war außerdem Bethmann-Hollweg, dem ich mich als nochmaligen Schüler für die beiden künftigen Semester vorstellte. Da ich nun überdies noch bald ein allerliebstes Mädchen erblickte, mit dem ich Abends zuvor an der Wirtstafel freundliche Worte gewechselt, so verlief die Fahrt so anmutig und unterhaltend, wie man sich nur wünschen konnte, und ich durfte das wohl als eine günstige Vorbedeutung für meine nächste Zukunft betrachten.[354]

Bonn betrat ich jetzt mit ganz anderen Gefühlen als das erste Mal, wo mir das rheinisch-süddeutsche Wesen noch ganz fremd und unverständlich war. Die Bonner Mundart, der kölnischen nahe verwandt, klang mir damals höchst wunderlich und gab zu den lächerlichsten Verwechslungen Anlass. Wie possierlich waren mir die Abkürzungen der Mädchennamen vorgekommen, während ich jetzt schon ganz in der Ordnung fand, dass die beiden Dienstmädchen der Frau Eversmann Stingchen und Tringchen gerufen wurden, obgleich sie Christine und Katharine hießen. Auch die hübsche Tracht dieser Mädchen mit den sauberen weißen Häubchen und den zierlichen silbernen Pfeilen durch die runden Chignons[355] gesteckt, heimelten mich diesmal schon an. Das Wirtshausleben der Männer, die hinter ihren Schöppchen sitzen und den Frauen überlassen, zu Hause für ihre eigene Unterhaltung zu sorgen; der freie und doch ganz harmlose und anständige Verkehr zwischen jungen Männern und Mädchen, die eigentümliche Einrichtung der Wohnungen, die seltsamen eisernen Öfen, die, mit einer feuchten Mischung von Lehm und Braunkohlen gefüllt, den ganzen Tag über fortschwelen, und tausend ähnliche Dinge waren mir schon geläufig.

Auch das katholische Wesen und die Erscheinungen, die dasselbe mit sich bringt, fielen mir jetzt nicht mehr auf. Die Kreuze am Wege, vor denen sieben Kinder kniend beten, um für einen Kranken Genesung zu erflehen, die Prozessionen, die Reihen der Weiber, die, ihren Rosenkranz laut abbetend, jeden Morgen eine hinter der anderen hergehend, ihre Gemüsekörbe frei auf dem Kopfe tragend, zur Stadt kommen; der gepolsterte Kranz, der den Druck der Last vermindert, die Bänke an der Landstraße, mit dem hohen Brette

354 Ausgabe 1878, S. 315
355 frz.: Haarknoten, Dutt

darüber, auf welches die Ausruhenden beim Niedersitzen ihre Last vom Kopfe schieben, das beständige Läuten der Kirchenglocken, das alles begrüßte ich mit Freuden, wie alte liebe Bekannte – und doch musste ich mich bald überzeugen, dass ich von der Grundverschiedenheit der dortigen Anschauungen im Gegensatz, zu den berlinischen nur eine sehr unvollkommene Vorstellung besaß.

Bei Gelegenheit der Rahelschen Briefe machte ich diese Erfahrung in einer mir nicht sehr angenehmen Weise. Alle die Herren und Damen, denen ich dieselben zu lesen gab, waren weit entfernt davon, die von mir erwartete Bewunderung zu äußern. Man verstand die Briefe gar nicht, fand sie geziert, übertrieben und geschmacklos. An allen Türen, wo ich mit meinem literarischen Schatze anklopfte, wurde ich schnöde abgewiesen.

Fast noch schlimmer erging es mir mit den Glaßbrennerschen Heften. Ich hatte sie in Bonn einmal auf einen einsamen Spaziergang mitgenommen und unterwegs gelesen, wobei ich so ins Lachen geriet, dass die Leute, die mir begegneten, mich beinah für verrückt halten mussten. Meinen dortigen Freunden aber waren diese Späße aufs äußerste zuwider. Sie fanden sie trivial und gemein und konnten das Wohlgefallen nicht begreifen, welches ich an denselben fand.

Von den Professoren, die mich 1831 so freundlich aufgenommen hatten, erfuhr ich auch bei meiner Rückkunft nach Bonn nur Liebes und Angenehmes, so dass ich den Entschluss, zum zweiten Mal dorthin zu kommen, in keiner Weise bereute. Mit Studenten hatte ich, als alter Doktorandus sehr wenig Verkehr, und nur an drei von denselben schloss ich mich bald so enge an, dass wir die ganze Zeit über fast unzertrennlich waren.

Der erste von diesen neuen Freunden hatte die Absicht, sich in der philosophischen Fakultät als Dozent zu habilitieren, konnte aber mit den Professoren über die Leistungen, die man von ihm forderte, nicht einig werden, und hatte sich deshalb in langwierige Verhandlungen eingelassen, die, beiläufig gesagt, zuletzt nicht zu dem gewünschten Ende führten. Ich hatte ihn schon früher in Berlin gesehen; wir fanden bald Gefallen aneinander und bezogen zwei Zimmer auf demselben Flur eines Hauses an der Koblenzer

Chaussee, so dass wir in jedem Augenblick zusammenkommen und uns von den verschiedensten wissenschaftlichen und sonstigen Dingen unterhalten konnten. Von der Willenskraft und der Charakterfestigkeit meines Freundes mag man sich eine Vorstellung machen, wenn ich mitteile, dass er eines Tages, als er sich von einem tollen Hunde gebissen glaubte, mit größter Ruhe eine Feuerzange in den Kohlen glühend machte und sich die Wunde gründlich selbst ausbrannte, ohne zu zucken oder einen Schmerzenslaut von sich zu geben.

Außer diesem neuen Freunde hatte ich mit einem jungen Irländer, Albert Jackson, Bekanntschaft gemacht, der bei Professor Brandis in Pension war. Wir beide fanden sofort Wohlgefallen aneinander, und es entstand eine innige Freundschaft zwischen uns. Mir gewährte der Umgang mit Jackson den großen Vorteil, dass ich viel Englisch von ihm lernte. Er machte mich zuerst mit Lord Byrons[356] Gedichten bekannt und wies mir in denselben viele Feinheiten nach, die nur ein gebotener Engländer zu verstehen und zu empfinden vermag. Da er mich oft in meiner Wohnung besuchte, so kam er auch meinem anderen Freunde nahe, und wir führten ein sehr gemütliches Leben. Außerdem hatte mich Puggé noch mit Rudolf Aster bekannt gemacht, dem Sohn des berühmten Erbauers von Ehrenbreitenstein[357]. Mein verehrter Lehrer sagte mir, er sehe voraus, dass wir beide uns trefflich miteinander einrichten würden, und Aster wäre ein so gründlich gebildeter, über seine Jahre hinaus kenntnisreicher Jurist, dass ich viel von ihm lernen könnte. So war dem auch. Wir unterhielten uns fast immer über Fachgegenstände, und ich benutzte bei meinen Arbeiten den Rat dieses lieben Freundes; und ein lieber Freund ist er mir bis an seinen Tod geblieben. Viel zu früh für das Glück der Seinigen und aller, die ihn kannten, ist er in den fünfziger Jahren, mitten in der vollsten Kraft seines Lebens und Wirkens abberufen worden. Auf ihn passte das Wort: *No nonsens about him*. Er starb als Geheimer Oberregierungsrat in

356 Felix Eberty schrieb über Lord Byron eine zweibändige Biographie, veröffentlicht 1862.

357 Die Festung Ehrenbreitstein ist eine Befestigungsanlage am rechten Rheinufer gegenüber der Moselmündung bei Koblenz.

Berlin. Eine liebenswürdige Gattin, mit der er unendlich glücklich gelebt hatte, folgte ihm bald ins Grab.

Während wir miteinander ein harmloses und vergnügtes Leben führten, verlor ich aber den Zweck meines Bonner Aufenthaltes nicht aus den Augen, sondern arbeitete fleißig an meiner Dissertation über einen Gegenstand aus dem deutschen Privatrecht, den mir Professor Gans in Berlin als ein passendes Thema für eine Doktorabhandlung vorgeschlagen hatte, so verging der Winter, währenddessen ich natürlich auch mehrere verschiedene Vorlesungen regelmäßig besuchte.

Da ich jetzt reichlicher als 1831 mit Geld versehen war, so nahm ich meinen Mittagstisch in dem vortrefflichen Gasthaus zum Stern, damals einem der besten am ganzen Rhein. Die Preise aller Gegenstände waren 1833 im Vergleich mit dem, was man heut bezahlen muss, außerordentlich gering. Das Diner, in fünf bis sechs wohlschmeckenden Gerichten aufgetragen, kostete zwölfundeinenhalben Silbergroschen. Die Tischgesellschaft bestand aus einigen Studenten, einer Anzahl älterer einzelner Herren und vielen Offizieren des in Bonn stehenden Ulanenregimentes, lauter liebenswürdigen und angenehmen jungen Männern, die mit den Studierenden in so gutem Vernehmen lebten, dass es zwischen Zivil und Militär niemals zu Reibungen kam. Von Professoren speiste, wie ich glaube, nur der alte Naeke mit uns. Dieser kam sehr oft zu spät und holte dann mit großer Schnelligkeit die vorher bereits servierten Speisen nach. Bertrand pflegte bei solchen Gelegenheiten zu sagen: »Naeke hält heute wieder Wettessen mit Hindernissen!«

Außer den erwähnten täglichen Gästen hatten natürlich fortwährend eine Menge von Reisenden an der wohlbesetzten Tafel ihre Plätze, was zur Belebung der Unterhaltung wesentlich beitrug. Eines Tages saß nicht weit von uns ein Fremder, der durch eigentümlichen Haarwuchs auffiel. Wir stritten darüber, ob er eine Perücke trage oder nicht. Da man nicht darüber einig wurde, proponierten zwei von uns eine Wette um zwei Flaschen Champagner. Der eine der Wettenden trat mit größter Höflichkeit an den Fremden heran und trug ihm, unter tausendfacher Bitte um Entschuldigung, den Fall vor. Der Angeredete nahm die Sache mit bestem Humor auf und, zeigte lachend, dass er in der Tat eine Perücke trage. Der Verlierer ließ den Champagner bringen, an dessen Genuss derjenige, dessen Kopfschmuck die Wette veranlasst hatte, sich munter beteiligte.

Wir hatten diesen Vorfall fast vergessen, als mehrere Monate später derselbe Fremde sich wieder an unserem Tische einfand. Der Verlierer jener Wette erzählte einem erst kürzlich angekommenen Studenten, der neben ihm saß, dass die Perücke dieses Herrn ihn zwei Flaschen Champagner gekostet habe. »Perücke!«, rief der andere lebhaft. »Der Mann trägt ja gar keine Perücke, so wenig wie du oder ich!« Der Streit erhob sich gerade wieder so wie das erste Mal. Es wurde wieder eine Wette vorgeschlagen, allein der Verlierer von damals erklärte, nicht wetten zu können, weil er mit eigenen Augen gesehen, wie der Gast die falschen Haare vom Kopfe gehoben und seinen fast kahlen Schädel gezeigt habe. Damit aber wurde dem Streite noch kein Ende gemacht. Der Gegenpart bestand auf seiner Meinung, und weil keiner von beiden sich beruhigen wollte, so wurde die Wette endlich abgeschlossen, und der andere musste sich entschließen, unter den ersinnlich höflichsten Entschuldigungen den Fremden noch einmal zu inkommodieren. Die Antwort, die derselbe lächelnd erteilte, war nun allerdings überraschend. »Jetzt«, sagte er, »trage ich allerdings mein eigenes Haar. Vor sechs Monaten hatte ich infolge einer Krankheit dasselbe verloren und war genötigt worden, eine Perücke zu tragen. Gegenwärtig aber erfreue ich mich wieder meiner eigenen Locken!« Der unglückliche Verlierer musste also zum zweiten Mal für das Gegenteil von dem bezahlen, was ihn den ersten Champagner gekostet hatte! Man kann sich die Heiterkeit der Gäste denken, welche Zeugen des seltsamen Streites gewesen waren.

Unter mannigfachen Zerstreuungen wurde indessen die Vorbereitung zur Promotion nicht vernachlässigt, sondern täglich nach Kräften gefördert, wobei für allerlei Nebendinge noch genug Zeit blieb. Meine Freundschaft zu Jackson hatte sich immer wärmer und inniger gestaltet. Er war ein edler, feuriger Jüngling, der in seinem ganzen Sein und Wesen die irische Abkunft in keinem Augenblick verleugnen konnte. Aber er fühlte sich stolz darauf, ein Irländer zu sein. Nicht groß von Gestalt, war er zierlich und doch kräftig gebaut, gewandt und beweglich. Seine blauen Augen glänzten so hell und strahlend, wie man das sonst nur bei dunklen zu sehen pflegt. Dass er rotes Haar hatte, tat seiner hübschen Erscheinung nur wenig Eintrag. Von Herzen treu und bieder, gutmütig, dienstfertig und gefällig, ein wahrer Freund seiner Freunde, leicht aufbrausend, aber auch ebenso leicht wieder besänftigt, mit offenem Sinn für alles Gute und Schöne, wie musste ich mich glücklich schätzen, die warme Zuneigung eines solchen Gefährten zu besitzen. Zwar ist es oft genug zwischen uns zu heftigen Szenen gekommen, aber dem guten Verhältnis zwischen ihm und mir tat das keinen Abbruch!

Als das Wintersemester zu Ende ging und die Osterferien herannahten, besprachen wir miteinander, was gemeinschaftlich vorgenommen werden könnte. Die ganze Zeit in Bonn zu bleiben, während alle Studenten und ein großer Teil der Professoren die Stadt verließen, wäre allzu langweilig gewesen. Nach Hause zu reisen hinderte uns die große Entfernung von der Heimat, so stand also fest, dass wir einen gemeinsamen größeren Ausflug in eine näher gelegene Gegend machen wollten.

Einen solchen Entschluss fasste ich umso leichter, als ein Abstecher, den ich kurz vorher in den Weihnachtsferien gemacht, zu meiner größten Befriedigung gereicht hatte.

Bendemanns Einladung, ihn in Düsseldorf zu besuchen, war mir nicht aus dem Sinn gekommen; dann aber lockte mich Aachen an, wo ich meine Ehrfurcht nicht sowohl Karl dem Großen in seiner Gruft, als vielmehr einer lebensfrischen, jungen Dame bezeigen wollte, die ich zwar noch nicht kannte, von der mir aber viel Liebes und Gutes zu Ohren gekommen war. Einer meiner Vettern nämlich, der bei der dortigen Regierung ein Amt bekleidete, hatte sich, bereits im vorgerückten Alter stehend, mit der Tochter eines belgischen Obristen vermählt, aber noch nicht Gelegenheit gehabt, seine junge Gattin der Berliner Verwandtschaft vorzustellen, die, wie sich denken lässt, äußerst begierig war, etwas Genaueres über die neue Schwiegertochter, Schwägerin usw. zu hören, von der sie nur durch die enthusiastischen Berichte eines verliebten Ehemannes Kunde erhielten. Auch von ihrer äußeren Erscheinung konnten sie sich, da kein Porträt vorhanden war, in jener photographielosen Zeit keine

Vorstellung machen.

Ich begab mich also nach Aachen und fand in der neuen Kusine eine überaus hübsche, liebenswürdige und unterhaltende junge Frau. Sie hatte, als ich zu ihr eintrat, ein kleines Töchterchen auf dem Arm, welches einer so reizenden Mutter alle Ehre machte. Ich wurde überaus zuvorkommend von ihr empfangen, schon weil sie sich einigermaßen vor allen den unbekannten Verwandten fürchtete, denen ich doch, wie sie wohl denken konnte, über sie Bericht abstatten würde. Aber wenn sie deshalb besorgt war, so hatte sie wahrlich keine Ursache dazu; denn ich schrieb die begeistertsten Briefe über sie nach Hause. Ich verlebte in Aachen einige überaus fröhliche Tage, da die junge Frau und ihre schöne Schwester, eine Obristin von S., alles aufboten, um mir die Zeit zu verkürzen.

Auf der Rückreise verweilte ich in Düsseldorf, wo ich das Glück hatte, einen Blick in die Werkstätten tun zu dürfen, aus denen so angestaunte Kunstwerke hervorgingen. Da der Direktor Schadow, wie ich erwähnte, meines Vaters Jugendfreund war, so bezeigte er sich sehr gütig gegen mich und führte mich selbst in die Ateliers von Lessing, Hübner[358], Bendemann, Sohn, Scheuren[359] und des unvergleichlichen Blumenmalers Preyer[360]. Die Bedeutendsten unter ihnen arbeiteten damals an dem unübertrefflichen Bendemannschen Familienbilde, auf welchem die Künstler ihre Porträts gegenseitig selbst anbrachten.

Außer der Malerei war in Düsseldorf auch die Musik in hohem Flor, denn Felix Mendelssohn stand an der Spitze der Oper. Ich wohnte den Aufführungen des *Don Juan* und des *Wasserträgers*[361] bei und erstaunte über die große Wirkung, die mit verhältnismäßig kleinen Mitteln erreicht wurde. Mendelssohn hatte es verstanden, alle mitwirkenden Kräfte so vollkommen ins Gleichgewicht zu

---

358 Julius Hübner (1806–1882), Maler. Ab 1839 unterrichtete er an der Kunstakademie in Dresden. 1871 wurde er Direktor der Dresdner Königlichen Gemäldegalerie.

359 Caspar Scheuren (1810–1887), Maler und Illustrator

360 Johann Wilhelm Preyer (1803–1889) malte ausschließlich Stillleben mit Früchten und Blumen.

361 *Der Wasserträger* (*Les deux journées*), Oper von Luigi Cherubini (1760–1842), uraufgeführt 1800 in Paris

setzen, dass nirgend etwas Störendes hervortrat und die Kunstwerke durchaus harmonisch zur Anschauung und zum Genusse kamen. Über Felix Mendelssohns musikalische Begabung etwas sagen zu wollen, hieße Wasser ins Meer tragen. Doch sei die Bemerkung erlaubt, dass ich in meinem Leben alle ersten Klavierspieler, Liszt, Chopin, Thalburg und wie sie heißen, gehört habe, dass aber meinem Gefühl nach Mendelssohn auch als Klavierspieler diese alle weit überragte. So wie bei ihm habe ich bei keinem anderen Virtuosen empfunden, dass er das Klavier zur Geltung brachte, als wäre es ein organischer Teil seiner selbst. Auf dem Wege von seinem schöpferischen Genie bis zu den Tasten ging nicht das allergeringste verloren.

Einen ähnlichen Eindruck brachte nur noch Meyerbeer hervor, obgleich er zu der Zeit, als ich ihn einmal spielen hörte, es längst aufgegeben hatte, seine in der Jugend bewährte Fertigkeit in Übung zu halten.

Im Bendemannschen Hause, wo ich Gelegenheit hatte, einige der bedeutendsten Maler zu sehen, verlebte ich genussreiche und anregende Stunden und trat voll befriedigt die Rückreise an.

Unterwegs stand mir noch eine herrliche Überraschung bevor, indem ich auf einer Poststation Felix Mendelssohn traf, den ich flüchtig schon daher kannte, weil ich in Berlin, wie erwähnt, den berühmten Morgenkonzerten im Hause seiner Eltern[362] beiwohnen durfte. Er war nur zwei Jahre älter als ich und schon hochberühmt! Wir unterhielten uns lebhaft, und ich war so erregt von der Freude, mit diesem bedeutenden jungen Manne zusammengetroffen zu sein, dass ich darüber bei der Abfahrt in den falschen Postwagen stieg und statt nach Köln nach Elberfeld gekommen wäre, hätte mich nicht jemand noch zu rechter Zeit auf meinen Irrtum aufmerksam gemacht. Eine so gelungene kleine Reise konnte mir den Gedanken an eine zweite zu unternehmende nur höchst angenehm machen.

Jackson und ich waren bald darüber einig, dass wir uns Holland ansehen wollten, bei welcher Gelegenheit ich zugleich den von Jugend auf genährten Wunsch, das Weltmeer zu erblicken, erfüllen

362 Abraham Mendelssohn Bartholdy (1776–1835) und Lea, geborene Salomon (1777-1842)

konnte. An die Ostsee zu kommen, wäre von Berlin aus ein leichtes gewesen, aber ich wollte sogleich die unbegrenzte Thalatta[363] und nicht einen Binnensee anschauen.

Wir brachten eine gemeinschaftliche, allerdings sehr kleine Reisekasse zusammen; das Dampfschiff führte uns stromabwärts bis an die holländische Grenze. Ein alter, biederer nassauischer Schiffer, den wir unterwegs trafen, erteilte uns seinen Rat für die Reise und empfahl uns ein gutes wohlfeiles Wirtshaus in Nimwegen, wo wir unser erstes Nachtquartier halten sollten. Die Reihenfolge der Städte, die wir besuchten, ist mir nicht mehr erinnerlich, wir machten einen großen Teil der Reise zu Fuß.

Vor vierzig Jahren war eine Fahrt nach Holland wohl fast die interessanteste, die man in ganz Europa machen mochte; denn wohin man sonst kam, nach Frankreich, Italien, Spanien oder England, so konnte man wohl überraschende Natureindrücke empfangen, die Lebenseinrichtungen der Menschen und die Sitten dagegen waren und sind nur in unwesentlichen Dingen von den unsrigen verschieden. In Holland aber (wenn sich die Dinge nicht seitdem bedeutend geändert haben sollten) ist für den Reisenden alles eigentümlich und neu.

Der Anblick des Landes hat etwas, ich möchte fast sagen, Chinesisches. Die weiten, fruchtbaren, durch keine Erhöhung unterbrochenen Ebenen sind bekanntlich dort kein Geschenk der Natur, sondern durch die kunst- und mühevollsten Arbeiten dem Meere abgetrotzt, so dass das ganze Land einem großen Venedig verglichen werden kann. Die Kanäle gehen hoch oben auf den Dämmen, wodurch man den verwunderlichen Anblick bekommt, die Schiffe über den Häuptern der ackerbauenden Bevölkerung dahingleiten zu sehen. Wunderbar auch ist die Menge der großen und prachtvollen Städte, die so nahe eine an der anderen liegen, dass kaum ein Punkt des Landes zu finden sein möchte, wo man nicht von Ferne die Türme einer derselben, oft zweier zugleich erblickte. Seltsam ist ferner, besonders für den Deutschen, der Klang der Sprache, weil man, ohne ein Wort zu verstehen, durch den Laut der Worte in den Glauben versetzt wird, man höre irgendeinen deutschen Dialekt und

363 griech.: Meer

müsste bei scharfem Aufpassen den Sinn des Gesprochenen verstehen können. Wunderbar ferner ist der Eindruck des solidesten Reichtums, dem man auf Schritt und Tritt begegnet, und der Anblick der zahllosen Kunstwerke, die infolge dieses Reichtums hier aufgehäuft sind. Das Allerwunderbarste aber ist und bleibt für den Fremden die berühmte holländische Reinlichkeit, obgleich dieselbe nicht mehr ganz auf der Höhe stehen soll wie damals.

◊ Man mag von dieser löblichen Eigenschaft der Bewohner noch so viel gehört haben, jede Vorstellung, die man sich davon machen kann, bleibt weit hinter der Wirklichkeit zurück.

◊ Es war in einem Dorfe, nicht weit von der Grenze, wo wir zu Fuße wandernd, zum ersten Mal in ein holländisches Bauernhaus kamen, um nach dem Wege zu fragen. Wir öffneten die Tür eines großen niedrigen Zimmers, hatten aber den Fuß noch nicht über die Schwelle gesetzt, als wir voll Überraschung zurücktraten. Hier mit unseren vom Wege bestaubten Stiefeln hineinzugehen, schien unmöglich! – Das zierlichste Gemälde von Gerard Douw[364] oder Mieris[365] war vor-unseren Blicken lebendig geworden. Ein schneeweißer, hin und wieder mit kleinen bunten Teppichen belegter Fußboden sah aus, als wäre er so eben aus der Hand des Kunsttischlers hervorgegangen; alte blank gebohnerte Möbel von eingelegtem Holze, mit goldblanken Schlössern und Beschiägen standen längs der Wände, und im Hintergrunde, auf einem großen hochlehnigen Stuhle saß eine alte Bauerfrau, unbeweglich wie ein Wachsbild. Dieselbe winkte uns näher zu treten, sie verstand deutsch, und gab den gewünschten Bescheid. Sie war gelähmt und verbrachte ihre Tage in dieser sitzenden Stellung, sodass ihre Unbeweglichkeit dem Ganzen noch mehr den Charakter eines Bildes verlieh.

◊ In Nimwegen suchten wir das von dem alten Nassauer bezeichnete Gasthaus auf. Es war eine ganz gemeine Schifferkneipe. Wir wurden in ein großes niedriges Zimmer gewiesen, wo eine Anzahl von Männern aus den untersten Ständen um die Tische

---

364 Gerard Dou, auch Gerard Douw oder Gerrit Dou (1613–1675), Maler

365 Zur Familie van Mieris gehörten vier bekannte Maler: Frans der Ältere (1635–1681), Frans der Jüngere (1689–1763), Jan (1660–1690) und Willem (1662–1747).

saßen, rauchten, tranken und aßen, besonders aber viel um sich her spuckten und die Asche aus ihren Tonpfeifen auf den Fußboden schütteten. Wir glaubten aus diesen unsauberen Gewohnheiten schließen zu dürfen, dass die Gäste keine Holländer seien.

◊ An einem Nebentische saßen, abgesondert von den anderen, wohl zehn bis zwölf arme Juden, in einem Zustande der Verwahrlosung, und mit so ausfallend scharf geschnittenen Gesichtern, wie ich dergleichen kaum jemals vorher oder nachher gesehen habe. Das alles war seltsam und zugleich höchst widerlich.

◊ Der Hunger zwang uns, in diesen Umgebungen so lange auszuhalten, bis wir etwas zum Abendbrot bekommen hatten; dann aber suchten wir eiligst unsere Schlafstellen auf. Dieselben wurden uns in einer Art von Wandschränken angewiesen, wie man sie aus Seeschiffen findet; den Raum füllten dick gestopfte Betten aus. Es bedurfte großer Überwindung, um in diesen Kasten hineinzukriechen, und bald bewies sich die beengte Luft, und die mit jeder Minute zunehmende Hitze gradezu unerträglich. Ein paar Stunden lang wälzte ich mich, vergebens Ruhe suchend, auf dem fatalen Lager. Es mochte ein Uhr in der Nacht sein, als ich den Versuch einzuschlafen aufgab, und wieder in die Wirtsstube hinab ging. In dieselbe eintretend, glaubte ich zu träumen. Der große Raum war wie durch Zauberei verwandelt. Von dem Tabaksqualm, der umhergestreuten Asche und den sonstigen Unsauberkeiten der Gäste war jede Spur verschwunden; die Dielen glänzten in schneeiger Weiße, als hätte der Zimmermann soeben den letzten Hobelstrich getan. Die Tische blank gescheuert, die Fenster spiegelhell – mit einem Worte, das Gemach sah aus, als wäre es noch niemals bewohnt gewesen.

◊ Es wurde klar, dass die Dienerschaft im Wirtshause sich nicht eher zu Bette gelegt hatte, als bis das große Reinigungswerk vollzogen war. Eine glänzendere Probe von der holländischen Sauberkeit konnte nicht gewünscht werden! – und doch sollte sich das Wunder noch mit jedem Schritte steigern, den wir tiefer ins Land hinein taten. Um nur eins anzuführen, so hingen vor den offenen Kaminen, in welchen an eisernen Haken der *pot à feu* brodelte, überall weiße Gardinen von untadliger Reinheit, an denen der Rauch den ganzen Tag über emporwirbelte. Wer kann ermessen, wie oft diese Vorhänge gewaschen werden mussten!

◊ Bekanntlich ist das Dorf Broek in Waterland selbst in Holland wegen seiner Reinlichkeit berühmt, die allerdings hier fast bis zur Narrheit getrieben wird. Dies zu beweisen genügt, dass wir über vielen Schornsteinen weiß lackierte durchbrochene Aufsätze bemerkten, durch welche hindurch der Rauch seinen Weg nahm. Die Ketten, mit welchen die Kühe an ihren Krippen befestigt waren, glänzten wie das lauterste Silber, und welche strahlende Politur die Holländer ihren Kupfergeräten geben, ist nicht zu beschreiben.[366]

In wie verschiedenen Richtungen wir das merkwürdige kleine Land durchzogen, ist mir nicht mehr genau erinnerlich, doch ließen wir keine der bedeutenderen Städte unbesucht. Utrecht, Harlem, Leiden, Amsterdam wurden mit allen ihren Sehenswürdigkeiten in Augenschein genommen. Bei ziemlich stürmischem Wetter fuhren wir auf einem Segelschiffe nach Sardam[367], und hier, wie auch schon vorher in Scheveningen hatte ich reichlich Gelegenheit meine Sehnsucht nach dem Anblick des Meeres zu stillen.

◊ Es kann natürlich bei diesen Aufzeichnungen nicht die Absicht sein, eine holländische Reisebeschreibung zu liefern, doch mögen noch einige Erinnerungen an besonders auffallende Dinge hier Platz finden. Da sind besonders die endlosen Reihen der prachtvollsten Landsitze zu erwähnen, an denen wir auf der herrlichen bequemen Backsteinchaussee vorbeikamen. Alle diese Villen liegen mitten in weiten Parkanlagen, deren Wege, aufs sauberste mit blauem, rotem oder gelbem Sande bestreut, sich gar wunderlich ausnehmen. Die Wohngebäude sind fast alle vom Wasser umgeben oder liegen wenigstens von einer Seite an einem großen klaren Teiche. Dicht an der Straße liefen neben uns ununterbrochen die zierlichsten, kostbarsten, vielfach vergoldeten langen Eisengitter, durch deren Pracht ein Nachbar immer den andern überbieten zu wollen schien. Störend dabei waren nur die Tafeln an diesen Gütern, welche überall vor Selbstschüssen, Fußangeln und dergleichen Annehmlichkeiten warnten, welche den unbefugten Besucher bedrohten. Hierin, wie in vielen andern Vorkommnissen, offenbart sich der Widerspruch

366 Ausgabe 1878, S. 330-334

367 heutige Schreibweise: Zaandam

zwischen der freien großartigen Staatsverfassung des Landes und dem engherzigen kleinlichen Sinn der Einwohner. Dabei besitzen dieselben den größten Hochmut und verachten alle Ausländer, namentlich die Deutschen, für welche der Spottname »Muff« üblich ist. Auch wir wurden oft genug von der Straßenjugend mit diesem Zuruf beehrt, weil wir aus Meerschaumpfeifen rauchten, was für deutsche Eigentümlichkeit galt.

◊ Ein Herr, mit dem wir einmal auf einem der originellen Kanalschiffe, den sogenannten Treckschuiten fuhren, belehrte uns wissenschaftlich, dass deutsch eigentlich ein verdorbener holländischer Dialekt sei. Von der ehemaligen Großartigkeit der holländischen Gesinnung, aus der Zeit, wo die »Seestaaten« noch in Europa eine entscheidende Stimme hatten, ist, allerdings auf sehr kleinem, beschränktem Felde, noch eine Spur geblieben, oder war es wenigstens damals noch. Während nämlich überall uns die Wahrheit entgegentritt, dass seit der Teilung der Erde jedes Ding seinen Herrn hat, und Schmetterlinge und Fliegen fast das Einzige sind, wovon man noch ohne Barzahlung Besitz ergreifen kann, so überraschte uns gleich beim Betreten des holländischen Gebietes die freundliche Sitte, das in jedem Gasthause dem Fremden Tabak und Pfeifen unentgeltlich zu Gebote standen. Neben dem Eingange jeder Wirtsstube befindet sich gewöhnlich ein Gestell mit Dutzenden der bekannten langen Tonpfeifen zu beliebigem Gebrauche. Eine bald ernst, bald launig gehaltene Überschrift fordert den Besucher auf, nicht zu viel zu zerbrechen. Tabak stand in großen Näpfen auf dem Tisch und zum Anzünden der Pfeifen fast überall sehr zierliche kupferne Schalen mit glimmenden Hülsen von Hirsekörnern oder einer ähnlichen Frucht, die darin schwelten.

◊ Traurigerweise fehlte dagegen dem Holländer bis vor kurzer Zeit ein Lebensbedürfnis, welches bei uns überall umsonst in reicher Fülle zu haben ist, nämlich Trinkwasser. Wasserleitungen waren nicht vorhanden, und das notwendigste aller Elemente wurde den Bewohnern der Städte von weither auf Schiffen zugeführt, wie noch jetzt in Venedig, und nahm unterwegs einen Geruch und eine Farbe an, durch welche der Fremde von dem Genusse desselben sich schaudernd zurückgeschreckt fühlte. So widerwärtig schmeckte die mit dem Namen des Wassers beehrte Flüssigkeit, dass wir uns nicht entschließen konnten, dieselbe auch nur zum Mundausspülen zu verwenden. Wir mischten tüchtig Branntwein darunter, von dem man in der dortigen Seeluft viel vertragen kann.

◊ Für das schlechte Wasser entschädigten sich die Holländer durch den reichlichsten Genuss kräftiger wohlschmeckender Speisen. Milch, Butter, Käse und Fleisch, auch Brot und Weißbrot habe ich nirgends in größerer Vollkommenheit gefunden, als auf dieser Reise. Freilich musste alles auch teuer bezahlt werden. Ein Beefsteak kostete genau viermal so viel als in Bonn.[368]

Dass uns in Holland vor allem die Kunstschätze interessierten, brauche ich nicht erst zu sagen. Von den zahllosen Herrlichkeiten, die wir bewundernd anstaunten, machten besonders drei Gemälde auf mich einen so großen Eindruck, dass er auch heut noch nicht erloschen ist. Es waren Rembrandts *Fahnenwacht*, der *Westfälische Friede* von van der Helst[369], und Gerard Douws weltberühmtes kleines Meisterstück, die *Kinderschule*. Wer nicht an Ort und Stelle gewesen ist, hat von der holländischen Malerei überhaupt keine Vorstellung. Was man an Tafelbildern in den verschiedenen Galerien auswärts sieht, verschwindet gegen die gewaltigen, ganze Wände füllenden Gemälde der großen Meister in Holland selbst. Hier erst lernt man zum Beispiel begreifen, warum van der Helst der holländische Raffael genannt wird. Seine Menschen scheinen in vollster frischester Lebenskraft sich vor uns zu bewegen; eben deshalb würde aber die Vergleichung mit Paul Veronese[370] zutreffender sein als die mit Raffael.

◊ Vor allen Städten gefiel uns Amsterdam. Nur wer Venedig kennt, kann sich eine Vorstellung von dem machen, was man dort sieht. Doch ist Amsterdam in vieler Beziehung zwar nicht schöner, aber merkwürdiger, als die alte Königin des adriatischen Meeres, weil hier das Treiben auf den Kanälen zugleich mit dem lebhaftesten Verkehr zu Lande verbunden ist, der auf den Kais zu beiden Seiten der Wasserstraßen stattfindet. Einen Wagen erblickte man damals

---

368 Ausgabe 1878, S. 334-337

369 Bartholomeus van der Helst (ca. 1613–1670)

370 Paolo Veronese (1528–1588), italienischer Maler

ebensowenig wie in Venedig. Damen, die in ihren Staatskleidern auf einer Visitentour waren, ließen sich auf Schlitten von einem Pferde über das Pflaster ziehen. Heutzutage ist das wahrscheinlich schon anders.

◊ Die letzte Stadt, die wir in Holland besuchten, war Rotterdam, von wo aus das Dampfschiff uns nach Bonn zurückführen sollte. Das wäre alles ganz schön gewesen, wenn unsere kleine Reisekasse nicht eine bedenkliche Leere gezeigt hätte. Ich glaube, dass, als wir im Gasthofe zu Swinshooved in Rotterdam ankamen, wir im Ganzen noch zwei Friedrichsdor besaßen. Da war guter Rat teuer. In der Stadt umherschlendernd hielten wir Rat über unsere Lage, hatten aber noch keinen Ausweg entdeckt, als wir zur rechten Zeit uns an der Mittagstafel des Gasthofes einfanden. Auch diese Art von Verlegenheiten ist durch den Telegraphen aus der Welt geschafft!

◊ Am obern Ende der wohlbesetzten Tafel im Swinshooved, oder zu deutsch Schweinskopf, thronte der Wirt und setzte uns sowohl durch den Umfang seiner Esslust, als durch seine Geschicklichkeit im Vorschneiden in Verwunderung. Solche Stücke Roastbeef, wie er mit seinem riesigen Messer von dem Braten ablöste, sind mir niemals im Leben wieder zu Gesichte gekommen. Jede der Scheiben war nicht dicker als ein Messerrücken, aber jede so lang und breit, dass sie von allen Seiten über den Rand des Tellers hinweg hing.

◊ Das Bewusstsein unserer Zahlungsunfähigkeit verkümmerte den Genuss an den aufgetragenen Herrlichkeiten gar sehr, und kaum war die letzte Schüssel herumgereicht, als wir uns still davonschlichen, um in der Wohnung eines Lithographen Rat zu halten; denn mit diesem jungen Menschen, der einen Bruder in Bonn hatte, waren wir zufällig bekannt geworden. Aber die Sitzung hatte keinen guten Erfolg. Wir besaßen kein Geld, und der Lithograph ebenfalls nicht. Statt nun, wie es vernünftig gewesen wäre, uns dem Wirte zu offenbaren, und denselben um Stundung zu bitten, kamen wir auf den abenteuerlichen Einfall, dass einer von uns beiden, gleichsam zum Pfande, in Rotterdam bleibe, der andere aber mittelst unseres Kassenbestandes zurückreisen, und den Freund von Bonn her durch eine Geldsendung auslösen sollte. Wir losten wer zurückbleiben sollte. Ein Sternblümchen wurde zu dem Ende zerpflückt, und den unglücklichen Jackson traf der Schicksalsspruch; dem er sich mit mehr Fassung fügte, als ich in gleichem Falle bewiesen hätte. Wir schlenderten nun in den Straßen umher, besahen was ohne Eintrittsgeld zu besehen war, und bei eintretender Dunkelheit verfügte ich mich zu dem Lithographen, um bei ihm, auf drei Stühlen liegend, den Morgen zu erwarten, wo das Schiff gegen vier Uhr stromaufwärts gehen sollte – Jackson aber lieferte sich aus dem Tyrannen.

◊ Im Augenblick der Abfahrt fiel mir ein, dass es sicherer wäre, mich nur bis Düsseldorf einschreiben zu lassen, wo Verwandte unserer Bertha wohnten, von denen ich etwas Geld erhalten konnte. Das war auch nötig, denn es erwies sich, dass der Rest unserer Reisekasse gerade für ein solches Fahrbillet aufging.

◊ Ich hatte also unterwegs keinen Groschen zu verzehren, und musste, um den bald sich meldenden Hunger zu stillen, meine Uhr bei dem Kellner auf dem Dampfschiff versetzen. Das verdarb indessen meine gute Laune nicht, sondern ich unterhielt mich während der Reise vortrefflich mit einem allerliebsten kleinen Backfisch, der kein Wort Deutsch verstand, wodurch die Konversation aber nur desto lustiger wurde, weil die Zeichensprache zu Hilfe genommen werden musste.

◊ In Düsseldorf bekam ich soviel Geld, dass ich die Reise nach Bonn fortsetzen konnte, leider aber nicht genug, um den unglückseligen Jackson schon von unterwegs aus zu erlösen. Derselbe musste volle vier Tage in Rotterdam warten, bis er das Geld von Bonn aus erhielt, und nun zeigte sich erst die ganze Torheit unseres Verfahrens; denn der Wirt, dem er beim Abschied den Zusammenhang der Sache auseinandersetzte, sagte, er würde uns ohne weiteres den nötigen Vorschuss gegeben haben, wenn wir uns an ihn gewendet. Außerdem wäre er meinetwegen in großer Sorge gewesen, dass mir nicht ein Unfall zugestoßen, und ich vielleicht in einem Kanal meinen Tod gefunden hätte.[371]

Diese gemeinsam zurückgelegte Reise bewirkte, dass Jackson und ich fester als je aneinander hielten und bis zu meiner Abreise von Bonn unzertrennlich blieben.

371 Ausgabe 1878, S. 338-342

Inzwischen so vieler Zerstreuungen hatte ich aber meine Arbeit dennoch gefördert. Noch im Frühjahr schrieb ich die Dissertation fertig, ich reichte sie der Fakultät ein und erhielt die Erlaubnis zu promovieren. Nach vorhergegangenem mündlichen Examen wurde mir am 26. Juli 1834 die Doktorwürde erteilt. Das geschah damals in Bonn noch mit besonderer Feierlichkeit. Die Universitätsglocken riefen durch ihr Geläut die Professoren in die große Aula. In geordnetem Zuge schritten die Beteiligten in den Saal, und weil juristische Promotionen zu den Seltenheiten gehörten, hatten sich auch sehr viele Studenten als Zuschauer eingefunden. Der Kandidat musste nicht nur in schwarzem Frack und weißer Binde, sondern auch in Kniehosen und seidenen Strümpfen erscheinen und trug einen Degen an der Seite. Da ich keinen schwarzen Frack besaß, so war ein Freund so gut, mir einen solchen zu leihen. Dieser Freund ist nachher ein berühmter Professor geworden. Die Namen der Opponenten und die von mir aufgestellten Thesen kann ich nicht mehr angeben; nur weiß ich, dass ein liebenswürdiger junger Mann namens von Holleben mit mir disputieren musste. Walter war Dekan.

Zum Doktorschmaus begaben wir uns, etwa zehn an der Zahl, auf einem Nachen[372] stromaufwärts nach Oberkassel, wo ich das Mittagsmahl bestellt hatte. Wir speisten im Freien, tranken vom besten Wein und blieben bis zum späten Abend fröhlich beieinander, wo dann die Heimfahrt ebenfalls zu Wasser erfolgte.

Wenige Tage später verließ ich Bonn und kehrte in meine Vaterstadt zurück, um daselbst die Beamtenlaufbahn zu beginnen.

372 kompaktes, flaches Boot bzw. Kahn für Binnengewässer

Referendariatszeit

Am Stadtgericht

Zu Hause angekommen und von den Meinigen als junger Doktor freudig begrüßt, fand ich eine äußerst angenehme Überraschung vor, welche mir mein Vater bereitet hatte.

Nach einem Abkommen mit unserem Wirte waren im Hofe, mit der Aussicht auf einen kleinen Garten, zwei allerliebste Zimmer für mich erbaut worden, zu denen eine besondere Treppe führte und die zugleich durch eine Galerie mit der Hauptwohnung in Verbindung standen.[373]

In meiner neuen behaglichen Wohnung richtete ich mich nach meinem Geschmack mit allerlei Zierlichkeiten ein und lebte im heitersten und anregendsten Verkehr mit einer Reihe von Freunden, die der Tod jetzt, wo ich dies schreibe, leider schon gar sehr dezimiert hat.

Manche derselben waren kurz nach mir aus Bonn angelangt. Den lieben trefflichen Jackson habe ich leider nicht wieder gesehen. Er hatte sich nach beendigten Studien in seine englische Heimat zurückbegeben, und wie es bei jungen Leuten zu geschehen pflegt: Aus den Augen, aus dem Sinn! Doch täte ich mir unrecht, wenn ich mir so ohne weiteres die Schuld geben wollte. Ich gedachte des Freundes noch oft – allmählich zwar immer seltener, bis einmal, vor etwa zehn Jahren, sein Bild mir wieder recht deutlich vor die Seele trat. Ich erkundigte mich deshalb nach ihm bei Professor Brandis, der mir mitteilte, Jackson sei, soviel er wisse, Advokat in London, wo es ihm gut gehe. Seine Adresse konnte ich aber nicht erfahren, obgleich ich viele Leute, die ich in London kannte, und zuletzt sogar die preußische Gesandtschaft daselbst befragte. Der Name Jackson kommt in England allzu häufig vor; und so kann ich nur wünschen, dass er noch leben und es ihm Wohlergehen möge auf Erden.

◊ Sollte, was in der jetzigen verkehrsreichen Zeit nicht unmöglich ist, dies Büchlein ihm zufällig in die Hand kommen, so bin ich

373 Es handelt sich hier um das Haus Unter den Linden 71, das Ebertys Vater 1829 von den Erben der Madame du Titre gemietet hatte.

sicher, dass trotz der vielen Jahre, die seitdem verflossen sind, die alte Freundschaft in fröhlicher Erinnerung auch bei ihm wieder erwachen wird.[374]

Ein anderer meiner Jugendfreunde, mit dem ich viele Jahre lang im engsten täglichen Verkehr stand, und dessen bereits mehrmals unter der Bezeichnung Bertrand gedacht wurde, ist mir erst kürzlich durch den Tod entrissen worden. Wir waren zusammen in der Cauerschen Anstalt gewesen, studierten dann miteinander in Bonn und Berlin und machten beim Stadtgericht und Kammergericht daselbst gemeinschaftlich die Stationen durch, so dass wir auch fast gleichzeitig zu Assessoren ernannt wurden. Die Natur hatte diesen meinen Freund so überreich, fast verschwenderisch ausgestattet, als wollte sie einmal in einer guten Stunde ein recht vollkommenes Menschenbild herstellen, um sich selbst und aller Welt eine Freude zu bereiten. Aus dem schönsten lieblichsten Kinde wurde ein ebenso schöner Knabe, der sich zum prachtvollsten Jüngling, zum stattlichsten Manne entwickelte. Seine geistige Begabung war nicht geringer als die leibliche. Das Lernen wurde ihm spielend leicht; sein biegsames Organ unterstützte ihn beim Gebrauch der fremden Sprache. In hohem Grade musikalisch, besaß er zugleich eine ungemein liebliche Tenorstimme, die sich besonders für leichte und scherzhafte Vorträge eignete und in der Schule des berühmten Sängers Stümer kunstgerecht ausgebildet war. Unübertrefflich wusste er französische Couplets[375], von denen er unzählige im Gedächtnis hatte, halb sprechend zu singen. Er spielte sehr hübsch Klavier, zeichnete mit Geist, besonders Karikaturen, und trieb allerlei sonstige Liebhabereien mit großem Geschick.

Voll Witz und Laune, übersprudelnd von drolligen Einfällen, galt er für den unterhaltendsten Gesellschafter.

Bertrand war ein großer Verehrer der Damen, und kaum wird jemand in dieser Richtung größere und glänzendere Erfolge gehabt haben als er. Frauen und Mädchen kamen ihm stets auf halbem Wege entgegen; die schönsten Sängerinnen und Tänzerinnen, die auf

374 Ausgabe 1878, S. 346

375 witzig-zweideutiges, politisches oder satirisches Lied mit markantem Refrain von frz. couplet: Zeilenpaar

der Bühne erschienen, waren ihm verfallen. Leider versäumte er über diesen Tändeleien die rechte Zeit, sich zu verheiraten und die ernsten und auf die Dauer allein beglückenden Freuden des Familienlebens kennenzulernen.

In noch jungen Jahren verlor Bertrand schnell hintereinander seine beiden Eltern und kam dadurch in Besitz großer Reichtümer. Da glaubte er, durch seine Einkünfte und durch die mannigfachen Talente, die er dilettantisch ausbildete, Hilfsmittel genug zu besitzen, um ohne Amt und feste Beschäftigung die Zeit ausfüllen zu können. Er verließ den Staatsdienst und beschloss, allein seinen Neigungen zu leben. Das war ein schwerer Irrtum. Mit zunehmenden Jahren fand er an den wechselnden Liebschaften kein Gefallen mehr, die juristische Laufbahn mochte er nicht von neuem beginnen, an ernste, mühevolle Tätigkeit war er nicht gewöhnt. Da suchte er Ersatz, in leidenschaftlichem Sammeln von Altertümern.

Bekanntlich ist die jetzt so allgemein verbreitete Vorliebe für Rokoko und sonstige Antiquitäten erst in den dreißiger Jahren aus Frankreich zu uns herübergekommen, nachdem ein Privatmann in Paris, Monsieur de Sommerard[376], durch seine Sammlungen den Grund zu dem gegenwärtig dem Staate gehörigen Museum im Hotel Cluny[377] gelegt hatte. Er fand bald unzählige Nachahmer. Unter diesen wurde Bertrand einer der hervorragendsten. Er kaufte ein für solche Sammlungen vorzüglich geeignetes einstöckiges Haus in einer ziemlich abgelegenen Straße Berlins und brachte die reichsten Schätze auf den verschiedensten Gebieten von Raritäten zusammen und erwarb sich durch anhaltendes Studium eine so große Kennerschaft in diesen Dingen, dass er es bald mit den gewieftesten und gewitzigtsten Händlern aufnehmen konnte.

Jeden Vormittag gab er zwei Stunden lang Audienz für die, welche etwas zu verkaufen brachten, und seine Laune fand reiche Nahrung im Verkehr mit der wunderlich gemischten Gesellschaft, die sich täglich bei ihm einfand. Durch die beständige Aufmerk-

376 Alexandre Du Sommerard (1779-1842), Archäologe und Kunstsammler

377 Hôtel de Cluny, von 1485 bis 1490 erbauter Palast, in dem 1844 das Museum eingerichtet wurde, das bis 1980 Musée de Cluny hieß und seitdem Musée National du Moyen Âge.

samkeit, die er anwenden musste, um die Schliche und Betrügereien zu vereiteln, die bei solchen Geschäften eine große Rolle spielen, wo neuen Sachen der Anschein des Altertums gegeben wird und tausend geheime Mittel zur Anwendung kommen, um Beschädigungen zu verstecken und zu verdecken, wuchs Bertrands Achtung vor den Menschen nicht; und nach und nach bemächtigte sich seiner ein Widerwillen gegen den Verkehr mit anderen.

Immer einsamer wurde es um den alten Junggesellen, besonders seitdem eine junge liebenswürdige Person, die seinen Haushalt besorgte, ihm durch den Tod entrissen war. Er sah nun kaum jemanden mehr bei sich und ging fast nicht aus dem Hause, wo er nach seinen Neigungen alles aufs luxuriöseste eingerichtet hatte. Er hielt einen vortrefflichen Koch und ließ sich, wie Don Juan in der Oper, allein auf einem kleinen Tisch ausgesuchte Leckerbissen vorsetzen.

Plötzlich erfasste ihn ab und zu ein Ekel vor diesem Leben, dann entfloh er wochenlang der Stadt und zog sich in eine kleine Jagdhütte zurück, die er irgendwo im Walde hatte erbauen lassen. Hier führte er das Dasein eines Einsiedlers, schlief auf einer harten Matratze, ließ sich an den aller einfachsten Speisen genügen und erquickte sich am Anblick der Natur, jagte, beobachtete die Käfer im Grase, bis er, auch dieses Genusses überdrüssig, zu seinen Schätzen nach Berlin zurückkehrte. Die Bertrandschen Sammlungen hatten in vielen Kreisen großen Ruf erlangt, so dass es an Kennern und Neugierigen nicht fehlte, die dieselben zu sehen wünschten. Je nachdem er gelaunt war, wies er die Besucher ab oder führte sie freundlich herum. Ich selbst wurde, wenn ich ihn nach Zwischenräumen von verschiedenen Jahren aufsuchte, stets mit der alten herzlichen Freundschaft empfangen. Tausend Erinnerungen aus unserer Kindheit und Jugend kamen zur Sprache; denn er hatte ein unerschöpfliches Gedächtnis für dergleichen.

Ganz plötzlich erhielt ich die Nachricht von dem Tode dieses alten Freundes. Ein Schlagfluss hatte ihn getroffen als er in seiner Jagdhütte verweilte. Möge ihm Ruhe, Frieden und Glückseligkeit beschieden sein, denen er im Leben so oft auf Irrwegen nachjagte.

Von den tausend witzigen, teils scharfen, teils lustigen Einfällen und Launen, die fortwährend aus seinem Kopf sprühten, werden bei

Besprechung unserer gemeinsamen Referendariatszeit einige erwähnt werden. Hier sollen nur zwei Geschichtchen von ihm Platz finden.

Als wir 1831 in Bonn waren, kam Walter Scott[378] mit seiner jüngsten Tochter, einem sehr schönen Mädchen, von seiner letzten Reise aus Italien zurückkehrend, dort an und übernachtete im Gasthof zum Stern. Bertrand verliebte sich sofort in die Miss Scott, und da er keine Gelegenheit fand, sich ihr zu nähern, bestieg er, als sie abreiste, mit ihr zugleich das Dampfschiff, verkleidete sich als Kellner und bediente sie auf der Reise. Außer dem Vergnügen, ihr nahe sein zu dürfen, hat er übrigens keine weiteren Früchte von dieser Extravaganz genossen. Er hatte nicht gewusst oder nicht bedacht, dass in den Augen der Tochter eines Baronets[379] ein Kellner kaum mit unter das Menschengeschlecht gerechnet wird und viel weniger ein Gegenstand für verliebte Gedanken sein kann.

Die zweite Geschichte erzählte er mir, als ich ihn zum letzten Male in Berlin besuchte. Neben seinem dortigen Grundstück lag das der jüdischen Reformgemeinde, von seinem Garten durch eine ziemlich hohe Mauer getrennt. Über diese Mauer fiel eines Tages ein kleines weißes Kätzchen vor Bertrands Füße nieder, ob zufällig oder von jemandem jenseits geworfen, konnte er nicht wissen. Er nahm das hübsche Tierchen auf und zog es groß. »Ich kam mir dabei vor wie die Tochter Pharaonis«, sagte er, »die sich ja auch eines Findlings annahm, und gab mit Bezug hierauf dem Kätzchen den Namen Moses. Bald nachher traf ich einen der Reformgemeindevorsteher, dem ich die Begebenheit mitteilte. Der Mann nahm das aber sehr übel auf und nannte mich einen herzlosen Spötter, der auch vor dem Heiligsten keine Ehrfurcht hätte. Ich lachte ihn aus und ging nach Hause.

Einige Wochen später traf ich denselben Herrn wieder und sagte ihm: ›Ich habe mich jetzt überzeugt, dass es unrecht von mir war, eine Katze nach einem so heiligen Manne zu nennen und diesen

378 Felix Eberty veröffentlichte 1860 die zweibändige Biographie *Walter Scott – Ein Lebensbild.*

379 Walter Scott war 1820 im Alter von 49 Jahren zum 1. Baronet von Abbotsford ernannt worden und gehörte fortan zum niederen Adel.

dadurch zu profanieren. Gestern hat das Tier die erste Maus gefangen, und nun heißt es Mauses. Ich hoffe, dass Sie jetzt befriedigt sind.‹ «

◊ Mit solchen Späßen meines verstorbenen Freundes ließe sich ein ganzes Buch füllen. Leider aber habe ich fast alle vergessen.[380]

Sein Andenken wird mir, trotz den Sonderbarkeiten und Fehlern, von denen ja kein Mensch frei ist, immer ein sehr liebes bleiben.

In jenem Sommer 1834, wo ich aus Bonn zurückkehrte, war ganz Berlin wegen einer seltsamen Begebenheit in Aufregung und bemühte sich vergebens, den Zusammenhang derselben zu enträtseln, der sich allerdings später in einer Weise aufklärte, die niemand vorhergesehen hatte noch vorhersehen konnte.

Ein junges Mädchen, Henriette Wilke, die Tochter eines Gärtners in Charlottenburg, die eine anständige Erziehung erhalten hatte und bei der Hauswirtin meiner Tante Johanna, einem alten Fräulein Eversmann, wohlgelitten war ◊ (beiläufig gesagt, dieselbe, die mir nach Bonn eine Empfehlung an ihren gleichnamigen Neffen, den Staatsprokurator mitgab)[381], hatte mehrere Jahre als Bonne die Kinder eines reichen Berliner Bankiers zu beaufsichtigen gehabt.

Plötzlich verbreitete sich das Gerücht, dies Mädchen sei auf geheimnisvolle Art zu großen Reichtümern gelangt, ein Graf aus Brasilien habe sich mit ihr verlobt und überschütte sie mit Geld und Geschenken. Sie verließ ihren Dienst, bezog eine eigene Wohnung, und man sah sie oft mit einem Stallmeister in den Alleen des Tiergartens reiten; dann schaffte sie eine prachtvolle Equipage an, hielt sich männliche und weibliche Dienstboten und als Gesellschafterin eine junge Dame aus angesehener Familie. Sie machte Reisen mit vierspänniger Extrapost nach den böhmischen Bädern, unterstützte Bedürftige sehr reichlich, kaufte Luxusgegenstände in allen Läden und bezahlte, was dafür gefordert wurde, mit einem Worte, sie benahm sich wie eine kleine Millionärin.

Weil niemand die Geldquellen kannte, aus denen sie schöpfte, so wurde die Polizei aufmerksam; aber Henriette Wilke wies nach, dass

380 Ausgabe von 1878, S. 353

381 Einfügung in Klammern nur in der Ausgabe von 1878, S. 354

einer der ersten Kaufleute Berlins von Hamburg aus angewiesen sei, ihr beträchtliche Summen auszuzahlen. Damit war jeder Verdacht beseitigt, und die Wilke trieb ihr luxuriöses Leben etwa zwei Jahre lang in derselben Weise fort.

Ich hatte vielfach Gelegenheit, diese seltsame Person zu sehen und zu sprechen, weil sie, wie gesagt, in dem Hause, wo meine Tante in Charlottenburg wohnte, aus und ein ging. Sie war keineswegs schön, kaum hübsch zu nennen, machte aber durch ihr bescheidenes und rücksichtsvolles Benehmen gegen Fremde einen durchaus angenehmen Eindruck. Auch ist niemals irgendetwas laut geworden, was ihren weiblichen Ruf hätte gefährden können, während doch ihr prunkvolles Auftreten die Verleumdung fast herauszufordern schien. Sie hatte keinerlei gesellschaftlichen Umgang und besuchte niemanden als das alte Fräulein Eversmann. Diese zählte bereits siebzig Jahre, war beschränkten Geistes und ein wenig altersschwach. Fünf Möpse bildeten ihre beständige Gesellschaft, über welche sie mittels einer Reitpeitsche, die sie stets in der Hand trug, strenges Regiment führte. Sie war eine Ururenkeltochter des Kammerdieners Friedrich Wilhelms I. Ihr Vater hatte den Titel Kriegsrat geführt. Die ganze Familie hing mit jener loyalen Devotion an dem Königshause, die heutzutage nur noch selten gefunden wird, die aber dazumal, besonders bei älteren Leuten, häufig vorkam. Für solche Personen waren sämtliche Mitglieder des regierenden Hauses Wesen höherer Art, die zwischen Menschen und Engeln ziemlich die Mitte hielten.

Die Verschmelzung einer solchen Anschauungsweise mit einem hohen Grade von Beschränktheit, wie sie bei der Eversmann stattfand, bildete das Fundament, auf dem die Wilke den Palast ihres kurzen Glanzes errichtete.

Diese Dame schien nämlich, nachdem sie zwei Jahre lang lustig und in Freuden gelebt hatte, plötzlich an das Ende ihrer Hilfsmittel angelangt zu sein, und schnell sank sie von ihrer Höhe so tief herab, dass sie einen Möbelhändler in der gröbsten Weise zu betrügen suchte, indem sie demselben eingesiegelte Zeitungsblätter als Staatsschuldscheine verpfändete. Das wurde natürlich entdeckt und führte zur Verhaftung der Goldprinzessin, wie sie allgemein genannt wurde.

Sie legte ohne weiteres ein offenes Bekenntnis ab, welches psychologisch nicht uninteressant ist.

In jenem reichen Hause, wo sie als Bonne in Diensten gestanden, waren ihr Gedanken gekommen, die heutzutage sehr gewöhnlich sind, damals aber noch originell erschienen. Sie war, mit einem Worte, eine verfrühte Sozialdemokratin, und fragte sich: »Wie kommen diese Leute, die weder durch Geburt noch durch Bildung mir überlegen sind, dazu, im Wohlleben zu schwelgen, während ich für einen Lohn von wenigen Talern ihnen dienen muss?«

Solchen Betrachtungen hing sie nach, bis in ihr der feste Entschluss reifte, sich auch einmal, durch welche Mittel es sei, in den Genuss aller der Annehmlichkeiten und Lebensfreuden zu setzen, welche die Reichen für ihr ausschließliches Privilegium halten. Der Plan, nach welchem sie dabei verfahren wollte, stand nicht auf einmal fertig vor ihrer Seele, sondern reifte nach und nach, begünstigt durch die Verblendung des Opfers, welches sie sich ausersehen; und dieses Opfer war eben jenes alte Fräulein Eversmann, bei welcher die Wilke seit ihrer frühesten Jugend stets nur Wohlwollen und jede Art von Unterstützung gefunden hatte.

Diese ihre wahrhaft mütterliche Freundin besaß in Charlottenburg ein schuldenfreies Haus, damals vielleicht 8 000 Taler wert, und außerdem 12 000 Taler in Pfandbriefen und Staatspapieren. Sie lebte äußerst still und eingezogen und war sparsam bis zum Geize, weshalb man sie allgemein für viel reicher hielt. Einige Neffen und Nichten machten ihr in Rücksicht auf die nicht mehr weit in Aussicht stehende Erbschaft eifrig den Hof.

Die Wilke begann ihre Versuche, von der Eversmann Geld zu erschwindeln, leise und vorsichtig. Sie erzählte, dass sie mit der Fürstin Radziwill bekannt geworden, welche großes Gefallen an ihr gefunden, und sie ausbilden lassen und zur Vorsteherin einer Schule machen wollte, die unter Protektion des Königs gegründet werden sollte. Dazu müssten noch 500 Taler beschafft werden, welche die Fürstin im Augenblick nicht habe. Nun sei der Ruf des loyalen Fräulein Eversmann zu ihr gedrungen, und sie wende sich an diese, wie an eine liebe Freundin, von der sie soviel Gutes gehört habe. Die Eversmann antwortete in devotester Bereitwilligkeit und übersandte, natürlich durch die Wilke, die 500 Taler. Nun entspann sich eine ebenso herzliche wie naive Korrespondenz zwischen der Fürstin und der betörten alten Jungfer, welche himmelweit von jedem Verdacht entfernt war, dass die Wilke die Briefe der hohen Frau selbst fabriziert haben könnte.

Bald ging die Sache in noch höhere Regionen über. Der König Friedrich Wilhelm III. hatte die Goldprinzessin kennengelernt, als sie noch Bonne war, und hatte durch sie erfahren, wie bereit die Eversmann sei, Mitgliedern der königlichen Familie in deren Geldverlegenheiten beizuspringen. Um es kurz zu machen, der König war selbst in Geldnot und trug seine Bitten in der herablassendsten Weise der alten Dame vor, der er für zu gewährende Darlehen nicht weniger als zwölf Prozent Zinsen versprach, ihr auch ab und zu ein wollenes Kleid oder einen Sofaüberzug schickte. Der König borgte auf diese Weise bald größere, bald kleinere Summen unter den allerabgeschmacktesten Vorwänden, zuletzt sogar 250 Taler von der alten Köchin der Eversmann, und das ging solange fort, bis nicht nur das Kapital der 12 000 Taler vollständig in den Händen der Wilke war, sondern auch noch 8 000 Taler, welche sich die Eversmann hypothekarisch auf ihr Haus verschafft hatte.

Von dem so erschwindelten Geld brachte die Wilke etwa 6 000 Taler selbst nach Hamburg, deponierte die Summe bei einem dortigen Bankier und ließ sich aus ebenso viel bei Schickler[382] in Berlin Kredit eröffnen. Durch dies sehr geschickte Manöver hatte sie sich gegen Nachforschung der Polizei sichergestellt.

Man muss die Briefe des Königs und die Antworten der Eversmann im zehnten Bande des Neuen Pitaval[383] selbst nachlesen, um sich eine Vorstellung von der grenzenlosen Verblendung zu machen, die sich eines beschränkten Frauenkopfes bemeistern kann!

In Zeit von zwei Jahren waren die 20 000 Taler so vollständig

---

382 Bankhaus Gebrüder Schickler, Hofbank und eine der führenden Privatbanken, aus der 1910 die Bank Delbrück Schickler & Co. entstand.

383 Der neue Pitaval. Eine Sammlung der interessantesten Criminalgeschichten aller Länder aus älterer und neuerer Zeit. Hrsg. vom Criminaldirector Dr. J. E. Hitzig und Dr. W. Häring [Willibald Alexis], Zehnter Theil, zweite Auflage, F. A. Brockhaus, 1859, Kapitel 10

verjubelt, dass die Goldprinzessin bei ihrer Verhaftung nicht mehr einen einzigen Taler besaß. Sie hatte ein solches Ende vorausgesehen, war aber blind ihrem Schicksal entgegen gerannt. Vielleicht dachte sie wie Klärchen in Goethes *Egmont*: »Lass sie kommen, die Zeit, wie den Tod, dran vorzudenken ist schrecklich!«

Die Wilke wanderte aus dem Polizeigefängnis nach dem Zuchthaus in Brandenburg, wo sie während der zwölf Jahre ihrer Strafdauer sich musterhaft betragen haben soll.

Dies der Verlauf einer Geschichte, die ich deshalb hier erwähnt habe, weil ich, wie gesagt, die Heldin derselben gut gekannt habe und ihr Porträt also zu meinen Jugenderinnerungen gehört. Da nur die wenigsten Leser von der Goldprinzessin aus dem Pitaval etwas wissen dürften, so glaubte ich, ihr diesen Platz in meiner Erzählung gönnen zu müssen.

Inzwischen hatte ich das Auskultatorenexamen[384] glücklich bestanden und konnte nun in den praktischen Justizdienst eintreten.

Mir war doch recht feierlich zumute, als ich nun wirklich in meiner Würde verteidigt und als angehender preußischer Richter in das Kollegium aufgenommen wurde. Präsident dieses großen Gerichtshofes war der allgemein beliebte und verehrte Herr Beelitz[385], ein stattlicher, wohlbeleibter Mann, mit überaus freundlichem Gesichte, das sich durch eine ungewöhnlich kleine Nase auszeichnete, die er auch auf eine ganze Reihe von Kindern und Enkeln erblich weiter übertragen hat. Er empfing mich und einige meiner Mitkandidaten in dem großen, düsteren, altertümlichen Sitzungssaale, dessen ganze Länge ein mit grünem Tuche überzogener Tisch einnahm, um welchen zwanzig Polsterstühle von dunklem, geschnitztem Eichenholze mit hohen, steifen Lehnen herumstanden, und an der oberen schmalen Seite noch ein besonders reich verzierter Sessel für den Vorsitzenden. Auf den übrigen Stühlen hatten die zwanzig Räte des Gerichts ihre Plätze nach dem Dienstalter und rückten beim Ausscheiden eines Kollegen auf den nächst höheren

384 Auskultator (lat.: Zuhörer, von auscultare: zuhören) war bis 1869 in Preußen die erste Ausbildungsstufe für Juristen nach der Universität.

385 Carl Ludwig Friedrich Beelitz (1774–1841), ab 1815 Stadtgerichtsdirektor

Platz und in das um hundert Taler höhere Gehalt ihres Nachbars.

Wir hatten die ganze Länge dieses großen Saales zu durchschreiten, um zu dem Präsidenten zu gelangen, der sich an der hinteren, schmalen Wand aufgestellt hatte. Er hielt uns eine Anrede und sagte mir insbesondere, dass er sich freue, einen Doktor *juris* mehr unter seinen Auskultatoren zu zählen. Nach einem allgemeinen Hinweis auf die wichtigen und ehrenvollen Pflichten eines preußischen Richters, belehrte er uns mit besonderem Nachdruck über die Bedeutung der Personalakten, die, wie ein schriftliches und doch unsichtbares Gewissen, den Beamten von dessen Eintritt in den Staatsdienst bis zu seinem Tode begleiten, und ihm von einem Ende des Landes bis zum anderen, von Trier bis nach Memel auf dem Fuße folgen, wenn er nach einem dieser Orte versetzt wird, und in welchen jedes Vorkommnis, insbesondere jedes Vergehen unaustilgbar und unausbleiblich eingezeichnet wird. Ich muss gestehen, dass mir der Gedanke, an diese Kette gebunden zu sein, und dieselbe lebenslang mit mir herumtragen zu müssen, recht schauerlich vorkam.

Den gesetzlichen Diensteid dagegen leistete ich mit leichtem Herzen, teils weil ich ohnehin den Vorsatz hatte, stets gerecht und unparteiisch zu sein, teils, weil mich das Versprechen, dem Könige zu Lande und zu Wasser zu dienen, in eine heitere Stimmung versetzte und mich fast zum Lachen gebracht hätte; denn 1834 war von einer deutschen Flotte noch keine Rede. Dessen ungeachtet hielt ich es für etwas Großes und Herrliches, dem preußischen Richterstande anzugehören, der sich damals noch in jeder Beziehung des Ruhmes würdig zeigte, dessen er in der ganzen Welt genoss.

Die Legende von dem Müller in Sanssouci und die mutige Opferfreudigkeit, mit welcher in dem Arnoldschen Prozesse die Räte des Kammergerichts ins Gefängnis gewandert waren, um ihrer Überzeugung und ihrem Schwure, gerecht zu richten, nicht untreu zu werden, hatten die preußische Justiz mit einer wohlverdienten Glorie umgeben.[386] Die strenge und unbeugsame Pflichttreue und

386 Der Fall des Müllers Arnold ging in die Rechtsgeschichte ein, weil darin die Unabhängigkeit der Justiz durch den Monarchen in Frage gestellte wurde. Der Müller verfasste Eingaben an König Friedrich II.,

Gewissenhaftigkeit unseres Beamtenstandes besaß ihre eigentümliche Poesie, trotz aller Starrheit und Unliebenswürdigkeit, mit der derselbe oftmals auftrat.

Man durfte an die schönsten Momente des klassischen Altertums erinnert werden, wenn man erfuhr, dass in den Stunden, wo der Kanonendonner der Schlacht bei Großbeeren nach Berlin herüberdrang, das Kammergericht unbeirrt seine Sitzung hielt und mit gründlichster Ruhe Erkenntnisse verfasste, deren Datum noch vor der spätesten Nachwelt ein ehrenvolles Zeugnis von der Pflichttreue dieser Männer ablegen wird.

Kehren wir zum Jahre 1834 zurück! Von den Räten des Berliner Stadtgerichts war damals ein Teil schon greisenhaft alt, und diese Männer hatten sich mehr oder weniger in einen geschäftlichen Schlendrian eingelebt, der von wissenschaftlicher Schärfe nicht viel an sich hatte. Dagegen fehlte es auch nicht an jüngeren Kräften, welche die Mängel der alten Kollegen ausgleichen und übertragen konnten.

Die Art, in welcher der Präsident Beelitz ein solches Kollegium leitete, war ebenso eigentümlich wie die Gesellschaft seiner Räte. Beelitz soll ein tüchtiger Jurist gewesen sein und besaß jedenfalls einen schnellen Blick und ein gesundes Urteil in Rechtssachen; allein, er hatte so viel mit Nebendingen zu tun, teils durch die Verwaltungsgeschäfte des Gerichts, teils als Mitglied der Staatsschuldenkommission und sonstiger Ehrenämter, dass er während der Sitzungen beständig schrieb und arbeitete und also seine Aufmerksamkeit nur unvollkommen den Vorträgen zuwenden konnte. Das war ein schlechtes Beispiel für die Räte, die sich allmählich ebenfalls angewöhnten, während der Vorträge ihre Privatarbeiten zu machen und nicht ordentlich aufzupassen.

Dadurch kamen denn, außer dem Schaden, den die Parteien zu leiden hatten, auch nicht selten höchst komische Vorfälle zutage. Hatte der Referent seinen Vortrag über eine Prozesssache geschlossen, so merkte der Präsident an der eintretenden Stille, dass der Augenblick gekommen sei, wo er ein Resumé über die Sache zu

da er sich von der Justiz ungerecht behandelt sah. Das sah Friedrich II. auch so und ließ die Richter kurzerhand einsperren.

geben hatte, was umso notwendiger war, weil kaum die Hälfte der Räte ordentlich zugehört hatten. Der alte Beelitz schob also seine Papiere beiseite, legte die große Schwanenfeder, ein nur dem Präsidenten gebührendes Werkzeug, neben sich und rief: »Nun, meine Herren, aufgepasst! Kollege Prätorius, die Hände aus den Hosen! – Also, die Klägerin.« – Referent: »Entschuldigen Sie, Herr Präsident, es ist ein Mann.« – Präsident: »Also der Kläger wohnt in Charlottenburg.« – Referent: »Entschuldigen Herr Präsident, er wohnt in Spandau!« In dieser Art ging das Resumé weiter, und das Einzige, was dadurch ins klarste Licht gesetzt wurde, war, dass der alte Beelitz nicht aufgepasst hatte.

Allerdings wiederholten sich solche Szenen nicht gerade bei jedem Falle; doch kann ich versichern, dass kaum eine Sitzung vorüberging, wo nicht dergleichen Erörterungen zwischen dem Referenten und Vorsitzenden sich ereignet hätten; zu großer Belustigung der jungen Auskultatoren, denen eingeschärft war, zu ihrer Belehrung den Sessionen so oft wie möglich beizuwohnen.

Wir mussten nun im Laufe von zwei Jahren die verschiedenen Stationen des Stadtgerichts durchmachen, deren nähere Erwähnung umso mehr unterbleiben kann, als alles so gehandhabt wurde, wie es die allgemeine Gerichtsordnung vorschrieb. Nur einige von diesen Stationen können nicht mit Stillschweigen übergangen werden. Den Anfang musste ich in der Strafabteilung machen, die ihren Sitz in der weltbekannten Stadtvogtei[387] auf dem Molkenmarkte hatte. Ich war einem Assessor als Protokollführer zugeteilt, und nachdem ich gelernt hatte, wie die grauen Bogen Schreibpapier der Länge nach durchgeknifft und auf der rechten Seite beschrieben wurden, während die Linke für die Verfügungen und sonstige Notizen frei blieb, ging's an das Niederschreiben der Aussagen von Angeklagten

387 Stadtgefängnis, im hinteren Teil des Polizeipräsidiums, das sich bis 1889 am Molkenmarkt befand. Hier wurden Personen ohne besonderen Rang inhaftiert. Auch die daneben liegenden Anwesen wurden der Stadtvogtei angegliedert und das Vorderhaus als Kriminalgericht genutzt. 1934 wurde die Vogtei abgebrochen und eine Münzprägestätte neu errichtet. Personen, die der Gerichtsbarkeit des Kammergerichts unterstanden, kamen in die Hausvogtei. Dazu gehörten Angehörige der gehobenen Stände und die politischen Gefangenen.

und Zeugen, deren Worte übrigens der Assessor vorher in eine amtsgerechte Form brachte und dann diktierte, wobei allerdings vieles von dem eigentlichen Sinne der ursprünglichen Äußerungen verlorenging.

Die Sache, bei der ich zum ersten Mal tätig sein musste, hatte damals eine große Berühmtheit erlangt, war aber ihrem Abschluss nahe, so dass ich nur mit den letzten Ausläufern derselben beschäftigt wurde. Seit etwa zehn Jahren nämlich hatte eine Einbrecher- und Diebesbande die Provinz Posen und einen Teil der Mark Brandenburg unsicher gemacht. Es wurden zahllose Diebstähle verübt, ohne dass es gelungen wäre, einen der Täter zu entdecken. Zuletzt hatten in ganz ähnlicher Art wie bisher auf dem Lande und in den kleinen Städten, auch in Berlin selbst Einbrüche der frechsten und verwegensten Art stattgefunden, namentlich war die Quästur[388] der Universität vollständig ausgeräumt worden, ein Verbrechen, zu dessen Ausführung die Spitzbuben nicht weniger als zweiundzwanzig Türen und Schlösser gewaltsam erbrochen hatten, ohne entdeckt zu werden.

Nun wurden alle Kräfte der Polizei aufgeboten, um die Täter zu ermitteln, die am Orte der Tat nichts zurückgelassen hatten, was auf ihre Spur leiten konnte, mit Ausnahme eines aus Rotbuchenholz geschnitzten Brechwerkzeuges; und das gerade sollte das Mittel zur Entdeckung werden.

Sofort hielt man bei allen bestraften und verdächtigen Subjekten in der ganzen Stadt Haussuchung, was damals nicht allzu schwer war, weil Berlin 1830 kaum mehr Einwohner zählte als Breslau heutzutage. Auch ein gewisser Löwenthal, ein alter, durch seine Schlauheit berüchtigter Verbrecher, musste diese Untersuchung über sich ergehen lassen. Dabei fiel es dem Kriminalbeamten auf, dass der Ofen in dessen Wohnstube mit rotbuchenem Holze geheizt wurde. Auf Grund dieses Indiziums wurde jeder Winkel aufs genaueste durchstöbert, aber es fand sich nichts, und schon war der Beamte im Begriff, sich zu entfernen, als ihm eine blühende Hyazinthe auffiel, die auf dem Fensterbrett stand. Er ergriff den Blumentopf, der ihm

388 Kasse der Universität, an der Studenten die Vorlesungsgebühren einzahlten

ungewöhnlich schwer vorkam, zog die Blüte heraus, und nun fanden sich unter der Blumenerde ganze Hände voll Goldstücke, zum Teil seltene von ausländischem Gepräge und zwar gerade solche, wie aus der Quästurkasse entwendet waren.

Man hatte nun einen festen Anhalt, und weil sich aus anderen Ursachen ergab, dass es sich um eine weitverzweigte große Diebesbande handelte, und dass solche Gauner durch eine Art von sehr unheiliger Freimaurerei verbunden sind, einander unter keinen Umständen zu verraten, so griff das Gericht zu dem Mittel, von dem Könige selbst eine Kabinettsorder[389] zu erwirken, durch welche dem Löwenthal vollständiger Pardon zugesichert wurde, falls er rückhaltslos alle Mitschuldigen anzeige. Der alte Verbrecher wusste wohl, dass für ihn selbst kein Entkommen möglich war. Er nahm das ihm gemachte Gnadenanerbieten an und enthüllte nun eine so unglaubliche Zahl von Diebesgenossen und deren Verbrechen, dass das Gericht selbst über den Umfang dieser Geständnisse erstaunt war.

Hauptsitz der großen Verbrecherbande war die kleine Stadt Betsche[390] im Posenschen, wo fast nur Juden wohnten.[391] Gegen diese Stadt wurde demnächst ein förmlicher Feldzug eröffnet. Ganz im geheimen umzingelten in einer Nacht, wo der Mond nicht schien, Militär und Gendarmen den kleinen Ort und führten fast die

---

389 Anordnung eines absolutistischen Herrschers

390 heute Pszczew, ein Dorf in Polen, 200 km östlich von Berlin

391 Im Jahr 1840 lebten 173 Juden in Betsche, d.h. 12 % der Bevölkerung, schreibt der Heimatforscher Dr. Martin Sprungala: »Alle Stände und Klassen waren an kriminellen Sachverhalten beteiligt. Betsche war damals bekannt für seine käuflichen Zeugen und die Ratsherren und Zunftältesten bildeten die Führungsschicht dieser Gaunerbande. Der Nachwelt sind aber vor allem die Juden als Gauner bekannt geblieben, z. T. auch deshalb, weil sich die Bande vieler hebräischer und jiddischer Ausdrücke bediente und man sie daher alle für Juden hielt. (...) Der Magistrat wurde verhaftet und ersetzt. Bei den weiteren Ermittlungen fand man noch zahlreiche weitere Gaunernester, die aber weniger in Erinnerung blieben: so in Brätz, Bentschen, Blesen, Tirschtiegel, Wollstein, Schwerin und Unruhstadt.« (*Jüdisches Leben in Betsche*, in: *Heimatgruß. Zeitschrift für Mitglieder und Freunde des Heimatkreises Meseritz e. V.*, Nr. 188, 3/2009 S. 20 f.)

gesamte männliche Einwohnerschaft geschlossen, auf großen Leiterwagen, nach Berlin, denn alle diese Leute waren von Löwenthal als Mitschuldige bezeichnet worden; ja, die gesamte Umgegend von Betsche erwies sich in solchem Grade von verbrecherischem Treiben angesteckt, dass sogar der königliche Landrat daselbst im Solde der Bande stand, der er dafür die notwendigen falschen Pässe ausfertigte.[392]

Nachdem die eingefangenen Verbrecher, mehr als hundert an Zahl, in den Berliner Gefängnissen möglichst abgesondert voneinander untergebracht waren, befolgte man ein, wie sich zeigte, höchst wirksames Verfahren, indem man jeden einzelnen dem Löwenthal gegenüberstellte, der demselben dann seine Taten ins Gesicht sagte. Der Umstand, dass dieser Löwenthal, den alle gewissermaßen als ihren Räuberhauptmann betrachteten und vor dem sie vollständig sicher zu sein glaubten, dass er weder selbst jemals ein Geständnis ablegen noch einen seiner Genossen verraten würde, nun als Ankläger gegen sie auftrat, brachte eine so niederschmetternde Wirkung hervor, dass jeder einzelne ohne Ausnahme sofort geständig wurde, und nun kam eine solche Anzahl von Verbrechen dem Gerichte zur Kenntnis, dass eine genaue Untersuchung jedes einzelnen unmöglich war, wenn man sich nicht jahrelang ausschließlich mit dieser einen Bande beschäftigen wollte. Vieles musste deshalb unerörtert bleiben.

Seitdem Löwenthal und seine Spießgesellen hinter Schloss und Riegel saßen, trat in Posen und Brandenburg im Vergleich mit der Vergangenheit eine wunderbare Sicherheit des Eigentums ein, und dass die gefangenen Einbrecher ihr Gewerbe nicht sobald wieder beginnen könnten, dafür sorgte das Berliner Stadtvogteigericht.

Ich selbst hatte, wie gesagt, damals nur einige Protokolle in dieser Sache zu führen, allein das große psychologische Interesse, welches dieselbe einflößte, veranlasste mich zu näherer Beschäftigung mit dieser großen Untersuchung, wodurch ganz ungeahnte Verhältnisse zutage kamen.

---

392 (Originalfußnote in den Ausgaben von 1878 und 1925:) Es existiert eine kleine, sehr interessante Schrift über diesen Prozess unter dem Titel: »Die jüdischen Gauner«. Kein Kriminalist sollte dieselbe ungelesen lassen.

Diese Gaunerbande trieb ihren Spitzbubenberuf als einen von Vater und Großvater ererbten, ja, es gab einen förmlichen, von den anderen geachteten und verehrten alten Diebesadel unter ihnen. Sie hatten ihre eigene Gaunersprache, ihre eigenen Lebensgewohnheiten und waren von der Überzeugung durchdrungen, dass Stehlen und Einbrechen in der Tat der eigentliche Lebensberuf des Menschen sei. Die Bande bestand ausschließlich aus Juden und zwar aus sogenannten frommen Juden, welche die Ritualgesetze aufs genaueste befolgten, ihre Feste feierten und ihre Fasten hielten und nicht duldeten, dass einer von ihnen am Schabbes stehle, nicht weil es unrecht wäre zu stehlen, sondern weil durch die »Arbeit« der Sabbat entheiligt würde.

Da es fast immer darauf ankam, zu beweisen, dass derjenige, auf welchen der Verdacht fiel, bei einem Diebstahl tätig gewesen zu sein, an dem Tage sich ganz woanders befunden habe (das sogenannte Alibi), was durch zwei Zeugen eidlich erwiesen werden musste, einen Meineid zu leisten aber der Jude soviel wie irgend möglich vermeidet, weil das ein ganz besonders schweres Verbrechen gegen Gott selbst ist, so hielt die Bande zu diesem Behufe zwei Christen im Solde (der eine hieß Lange, den Namen des anderen habe ich vergessen), welche für eine Taxe alle notwendigen Meineide leisteten. In dem ganzen Verbrecherwahnsinn dieser Leute war so viel Methode, dass man sich vorstellen kann, wie diese entsittlichende Begriffsverwirrung ansteckend und erblich auf Generationen fortwirkte.

Während ich auf dem Stadtvogteigericht beschäftigt war, feierte Herr Schmidt, der hochbetagte Direktor desselben, sein fünfzigjähriges Dienstjubiläum. Die Festlichkeiten des Tages wurden durch eine Morgenmusik eingeleitet, dann kamen die gratulierenden Deputationen der juristischen und der Stadtbehörden, ein solenner[393] Festschmaus usw. Ich fragte meinen Kollegen Bertrand, ob an diesem Tage wohl auch den Gefangenen irgendetwas Besonderes zugute getan würde? »Vorläufig«, antwortete mein Freund, »sitzt jeder einen Tag länger, denn heut wird nicht inquiriert!«

Neben jener großen Räuberbande machte uns auf der Kriminal-

393 feierlich

station noch eine andere Diebesgesellschaft viel zu schaffen, welche allerdings nicht so gefährlich war wie die Löwenthalsche. Sie bestand aus etwa einem Dutzend Kindern, deren beide ältesten, die eigentlichen Anführer, vierzehn oder fünfzehn Jahre alt sein mochten. Diese beiden, sie hießen Paul und Melitz, waren förmlich als Inkulpaten[394] zur Untersuchung gezogen, während die übrigen mit Rutenhieben aus freier Hand sich begnügen mussten.

Die kleine Bande beschäftigte sich ausschließlich mit Federviehdiebstahl, und hatte mein Freund R. den Paul, ich selbst den Melitz zu inquirieren, allerdings unter Aufsicht eines Referendarius, der etwa zwei Jahre länger als wir im Dienst, auch nicht viel bewanderter in der Praxis war und uns ziemlich selbständig schalten und walten ließ.

Nun hatte man uns keinerlei Anweisung darüber gegeben, wie eine Untersuchung zu führen sei, sondern wir mussten uns aus anderen Akten belehren oder einen der Räte um Rat bitten, wenn wir nicht aus noch ein wussten. Dabei konnte es an Missverständnissen nicht fehlen, die oft sehr seltsamer Art waren, besonders beim Abfassen der Nebenverfügungen, welches wir ebenfalls allein durch praktische Übung erlernen mussten.

Nun war in Kriminalsachen bis zum Jahre 1848 besonders die Kostenfestsetzung sehr schwierig und verwickelt, weil neben der Gerichtsbarkeit des Staates noch die Patrimonialgerichtsbarkeit der Rittergüter bestand, welche zu den Kosten beizutragen hatte. Die Verteilung zwischen beiden Verpflichteten war durch unzählige, zum Teil widersprechende Reskripte[395] geregelt, und auch unter den Räten wussten nur sehr wenige hier gründlich Bescheid. Deshalb überließen sie in einzelnen Fällen die Entscheidung den altgeübten Sekretären und zogen sich mit der Formel: »Herrn Sekretarius *causae* vorzulegen« aus der Schlinge. Mein Freund R., der beim Beginn seiner Laufbahn einem etwas undeutlich sprechenden Rate als Protokollführer diente, verstand die Formel unrichtig und schrieb jedes Mal statt Sekretarius *causae*, Herrn Sekretarius Krause vorzulegen! Ein Versehen, welches erst entdeckt wurde, als nach und

394 Beschuldigte

395 amtliche Bescheide

nach eine ganze Reihe von Aktenstücken aus der Kanzlei mit der Bemerkung zurückkam: Einen Sekretarius Krause gibt es hier nicht.

Auf unsere kleinen Hühner- und Gänsediebe wieder zurückzukommen, so hatten dieselben ganz Berlin unsicher gemacht. Sie drangen in alle Höfe, wo Federvieh gehalten wurde, brachen die Ställe auf oder erhaschten die herumlaufenden Tiere, die sie in mitgebrachte Säcke steckten. Es hatte recht lange gedauert, bis man den jugendlichen Verbrechern auf die Spur kommen und dieselben einsperren konnte.

Nun wurden die seit den letzten Jahren eingegangenen Anzeigen der Bestohlenen wieder vorgenommen und dieselben vorgeladen. Weil sie aber in der Regel nicht anzugeben vermochten, wieviel Hühner, Gänse und Truthühner sie besessen hatten, sondern sich deshalb auf ihre Köchinnen und Hausknechte beriefen, so luden wir nun diese alle als Zeugen vor, und um die Sache recht sauber zu machen und mit unserer Untersuchung Ehre einzulegen, so vernahmen wir alle eidlich aufs ausführlichste und legten über jedes einzelne gestohlene Stück Federvieh Spezialakten an, die sich bald zu einem großen Haufen sammelten, bis wir schließlich dem Gericht diese ganze Bescherung zur schließlichen Aburteilung einreichten. Aber statt der gehofften Belobung für unseren Fleiß erhielten wir eine große »Nase«, weil wir viel zu weitläufig verfahren und dem Fiskus durch überflüssige Zeugengebühren und Papierverschwendung unnütze Kosten gemacht hätten.

Zu meinem Melitz, einem sehr aufgeweckten, durchtriebenen Knaben von hübschem Aussehen, fasste ich eine große Zuneigung und hoffte, es könnte aus ihm, wenn er in gute Hände käme, noch einmal etwas Tüchtiges werden. Ich wandte mich deshalb an die neuerrichtete Anstalt für verwahrloste Kinder, erhielt aber meinen Schützling mit der Weisung zurück, dass er zu verderbt sei, um ihn aufzunehmen. Da war denn weiter nichts zu tun, und der Knabe wird wohl dann in einem Zuchthause das Ende seiner Laufbahn gefunden haben.

Unter den Angeklagten kamen übrigens auch sehr bedauernswürdige unglückliche Menschen vor, deren Schicksal an den Goetheschen Spruch erinnerte: »Ihr stoßt ins Leben ihn hinein und lasst den Armen schuldig werden – dann überlasst ihr ihn der Pein, denn jede Schuld rächt sich auf Erden!«

So erinnere ich mich eines armen Webers, der trotz allem Fleiße und aller Mühe nicht imstande war, seine zahlreiche Familie zu ernähren. Er erhielt von einem großen Fabrikanten Garn zum Verarbeiten und musste das daraus Gewebte nachher zurückliefern. Von diesem Garn hatte er in einem Augenblick höchster Bedrängnis etwas verkauft und war nun auf Denunziation seines Gläubigers wegen Unterschlagung eingesperrt, die Familie aber dadurch dem äußersten Elende preisgegeben. Wir jungen Leute schossen zusammen, um ihm die Freiheit wieder zu verschaffen, was auch (auf Grund welcher gesetzlichen Bestimmung, ist mir nicht mehr erinnerlich) ins Werk gesetzt wurde. Die Freude des Geretteten war grenzenlos und entschädigte uns reichlich für das kleine Opfer, welches wir gebracht hatten.

Wirkten nun auch dergleichen Ereignisse tief schmerzlich auf uns, umso mehr, als nur in den seltensten Fällen sich etwas für die Unglücklichen tun ließ, so wurden wir doch, jung und lebenslustig wie wir waren, dadurch nicht niedergedrückt, sondern schüttelten die empfangenen Eindrücke alsbald von uns, wenn wir aus der Tür des Stadtvogteigerichts wieder ins Freie traten.

Von öffentlichem und mündlichem Verfahren in Strafsachen war damals noch nicht die Rede, und mit den Gefangenen wurde meist recht hart umgegangen, so dass man zuweilen an Folter und Tortur erinnert wurde. Da alles darauf ankam, den Beschuldigten zum Geständnis zu bringen, als wäre es nicht vielmehr Sache des Richters, den Verbrecher zu überführen, statt denselben zu seinem eigenen Ankläger zu machen, so hielt man vieles für erlaubt, was eigentlich nicht gestattet war, um ein solches Ziel zu erreichen und für einen geschickten Inquirenten[396] zu gelten. Nicht nur ließ man die Untersuchungsgefangenen länger sitzen als nötig war, was ganz in der Hand des Richters lag, der die einzelnen sich zwar vorführen ließ, aber nur unbedeutende Dinge mit ihnen verhandelte, welche den Prozess nicht beschleunigten, sondern es ist vorgekommen, dass einem hartnäckigen Menschen salzige Speisen und nichts zu trinken

396 Untersuchungsführer

verabreicht wurden. Dann ließ man ihn zum Verhör bringen, der Richter hatte ein Glas Wasser neben sich und erwiderte dem um einen Trunk flehenden Sträfling, dass nur dem reuigen und geständigen Sünder die Labung gereicht werden solle!

Auch die damals geltende Bestimmung, dass Lügen vor Gericht mit verlängerter Haft oder gar mit Prügeln bestraft werden durften, konnte fast als Foltermittel benutzt werden, weil es leicht ist, einen Angeklagten, der sich herausreden will, in widersprechende Aussagen zu verwickeln.

Geprügelt wurde überhaupt, sowohl disziplinarisch als auch nach Urteil und Recht, in grausamer Weise, nicht nur in den Zuchthäusern, sondern auch während der Untersuchung. Ein einziges Mal habe ich einer solchen Exekution beigewohnt, wo ein Mann auf ein dazu besonders hergerichtetes Gestell geschnallt und dann mit einem langen und dicken Kantschu[397] bearbeitet wurde, was mir einen solchen Abscheu einflößte, dass ich niemals wieder Verlangen trug, dergleichen mit anzusehen.

Gegenwärtig ist die Strafgesetzgebung nach der Richtung einer weichlichen Sentimentalität ebenso weit über die richtige Mitte hinausgegangen, als sie damals auf der anderen Seite zurückgeblieben war, und auch auf diesem Gebiete ist eine Besserung dringend geboten – wiederum ein Beispiel dafür, dass die menschlichen Dinge einen Pendelgang gehen und das Ziel überschreiten, bis die Abweichung nach rechts und links stets geringer wird, und zuletzt das Gewicht über der richtigen Mitte stehenbleibt.

Eines indessen lässt sich nicht leugnen, dass nämlich bei jenem alten Verfahren die Verurteilung eines Unschuldigen trotz alledem seltener war, als heutzutage. Das Gesetz erforderte strengen Beweis, während jetzt die immerhin unsichere Überzeugung der Geschworenen den Ausschlag gibt, und dann griff man oft, sobald nicht alles klar erwiesen war, zu dem Mittel der nun aufgehobenen sogenannten vorläufigen Freisprechung.

Nachdem diese Kriminalstation durchgemacht war, wurde der junge Auskultator bei den bürgerlichen Rechtsstreitigkeiten beschäftigt und zwar zuerst in der sogenannten Anmeldestube, welche in

397 Riemenpeitsche

dem Stadtgerichtsgebäude zu ebener Erde links neben dem großen Eingangstore sich befand. Hier mussten zwei von uns die Vormittagsstunden zubringen, um Beschwerden, Gesuche und Klagen, hauptsächlich von Landleuten und von Armen, die einen Rechtsanwalt nicht bezahlen konnten, zu Protokoll zu nehmen. Das wäre allerdings eine Aufgabe für einen schon mehr geübten Beamten gewesen; indessen wir mussten uns helfen, so gut es gehen wollte.

Das Publikum, welches wir hier kennenlernten, war von sehr wunderlicher Art, meist ganz ungebildete Leute, deren Wünsche und eigentliche Absichten gewöhnlich nur mit vieler Mühe aus ihnen herauszubringen waren, weil sie ihre Anliegen in der weitläufigsten und konfusesten Art vorzutragen pflegten. Besonders war hier der Tummelplatz für die sogenannten Querulanten, meist unglückliche Menschen, welche der Überzeugung lebten, dass ihnen von ihrem Gegenpart oder auch von dem Gerichte selbst schreiendes Unrecht geschehen sei. Die Besseren unter ihnen litten daran, dass sie nicht imstande waren, den Unterschied zwischen formellem und materiellem Recht zu begreifen, wie nämlich jemand vor Gott und Menschen einen wohlbegründeten Anspruch auf etwas haben könne, den das Gesetz und das Landrecht dessenungeachtet nicht gelten lassen. Wer zum Beispiel durch Verletzung einer Form, durch den Mangel einer Unterschrift oder durch Versäumnis einer Frist um sein Vermögen oder um einen Teil desselben gekommen ist, dem wird, wenn er nicht eine logische Bildung und Erziehung genossen hat, oft schwer begreiflich zu machen sein, dass es ihm nicht durch Anrufung immer neuer und höherer Instanzen noch gelingen sollte, seine Ansprüche zur Geltung zu bringen. Dieser Widerspruch zwischen sittlichem und Rechtsanspruch, der nun einmal nicht aus der Welt zu bringen ist, hat schon mehr als einen Menschen wahnsinnig gemacht.

Eine andere Klasse solcher Leute sind mutwillige Schikaneurs, deren man in den Gerichtssälen in Menge antrifft und die Rechtskenntnis genug besitzen, um das Gesetz, zum Werkzeug für ihre Ränke zu machen. Ein Kerl namentlich ist mir in der Erinnerung, der damals an alle möglichen reichen und vornehmen Leute schrieb, über deren Lebensumstände er sich zum Zweck für seine Gaunereien erkundigt hatte, und ihnen dann brieflich mitteilte, dass er auf dieser oder jener Universität mit ihnen studiert und ihnen soundso viel Taler geborgt hätte, die sie ihm schuldig geblieben. Er sei nun endlich genötigt, seine Forderung vor Gericht geltend zu machen, weil er sich selbst in bedrängten Vermögensverhältnissen befinde. Weil nun viele der auf diese Weise belästigten Herren sich keinen zeitraubenden ärgerlichen Weitläufigkeiten aussetzen wollten – die Briefe enthielten stets die Bemerkung, dass er dem Angesprochenen über die Richtigkeit der Forderung einen Eid zuschiebe, den er im Rückschiebungsfalle abzuleisten bereit sei – so erschwindelte er sich auf diese Art ziemlich bedeutende Summen, bis zuletzt einer der Korrespondenten Ernst machte und es dahin brachte, dass der Mensch wegen Betrugs und Erpressung bestraft und ihm sein Handwerk gelegt wurde. Man könnte eine ganze Flora von solchem, auf dem Boden der Gerichte wuchernden Unkraut zusammenstellen.

Die Bedauernswertesten, aber in der Regel auch die bis zur Unerträglichkeit Langweiligen in dieser Menschenklasse sind diejenigen, welche einst bessere Tage gesehen, durch Unglück um das Ihrige gekommen, und nun noch versuchen wollen, aus der Asche ihrer Habe irgendein Goldfünkchen herauszublasen. Sie erscheinen in völlig abgetragenen, aber sauber gebürsteten Kleidern, deren verschossene Nähte und ausgebesserte Knopflöcher man nicht ohne Mitleid sehen kann. Sie sind bis ans Kinn zugeknöpft, um den Mangel an sauberer Wäsche zu verbergen, und tragen als eines ihrer Hauptkennzeichen einen Filzhut, an dem der Mangel an Haaren durch feuchte Politur versteckt werden soll. In der Regel sind zwei große Seitentaschen des Rocks dick mit Papieren verschiedenen Formates vollgestopft, von denen viele, durch stets wiederholtes Öffnen und Zumachen brüchig geworden und auf der Rückseite durch angeklebte Streifen zusammengehalten werden. Der Unglückliche breitet alsbald diese Dokumente vor uns aus und sucht uns zu bereden, auf Grund eines oder mehrerer derselben, irgendeine nachträgliche Klage oder Beschwerde aufzusetzen oder gegen unumstößliche Verfügungen des Gerichts zu reklamieren. Er erzählt, wie er einst in eigner Equipage gefahren, mit Frau und Kindern die

Bäder besucht und eine prachtvoll eingerichtete Etage bewohnt habe, während jetzt die ganze Familie in einer schrägen Dachkammer hausen müsse, bis sich seine früheren Verhältnisse wiederhergestellt haben würden. Gegen dergleichen Leute hart oder unhöflich zu sein, war unmöglich. Der Zug tiefer Trauer und heimlich lauernder Hoffnung in einem solchen Gesichte entwaffnet auch den Ungeduldigsten. Wieviele solche Leute habe ich abfertigen müssen, ohne ihnen Trost geben zu können!

Photographisch genau hat Thackeray einen dieser Unglücklichen in der Person des alten Mr. Sedley nach dessen Bankrott geschildert.[398] Es war ein trauriges Amt, dergleichen hilflosen Menschen in der Anmeldestube Rede und Antwort zu geben, doch fehlte es auch nicht an heitern und lächerlichen Szenen, namentlich wenn die Bauern aus der Umgegend der Stadt kamen, damals noch vielfach in ihrer hübschen ländlichen Tracht, mit langen dunklen, rot gefütterten Röcken, großen silbernen Knöpfen und den dreieckigen Hüten, ähnlich denjenigen, die der Alte Fritz trug. Ansprechend war auch der eigentümliche märkische Dialekt, der sich wesentlich von dem gemeinen Berliner Jargon unterscheidet und ein förmliches gutes Plattdeutsch ist, wie man es in den Gedichten des alten Bornemann mit Vergnügen liest.

Von den übrigen Abteilungen des Stadtgerichts, in welche wir versetzt wurden, muss ich vor allen Dingen die sogenannte Bagatellkommission etwas ausführlicher besprechen. Dieselbe bestand aus sechs Abteilungen, nach den Anfangsbuchstaben der Verklagten voneinander gesondert, wobei der Buchstabe S wegen der vielen Schmidt und Schulze eine Abteilung für sich bildete, zu der man nur die unschädlichen Buchstaben X und Y als Anhängsel hinzugefügt hatte.

Für uns war es keineswegs gleichgültig, in welche von diesen sechs Abteilungen wir geschickt wurden. Vorsitzender in jeder derselben war ein Stadtgerichtsrat, dessen Anordnungen wir uns durchaus zu fügen hatten, und von dem wir im praktischen Justizdienste

398 Der Börsenspekulant John Sedley fristet in dem Roman *Jahrmarkt der Eitelkeiten* von William Makepeace Thackeray (1811–1863) nach dem Bankrott sein Leben im Elend.

eingeübt werden sollten; unser Wohlbefinden hing also wesentlich davon ab, ob dieser Gebieter ein strenger übellauniger oder ein freundlicher und nachsichtiger Herr war. Da uns nun der erst kürzlich nunmehr verstorbene Rat Hermanni als besonders human gerühmt war, so suchten ich und meine nächsten Freunde in dessen Abteilung zu kommen. Dies und Ähnliches zu erreichen war nicht immer auf geradem Wege möglich. An den Präsidenten selbst uns deshalb zu wenden, davon konnte gar keine Rede sein, teils weil wir ihm die Gründe für unser Verlangen nicht hätten offenbaren können, ohne den andern Bagatellkommissären zu nahe zu treten, und ganz besonders auch deshalb, weil wir viel zu viel Respekt vor dem alten Beelitz hatten, der, trotz allen seinen Sonderbarkeiten, uns doch auf einer unerreichbar erhabenen Höhe zu stehen schien. Allein auch in diesem Falle fand der berühmte virgilische (oder wie es jetzt wieder einmal heißen soll vergilsche) Vers Anwendung: *Flectere si nequeo supeross Acheronta movebo*[399].

Es gab nämlich auf dem Stadtgericht noch andere Mächte, die, in äußerlich unscheinbarer Stellung, doch großen Einfluss übten. Zu diesen gehörte vor allen der Herr Botenmeister, dem es unter anderem auch oblag, dem Herrn Präsidenten die Reinschriften zum Unterzeichnen vorzulegen. Er war mit seinem Vorgesetzten alt geworden, genoss dessen Vertrauen in hohem Maße und durfte sich in aller Untertänigkeit erlauben, einen persönlichen Wunsch auszusprechen. So machte es sich, dass die jungen Auskultatoren ihn ebenso zart behandelten wie die Einjährig-Freiwilligen ihren Wachtmeister. Durch diesen Mann brachten meine nächsten Freunde und ich es auch dahin, dass wir der Hermannischen Abteilung zugewiesen wurden.

Es war also ein »Subalterner«, der uns diesen Dienst geleistet hatte, das heißt nach Amtsbegriffen eigentlich ein Mensch zweiter Klasse; denn in der preußischen Justiz- und Regierungswelt ist durch das Assessorenexamen eine unübersteigliche Kluft befestigt zwischen denen, die es gemacht, und denen, die es nicht gemacht haben.

Allerdings kann dies schon jahrelang im Voraus gefürchtete große

399 »Bleiben die Oberen mir unbewegt, in den Acheron stürm' ich!« (Übersetzung: Johann Heinrich Voß, 1875)

Examen keine Hexerei sein, einfach darum, weil sonst jeder Kreisrichter ein Hexenmeister sein müsste, was doch bekanntlich nicht der Fall ist, aber es befähigt nun einmal in Preußen einen jeden, der es gemacht hat, die höchsten Ehrenstellen im Staate zu bekleiden, während der Nichtexaminierte es kaum weiterbringen kann als zum Sekretär, allenfalls mit dem Titel Geheimer Rechnungsrat oder dergleichen, er müsste denn aus sehr guter »Familie« sein. Doch kehren wir zu unseren Gerichtssubalternen zurück!

Dieselben zerfallen wesentlich in zwei Klassen, in die Schreiber und Sekretäre, und in diejenigen, welche Botendienste zu tun, die Aufwartung während der Sitzungen zu besorgen, die Akten in der Stadt herumzutragen oder zu fahren haben und dergleichen. Diese letzte Klasse der Beamten rekrutiert sich fast ganz und gar aus gedienten Unteroffizieren und Soldaten; die meisten sind mit Tapferkeitsauszeichnungen geschmückt und haben deshalb alle eine gewisse Familienähnlichkeit, ein straffes barsches Wesen, welches an Mr. Bumble in *Oliver Twist* erinnert, und sich seit jenen Jahren noch nicht verändert hat; denn als ich kürzlich in einer Vormundschaftsangelegenheit vor Gericht erscheinen musste, und mich bei einem Boten nach dem betreffenden Rat erkundigte, wurde ich mit so strenger, selbstbewusster, meine Unwissenheit bedauernder Miene belehrt, dass ich einen der Berliner Gerichtsboten von 1834 vor mir zu sehen glaubte. Durch die Hilfe eines solchen Beamten also gelangten wir, wie gesagt, in die Hermannische Abteilung der Bagatellstation.

Was in den sechs, nicht sehr großen Zimmern dieser Station, die im zweiten Stockwerk des alten Gerichtsgebäudes gelegen waren, zur Verhandlung kam, stellte gewissermaßen ein Bild des gesamten Berliner Rechtslebens im kleinen dar; denn weil nicht die Art des Rechtshandels, sondern nur die Höhe des Streitobjekts dafür entscheidend war, ob etwas als Bagatellsache betrachtet werden musste oder nicht, so kamen hier oft die allerverwickeltsten Fälle vor, die einen jungen Juristen in große Verlegenheit setzen mussten, und denen wir ohne die Belehrung unseres Vorgesetzten ganz hilflos gegenüber gestanden hätten.

Die zahlreichsten Sachen waren allerdings nur einfachster Art, und nachdem der Kläger seine Klage und der Verklagte seine Antwort vorgetragen hatte, wurden allenfalls noch ein paar Zeugen verhört, welche die Parteien mit zur Stelle brachten. Wir mussten das Wesentliche dieser Aussagen zu Protokoll vermerken, worauf uns dann der Rat die Entscheidungsgründe kurz angab und das Erkenntnis alsbald abgefasst, unter das Protokoll gesetzt und publiziert wurde. Wo es irgend anging, suchten wir, und namentlich ich selbst, die Parteien gütlich zu vereinigen, was auch oft gelang, weil der Berliner trotz aller seiner Unverschämtheit und seinen schlechten Späßen im Ganzen gutmütig war und auch noch ist.

Sehr oft aber, wenn wir alles ausgeglichen hatten, scheiterte der Versuch daran, dass keine von beiden Parteien die Prozesskosten tragen wollte, die, wenn keine weitern Verhandlungen als dieser eine Termin nötig gewesen waren, im Ganzen, wie ich glaube, jedes Mal nicht mehr als 60 Pfennige nach heutigem Gelde betrugen. In vielen Fällen erklärten wir dann, um nur die Leute loszuwerden, diese kleine Summe selbst bezahlen zu wollen, und das Vergleichsprotokoll wurde mit dem Vermerk geschlossen: »Die Kosten trägt der Deputierte«, was eigentlich nicht ganz gesetzlich war, aber uns doch gestattet wurde. Auch erinnere ich, dass wir einmal eine Schürze bezahlten, welche den Gegenstand eines ziemlich verwickelten Rechtsstreites bildete, wodurch wir der Mühe überhoben waren, lange Schreibereien und juristische Deduktionen zu machen.

Neben den geringfügigen Eigentumsprozessen hatten wir auch die Injurienklagen[400] auf dieser Station zu erledigen, bei welcher Gelegenheit man gute Studien in der Kenntnis menschlicher Leidenschaften und Charaktere machen konnte. Da derjenige, welcher sich beleidigt glaubte, den Beweis jedes Mal entweder durch Schriftstücke oder durch Zeugen zu führen hatte, weil der Eid in Injuriensachen vernünftigerweise durch das Gesetz ausgeschlossen ist, so kam es zu den wunderlichsten Verhandlungen über gebrauchte Schimpfwörter usw., bei denen es oft schwer war, das Lachen zu verhalten.

Eines Tages erschien ein junger elegant gekleideter Pole, welcher von seinem Hauswirte beleidigt worden war. Als er aufgefordert

400 Beleidigungsklagen

wurde, Zeugen anzugeben, erklärte er, mit jenem allein gewesen zu sein. Er musste deshalb mit seiner Klage abgewiesen werden, worüber er in großen Zorn geriet und ausrief: »Da hätte ich besser gemacht, ich hätte ihm Prügel gegeben!« Wir konnten ihm das nicht bestreiten, mussten aber herzlich über den gekränkten Mann lachen. Oft auch gerieten die Parteien in solche Wut und machten ein so störendes Geschrei, dass ihnen gedroht wurde, sie aus dem Lokale werfen zu lassen, was dann täglich mehr als einmal zur Ausführung kam.

Hierher gehört jene Anekdote, die man an den Namen des Fürsten Bismarck geknüpft hat, die aber zu meiner Zeit schon unter uns bekannt war und uns ergötzte. Einer der Auskultatoren sagte nämlich zu einem keifenden Weibe: »Wenn Sie nicht augenblicklich still sind, so werde ich Sie hinauswerfen.« Der vorsitzende Rat der Abteilung erblickte in dieser Drohung einen Eingriff in seine Machtbefugnis und rief: »Herr Auskultator, hier hat niemand als ich das Recht, jemanden hinauszuwerfen!« Worauf jener ganz ruhig wiederholte: »Wenn Sie nicht augenblicklich still sind, lasse ich Sie durch den Herrn Stadtgerichtsrat hinauswerfen.«

Nicht selten auch spielten sich förmliche dramatische Szenen unter den Parteien ab, und des seligen Glaßbrenner *Nante vor Gericht* ist ein zwar karikiertes, aber im Ganzen sehr getreues Bild von dem Benehmen des gemeinen Berliners.

Das preußische Landrecht hat höchst wunderliche, auf veraltete Standesbegriffe basierte Bestimmungen über Injurien. Es unterscheidet zwischen leichten und schweren wörtlichen, leichten und schweren tätlichen, mittelbaren und unmittelbaren Beleidigungen, bei jeder dieser Arten ist die Strafe wieder verschieden, je nachdem der Beleidigte oder der Beleidiger dem gemeinen Bauern- und niederen Bürgerstande oder dem höheren Bürgerstande oder endlich dem Adel- oder Offiziersstande angehört. Das gibt natürlich eine Komplikation von fast unzähligen Fällen, für deren jeden die Strafe anders bestimmt ist. Weil man nun diese Bestimmungen unmöglich alle im Kopfe haben konnte, so waren an der Wand der Deputationszimmer förmliche Injurienstraftabellen aufgehängt, wo man jedes Mal wie in einem Kalender das Maß der Geld- oder Gefängnisstrafen aufzusuchen hatte, welches gerade zur Anwendung kommen musste.

In der Bagatellstation wurden ferner die unzähligen Klagen verlassener Mädchen gegen ihre untreuen Liebhaber verhandelt, wenn diese, wie fast immer geschah, entweder die Vaterschaft ableugneten oder sich weigerten, das Geld für den Unterhalt der kleinen Geschöpfe zu bezahlen, die solchen Verhältnissen das Leben verdankten, wenn dabei von Dank überhaupt die Rede sein könnte. Das gab höchst unerquickliche Zänkereien, bei denen die Gemeinheit in ihrer widerwärtigsten Gestalt zutage trat. Doch kamen auch hier zuweilen seltsame und interessante Szenen vor.

Noch sehe ich ein junges Paar vor Augen, er, ein kaum mehr als zwanzigjähriger bildhübscher Trompeter von den Husaren, mit offenem fröhlichen Gesicht, keckem kleinen Schnurrbart und schalkhaften großen blauen Augen; sie, ein frisches, wirklich schönes Mädchen von der Art, die der Engländer mit *milkmaid style* bezeichnet. Ich hatte den Termin abzuhalten und fragte den Burschen: »Aber sagen Sie einmal, warum heiraten Sie dies hübsche Mädchen nicht lieber?« Da hob er mit komischer Verzweiflung die Hand in die Höhe und sagte: »Herr Referendarius, wenn ich die alle heiraten sollte!« Hierauf war freilich nichts zu erwidern.

Noch schlimmer wurde einer meiner Kollegen, ein sehr ernster junger Mann, von einem Verklagten abgefertigt, dem er Vorwürfe machte, weil er ein junges Mädchen in Unehre gebracht. »Herr Referendarius«, gab jener zur Antwort, »ich habe es nicht erfunden und Sie werden es nicht abschaffen!«

Die sechs Abteilungen des Bagatellgerichts waren täglich während der Amtsstunden von Menschen überfüllt, und die Zahl der Streitigkeiten, die hier durch Urteil oder Vergleich beigelegt wurden, muss überraschend groß gewesen sein. Auch ist wohl das Prozessieren in keinem Lande dem Publikum so leicht gemacht wie in Preußen.

Das hängt noch mit den Ideen Friedrichs des Großen zusammen, welcher glaubte, die Bauern und die kleinen Leute würden von den Gerichten und deren adeligen Präsidenten unterdrückt. Der Feuereifer, mit dem er seine Justizreform betrieb, die seit dem Müller

Arnoldschen Prozesse (1779) in schnellen Gang kam, hing mit diesem Misstrauen gegen die Gerichte zusammen. Der König, der bei seiner ausgesprochenen Vorliebe für den Adel sich nicht entschließen konnte, die Leibeigenschaft aufzuheben, die er doch in seinen Briefen und Schriften aufs äußerste verdammte, erklärte es nun, gewissermaßen, um sich selbst zu beruhigen, für seinen Beruf, das Unrecht, welches er im Großen und Ganzen nicht ausrotten konnte und wollte, wenigstens im Einzelnen minder fühlbar zu machen und wiederholte oftmals, dass er in allen Streitigkeiten zwischen Herrschaft und Gesinde stets der Beschützer des Schwächeren sein werde.

Jeder Bauer durfte sich direkt an seine Person wenden und fand stets geneigtes Gehör, wenn er über Unterdrückung klagte. Nach dem gewaltsamen Ende des Müller Arnoldschen Prozesses, in welchem der König, und zwar diesmal sehr ungerechterweise, ein gewaltiges Exempel statuieren wollte und drei Kammergerichtsräte nach Spandau schickte, wurden die Bauern ganz und gar übermütig. Es war eine Zeitlang so sehr um alle Autorität geschehen, dass die Gerichte kein Erkenntnis ohne große Widersetzlichkeit vollstrecken konnten. Da nun noch überdies jeder, welcher das Armenrecht erlangt hatte, nach Herzenslust, soviel er wollte, auf Staatskosten prozessieren durfte, so ist es kein Wunder, dass die Prozesssucht unter den niederen Klassen epidemisch wurde, wovon die Nachwirkungen auch noch zu der Zeit, von der wir reden, sich spüren ließen.

Wie auf der Anmeldestube die Querulanten sich breitmachten, so gab es auf der Bagatellstation eine große Anzahl von Habitués, förmliche Stammgäste, die täglich einen oder mehrere Termine abzuwarten hatten. Das waren meist kleine Wucherer, welche bei den damals noch geltenden Wuchergesetzen ihr Gewerbe unter allerlei Scheingeschäften versteckten und Schlupfwinkel gefunden hatten, wo sie vor Strafe sicher waren. Ich bedauere jetzt sehr, dass ich mir damals von meinen gerichtlichen Erlebnissen keine Aufzeichnungen gemacht habe und nur dasjenige mitteilen kann, was mir zufällig im Gedächtnis geblieben ist.

Am bekanntesten unter den regelmäßigen Gästen der Bagatellstation war damals eine gewisse Rosa Schlesinger, ich glaube, eine alte Jungfrau, mit Gesichtszügen, die trotz ihrer Bejahrtheit gar nicht hässlich gewesen wären, wenn die Ausbrüche der Leidenschaft sie nicht entstellt hätten. Ihre Hauptkunden waren Damen von unzweideutigem Rufe, denen sie den Putz verschaffte oder borgte, mit dem sie auf der Straße paradierten, worauf sie dann für das Geld, welches sie für ihre Dienste zu fordern hatte, sich unter allerlei Formen unerhört hohe Zinsen geben ließ. Täglich hatte sie mehrere Termine in solchen Prozessen und bewies sich dabei als ein vollkommener weiblicher Shylock. Bestritt eine der Unglücklichen nur das allergeringste von Rosas Forderungen, so erglühten ihre gierigen Augen unheimlich wie feurige Kohlen, und sie ergoss sich mit kreischender Stimme in so beleidigenden Ausdrücken, dass man die Tobende eine Zeitlang aus dem Terminzimmer entfernen musste, bis sie sich wieder beruhigt hatte. Jeden Morgen erschien sie pünktlich um 9 Uhr in dem Vorraum der Deputation, wo sie sich mit ihrem Strickzeug niedersetzte und dann, weiterstrickend, in dem betreffenden Terminzimmer sich einfand. Die jungen Auskultatoren nannten sie gewöhnlich Röschen, was ihr zu gefallen schien.

Von dem Gewirr während dieser Bagatellverhandlungen kann man sich kaum eine Vorstellung machen. Sechs Auskultatoren und der Vorsitzende verhandelten stets zugleich mit besonderen Parteien, oft noch mit Zeugen, so dass der Lärm und das Durcheinander an die babylonische Sprachverwirrung erinnerte.

Eines Tages stand uns noch eine ganz besondere Überraschung bevor. Der Herausgeber einer kleinen Zeitschrift hatte an alle Welt Probenummern geschickt, welche den Vermerk enthielten, dass der Empfänger sich durch Annahme derselben zum Abonnement auf ein ganzes Jahr verpflichte. Natürlich wollte nachher niemand durch diese Erklärung gebunden sein, und die Zahlung wurde überall verweigert. Darauf verklagte der Herausgeber die sämtlichen vermeintlichen Abonnenten, mehr als elfhundert an der Zahl. Er ließ die Klageformulare drucken, in welche nur der Name des jedes Mal Verklagten eingeschrieben war. Mit diesem ungeheueren Stoß von Klagen erschien er eines Morgens auf der Bagatellkommission und verteilte dieselben, je nach den Anfangsbuchstaben der Verklagten, in die sechs Abteilungen. Natürlicherweise wurde er abgewiesen, aber er bestand hartnäckig darauf, dass ihm für jeden einzelnen Fall eine Erkenntnis ausgefertigt würde, weil er bei dem Kammergericht Beschwerde führen wollte. Es blieb also nichts übrig, als über jedes einzelne der elfhundert Formulare das abweisende Erkenntnis mit kurzer Begründung niederzuschreiben. Anfangs scherzten wir über diese Enormität, aber bald genug wurde die Sache langweilig, da wir in unserer Abteilung weit mehr als hundert solcher Ausfertigungen zu machen hatten, und diese eine abgeschmackte Sache die Arbeit von sieben Personen viele Stunden lang in Anspruch nahm.

Von großem Einfluss auf die Bagatellprozesse war die zwei Jahre vor meinem Eintritt in das Stadtgericht von dem Justizminister Mühler[401], Vater des nachherigen Kultusministers, erlassene Verfügung, welche anordnete, dass die Termine alle pünktlich nach der Uhr abgehalten werden müssten, so dass mit dem letzten Glockenschlage der neunten Stunde an jedem Morgen die vorgeladenen Parteien aufgerufen wurden, und so fort von halber Stunde zu halber Stunde bis um zwölf. Wer nicht zur rechten Zeit erschienen war, wurde als abwesend behandelt und seine Klage entweder zurückgelegt, bis er sich zu einem neuen, auf seine Kosten anzuberaumenden Termin meldete, oder er wurde, wenn er verklagt war, ungehört verurteilt, unter der Annahme, dass er gegen die Behauptungen des Klägers nichts einzuwenden habe.

Natürlich dauerte es lange, bis diese tief einschneidende Verordnung in das Bewusstsein des Publikums drang; denn die meisten Menschen haben in ihrem ganzen Leben niemals oder doch nur ein- oder zweimal einen Prozess zu führen und bekümmern sich deshalb wenig um die dabei zur Anwendung kommenden Vorschriften. Deshalb war denn auch 1834 das Berliner Publikum noch keineswegs an die neue Pünktlichkeit gewöhnt. Früher lauteten die Vorladungen nämlich nur auf den Vormittag des bestimmten Tages, weshalb die Parteien sich in der Regel erst um halb zwölf einfanden, bis wohin dann ein großer Teil der Richter und Referendarien müßig saß. Dann entstand mit einem Male ein gewaltiges Gedränge

401 Heinrich Gottlob Mühler (1780–1857), preußischer Justizminister

der Parteien, zu großem Schaden einer gründlichen Bearbeitung der Sachen.

Von diesem Schlendrian ließen die Leute sich erst nach und nach entwöhnen, und noch in meiner Zeit geschah es täglich, dass die Vorgeladenen um mehrere Minuten zu spät kamen und dann durchaus nicht begreifen konnten, wie ihre Sache deshalb ganz oder doch für jetzt verloren sei. Man kann sich denken, dass wir hierauf keine Rücksicht nahmen, sondern die Prozesse stets mit großer Pünktlichkeit ausrufen ließen, um soviel wie möglich davon loszuwerden.

Unser freundlicher Herr Justizrat Hermanni (die Räte des Stadtgerichts führten damals diesen Titel; die Rechtsanwälte hießen Justizkommissarien) setzte den verblüfften Leuten dann mit großer Ruhe auseinander, dass es jetzt gerade so zugehe wie auf der Post. Wäre der Wagen um neun Uhr abgefahren, so könnte natürlich niemand mitfahren, der erst nach neun käme. Worauf dann gewöhnlich erwidert wurde: »Aber Herr Justizrat, das Stadtgericht ist doch keine Post!« Dann folgte, je nach dem Charakter und der Gemütsart des Kontumazierten[402] eine längere oder kürzere Verhandlung über diesen Punkt, die nicht selten mit dem Hinauswerfen der nicht zu Überzeugenden endete.

Hätten damals schon die Eisenbahnen existiert, so würde Hermanni sein belehrendes Gleichnis sicher von diesem Beförderungsmittel hergenommen haben, welches weit mehr als man sich gewöhnlich klar macht, auf die Pünktlichkeit des Menschengeschlechts von Einfluss gewesen ist. Die Zeiteinteilung des gemeinen Mannes ging früher nicht über die Genauigkeit einer Viertelstunde hinaus. Minuten und Sekunden waren rein theoretische Begriffe, von denen das Volk ebenso wenig eine praktische Vorstellung hatte wie von der Sekundeneinteilung eines Kreisbogens. Der alte Mühler wirkte durch seine Verordnung von 1832 schon vorbereitend dahin, das Publikum an genaues Innehalten der Zeit zu gewöhnen.

Die Formel bei der Kontumazierung lautete: »Da der Beklagte um neun Uhr nicht erschienen ist, so muss angenommen werden, er

402 Kontumazurteil (von lat. contumacia, der Ungehorsam), veraltet für Versäumnisurteil

könne oder wolle gegen die Behauptungen des Klägers nichts einwenden.«

Hierauf bezüglich war unter uns eine sehr ergötzliche Geschichte im Umlauf, deren Wahrheit ich aber nicht verbürgen will. Ein Arbeitsmann hatte von einem Vogelhändler einen Kanarienvogel gekauft, der, nach der Versicherung des Verkäufers, ein ausgezeichneter Sänger sein sollte. Der Vogel blieb aber stumm, weshalb der Käufer die Rücknahme desselben unter Erstattung des gezahlten Preises von dem Papageno verlangte. Dieser wollte sich zu nichts verstehen, und es kam zum Prozess. Ein Termin wurde anberaumt, und zur bestimmten Zeit stellten sich Kläger und Beklagter nebst einem Vogelbauer, in welchem das Streitobjekt umherhüpfte, im Lokal der Bagatellstation ein. Beide Parteien blieben bei ihren Behauptungen. Der Vogelhändler erklärte das Tierchen für einen vortrefflichen Schläger, der Kläger aber dasselbe für ein stummes Weibchen. Der Referendarius, dem die Entscheidung oblag, war in größter Verlegenheit. Endlich kam er zu einem Entschluss. Er verkündete den Parteien, dass um zwölf Uhr das Erkenntnis erfolgen sollte. Bis dahin stellte er den Vogel vor sich auf den Tisch und fertigte andere wartende Parteien ab.

Als es zwölf Uhr schlug, und der Vogel bis dahin von einem Stängelchen des Bauern auf das andere immer hin- und herüber gehüpft war, ohne zu singen, fällte der Richter das folgende, wahrhaft salomonische Urteil, dahinlautend, dass, da der Vogel bis zur Mittagszeit keinen Ton von sich gegeben habe, in *contumaciam* angenommen werden müsse, derselbe könne oder wolle nicht singen, weshalb Verklagter das Tier zurückzunehmen und dem Kläger den Kaufpreis zu erstatten habe. Von Rechts wegen! Ob die Parteien sich bei diesem Urteil beruhigt haben oder was sonst noch in der Sache geschehen, davon schweigt die Geschichte.

Wenn wir, was in jeder Woche einige Mal vorkam, nachmittags noch etwas auf dem Gericht zu tun hatten, so war für die meisten von uns der Weg nach unseren Wohnungen hin und zurück zu lang, und wir nahmen das Mittagsmahl in irgendeinem Speiselokal ein und fanden dann in der Regel die eleganteren und aufgeputzten Restaurationen viel schlechter als einige unscheinbare Kneipen, wo für wenige Groschen ganz gutes, schmackhaftes Essen gereicht wurde.

Die Unterhaltung bei Tische drehte sich nur selten um juristische Gegenstände, sondern größtenteils waren es zarte Herzensangelegenheiten, die zur Sprache kamen; denn die meisten meiner Freunde waren sehr verliebter Natur, namentlich Bertrand.

Dieser schwärmte damals für die liebenswürdige und bildschöne Berta Stich, welche kürzlich mit ihrer Schwester Klara zum ersten Mal im Königstädter Theater aufgetreten war und neben ihrer Mutter, der berühmten Frau Crelinger[403], den größten Enthusiasmus unter der männlichen Jugend erregt hatte. Er wurde nicht müde, von den Reizen seiner Angebeteten uns zu erzählen; und wie es für jeden jungen Menschen eine Herzenserleichterung ist, den Namen der Geliebten auszusprechen oder auf einen weißen Zettel zu schreiben: *Dein ist mein Herz!* so ließ auch er keine Gelegenheit vorübergehen, ohne sich dieses Labsal zu verschaffen, und zwar geriet er dabei auf die absonderlichsten Einfälle. Hatte er zum Beispiel in der Anmeldestube eine Klage aufzunehmen, die das Allergewöhnlichste, den Kaufpreis für einen alten Schrank oder dergleichen betraf, so begann er das Protokoll etwa folgendermaßen: »Es war an dem Tage, an welchem Fräulein Berta Stich mit so glänzendem Erfolge als Minna von Barnhelm auftrat, da kam der Beklagte zu mir usw.« Die Parteien hatten gegen diese Chronologie nichts einzuwenden, und auch die Dezernenten, denen die Protokolle nachher in die Hände kamen, ließen es passieren, weil sie sich an diesen harmlosen Gefühlsausbrüchen ergötzten, und die Klagen im Übrigen gut und verständig abgefasst waren.

Von den in der Anmeldestube beschäftigten jungen Leuten musste jedes Mal nach den Sitzungen einer zu dem Präsidenten Beelitz heraufkommen, um über die Gesuche und Beschwerden, die er von Bittstellern persönlich entgegennahm, Protokoll zu führen. Der alte Herr Geheimrat, wie wir ihn nannten, war voll Güte und Wohlwollen gegen jedermann und ermüdete nie, die Auseinandersetzungen, namentlich von alten Weibern, anzuhören, die ihn mit ihrem ganz besonderen Zutrauen beehrten.

---

403 Auguste Crelinger, verwitwete Stich (1795–1865)

Als mein Freund R. eines Tages diese Protokolle zu führen hatte, kam ein solches Mütterchen, die vom Hundertsten ins Tausendste schwatzte, um einen ganz widersinnigen Anspruch zu begründen. R. konnte sich nicht enthalten, leise zu bemerken: »Aber Herr Geheimrat, das ist ja lauter Unsinn, was sie sagt!« »Das schadet nichts«, erwiderte der würdige Präsident, »schreiben Sie nur hin, was Sie Lust haben, es beruhigt die Alte.« Das geschah denn auch, und die getröstete Matrone entfernte sich unter den wärmsten Danksagungen mit tiefen Knicksen.

Dergleichen Protokolle gingen meist gar nicht zu den Akten, sondern wanderten in den Papierkorb des Dirigenten.

Dieser dekretierte dabei immer munter fort. Er hatte die eigentümliche Gewohnheit, seine Verfügungen in lauter ganz kurzen Sätzen abzufassen. Eine derselben ist unter uns berühmt geworden. Ein Auskultator wollte sich mit einer Dame von nicht besonderem Rufe, namens Emilie G. verheiraten und bat deshalb, was damals notwendig war, um die Einwilligung des Präsidenten.

Der alte Beelitz verfügte auf das Gesuch wie folgt:

Decretum.

1. Emilie G. ist eine H...

2. Aus der Heirat wird nichts.

3. Herrn Auskultator X. Vorzuzeigen.

Außer den Erkenntnissen, welche in der Bagatellstation sofort nach Beendigung der Termine abgefasst wurden, hatten wir auch dergleichen in größeren Zivilsachen auszuarbeiten und mussten solche Urteile, wenn wir anwesend waren, in der Session selbst vortragen. Weil es dabei nicht an tadelnden Bemerkungen der Räte fehlte, so entzogen wir uns so oft wie möglich dieser Pflicht, was umso leichter zu bewerkstelligen war, als jeder Rat in der Regel nur seinen Leibauskultator persönlich kannte. Einst standen fünf oder sechs von uns in einer Fensternische, als der schon erwähnte kleine Rat Praetorius eilig herantrat und fragte: »Ist Herr Referendarius von K. nicht hier?« – »Er war eben da«, erwiderte dieser mit der größten Dreistigkeit, »ich werde ihn sogleich rufen!« Damit schlürfte er auf Nimmerwiedersehen zur Tür hinaus.

Eine besondere Abteilung des Stadtgerichts beschäftigte sich mit den Vormundschaftssachen. Diese wurden zwar, sobald es sich um Vermögensverhältnisse handelte, sehr gewissenhaft, im Übrigen aber mit solcher Leichtfertigkeit betrieben, dass wir zu sagen pflegten: »Das Vormundschaftsgericht ist eine wahre Affenschande!« Das Lokal desselben befand sich in einem alten, hohen, turmähnlichen, sehr schmutzigen Gemach des jetzt abgebrochenen alten Rathauses. Die Sessionen zu besuchen hielten wir nicht für notwendig; und ich erinnere mich kaum, den Vorsitzenden oder einen der Räte gesehen zu haben.

Die Auskultatoren, welche ihre Station hier durchzumachen hatten, fanden sich in jenem Turmzimmer zusammen, wo auf einer großen Tafel eine Menge von Aktenstücken lagen, unter denen wir uns aussuchten, was uns gefiel. Das Übrigbleibende fertigte ein alter sehr gutmütiger Sekretär Wilhelmi ab, der hier als Faktotum fungierte. Am gesuchtesten waren unter uns die Akten, wo Mündel vorgeladen waren, um wegen schlechten Lebenswandels vermahnt zu werden.

Natürlich kamen dieselben in der Regel nicht, wenn sie nicht gewaltsam zur Stelle gebracht wurden, und wir vertrödelten die Vormittage damit, dass wir in den merkwürdigsten Wendungen und mit den absonderlichsten Schriftzügen zu Papier vermerkten, dass niemand sich eingefunden habe. Uns gefiel ganz besonders die Formel: »Komparent[404] ist nicht erschienen«, eine *contradictio in adjecto*[405], an welcher der alte Herr Wilhelmi keinen Anstoß nahm.

Erschienen die Komparenten aber einmal wirklich, so war es noch schlimmer; denn bei den männlichen endeten die Vermahnungen meist mit Grobheiten, und die weiblichen konnten nicht begreifen, wie diese blutjungen Herrn dazu kämen, ihnen Tugendpredigten zu halten. Sehr gesucht war die Vermahnung dreier Fräulein A. vom Königstädter Theater, welche fast jeden Monat einmal vorgeladen wurden.

Der vor wenigen Jahren als Gesandter in Brüssel verstorbene Balan[406] hatte die Erfindung der senkrechten Unterschriften ge-

404 jemand, der vor einem Gericht erscheint

405 ein Widerspruch in sich

406 Hermann Ludwig von Balan (1812–1874)

macht, die wir, während die europäischen Völker ihre Namen sonst horizontal schrieben, dadurch ausführten, dass wir immer einen Buchstaben unter den anderen setzten, was sich sehr malerisch ausnahm.[407]

Während wir auf diese Art binnen zwei Jahren die verschiedenen Stationen des Stadtgerichts durchmachten, mussten wir uns zugleich auf das Referendariatsexamen vorbereiten, welches wir vor einigen Kammergerichtsräten zu bestehen hatten. Deshalb nahm unsere Stimmung in dem letzten Halbjahre eine etwas ernstere Färbung an, und wir begaben uns fast alle in die Zucht eines der vielen sogenannten Einpauker, die uns mit dem Inhalte des allgemeinen Landrechts genauer bekannt machen sollten, weil auf die Kenntnis desselben beim zweiten Examen das größte Gewicht gelegt wurde.

Auch dies Examen ging seinerzeit glücklich vorüber und erhob den bisherigen Auskultator zum Range eines Königlichen Kammergerichtsreferendarius, der nun bei diesem hochpreislichen Kollegium ziemlich denselben Kursus wie beim Stadtgericht, nur aus einer etwas höheren Taktart, durchzumachen hatte.

Am Kammergericht

Das Kammergericht war noch mit dem vollen Nimbus des Ansehens umgeben, welches der preußische Richterstand einst genoss. Die Mitglieder, die vormals verfassungsmäßig zur Hälfte von Adel sein mussten, gehörten auch 1836 noch zu einem großen Teil den ersten Familien des Landes an und es gab viele Grafen und Barone unter ihnen. Auch hatte hier alles einen viel vornehmeren Zuschnitt als bei dem alten Beelitz.

Von Grolmann[408], Sohn des altehrwürdigen Obertribunalspräsidenten und Bruder des tapferen Generals, war Vorsitzender des Appellationssenats. Eine ehrfurchtgebietendere Persönlichkeit kann

407 Dieser Absatz ist in der Ausgabe von 1878 nicht enthalten.

408 Wilhelm Heinrich von Grolman (1781–1856), Kammergerichtspräsident

man sich nicht denken, und doch flößte die Biederkeit, welche aus seinen Zügen sprach, das vollste Vertrauen ein. Er hatte die Gewohnheit, während der Sitzungen eine Papierschere zu fassen und die eine Spitze derselben auf den Tisch zu drücken; in seiner Hand glich dies alltägliche Instrument einem Feldherrnstabe! Er hatte die Freiheitskriege mitgemacht und trug auf der Brust das Eiserne Kreuz erster Klasse. In seiner Gegenwart hätte auch der Leichtsinnigste sich keinen Scherz erlaubt; und doch hing das ganze Kollegium, vom höchsten bis zum niedrigsten Beamten mit unbegrenzter Liebe an diesem Manne.

In welchem Sinne er sein hohes Richteramt auffasste, bewies am besten die Art und Weise, in welcher er aus demselben schied.

Ein Schriftsteller war aus politischen Rücksichten wegen Majestätsbeleidigung zu mehrjähriger Festungsstrafe verurteilt worden. Das Kammergericht als Appellationsinstanz sprach ihn frei. Friedrich Wilhelm IV., hierüber empört, stellte bei einer Hoffestlichkeit den Präsidenten Grolmann zur Rede. »Eure Majestät«, erwiderte dieser, »das sind Amtssachen!« Darauf der König: »In solchen Dingen kann ich das Amt nicht von der Person trennen!« – »Aber ich kann es«, erwiderte Grolmann und reichte anderen Tages seinen Abschied ein, den er auch erhielt. So wenigstens wurde damals der Verlauf erzählt.

Neben Grolmann war ein Herr von Bülow Chefpräsident des ersten Senats; ein edler, liebenswürdiger Mann, an den wir uns in jeder Verlegenheit mit unbedingter Zuversicht wandten und jedes Mal von ihm den wohlwollendsten väterlichen Rat empfingen. Ich selbst bin ihm zu wärmstem Danke für die Art und Weise verpflichtet, wie er sich meiner bei einem unangenehmen Konflikte schützend annahm, in den ich mit dem Vizepräsidenten von Kleist geraten war. Diesen letztgenannten Mann hassten wir alle wegen seiner Härte und seines Hochmutes.

Wie Grolmann hatte auch der Präsident von Bülow während der Vorträge stets eine Schere in der Hand, mit der er aus Papier die zierlichsten kaleidoskopischen Figuren ausschnitt. Sonst zeichnete er auch reizende Landschaften auf die vor ihm liegenden Bogen, ohne sich dadurch vom aufmerksamsten Zuhören abhalten zu lassen.

Unter den Räten befanden sich neben den tüchtigsten und scharfsinnigsten Juristen auch einige alte Herren, die sich überlebt hatten und die deshalb nur mit untergeordneten Dingen beschäftigt wurden.

Das sogenannte Pupillenkollegium[409], die Vormundschaftsabteilung des Kammergerichts, hatte einen sehr liebenswürdigen und gutmütigen Grafen Schwerin zum Vorsitzenden, einen großen Theaterfreund und echten Berliner. Nicht selten unterbrach er, auf den Tisch klopfend, die Vorträge mit der Frage: »Meine Herren, wer von Ihnen ist jestern in der Oper jewesen? Hat die Primadonna nich jöttlich jesungen?« Dann erging sich das ganze Kollegium eine Viertelstunde lang im heitersten Stadtklatsch, bis die Vorträge wieder aufgenommen wurden.

Beim Pupillenkollegium waren die Kassenrevisionen, die von Zeit zu Zeit vorgenommen wurden, für die Referendarien von besonderem Interesse, weil sie sich bei solchen Gelegenheiten über die Vermögensverhältnisse vieler gefeierter junger Damen unterrichten konnten.

Ohne auf weitere Einzelheiten einzugehen, will ich nur der Kriminalabteilung des Kammergerichts gedenken, wo ich als selbständiger Inquirent unter der Direktion des durch Fritz Reuter[410] zu trauriger Berühmtheit gelangten Onkels Dambach[411] ein Vierteljahr lang zu arbeiten hatte.

Da ich während dieser Zeit täglich mehrere Stunden mit diesem

---

409 pupillus, lat.: Halbwaise

410 Der erste Band von Ebertys *Geschichte des preußischen Staats* (Breslau 1867) enthält die Widmung »Herrn Fritz Reuter dem deutschen Volksdichter zugeeignet vom Verfasser.« Fritz Reuter (1810–1874), Schriftsteller der niederdeutschen Sprache, wurde 1833 in Berlin festgenommen, wegen »Teilnahme an hochverräterischen burschenschaftlichen Verbindungen in Jena und Majestätsbeleidigung« von dem Untersuchungsrichter Dambach verhört, zum Tode verurteilt, dann zu 30 Jahren Festungshaft begnadigt. Bei der Amnestie von 1840 kam er nicht frei, sodass er 9 Jahre verbüßte. Über diese Zeit schrieb er das Buch *Ut mine Festungstid.*

411 Heinrich Rudolf Dambach (ca. 1798–1845) kam 1833 zum Kammergericht. Wegen seiner »falschen väterlichen Art« (Friedrich Holtze) nannten ihn die politischen Gefangenen »Onkel Dambach«.

bekannten Manne verkehren musste, so glaube ich, ein Urteil über seinen Charakter zu haben. Er war wohl von Natur nicht eigentlich grausam und bösartig und wäre es vielleicht auch nicht geworden, aber er gehörte zu der unglückseligen Menschenklasse, die man Streber nennt, und konnte sogar als Prachtexemplar dieser Gattung gelten. Die Begierde, zu hohen Ehrenstellen zu gelangen, war bei ihm so brennend, dass jede andere Rücksicht dadurch zum Schweigen gebracht wurde.

Nun gab es aber in jenen Zeiten kein besseres Mittel, in den höchsten Justizregionen zu Ansehen zu kommen, als wenn man sich zu einem blinden Werkzeug jener Verfolgungssüchtigen machte, die gegen die Demagogen wüteten. Der Justizminister von Kamptz und der wahnsinnige Geheimrat von Tzschoppe[412] waren die Häupter dieser Gesellschaft, die den von Natur wohlwollenden Friedrich Wilhelm III. mit der Idee erfüllt hatten, dass die jugendlichen Schwärmer, welche der burschenschaftlichen Verbindung unter den Studenten angehörten, eine Rotte von Verschwörern sei, die den Staat umstürzen und – was besonders schlau auf des Monarchen Gemütsart berechnet war – dem Könige die Liebe seines Volkes rauben wollten.

Infolge der fluchwürdigen Karlsbader Beschlüsse waren die alten grausamen Hochverratsgesetze in verabscheuungswürdiger Weise noch verschärft worden, bis man zu dem Aberwitz gelangte, dass schon der Verdacht der Teilnahme an jenen Verbindungen mit langjähriger Zuchthausstrafe, die Teilnahme selbst aber, als Hochverrat, mit dem Tode gebüßt werden sollte.

Die Richter, durch ihren Eid gebunden, mussten nach diesen Gesetzen entscheiden, deren Verwerflichkeit zu prüfen ihnen nicht gestattet war; ihnen also konnte kein Vorwurf gemacht werden. Wohl aber empört sich unser Gefühl, wenn wir erfahren, mit

412 Gustav Adolf von Tzschoppe (1794–1842), Verwaltungsjurist und Mitglied der Kommission gegen demagogische Umtriebe. Nach dem Tod Friedrich Wilhelm III. und der damit erlassenen Amnestie, litt er unter Verfolgungswahn. Er soll phantasiert haben, dass die Begnadigten vor seinem Haus für ihn einen Fackelzug veranstalteten. Schließlich ist er in geistiger Umnachtung gestorben. Er wohnte in der Charlottenstraße im selben Haus wie der liberale Professor Eduard Gans.

welcher Härte die Vollstrecker solcher Strafen, die Vorsteher der Gefängnisse und teilweise auch die Kommandanten der Festungen zum großen Teil gegen die unglücklichen verirrten und verführten jungen Männer sich benahmen, die man oft durch die verwerflichsten Pfiffe und Kniffe und durch trügerische Versprechungen von Gnade, zu Geständnissen verleitet hatte, deren Tragweite sie nicht kannten.

Ich darf annehmen, dass jeder meiner Leser mit Reuters *Festungstid* bekannt ist, und es bedarf deshalb weiter keiner Worte, um diese dunkelste Schattenseite der Regierung Friedrich Wilhelms III. näher zu kennzeichnen.

In dem Hausvogteigerichtsgebäude, an dem damals sogenannten Schinkenplatz[413], konnte man die mit Blechkästen verdunkelten Fenster sehen, hinter welchen die armen Untersuchungsgefangenen schmachteten, bis sie auf die Festung abgeführt wurden. Ein Todesurteil ist, Gott sei Dank, gegen keinen der jungen Männer vollstreckt worden.

Als ich 1836 an das Hausvogteigericht versetzt wurde, auf welches der Volkswitz den leider nur allzu treffenden Reim erdacht hatte:

Wer die Wahrheit kennet, und sagt sie frei,
Der kommt in Berlin auf die Haustvogtei!

befanden sich daselbst nur noch wenige Gefangene aus der Demagogenzeit, die bekanntlich nach dem Frankfurter Attentat[414] zu einer zweiten Blüte emporwucherte. Eines Polen, namens Szumann, erinnere ich mich, der jahrelang standhaft jede Anschuldigung bestritten und es zuletzt dahin gebracht hatte, dass er freigesprochen und ungestraft entlassen wurde. Ich hatte Protokoll zu führen, als ihm Dambach das mitteilen musste. Szumann, ein schöner stattlicher Mann, aber bleich und elend von den ausgestandenen Kerkerleiden, trat ins Zimmer. Seine Züge drückten den ingrimmigen Zorn aus, der ihn beherrschte. Mit blitzenden Augen und fest zusam-

413 Der Hausvogteiplatz hieß im Volksmund Schinkenplatz.

414 Am 3. April 1833 stürmten aufständische Burschenschafter in Frankfurt/Main zwei Polizeiwachen, um damit ein Signal für eine Erhebung in ganz Deutschland zu setzen. Das Militär hatte durch Verrat davon erfahren und erwartete die Studenten. Bei dem Schusswechsel gab es 9 Tote und 24 Verletzte.

mengekniffenen Lippen stand er da, während ihm die Order vorgelesen wurde, die ihn in Freiheit setzte. Aber kaum hatte er das Papier unterzeichnet, als er mit geballter Faust donnernd auf den Tisch schlug und mit gewaltiger Stimme in seinem gebrochenen Deutsch ausrief: »Seht Ihr, verfluchte Hunde, jetzt habt Ihr mich drei Jahre lang gemartert, und nun müsst Ihr mich doch freilassen!«

Der Eindruck dieses Zurufs war so erschütternd, dass selbst Dambach bleich wurde und kein Wort erwiderte, sondern schweigend den Unglücklichen zur Tür hinausgehen ließ.

Meine Arbeiten auf dem Hausvogteigericht waren eben nicht schwer und konnten bequem in zwei bis drei Vormittagsstunden abgemacht werden; dagegen lag mir die Verpflichtung ob, während dieser drei Monate alle Selbstmörder eximierten Standes[415] in Berlin zu besichtigen, um die Überzeugung zu gewinnen, dass kein Verbrechen eines Dritten vorläge – die Schauerlichkeiten, die ich dabei erleben musste, übergehe ich mit Stillschweigen.

Unser Arbeitszimmer in der Hausvogtei hatte zwei Fenster nach dem Hofe hinaus, wo die Gefangenen in ihren Freistunden umhergehen und rauchen durften. Hier zeigte sich ein höchst seltsamer Anblick dadurch, dass die meisten der in Untersuchung Befindlichen dem Beamtenstande angehörten und in ihren Uniformen einher stolzierten. Wegen Unterschlagungen und Kassenverbrechen hatten fast alle diesen unfreiwilligen Aufenthaltsort angewiesen erhalten; man hätte glauben können, auf eine Versammlung von Post- und Steuerbeamten hinunterzublicken. Sie unterhielten sich ganz munter und harmlos und machten durchaus keinen trüben Eindruck; auch wurden sie in Vergleich mit den Staatsverbrechern sehr milde behandelt.

Einer derselben, ein Postsekretär mit einem schwedischen adligen Namen, ist mir sehr lebhaft in Erinnerung geblieben, schon deshalb, weil ich sein Inquirent war, und alle an ihn ankommenden und von ihm abgesendeten Briefe lesen musste, bevor sie in seine Hände

415 »Personen des Bürgerstandes in und außer den Städten, welche durch ihre Ämter, Würden, oder besondere Privilegien, von der Gerichtsbarkeit ihres Wohnortes befreyt sind, werden Eximierte genannt.« (Allgemeines Landrecht für die Preußischen Staaten (ALR). Zweyter Theil. Achter Titel. Erster Abschnitt. Vom Bürgerstande überhaupt. § 3)

gelangten oder zur Post befördert wurden. Er führte eine wahrhaft rührende Korrespondenz mit seiner Braut, die ihn zärtlich liebte und in jeden ihrer Briefe ein Vergissmeinnicht oder ein anderes Blümchen einlegte. Von der Schwere seines Schicksals hatte sie gar keinen Begriff, sondern hoffte ihn bald wieder angestellt zu sehen und heiraten zu können. Der arme Mensch war übrigens in weit höherem Maße unglücklich als verbrecherisch.

In Berlin beim Generalpostamt angestellt, hatte er fleißig und gewissenhaft in seinem Berufe gearbeitet und war mit seinem Schicksal vollkommen zufrieden. Da trat eines Tages ein Vorgesetzter an ihn heran und sagte: »Fahren Sie fort, so fleißig und ehrlich zu sein, dann wird die Beförderung nicht ausbleiben!« »Bei diesen Worten«, so lautete sein reumütiges Bekenntnis, »kam mir zum ersten Mal ins Bewusstsein, dass ich auch unehrlich sein könnte, und dieser Gedanke verfolgte mich seitdem unablässig, wo ich ging und stand, wie ein Gespenst; und eines Tages, als ich mich allein in dem Expeditionszimmer befand, griff ich, wie von einer fremden Macht getrieben, nach einem Geldbriefe mit fünfhundert Taler Inhalt und steckte denselben in die Tasche.

Der Verlust konnte nicht sogleich entdeckt werden, und ich begab mich, als das Bureau geschlossen wurde, in meine Wohnung, schob den Brief unter das Kopfkissen in meinem Bette und ging zum Mittagessen. Unterwegs aber schlug mir das Gewissen, ich überdachte die Folgen meiner Tat, und mir wurde klar, dass ich mit dem Bewusstsein derselben niemals Ruhe finden könnte. Eilig kehrte ich in meine Wohnung zurück, griff unter das Kopfkissen – aber der Brief war fort! Man hatte also meine Unterschlagung entdeckt, bei mir Haussuchung gehalten, und Ehrlosigkeit und schwere Strafe standen mir bevor. Ich beschloss zu fliehen, aber dazu fehlte mir die Kraft. Zitternd vor Angst und Schrecken begab ich mich zu meinem Vorgesetzten und bekannte, was ich getan. Wer aber schildert mein Erstaunen und meine Verzweiflung, als sich herausstellte, dass der Brief bis jetzt noch gar nicht vermisst, also noch weniger derselbe in meiner Wohnung gesucht worden war. Er musste also in der Zwischenzeit von einem Dritten gestohlen sein.

Ich wurde ins Gefängnis gebracht, und hier erst habe ich erfahren, dass ich das verhängnisvolle Kuvert nicht unter das Kopfkissen, sondern zwischen den Überzug und das Kissen geschoben hätte. Wäre ich nicht beim Nachsuchen zu aufgeregt gewesen, um mich ordentlich umzusehen, so hätte ich den Brief wieder an mich genommen und im Stillen zurückgebracht – und ich wäre heute ein glücklicher Mensch!«

Die Untersuchung war noch nicht beendet, als ich zu einer anderen Station versetzt wurde, und ich habe später kaum wieder an den Ärmsten gedacht. Da ließ sich vor etwa zehn Jahren ein Mann bei mir melden, der ein antikes Glas verkaufen wollte. Ich erkannte auf den ersten Blick jenen Postsekretär wieder, dessen Gesicht auch ein höchst eigentümliches war und an den Typus eines Sokrates und des Gottes Silenus erinnerte. Ich hütete mich wohl, ihn merken zu lassen, dass und wo ich ihn vor dreißig Jahren gesehen, und er hat mich sicherlich nicht wieder erkannt. Gern würde ich erfahren haben, ob er seine damalige Braut noch heimgeführt und mit ihr das Glück gefunden, welches beide sich in jenen traurigen Tagen so zuversichtlich ausgemalt hatten.

Ein guter Inquirent bin ich nie gewesen und wäre es auch wohl niemals geworden. In jener Zeit aber, wo ich keine andern Erfahrungen auf diesem Gebiete besaß, als die sehr dürftigen, die man auf dem Stadtgericht sammeln konnte, da war der Inkulpat glücklich zu preisen, der von keinem andern als von mir zum Geständnis gebracht werden sollte. Vielleicht wurde ich schon damals von dem Gefühl geleitet, dass die deutsche Art, nach welcher der Schuldige genötigt wird, sich gewissermaßen selbst anzuklagen, eine verkehrte und unmenschliche ist, und dass die Engländer viel humaner denken, wenn sie es für Sache des Richters erklären, dem Angeklagten zu beweisen, dass er ein Verbrechen begangen. Von dieser Überzeugung aus mag ich die Regeln der Untersuchungskunst vielfach verletzt haben. Über einen solchen Missgriff freue ich mich noch heute nach mehr als vierzig Jahren, wenn ich an denselben zurückdenke.

Zwei Studenten, prächtige frische Burschen, hatten beim Heimweg aus der Kneipe eine Schildwache verhöhnt und ihr »bläh, bläh!« zugerufen! – nach damaligem Recht eines der schwersten

Verbrechen. Ich hatte die beiden Sünder ins Verhör zu nehmen, und nachdem der eine seine Unschuld beteuert hatte, sagte ich zu dem andern: »Sie waren ja dabei gegenwärtig; nun erzählen Sie einmal den Hergang, wie Sie denselben beschwören können.« Ich nahm seine Aussage zu Protokoll und ließ ihn den Zeugeneid ableisten. Es wurden außerdem noch die Schildwache selbst und ein paar Nachtwächter verhört, die bei dem Vorfall zugegen gewesen; dann schloss ich die Akten und reichte sie zum Spruche ein.

Bald nachher erhielt ich aber von dem hochpreislichen Kammergericht eine gewaltige Nase, weil ich den einen Inkulpaten wie einen Zeugen behandelt und zum Schwur gelassen hatte, so dass man ihn nicht bestrafen konnte, während der andere sein schweres Verbrechen, ich weiß nicht mehr durch welche Strafe, abbüßen musste.

Während der Stunden, wo keine Verhöre abgehalten wurden, beschäftigte ich mich häufig mit Durchsicht der reponierten[416] Akten, die auf einem großen Gestell in unserem Zimmer unverschlossen dalagen. Dies aus rohem Holze zusammengenagelte Repositorium bot einen seltsamen Anblick dar, weil auf demselben auch alle Mordwerkzeuge, Beile, Messer, Gifte und dergleichen aufbewahrt wurden, welche zur Verübung von Verbrechen gedient hatten. Dieselben stammten zum Teil noch aus der Zeit Friedrich Wilhelms I. und sahen in ihrem verstaubten und verrosteten Zustande aus, als wären sie aus Hünengräbern ans Licht gebracht.

Nicht minder seltsam war zum Teil der Inhalt jener Akten, die von Rechtszuständen Zeugnis gaben, welche uns jetzt vollständig veraltet und unerträglich erscheinen würden.

Damals konnte nämlich noch jede Kriminaluntersuchung auch vor ihrer Beendigung ohne weiteres durch Kabinettsorder niedergeschlagen werden, während jetzt nur nach erfolgtem Erkenntnis eine Begnadigung zulässig ist.

Jene Akten ergaben nun, dass eine ganze Reihe von Untersuchungen plötzlich abbrachen und reponiert wurden, sobald unangenehme Dinge in hohe oder gar in höchste Regionen hineinspielten und die Herrschaften kompromittieren konnten. Wer einflussreich genug war, bis an die rechte Stelle zu dringen, dem war

416 zurückgelegte, eingeordnete

es nicht allzuschwer, sich oder seine Angehörigen der Strafe zu entziehen.

Einen solchen Fall, der mir besonders merkwürdig schien, will ich mitteilen.

Ein mecklenburgischer Minister von Oertzen war nach Berlin gekommen, um sich von einer Lähmung heilen zu lassen, die ihn seit Jahren unfähig gemacht hatte, zu stehen oder zu gehen.

Geheimrat Rust[417], Leibarzt des Königs, besonders auch als Chirurg berühmt, sollte ihn behandeln. Dieser Rust ist derselbe, welcher 1831 beim ersten Erscheinen der Cholera die Sperrung aller Landesgrenzen durchgesetzt hatte, weshalb man ein Zerrbild verfertigte, einen Sperling darstellend, mit der Unterschrift: *Passer Rusticus*, der große Landsperrling.

Er war damals schon ziemlich bejahrt und wünschte dringend, das Vertrauen, welches der Arzt bei Hofe und im Publikum genoss, auf seinen Sohn, einen sehr mittelmäßig begabten Heilkünstler, zu übertragen. Diesem Sohne fiel deshalb auch der unglückliche Herr von Oertzen in die Hände. Der ältere Rust hatte Spiritusdampfbäder verordnet, welche der jüngere bereiten lassen und beaufsichtigen sollte. Das geschah in der Art, dass man den Patienten, entkleidet und nur in einen wollenen Bademantel gehüllt, auf einen Rohrstuhl setzte, unter dem der Spiritus in einer Schale über der brennenden Lampe verdampfte.

Nachdem das etwa eine Viertelstunde lang geschehen und die Haut des Patienten, sowie der ihn umhüllende Flanell ganz und gar von Spiritusdämpfen durchdrungen war, geriet der Spiritus in Flammen, und sogleich loderte der unglückliche Patient von Kopf bis zu den Füßen in Feuer auf.

Er, der seit drei Jahren nicht aufrecht zu stehen vermochte, sprang in Todesqualen plötzlich auf, rannte zweimal wie ein Wahnsinniger durch das Zimmer und stürzte dann, eine halbverkohlte Leiche, zu Boden.

Natürlich wurde der jüngere Rust wegen fahrlässiger Tötung angeklagt und die Untersuchung gegen ihn eingeleitet. Der ganze Verlauf, wie ich ihn eben erzählt, war in den Akten durch Zeugen

---

417 Johann Nepomuk Rust (1775–1840), preußischer Generalchirurg

vollständig erwiesen und die Sache spruchreif. Da fand sich plötzlich, ohne jeden Zusammenhang und ohne Angabe von Gründen auf dem letzten Blatte die Verfügung: *Reponantur acta!* und die Sache war für immer abgetan und begraben.

Ich fragte Dambach, wie das zusammenhänge, und erhielt den Bescheid, dass die Untersuchung durch Kabinettsorder niedergeschlagen sei. Die Order selbst war nicht bei den Akten, weil alle vom König eigenhändig unterschriebenen Befehle, sobald die Sache beendigt ist, aus den Akten herausgenommen und in einem besonderen Hefte aufbewahrt werden.

Ähnlich verhielt es sich mit einer ganzen Reihe von andern Akten, welche tiefe Blicke in die sittlichen Verhältnisse der höheren Stände tun ließen.

Solche Einblicke gewährte mir denn noch in ausgedehntestem Maße eine andere Sache, in welcher ich das Erkenntnis abzufassen hatte.

Es handelte sich um eine Spielerbande, an deren Spitze ein Herr von Hartmann und ein gewisser von G. standen, die mit ihren Mätressen gemeinschaftlich einen Salon hielten, wo reiche junge Leute ausgebeutelt wurden. Einen ungeheuren Stoß von Akten und Beilagen schleppte man mir zu dieser Arbeit ins Haus. Da fand ich denn, außer den eigentlichen Untersuchungsverhandlungen, welche den Tatbestand so klar legten, dass unbedenklich auf Strafe erkannt werden musste, noch die sämtlichen über alle Beteiligten geführten Polizeiakten, auch über viele Damen, welche Helfershelferinnen der Hauptpersonen gewesen waren.

Aus dem, was sich hier offenbarte, hätte ein geschickter Romanschreiber leicht ein höchst interessantes Seitenstück zu den *Mystères de Paris*, unter dem Titel *Geheimnisse von Berlin*, abfassen können. Unglaublich war die enge Verbindung, in welcher sehr hochgestellte Personen mit dem Auswurf der Menschheit standen, und besonders erstaunt war ich, eine Reihe von Frauen und Mädchen mit agieren zu sehen, deren Namen mir aus der Untersuchung gegen die Löwenthalsche Einbrecherbande wohl bekannt waren.

Als Beilage zu den Akten hatte ich ferner ein Paket erhalten, in welchem sich die Werkzeuge befanden, deren sich Spieler von Profession zur Verfälschung der Karten bedienen. Eine Art von kleinem Hobel war darunter, mittels dessen alle Karten, außer den As, um eines Menschenhaares Breite verkürzt werden konnten, so dass die raffinierten Gauner, die durch lange Übung sich einen so feinen Tastsinn angeeignet hatten, die As herausfühlen und durch Volte schlagen[418] dahin bringen konnten, wo sie dieselben brauchten.

Interessant war auch die Art und Weise, wie diese Betrüger, deren einige sich in den feinsten gesellschaftlichen Formen darstellten und bewegten, es verstanden, gegenüber den Opfern ihrer Kunststücke eine vornehme Überlegenheit geltend zu machen, so dass die armen Gimpel sich noch hochgeehrt fühlten, in so hohen Kreisen überhaupt nur geduldet zu werden.

Als Seltsamkeit sei noch erwähnt, dass ich zehn bis zwölf Jahre später, als Assessor bei dem Oberlandesgericht zu Breslau, noch einmal bei der Verurteilung desselben Hartmann mitzuwirken hatte. Man sieht, die Kenntnis der Nachtseiten menschlicher Zustände wird durch die Beschäftigung bei einem Kriminalsenat nicht wenig gefördert.

Die Jahre, während welcher wir auf dem Kammergericht zu arbeiten hatten, vergingen schnell genug; auch sie waren für uns äußerst frohe und glückliche. Wir hatten Zeit, unseren Neigungen nachzugehen, wir lebten in fröhlichen Kreisen, wurden als Tänzer überall eingeladen, und vor allen Dingen – wir liebten und wurden geliebt! »Das waren mir selige Tage«, wie es in dem alten Liede heißt.

Dabei kam das gefürchtete große Examen näher und näher und fing an, uns in bedrohlicher Weise zu ängstigen. Wir ließen alle Torheiten nach und nach beiseite und setzten uns hinter die Bücher. Mit einigen meiner Freunde studierte ich so eifrig und brachte außerdem mit Hilfe eines Repetenten eine solche Menge Paragraphen des Landrechts und Stellen aus dem Korpus juris in meinen Kopf, dass in der Tat zuletzt nicht alles darin Platz hatte, und für das Neugelernte immer wieder etwas, was ich längst zu wissen glaubte, abhanden kam.

418 Handgriff eines Zauberers, bei dem ein Kartenspiel für den Zuschauer unsichtbar abgehoben wird.

Zuletzt bemächtigte sich unser ein Gefühl völliger Verzweiflung, die uns zu einem heroischen Entschluss trieb. Bertrand und ich, die wir beide uns vollständig unfähig fühlten, noch weitere juristische Gelehrsamkeit in uns hineinzubringen, weil wir fürchteten, geradezu dumm davon zu werden, kamen überein, dass des Lernens nun genug sei.

Es war etwa drei Wochen vor dem mündlichen Examen, als wir einander feierlich gelobten, bis dahin kein Buch mehr anzusehen, und wir hielten Wort. Tag für Tag kamen wir früh zwischen neun und zehn Uhr entweder bei mir oder bei Bertrand zusammen und spielten bis zu Mittag Pikett und Ekarté[419]. Nach Tische gingen oder ritten wir spazieren und abends suchten wir Gesellschaften oder das Theater auf.

Bis zwei oder drei Tage vor dem Examen setzten wir diese Lebensart tapfer fort. Da kam plötzlich noch einmal die entsetzlichste Angst über uns, wir stürzten uns mit letzten Kräften wieder auf die Bücher – und gelangten dann beide glücklich ans Ziel. Wir wurden wohlbestallte königliche Kammergerichtsassessoren.

Ob ich diese Art von letzter Vorbereitung anderen jungen Männern zur Nachahmung empfehlen darf, ist mir, trotz unserem guten Erfolge, doch zweifelhaft.

Hier schließe ich die Mitteilungen aus der Jugendzeit eines alten Berliners.

◊ Ob später noch mehr davon erscheinen soll, wird von dem Urteil der Leser abhängen.[420]

Nicht nur für uns selbst, sondern auch für andere sind die Tage, wo der Jüngling mit tausend Masten in den Ozean des Lebens schifft, erfreulicher als die, wo man still dem Hafen zusteuert.

Wie der Maler nur aus gehöriger Entfernung ein richtiges Bild von dem Darzustellenden entwerfen kann, so bedarf auch der Erzähler einer dazwischenliegenden Reihe von Jahren, um unparteiisch auf das zu blicken, was er mitteilen will. Den Bildern, die ich entwarf, stehe ich fern genug, um sie überschauen zu können, und hoffe, dass sie dem entsprechen, was sie darstellen sollen.

---

419 frz. Kartenspiele

420 Ausgabe von 1878, S. 425

◊ Denen, welche von diesen Aufzeichnungen Kenntnis nehmen, sei das Büchlein zu freundlicher Teilnahme empfohlen, und würde es mich glücklich machen, wenn manche Jugendgenossen beim Lesen desselben, sich in die Zeiten zurückversetzt fühlten, wo sie lebenslustig und lebenskräftig der Zukunft entgegenblickten.[421]

421 Der Schlusssatz der Ausgabe 1878, S. 425, fehlt in der Ausgabe von 1925.

Nachwort: Theodor Fontanes Rezension in der Vossischen Zeitung

Berlin vor fünfzig Jahren

I.

Ein im Laufe dieses Sommers bei W. Hertz hierselbst erschienenes Buch: »Jugenderinnerungen eines alten Berliners« beginnt mit einem zeit- und sittenschildernden Kapitel, das, auf beinahe hundert Seiten hin, dieselbe Überschrift trägt, die wir diesem Aufsatze gegeben haben: »Berlin vor fünfzig Jahren.« Aber Alt-Berlin spricht nicht nur aus diesem ersten Kapitel, jede Seite beinah blickt uns mit dem Ausdruck eines alten Bekannten an, und um eben deshalb ist es, dass der Herr Verfasser, Professor Eberty in Breslau, mit einem, durch die Gemeinsamkeit des Erlebten gesteigerten Rechte, speziell an unser Publikum die Worte richten durfte: »Nicht nur für uns selbst, sondern auch für andere sind die Tage, wo der Jüngling mit tausend Masten in den Ozean des Lebens schifft, erfreulicher als die, wo man still dem Hafen zusteuert. Und wie der Maler nur aus gehöriger Entfernung ein richtiges Bild von dem Darzustellenden entwerfen kann, so bedarf auch der Erzähler einer dazwischen liegenden Reihe von Jahren, um unparteiisch auf das zu blicken, was er mitteilen will. Den Bildern, die ich entwarf, stehe ich fern genug, um sie überschauen zu können, und hoffe, dass sie dem entsprechen, was sie darstellen sollen.« Jeder, der sich der in dem Buche geschilderten Epoche zu entsinnen vermag, wird nicht in Zweifel sein, dass dem Herrn Verfasser seine Aufgabe vollkommen gelungen ist, und zwar weil er seiner Darstellung eben das zu geben wusste, was er selbst als das Entscheidende hinstellen zu wollen scheint: Unparteilichkeit. Es ist mit Liebe geschrieben, aber niemanden zu Liebe. Und nun gar von Hass ist keine Rede. Auch da nicht, wo

Hassenswertes in Kürze erwähnt wird. Die Jahre, weil sie alles verstehen lernen, machen milde. Tout comprendre, c'est tout pardonner.

Ich blicke, bevor ich mich eingehender dem Inhalte zuwende, zunächst auf jene 20er und 30er Jahre zurück (oder doch wenigstens auf die letzteren) die ich selbst noch mit offenem Sinn beobachten konnte. Wie war das Berliner Leben jener Interims- und Stagnations-Epoche? »Gemütlich« lautet die gewöhnliche Antwort. Ja, es war gemütlich; man las sich Gedichte vor, kannte jeden Schauspieler bis zum letzten Statisten, und sprach von der Spontini- und Rellstab-Fehde, als stünde die Kultur in Frage. Ja, es war gemütlich. Es war aber auch höchst ungemütlich. Und wenn es nicht gerade viele waren, die das fühlten, so fühlten diese Wenigen es umso stärker. Und es wurde wahrlich Sorge getragen, es diesen Wenigen fühlbar zu machen. Jeder weiß, was ich hierbei im Auge habe.

Die schlimmsten Dinge jener Zeit waren vielleicht die »Gemütlichkeiten mit ungemütlicher Kehrseite«, die Machtakte, die Bevorzugungen, die Ausnahmestellungen. Hiervon wusste auch die Rechtspflege zu erzählen. An einer Stelle des Buches finde ich darüber, aus den Referendariatstagen des Herrn Verfassers, das Folgende:

»Während der Stunde, wo kein Verhör abgehalten wurde, beschäftigte ich mich häufig mit Durchsicht der reponierten Akten, die auf einem großen Gestell unverschlossen dalagen. Dies aus rohem Holze zusammengenagelte Repositorium bot einen seltsamen Anblick dar, weil auf demselben auch alle Mordwerkzeuge, Beile, Messer, Gifte und dergleichen aufbewahrt wurden, welche zur Verübung von Verbrechen gedient hatten. Dieselben stammten zum Teil noch aus der Zeit Friedrich Wilhelm I. Und nicht minder seltsam war zum Teil der Inhalt der aufgespeicherten Akten, namentlich der ›reponierten‹. Damals konnte nämlich noch jede Kriminaluntersuchung ohne weiteres durch Kabinettsorder niedergeschlagen werden. Ergaben sich nun sehr unangenehme Dinge, die bis in hohe und höchste Regionen hinein spielten, so brach plötzlich alles ab und es hieß nur: *acta reponantur.* ... Anderes, das vorkam, gestattete mir einen Einblick in die sittlichen Verhältnisse höherer

Stände. In einer Angelegenheit hatte ich selber das Erkenntnis abzufassen. Es handelte sich um eine Spielerbande, an deren Spitze zwei adlige Herren mit ihren Mätressen standen. Ihre Straffälligkeit war evident. Daneben lagen Polizeiakten über Damen, die Helfershelferinnen der Hauptpersonen gewesen waren. Ein gutes Stück *Mystères de Berlin*. Unglaublich war dabei die enge Verbindung, in der sehr hochgestellte Personen mit diesem Auswurf der Menschheit gestanden hatten, und besonders erstaunt war ich Frauen und Mädchen mit agieren zu sehen, deren Namen ich von einem großen Einbruch- und Diebstahlsprozess her kannte.«

Aber bei solchen Andeutungen lässt es der Herr Verfasser bewenden[422] und gibt dem Gemütlichen vor dem Ungemütlichen entschieden den Vorzug. Er verweilt nicht mit Vorliebe bei Missständen und Missstimmungen, vielmehr betont er überall die große Loyalität der Berliner von damals, nicht spöttisch, sondern aufrichtig und indem er sich selbst dazu bekennt. So heißt es Seite 72:

»Alles liebte und verehrte den König. Durch das schwere Unglück, welches ihn betroffen, und durch die würdige und wahrhaft königliche Art, mit welcher er dasselbe getragen, war zwischen Friedrich Wilhelm III. und seinem Volk ein Band gewoben, welches beide gleichsam zu einer großen Familie verknüpfte. Namentlich die Berliner betrachteten ihren König wie einen geliebten Vater, an dessen Tugenden man sich erfreut, und dessen Fehler und Schwächen man entweder gar nicht kennt, oder dieselben doch nicht ihm persönlich, sondern seinen schlechten Freunden und Ratgebern zur Last legt. Die große Einfachheit seiner Erscheinung trug nicht wenig dazu bei, ihm die Herzen zu gewinnen. Wenn er täglich in seinem unscheinbaren, unzählige Male ausgebesserten, offenen, gelben, mit zwei Pferden bespannten Wagen durch die Straßen fuhr, nur von einem Adjutanten und einem Lakaien begleitet, war jedermann glücklich, ihn grüßen zu können. Was aber dem Verhältnis zwischen dem Könige und seinem Volke noch eine besondere Innigkeit, ja fast

422 Fontane selbst veränderte das Zitat durch Weglassen von Namen und Auslassungen so, dass nur Andeutungen übrigbleiben. Eberty benannte die Anführer der erwähnten Banden und erzählte ausführlich von dem durch Kabinettorder niedergeschlagenen Verfahren gegen den berühmten Arzt Rust.

eine Heiligkeit gab, war die Erinnerung an die Königin Luise, die in der Phantasie des Volkes noch immer, gleich einem Schutzengel, das königliche Haus zu umschweben schien. Überhaupt beschäftigte man sich mit der Person des Königs und der Prinzen und Prinzessinnen in einer Art und Weise, von der man heutzutage kaum noch eine Vorstellung hat.«

Äußerungen wie diesen begegnen wir durch das ganze Buch hin. 1819 war Eberty, damals sieben Jahre alt, mit seinen Eltern in Ems. Auch »Prinzess Wilhelm« war da und ihr ältester Sohn Prinz Adalbert, der spätere Admiral. »Der Prinz sammelte kleine Knaben um sich und spielte mit uns Räuber und Wanderer. Ich war nicht wenig stolz darauf, mit einem Prinzen, der in Berlin eigentlich wie ein Wesen höherer Art betrachtet wurde, hier wie fast mit meines Gleichen umgehen zu können. Hatten wir doch von Jugend auf mit angesehen, wie vor den ganz kleinen Kindern aus der königlichen Familie die Wache ins Gewehr trat und die Trommel gerührt wurde. Und damals verlachte man das noch nicht wie heutzutage, sondern erblickte darin mir einen Ausdruck der Verehrung, welche die Majestät zu beanspruchen hatte.«

Das war das loyale Berlin. Und wie immer so gingen auch damals Loyalität und Pietät Hand in Hand. Man konnte noch danken und das Gefühl jemandem verpflichtet und durch zarte Bande abhängig von ihm zu sein, wurde noch nicht als unerträglich empfunden. »Um diese Zeit (bald nach dem Kriege) kam auch eine Gesellschafterin in unser Haus. Sie und ihre Mutter und Geschwister betrachteten sich fast wie Klienten unserer Familie. Solche Personen waren damals fast überall im Gefolge jedes angesehenen Hauses zu finden, an welches sie durch allerlei Wohltaten und Unterstützungen sich gefesselt fühlten und einen Stolz darin fanden, in weiterem Sinn mit zu den Angehörigen gezählt zu werden. Es war das eine Art von Vasallenverhältnis. Mit der sogenannten guten alten Zeit scheinen dergleichen Beziehungen, die ihre sehr gemütliche Seite hatten, so ziemlich zu Grabe gegangen zu sein.« Diese Bemerkungen von mehr allgemeinem Charakter habe ich vorausschicken zu sollen geglaubt, um den Geist zu kennzeichnen, der in dem Ganzen lebendig ist. Ich wende mich nun den Einzelnen zu.

Das Buch ist in fünf Abteilungen geteilt: 1) Berlin vor fünfzig Jahren; 2) das Vaterhaus; 3) die Cauersche Anstalt; 4) die Universitätsjahre; 5) die Referendariatszeit.

Das dritte Kapitel: »die Cauersche Anstalt« trotzdem man in demselben nicht eigentlich allgemeinen Berliner Verhältnissen, sondern, seiner Überschrift gemäß, mehr einer Spezialschilderung der Cauerschen Anstalt begegnet, wird die Leser nichts desto weniger interessieren. Ganz besonders aber werden alle diejenigen, die sich aus Amt oder Neigung mit der Schulfrage beschäftigen, gerade hier einen dankbaren Stoff und eine starke Anregung zum Nachdenken empfangen. Der Erfolg hat gegen die »Cauersche Anstalt« gesprochen; sie hielt sich nur etwa zehn Jahre und wäre längst wohl aus unser aller Erinnerung entschwunden, wenn uns nicht in den 40er Jahren, und auch später noch, eine am Eingange von Charlottenburg gelegene reizende Villa immer mit der Bemerkung gezeigt worden wäre: »Hier war die Cauersche Anstalt.« Was es nun aber mit dieser Anstalt auf sich hatte, das erzählt uns das Ebertysche Buch. Ich zitiere daraus unter mannigfachen Kürzungen das Folgende:

»Der eigentliche Urheber der Cauerschen Anstalt war kein geringerer als der große Philosoph Fichte. ... Unter seinen Schülern befanden sich zehn junge Männer aus den verschiedensten Ständen und von den verschiedensten Berufsarten: Theologen, Mediziner, Naturforscher, Mathematiker und Philosophen; ihrer Religion nach Protestanten und Juden, und nur deshalb war zufällig kein Katholik unter ihnen, weil Bekenner dieser Konfession sich überhaupt damals nur sehr vereinzelt in Berlin befanden. Diese zehn Jünglinge beschlossen unter dem Eindruck der von Fichte gehaltenen Reden, ihr Leben dem Bestreben zu widmen, ein besseres Geschlecht heranbilden zu helfen. Fast alle begaben sich zu ihrer fachgemäßen Vorbildung nach Yverdon, wo Pestalozzis weltberühmte Erziehungsanstalt damals in Blüte stand. Die Ansichten desselben stimmten mit Fichtes Grundsätzen vollständig überein und gaben den allgemeinen patriotischen Vorsätzen der Freunde eine bestimmte Form, so dass die Heimgekehrten 1817 sofort an die Errichtung einer höheren Erziehungsanstalt gehen konnten. Es war eine Art von kleiner Republik, die sie gründeten; alle sollten vollkommen gleichberechtigt sein und sich nach ihren Fähigkeiten und Anlagen in die Geschäfte teilen. Von einer Direktorschaft oder dem Unterordnen des einen unter den anderen war keine Rede. Da aber die Sache doch einen Namen haben musste, so wurde Herrn Ludwig Cauer, aus Dresden stammend, die Ehre zuteil, der neuen Anstalt als Vertreter nach außen hin zu dienen. Diese Wahl beruhte darauf, dass Cauer der geschäftsgewandteste unter seinen Kollegen schien und durch sein stattliches Aussehen sich am besten zur Repräsentation eignete. Während der ersten sieben oder acht Jahre, vor der Übersiedlung nach Charlottenburg, befand sich die Anstalt in der Münzstraße 21.«

Eberty gibt nun eine genaue und sehr anziehende Schilderung der ganzen Lokalität, der Einrichtung und Ökonomie. Manches davon, so zum Beispiel der Turnplatz, ist seitdem in unsere Schulen übergegangen. Jeder Schüler hatte auch ein Gartengrundstück zum Pflanzen und Säen und Einzäunen, und alle verfuhren dabei selbständig und schufen etwas Eigenartiges. Die Hauptsache aber war selbstverständlich der Unterricht und hier lass ich wieder den Herrn Verfasser sprechen.

»Die Hauptunterrichtsgegenstände, auf welche bei weitem das größte Gewicht gelegt wurde, waren Griechisch, Mathematik und Musik. Schon diese Dreiheit erinnert unwillkürlich an Plato und das klassische Altertum, umso mehr, als gleichzeitig auch die gymnastischen Übungen die eingehendste Berücksichtigung fanden. Im Gegensatz zu der sonst überall befolgten Methode lernten die Knaben zuerst Griechisch und bekamen lateinischen Unterricht viel später, wenn sie vom Griechischen bereits soviel gelernt hatten, wie etwa der Sekundaner eines Gymnasiums.«

Der Verfasser beschreibt nun eingehend die vorzügliche Methode, nach der verfahren wurde, und fährt dann fort: »Im Herbste 1820 (ich war acht und ein halbes Jahr) sammelte der Lehrer dann die Besseren von uns und begann das erste Buch der Odyssee zu erklären. Er verstand es von Anfang an, uns seinen Unterricht so lieb zu machen, dass wir die Zeit von einer Stunde bis zur anderen kaum erwarten konnten. ... Voll Ungeduld eilten wir von Vers zu Vers. Dabei wurden unterwegs die Regeln der Grammatik eingeschärft und befestigten sich durch Wiederholung unter verschiedener Form gar bald in unserem Gedächtnis. Und so kam es, dass ich, noch nicht elf Jahre alt, eine guten Zahl Homerischer Gesänge, auch bereits mehrere Bücher des Herodot und die platonischen Gespräche Kriton und die Apologie des Sokrates gelesen und vollkommen verstanden hatte.

Die letztgenannte Schrift fanden wir so entzückend, dass mein junger Freund M. und ich die Apologie bald ganz und gar auswendig hersagen konnten und uns in den Freistunden damit unterhielten, dieselbe dramatisch aufzuführen, indem wir die Rollen des Sokrates und der Ankläger unter uns verteilten. ... In fast ebenso genialer Weise wie das Griechische wurde uns Mathematik gelehrt. Und neben beiden war Musik, wie schon angedeutet, diejenige Disziplin, auf die das meiste Gewicht gelegt wurde.

Die Zuchtmittel wurden ausgiebig angewandt: Prügel, Karzer, Eselumhängen, alles war im Schwunge ... Historie und Geographie wurden gar nicht als besondere Wissenschaften vorgetragen und von neuerer Geschichte erfuhren wir so gut wie nichts. Ebenso wenig wurde Französisch und Tanzen gelehrt; beides galt für ›undeutsch‹.

Im deutschen Unterricht wurden wir mit einer großen Anzahl Klopstockscher Oden bekannt gemacht. Ein ›Schlachtgesang‹, in absonderlich schwerem Metrum, begeisterte mich dermaßen, dass ich beschloss, das Gedicht zum Geburtstage meiner Mutter sauber abzuschreiben. Geschah auch. Mein Vater lachte mich aber aus ... Etwas später, nach der Bekanntschaft mit Goethe beschloss ich, selber eine Iphigenie zu dichten und machte eine Menge Verse, zu denen ich mich durch allerlei Hokuspokus, indem ich kleine Wachslichter auf den Rand meines Pultes klebte, zu begeistern suchte. ... Von kirchlicher Gesinnung war weder bei Lehrern noch Schülern die Rede; überhaupt wurde gar kein Religionsunterricht erteilt. In der Anstalt herrschte ein rein deistischer Geist; Sokrates war unser Heiliger.

Vom Christentum wurde zwar überall, wo es die Gelegenheit mit sich brachte, voll Hochachtung gesprochen, aber durchaus nicht in supernaturalistischem Sinne. Es entsprach das auch ganz und gar dem damals in Berlin herrschenden Geiste der Gleichgültigkeit gegen religiöse Dinge.

Bei alledem wäre es ein großer Irrtum, wenn man glauben wollte, es habe in der Anstalt ein frivoler weltlicher Sinn geherrscht. Das sittliche Prinzip, welches vorwaltete, war teils dem antiken Geiste verwandt, teils entsprach es dem Kantischen kategorischen Imperativ: Das Gute um des Guten selbst willen zu wollen und zu tun. Eigennutz, Selbstsucht und alles Banausische wurde uns als hassenswürdig und verächtlich hingestellt. Wahrheit und Schönheit galten als die eigentlichen Lebenselemente des Menschen.

Alles Scheinwesen und alle Ostentation sollten unterdrückt werden. Damit hing es auch zusammen, dass das Ehrgefühl in gewöhnlichem Sinne, sofern es mit den Begriffen von besonderer Standes- und Berufsehre zusammenhängt, nicht gepflegt wurde, weil hier ein gutes Teil Eitelkeit und falscher Eigenliebe mit unterläuft.«

Eberty, nachdem er noch allerhand Vorkommnisse und Eigentümlichkeiten (darunter die »Weihnachtsfeier« in der Anstalt, ein sehr anziehendes Bild) geschildert hat, sagt am Schluss rekapitulierend: »Die Idee, aus welcher das Ganze hervorging war eine durchaus edle und wenn die Ausführung, wie alles Menschliche, Fehler und Mängel zeigte, so entsprangen diese nicht aus bösem Willen oder aus niedrigen Beweggründen. Es wurde uns eingeprägt, in jedem Augenblicke nur solche Interessen zu verfolgen, die wir für richtig und behufs unserer Veredlung für notwendig erachteten, – und wenn ich, nach vielen Irrungen und Abwegen, einem solchen Ziele nahe gekommen bin, so verdanke ich das wesentlich der Erziehung in der Cauerschen Anstalt, der ich deshalb alles, was sie vielleicht an mir gesündigt hat, von Herzen vergebe.«

Die Dankbarkeit, die sich in diesem Satze ausspricht, berührt wohltuend; demnach erscheint es ein gewagtes Experiment, die Erziehung eines modernen Menschen auf Griechisch, Mathematik und Musik aufbauen zu wollen. Von vielem anderen abgesehen, finde ich, dass den bekanntlich so ungleichen natürlichen Beanlagungen in diesem Programm zu wenig Rechnung getragen wird. Ist es nichts desto weniger geglückt, sind, auch so ausgestattet, Jünglinge, die sich später bewährten, in die Welt getreten, so würde dies nichts als den alten Satz beweisen, dass, wenn nur moralisch nichts verdorben und der Geist nicht absolut in die Irre geleitet wird, der Schulgang ziemlich gleichgültig ist. Für mich persönlich liegen die Sachen so. Wenigstens hab' ich Menschen in ihrem späteren Leben sich glänzend betätigen sehen, die gerade auf das hin erzogen waren, was von der Cauerschen Anstalt ausgeschlossen war, auf Religion hin die einen, und auf Französisch und Tanzen hin die anderen.

Ein sehr hübsches Kapitel ist auch das vierte, das die Überschrift »Universitätsjahre« führt. Es schildert das Leben in Bonn und fällt also aus dem engeren Berliner Rahmen heraus. Die damalige rheinische Bevölkerung und Stimmung, Ausflüge flussauf- und abwärts (einer bis Amsterdam) werden uns in größeren und kleineren Bildern vorgeführt. Daran reihen sich denn Porträts der damaligen Bonner Professoren: Bethmann-Hollweg, Mackeldey, Puggé, Welcker, Löbel, Lassen, v. Droste-Hülshoff, Naeke, A. W. v. Schlegel. Besonders dem Erst- und Letztgenannten sind mehrere Seiten gewidmet. Das über Schlegel Gesagte (darunter die Spottverse auf Schiller etc.) ist wohl der Mehrzahl nach schon anderweitig publiziert worden; mit desto größerem Interesse habe ich die Charakteristik Bethmann-Hollwegs gelesen. Ich gebe daraus das Folgende.

»Bei Bethmann-Hollweg hörte ich Vorlesungen über Gajus. Bethmann hatte sich bestimmen lassen, sein ganzes Leben der Erforschung des römischen Rechts zu widmen. Der Bestimmende war Savigny. Wie dieser ging er glattscheitelten Hauptes einher und gab schon durch seine äußere Erscheinung zu erkennen, dass er zu den ganz Frommen im Lande gehörte. Seine Vorträge waren klar und verständlich und durchweg interessant. Ich werde kaum eine Stunde versäumt haben; habe aber nichts desto weniger nur wenig im Gedächtnis behalten. Er hatte sich (seine Einkünfte wurden schon damals auf 70 000 Taler jährlich angeschlagen) ein schönes Haus in der Stadt erbaut, wohlversehen mit allem, was ein hochgebildeter Mann zu seiner Bequemlichkeit und Erheiterung wünschen kann, während alles fehlte, was einem eitlen und nichtigen Luxus zu dienen bestimmt ist.

Irre ich nicht, so war in diesem Hause der Donnerstagabend der Empfangsabend für die an ihn empfohlenen Studenten. Die Unterhaltung bewegte sich stets um ernste und würdige Dinge, doch wehte es wie ein kalter Wind durch die Räume und ließ keine rechte Behaglichkeit aufkommen. Es war ein durchaus braver und wohlwollender Mann, der sich in jedem Augenblick bemühte, das Rechte und nur das Rechte zu tun; allein eine gewisse, ihm angeborene Steifheit und das Gefühl von der Stellung, welche seine Gelehrsamkeit, sein großer Reichtum und seine Verbindungen mit den berühmtesten und gefeiertsten Personen ihm in der Gesellschaft anwies, wie in jedem Augenblick durchzufühlen.

Die große Frömmigkeit, die ihn erfüllt und die auch, mit mehr oder weniger Aufrichtigkeit, von seiner ganzen Umgebung zur Schau getragen wurde, vermehrte noch das Gefühl von Beklemmung, welches man in diesem Hause empfand.«

Eine Schilderung, die an Zutreffendheit nichts zu wünschen übrig lässt.

Man war aber nicht immer bei Hollweg, und so war man denn auch nicht immer beklommen. Im Gegenteil. Es gab übermütige Szenen die Hülle und die Fülle. Eine davon, die an der Wirtstafel im Gasthause »Zum Stern« spielte, mag hier eine Stelle finden.

»Die Tischgesellschaft bestand aus einigen Studenten, einer Anzahl älterer einzelner Herren und vieler Offiziere des damals in Bonn stehenden Ulanen-Regiments, lauter liebenswürdigen und angenehmen jungen Männern, die mit den Studierenden in so gutem Vernehmen lebten, dass es zwischen Zivil und Militär niemals zu Reibungen kam. Eines Tages saß nicht weit von uns ein Fremder, der durch eigentümlichen Haarwuchs auffiel. Wir stritten darüber, ob es eine Perücke sei oder nicht? Da man nicht darüber einig wurde, wurde gewettet. Zwei Flaschen Champagner. Der eine der Wettenden trat mit größter Höflichkeit an den Fremden heran und trug ihm, unter tausendfacher Bitte um Entschuldigung, den Fall vor. Der Angeredete nahm die Sache mit bestem Humor auf und – seine Perücke ab. Alles lachte, und der, der verloren hatte, ließ den Champagner bringen. Der Fremde trank in guter Laune mit.

Einige Monate später (wir hatten den Vorfall fast vergessen) war der Fremde wieder da. Der, der damals die Wette verloren hatte, erzählte einem neben ihm sitzenden, erst kürzlich in Bonn angekommenen Studenten, die Perückengeschichte. »Perücke«, sagte dieser, »der Mann trägt keine Perücke, so wenig wie du oder ich!« Und so erhob sich ein Streit, genau wie das erste Mal. Wieder Wette, wieder Herantreten an den Fremden, wieder tausend Entschuldigungen. Und auch der Fremde war bei altem Humor geblieben. »Jetzt«, sagte er lachend, »trage ich allerdings mein eigenes Haar. Vor sechs Monaten hatte ich es infolge einer Krankheit verloren; inzwischen ist es wieder gewachsen und ich erfreue mich gegenwärtig, wie Sie sehen, wieder meiner eigenen Locken!« Und so musste der unglückliche Verlierer von damals zum zweiten Mal bezahlen, und zwar jetzt für das Gegenteil von dem, was ihm den ersten Champagner gekostet hatte!«

1834 kehrte Eberty von Bonn nach Berlin zurück. Über diese Berliner Tage, wie überhaupt über die eigentlichen Berolinensia des Buches berichte ich in einem zweiten Artikel. Th. F.

II.

Eberty war nun wieder in Berlin und freute sich der Heimat. In geistiger Hinsicht mochte ihm die heimatliche Luft in der schönen rheinischen Umgebung mitunter gefehlt haben. So wenigstens schließe ich aus seinen eigenen Aufzeichnungen. Während eines Besuches in Berlin nämlich hatte er Rahels eben erschienene Briefe und die ersten Hefte von Glaßbrenners Berliner Volks- und Sittenschilderungen kennen gelernt. Beides hatte ihn entzückt, so verschiedenartig es unter einander war, und beides hatte er ebenfalls deshalb mit nach Bonn genommen, um es dort den rheinischen Freunden vorzulegen. Sie sollten es mitgenießen. Aber wie wurde er enttäuscht! »Alle die Herren und Damen«, so schreibt er, »denen ich die Rahelschen Briefe zu lesen gab, waren weit davon entfernt, meine Bewunderung zu teilen. Man verstand die Briefe gar nicht, oder fand sie geziert, übertrieben und geschmacklos.

Fast noch schlimmer erging es mir mit den Glaßbrennerschen Heften. Ich hatte sie in Bonn auf einen einsamen Spaziergang mitgenommen und geriet während des Lesens so ins Lachen, dass die

Leute, die mir begegneten, mich für verrückt halten mussten. Als ich nun aber bald darauf diese Späße meinen Freunden vorlas, fühlten sie sich davon angewidert. Sie fanden alles trivial und gemein und konnten mein Wohlgefallen daran gar nicht begreifen.«

Das lag nun zurück und Menschen waren wieder um ihn her, die für »Herrn Buffey« ein volles Verständnis hatten. Übrigens, wie hier eingeschaltet werden mag, nicht nur aller Witz ist mehr oder weniger lokal, sondern auch die Form, in der sich die sogenannte »Geistreichigkeit« (Rahel) gibt.

Es sind die ersten und die letzten Abschnitte des Buches, in denen uns Alt-Berlin am frappantesten entgegentritt. Ob das Leben in- oder außerhalb des Hauses geschildert wird, macht keinen Unterschied. In dem in aller Kürze schon erwähnten Kapitel »Referendariatszeit« ist dem Prozessualischen und Kriminalistischen, den Vorgängen am Stadt- und Kammergericht ein ziemlich breiter Raum zugestanden worden, ohne dass das Interesse darunter gelitten hätte. Im Gegenteil. Abgesehen davon, dass es jedem, der jene Zeit miterlebt hat, ein Vergnügen gewährt, sich in die damaligen causes celèbres auf einen Schlag zurückversetzt zu sehen, ist auch die Auswahl so geschickt getroffen und die Skizzierung der einzelnen Fälle so knapp und kurz und so bloß aufs Essentielle hin gegeben worden, dass die Nachgeborenen nicht minder als die Mitglieder jener früheren Generation alle diese, unsre damaligen Sittenzustände schildernden Verhandlungen mit vielem Vergnügen lesen werden. Am unterhaltendsten ist der große Prozess behandelt, der sich gegen eine nach Hunderten zählende Gaunerbande richtete, die in Betsche im Posenschen ihren Sitz hatte und von dort aus ihre Raubzüge in die benachbarten Provinzen, bis nach Berlin hin, unternahm. Der aus Rotbuchenholz geschnitzte Stiel eines Brechwerkzeuges führte schließlich zur Entdeckung. Die Polizei fand in der Wohnung eines ohnehin verdächtigen Individuums viel Rotbuchenholz aufgeschichtet, verdoppelte daraufhin ihren Eifer bei Durchsuchung des Hauses und fand endlich Gegenstände, die die Schuld außer Frage stellten. Dieser Ertappte wurde nun zum Angeber und seine Angaben schufen einen Riesenprozess. Aus dem Gange dieses Prozesses seien nur folgende Schlussbemerkungen Ebertys mitgeteilt.

»Die Bande trieb ihren Spitzbubenberuf als einen von Vater und Großvater ererbten, ja es gab einen förmlichen, von den anderen geachteten und verehrten alten Diebesadel unter ihnen. Sie hatten ihre eigene Sprache und Lebensgewohnheiten und waren von der Überzeugung durchdrungen, dass Stehlen und Einbrechen in der Tat der eigentliche Lebenslauf[423] des Menschen sei. Die Bande bestand ausschließlich aus Juden und zwar aus sogenannten frommen Juden, die die Ritualgesetze aufs Genaueste befolgten, ihre Feste feierten und ihre Fasten hielten und nicht duldeten, dass einer von ihnen am Schabbes stehle, nicht weil es unrecht wäre zu stehlen, sondern weil durch die ›Arbeit‹ der Sabbat entheiligt würde. Da es fast immer darauf ankam, zu beweisen, dass derjenige, auf welchen der Verdacht fiel, bei einem Diebstahl tätig gewesen zu sein, an dem Tage sich ganz woanders befunden habe (das sogenannte Alibi), was durch zwei Zeugen erwiesen werden musste, der Jude aber soviel wie irgend möglich einen Meineid vermeidet, so hielt die Bande zu diesem Behufe zwei Christen im Sold (der eine hieß Lange, den Namen des anderen habe ich vergessen), die für eine Taxe alle notwendigen Meineide leisteten.«

Polen- und Demagogen-Untersuchungen gehörten ebenfalls jener Gemütlichkeits-Epoche an; außer ihnen geschieht auch eines interessanten Schwindel-Prozesses, des Prozesses gegen Demoiselle Henriette Wilke, Erwähnung, dessen sich alle alten Berliner wohl mit Interesse entsinnen werden. Genannte Demoiselle wusste nämlich einer hochbetagten, in Charlottenburg lebenden Dame, indem sie die mit Beschränktheit stark untersetzte Hyperloyalität derselben geschickt ausnutzte, 20000 Taler in mal kleineren mal größeren Summen abzuschwindeln, immer unter der Vorgabe, dass sie von der Prinzessin Radziwill und zuletzt vom Könige selber käm, der wegen 500 Taler in dringendster Verlegenheit sei.

Aber auch heitere Bilder aus der beginnenden juristischen Laufbahn des Herrn Verfasser werden uns vorgeführt. »Ein Arbeitsmann hatte von einem Vogelhändler einen Kanarienvogel gekauft, der ein ausgezeichneter Sänger sein sollte. Er blieb aber stumm. Der

423 Hier zitiert Fontane falsch. Im Original heißt es auf S. 370: Lebensberuf

Käufer verlangte Rückerstattung des Kaufpreises, wozu sich der Verkäufer nicht verstehen wollte. Es kam zum Prozess, und Kläger und Beklagter erschienen vor Gericht, zugleich mit einem Vogelbauer, in welchem das Streitobjekt umherhüpfte. Der Vogelhändler erklärte das Tierchen nach wie vor für einen vortrefflichen Schläger. Was tun? Wie entscheiden? Der Referendarius war in größter Verlegenheit. Endlich half er sich und verkündete, dass nach zwei Stunden, um Schlag 12 Uhr, das Erkenntnis erfolgen solle. Bis dahin stellte er den Vogel vor sich auf den Tisch und fertigt andere Parteien ab. Und nun war es zwölf. Der Vogel hatte noch immer nicht gesungen, und der Richter und Referendarius fällte nunmehr folgendes salomonische Urteil: »Da Vogel bis zur Mittagszeit keinen Ton von sich gegeben habe, müsse angenommen werden, derselbe könne und wolle nicht singen, weshalb Beklagter das Tier zurückzunehmen und dem Kläger den Kaufpreis zurück zu erstatten habe.«

Besonders pikant waren die Liebeshändel, die, nur allzu häufig, streitende Parteien vor den Richter, will sagen vor den jungen Referendarius führten. Je jünger dieser war, desto schwieriger wurde gelegentlich die Situation. Die mehr hübschen als tugendhaften Mädchen namentlich konnten die Sittenstrenge der »Referendarien« gar nicht begreifen. Einer derselben, der noch dazu wirklich und aufrichtig zu den sittenstrengen gehörte, musste sich, als er einen Verführer abkanzelte, eine ziemlich zynische, aber schlagende Erwiderung gefallen lassen. »Herr Referendarius, ich hab' es nicht erfunden und Sie werden es nicht abschaffen.«

Einen Hauptreiz auch dieser Partie des Buches bilden wieder die Persönlichkeiten, die skizziert werden: Savigny, Professor Gans, Kammergerichtspräsident v. Grolmann, die Präsidenten v. Bülow und v. Kleist, Geheimrat Dambach (Fritz Reuters »Onkel Dambach«), Stadtgerichtsdirektor Beelitz und Räte und Subalterne des Stadtgerichts.

Savigny und Gans, bekannte Gegensätze, werden wie folgt geschildert: »Über Savignys Vorträge können nur die urteilen, die so glücklich waren, ihn zu hören. Er verstand es in wunderbarer Weise, die schwierigsten und trockensten Fragen des römischen Rechts klar und anziehend zu machen; und ganz unvergleichlich war die Art, wie er die Rechtssprüche der alten Juristen auslegte. Er wusste die Sätze so elegant zu zerteilen und zusammenfügen, dass man dabei oft an Lessings klassische Methode erinnert wurde. In seiner äußeren Erscheinung drückte Savigny das große Selbstbewusstsein aus, von dem er nicht mit Unrecht erfüllt war. Groß von Gestalt, feierlich, vielleicht ein wenig steif in jeder Bewegung, mit stolzem Ausdruck in seinen vollen, ernsten und edlen Gesichtszügen, deutete er durch das lange, gescheitelte Haar zugleich seine Frömmigkeit an und das Heilige, welches er in seiner Wissenschaft erblickte.

In dem überfüllten Hörsaale trat Totenstille ein, sobald er die Schwelle überschritt und langsam dann das Katheder bestieg. Bevor er zu sprechen begann, legte er seine Uhr, seine Lorgnette, sein Heft und ein etwa mitgebrachtes Buch feierlich und bedächtig neben sich hin.

Dann hub der niemals stockende Fluss seines Vortrages an und strömte fort bis zum Schlusse, wo die erwähnten Requisiten wieder ebenso methodisch eingesteckt wurden, wie er sie hervorgeholt hatte. Dann bewegte sich die große, majestätische Gestalt langsam die Stufen herab und verließ unter ehrfurchtsvollem Schweigen der Versammlung den Saal.«

Kein größerer Gegensatz als zwischen Savigny und Gans. Das waren nicht sowohl zwei gelehrte Juristen mit verschiedener Meinungen und Ansichten; als vielmehr zwei verschiedene Völkerrassen, die einander gegenüber standen: der christlich Germane und der jüdische Orientale. Schon äußerlich sprach sich ihre Grundverschiedenheit aus. Wenn Savigny groß und feierlich war, so war Gans wohlbeleibt, immer aufgeregt und bis zum Übermaß beweglich. Dazu große dunkle Augen unter einer Fülle von krausem schwarzen Haar. In seinen Gewohnheiten formlos, vermochte er keinen Augenblick stille zu stehen; alle Gegenstände betastete er nicht nur, sondern verdarb und zerbrach sie im Eifer des Gesprächs.

Als ein Schüler Hegels, hielt er es – im strikten Gegensatze zu Savigny – für die höchste Aufgabe des Juristen, die allgemeine Idee des Rechts aus der Geschichte und Gesetzgebung aller Völker der Erde zu abstrahieren und dasselbe nach der so gefundenen Idee neu und zeitgemäß zu gestalten. Aus diesem Gesichtspunkt schrieb er sein Werk über das »Erbrecht«. Um es zu schreiben, musste man so ziemlich alle Sprachen der Erde verstehen. Die Gegner von Gans bestritten ihm speziell dieses sprachliche Wissen und erzählten höhnisch, er habe sich auf der Pariser Bibliothek arabische Handschriften vorlegen lassen. Da sei zufällig einer der Bibliothekare herangetreten, habe mit großer Höflichkeit das Manuskript umgekehrt, so dass das Oberste zu unterst gewendet wurde, und dabei dem Professor gesagt: »Sie haben es so bequemer, mein Herr.«

»Gans«, so schließt Eberty seine Skizze, »sprach viel und gut, er sprach eigentlich immerfort, so dass in seiner Gegenwart nicht leicht ein anderer zu Worte kam. Der Minister Altenstein wollte ihn gern für die Universität gewinnen und ließ ihm zureden, zum Christentum überzutreten. Er widerstand um so leichter und länger, als er, als wohlhabender Mann, auch ohne Staatsstellung leben konnte. Als man indes nicht abließ, in ihn zu dringen, sagte er zuletzt: ›Nun gut, wenn der Staat so borniert ist, dass er mir nicht gestattet, ihm in der Art zu nutzen, wie es meinen Fähigkeiten angemessen ist, es sei denn, dass ich ein Bekenntnis ausspreche, an das ich nicht glaube, und von dem auch der Minister sehr gut weiß, dass ich es nicht glaube, so soll er seinen Willen haben‹. Er tat nun den geforderten Schritt und wurde sogleich ordentlicher Professor«.

Aus der ganzen Reihe von Porträtfiguren gebe ich hier nur noch die des Stadtgerichtspräsidenten Beelitz. »Der allgemein beliebte und verehrte Herr Beelitz«, so erzählt Eberty, »war ein wohlbeleibter Mann mit überaus freundlichem Gesichte, das sich durch eine ungewöhnlich kleine Nase auszeichnete, die er auch auf eine ganze Reihe von Kindern und Enkeln erblich weiter übertragen hat. ... Er hielt uns eine Anrede und sagte mir insbesondere, dass er sich freue, einen Doktor juris mehr unter seinen Auskultatoren zu zählen. Dann belehrte er uns mit besonderem Nachdruck über die Bedeutung der Personalakten, die wie ein schriftliches und doch unsichtbares Gewissen den Beamten von dessen Eintritt in den Staatsdienst bis zu seinem Tode begleiteten, und ihm von einem Ende des Landes bis zum anderen, von Trier bis nach Memel auf dem Fuße folgten. Ich muss gestehen, dass mir der Gedanke, an diese Kette gebunden zu sein, und dieselbe lebenslang mit mir herumtragen zu müssen, recht schauerlich vorkam. ... Beelitz galt für einen tüchtigen Juristen und besaß jedenfalls einen schnellen Blick und ein gesundes Urteil in Rechtssachen; allein, er hatte so viel mit Nebendingen zu tun, dass er während der Sitzungen beständig schrieb und arbeitete und also seine Aufmerksamkeit nur unvollkommen den Vorträgen zuwenden konnte. Das war ein schlechtes Beispiel für die Räte, die sich allmählich ebenfalls angewöhnten, während der Vorträge ihre Privatarbeiten zu machen und nicht ordentlich aufzupassen. Dadurch kamen denn nicht selten höchst komische Vorfälle zutage.

Der alte Beelitz, wenn er merkte, dass die Zeit zum Resümieren für ihn gekommen sei, schob seine Papiere beiseite, legte die große Schwanenfeder, ein nur dem Präsidenten gebührendes Werkzeug, neben sich und rief: ›Nun, meine Herren, aufgepasst! Kollege Prätorius, die Hände aus den Hosen! Also, die Klägerin.‹ ... (Referent unterbricht: ›Entschuldigen Sie, Herr Präsident, es ist ein Mann.‹) ... ›Gut. Also der Kläger wohnt in Charlottenburg.‹ (Referent: ›Entschuldigen Herr Präsident, er wohnt in Spandau!‹) In dieser Art ging das Resumé weiter, und das Einzige, was dadurch ins klarste Licht gesetzt wurde, war, dass der alte Beelitz nicht aufgepasst hatte.«

An Schilderungen dieser Art ist das Ebertysche Buch reich; am meisten aber werden diejenigen Parteien interessieren, die, von bestimmten Gesellschaftskreisen, wie beispielsweise die juristische absehend, in allgemeinen Zügen das Berliner Leben jener Epoche schildern und Personen vorführen, die stadtkundig waren, wie beispielsweise die vielzitierte Madame du Titre, von der auf Seite 344[424] eine echt du Titresche Geschichte erzählt wird. Die meisten dieser »Berolinensia« finden sich in den beiden ersten Kapiteln: »Berlin vor fünfzig Jahren« und »Das Vaterhaus«.

Ich behaupte, dass die hier überlieferten kleinen Züge schon jetzt eine kulturhistorische Bedeutung haben und nach abermals fünfzig Jahren ganz gewiss. In dem natürlichen Hange, Großes und Wichtiges zu erzählen, hat uns die Geschichtsschreibung vergangener Jahrhunderte um das gebracht, was man als das Leben und Wärme

424 S. 344 der Ausgabe von 1878, S. 201 dieser Neuausgabe

gebende Kolorit des historischen Bildes bezeichnen kann. Macaulay hat sich in den Eingangskapiteln zu seinem großen Geschichtswerk eingehend über diesen wichtigen Punkt ausgesprochen.

Gerade Bücher, wie dies Ebertysche, sind es, die dem Kulturhistoriker der Zukunft ein wundervolles, weil das Klein- und Detail-Leben schilderndes Material an die Hand geben. So wird in diesem Buche beispielsweise beschrieben, wie man zu Anfang dieses Jahrhunderts mit Stein und Schwamm und Zunder und Schwefelfäden Feuer anmachte. Die nach 48 Geborenen können sich dies kaum noch vorstellen. Dergleichen zu wissen, kann aber unter Umständen wichtig sein; von der novellistischen Seite her angesehen, ganz gewiss, aber auch aus anderen Gründen. Es lehrt uns – mehr als die »Großtaten«, die sich erschrecklich ähnlich sehen – recht eigentlich der Zeiten Unterschied. Die Differenz zwischen jetzt und damals ist so groß, dass ich, der ich doch diese Zeiten noch miterlebt habe, im Rückblick darauf jedesmal das Gefühl habe, »vor fünfzig Jahren« auf einem anderen Planeten gelebt zu haben. Zwei ganz verschiedene Formen des Daseins!

Wir sind alle für diese ganz enormen und auf allen Gebieten liegenden Fortschritte (selbst die Literatur in ihrer Durchschnittsproduktion nicht ausgenommen) lange nicht dankbar genug.

Außer an kulturhistorisch wichtigen Zügen, klein wie sie sein mögen, ist das Ebertysche Buch aber auch, wie mehrfach angedeutet, ein wahres »Schatzkästlein« von Anekdoten aus der damaligen Zeit. Sie sind alle sehr gut erzählt, deshalb sehr gut, weil sie im Ton richtig getroffen sind. Dies kann nur der mit vollem Umfange beurteilen, der sich selbst auf diesem Gebiete versucht hat und aus Erfahrung weiß, dass oft nichts schwerer ist, als eine allerliebste, von Mund zu Mund gehende Geschichte wiederzuerzählen. So lange sie gesprochen wird, war sie gut; sowie sie schwarz auf weiß niedergeschrieben werden soll, entstehen Schwierigkeiten, die zu vermeiden nicht jedem gegeben ist. Ein bisschen zu breit, so ist die Langeweile da, ein bisschen zu hochtrabend im Ausdruck, und das Komische schlägt ins Alberne um. Eberty hat es überall gut getroffen.

Mit einer dieser Anekdoten aus dem »Vaterhause« Ebertys möchte ich schließen. Seine Groß- oder Urgroßmutter, schon über

achtzig, lag in ihrer letzten Krankheit. Kurz vor ihrem Tode hatte sie einen Ohnmacht-Anfall und rief laut: »Ich sterbe.« Als sie wieder zu sich kam, sagte der anwesende Arzt, Geheimrat Formey: »Aber liebe Frau, wie konnten Sie die Ihrigen so erschrecken!« – »Was, ich soll sterben, und die sollen sich nicht einmal erschrecken.«
Es war das letzte Aufblitzen. Kurze Zeit darauf starb sie wirklich.

Zum Schluss aber sei die Hoffnung ausgesprochen, dass der Herr Verfasser Veranlassung finden möge, diese Aufzeichnungen aus seinem Leben fortzusetzen. Er ist offenbar zu Arbeiten wie diese berufen. Th. F.

Diese Besprechung erschien in zwei Teilen in den Sonntagsbeilagen Nr. 46 und 47 der Vossischen Zeitung vom 17. und 24. November 1878

Stichwortverzeichnis

Ortsregister

Personenregister

Sachregister